D1641101

Das Englische Reihenhaus

Farbtafel 1 (nächste Seite): **London.** Uplands Road, N8. ca. 1900.

DAS ENGLISCHE REIHENHAUS

Stefan Muthesius

Karl Robert Langewiesche Nachfolger Hans Köster
Königstein im Taunus

Für B. H.

Design: Caroline Williamson
Originaltitel: The English Terraced House
Alle Rechte vorbehalten. Copyright © 1990 (für die deutsche Ausgabe) by Karl Robert Langewiesche Nachfolger Hans Köster, Postfach 1327, D-6240 Königstein im Taunus.
Original-Copyright © 1982 by Yale University Press, New Haven and London.
Illustrations printed in Great Britain, text printed in Germany.
ISBN 3-7845-8071-8

Inhalt

Danksagung

Einleitung

1. Das Englische Universalreihenhaus   1
2. Die georgianische Terrace und ihre Ursprünge in der klassischen Architektur der Renaissance   12
3. Angebot und Nachfrage   17
   Vermietung   17
   Die Spekulanten   19
4. Das Bauwesen: vom Handwerk zur Industrie   27
5. Verträge und Gesetze   31
   Private Vertragsbedingungen   31
   Die staatlichen Bauvorschriften   33
6. Das Haus und seine Bewohner   38
   Entwicklung des vorstädtischen Wohnens   38
   "Sweet Home" und "Domestic Economy"   39
   Der Haushalt und die Größe des Hauses   43
   Die Haupträume des Hauses   45
7. Komfort   49
   Licht und Luft   49
   Energie   51
   Künstliches Licht   52
   Heizung   52
   Das Kochen   53
8. Sanitäre Einrichtungen   55
   Städtische Dienste   55
   Die Toilette und ihre Installation   57
   Das Waschen   61
9. Die Verbesserung der Bausubstanz   63
10. Die Umgebung des Hauses   68
    Das Estate   68
    Die Straße   71
    Hintereingang und Mews   73
    Der Garten   74
11. Grund- und Aufriß: Der reguläre Typ   79
    Der "double-fronted"-Haustyp   79
    Sehr große Reihenhäuser   81
    Der reguläre Typ: Der Hauptteil des Hauses   86

Basement, Area, Back extension   88
Die Standardtypen des späten 19. Jahrhunderts   97
Der Standardtyp des 20. Jahrhunderts   97
Der Wandel in Funktion und Grundriß des Hauses   99

12. Grund- und Aufriß des kleinen Reihenhauses und seiner regionalen Varianten   101
Einstöckige Häuser: Bergarbeiterhäuser im Nordosten; Sunderland   103
Ein-Raum-tiefe zweistöckige Häuser   106
Frühe Back-to-Backs   106
Frühe Hofanlagen in Birmingham und Liverpool   107
Spätere Höfe und verwandte Elemente in Nottingham, Hull, Sheffield u.a.   112
Spätere Back-to-Backs in Yorkshire   115
Das "Two-Up-Two-Down" in Lancashire und andernorts   123
Etagenwohnungen in Reihenhäusern: Tynside und London   130
Zum Wandel in Planung und Nutzung des Hauses: der offene und geschlossene Hinterhof   137
Kleine Haustypen. Ähnlichkeiten und Unterschiede   139

13. Der stete Wandel in Anlage und Nutzung des Hauses   143

14. Die Fassade   147
Die großen Terraces des Regency: Park und Seepromenade, Square und Crescent   148
Fassadengestaltung vom Regency bis zur mittelviktorianischen Zeit   170
Erkerfenster, Ausluchten: "Bows" und "Bays"   174
Spätviktorianische Groß-Fassaden   176
Von den frühen Häusern mittlerer Größe zu den Fassaden des späten Standardtyps   176
Die Fassade des kleinen Hauses   196

15. Dekoration: Baustoffe und Techniken   199
Naturstein   200
Backstein   206
Stuck   215
Ornamentziegel und Terrakotta   219
Anstrich und Ausfugung   220
Dachziegel und Schiefer   221
Eisen   222
Holz   225

16. Die wechselnden Stile der Fassade   230
"Classical", klassizistisch, Regency, Neo-Renaissance, "Italian"   231
Neugotik   232
Spätviktorianische Mischstile   233

17. Soziale und archtektonische Hierarchie   236
Klassen-Akzentuierung, Ornament und Stil   236
Die Umkehrung der Dekorations-Hierarchie   242
Das Domestic Revival und das Ende der "Terrace" als Architekturtyp   247
Bauunternehmer und Architekt   250

Anmerkungen   258
Bibliographie   262
Register und Glossar   268
Bildnachweis   274
Zeittafel einiger Stilepochen und Kunstbewegungen in England   275
Landkarte   276

Danksagung

Mein besonderer Dank geht zuerst an Don Johnson für seine Pläne und seine herzliche Zusammenarbeit, und an Stella Shackle und Michael Brandon-Jones von dem Department of Fine Arts Photographic der University of East Anglia für ihre endlose Beratung und Geduld. Ich schulde auch speziellen Dank Harry Long, der das Manuskrip in einem sehr frühen Stadium las, genauso wie Andrew Saint, John Nicoll, Richard Hill und vor allem Caroline Williamson, die es später las. Ich wurde besonders unterstützt bei meinen Recherchen von Peter Aspinall, Charles Clark (Portsmouth), Antony Dale (Brighton), Martin Daunton, Prof. H.J. Dyos †, A.F. Kelsall, Mr. and Mrs. Ross (Ilford), Mitglieder der Tusting Familie (Builders' Direct Supply Co. Ltd. Norwich), Jane Wight, Robert Wyburn und Alison Wardale für das Schreiben; die Norfolk- und Norwich Record Office, die Bibliothek der University of East Anglia, die Bibliothek von der RIBA, London und den Pläne-Raum der British Library, London. Speziellen Dank schulde ich Wolfgang Erdmann für seine generelle Hilfe mit dem deutschen Text und speziell für seine Richtigstellungen im Bereich der Bautechnik.

Zu Dank verpflichtet bin ich auch den örtlichen Bibliotheken und Archiven in Birmingham, Bradford, Brighton-Hove, Bristol, Cambridge, Colchester, Cardiff, Folkestone, Great Yarmouth, Ipswich, Leeds, Leicester, Liverpool, London (British Library, Dept. of the Environment Library, GLC Archives, Guildhall Library, Public Record Office, Vestry Museum Walthamstow (D. Mander)), Lowestoft, Manchester, Nottingham, Norwich, Newcastle-upon-Tyne, Plymouth, Portsmouth, Preston, Peterborough, Reading, Rochdale (Jack Milne, und im Rathaus J.M. Russum), Sunderland, Sheffield und Wakefield; die Stadtverwaltungen von Easington (County Durham), Hartlepool (F.A. Patterson), London – Walworth (D. Jaques); Museen in Beamish (Stanley, County Durham), Bristol, Norwich (Bridewell Museum), Cromer; die Firmen von R.G. Croad, He. Jones & Jones & Son, D.A.E. Snow, Privett (Portsmouth).

Zahllos sind weitere Hilfen und ich kann nur wenige nennen: Lucie Amos, Nicholas Antram, Robert und Jull Bage, Nicholas Bullock, R.E. und H. Butterworth, Jno Croad, F. Cornwall, Alan Carter, Heik und Heather Celik, Moira coleman, E. Collingwood, J. Collins (Romford), Alan Crawford, Roy Church, Roger E. Dixon, Cliff B. Elliott, Trevor Fawcett, Ulrich und Carin Finke, Adrian Forty, G. Foyster, F. Forrest, Geroge und Olive Garrigan, Andor Gomme, Terry Gourvish, Sally Gritten, Alistair und Heidi Grieve, Willy Guttsman, Ivan und Elizabeth Hall, A. Heinlein, Stephen Heywood, Tanis Hinchcliffe, G. Hines, Miles HOrsey, J. House, A. Ireson, Neil Jackson, Wavell John, Judith M. Kinsey, Günther Kokkelink, Helen Long, Robin Lucas, Gordon Millar, R. Macdonald, Rodney Mace, J.C. Miles, Victor Morgan, Mr. Morrish (Plymouth), P. und J. Morris, Bianca Muthesius, The National Housing and Town Planning Council, John und Elizabeth Onians, Patrick Page, A.H. Parkinson, A.c. Piper, Alexander Potts, Helmut und Ulrike Proff, Jill Quantrill, Jonathan Ratter, R.c. Riley, Michael Sanderson, Michael a. Simpson, S. Skipper, Geoffrey Stell, Michael Stratton, Sir John Summerson, Anthony Sutcliffe, Mark Swenarton, Mary Trenchard, Paul Thompson, David Thomson, Robert Thorne, clive Wainwright, Chris Wakeling, Barnaby Wheeler, Suzette Worden, R. Wood, David Young.

Einleitung

Schon seit mehr als 200 Jahren beschäftigt sich der europäische Kontinent mit der Architektur Großbritanniens. Es handelt sich nicht nur um das Vorbild bestimmter Stile, sondern vor allem auch um die Planung von Bauten und um fundamentale Anschauungen zur Gestaltung. Der englische Landschaftsgarten brachte ein völlig neues Konzept zur Betrachtung und Planung von Bau und Umgebung. Hundert Jahre später, am Ende des 19. Jahrhunderts galt das englische Haus, genauer, das individuelle Vororthaus zurückhaltenen Typs, als ein Modell des Wohnens, das dem kontinentalen großen Mietshaus, aber auch der großen deutschen Villa des 19. Jahrhunderts gegenübergestellt wurde.

Der hier vorgestellte Typ des Reihenhauses fand bei den deutschen Architekten des frühen 20. Jahrhunderts weniger Anklang, wohl weil er nicht genug gestalterische Abwechslung versprach. Wohnungsreformer und Städteplaner jedoch, allen voran Rudolf Eberstadt, konnten dem englischen Reihenhaus kleineren Typs nicht genug Lob spenden; es erschien ihnen fast als die Erfüllung eines Traums: Ein kleines, relativ abgeschlossenes, vorstädtisches Haus für jede Familie, mit eigenem Garten, in nicht zu großer Entfernung von der Arbeitsstätte. Die englische Bauweise erschien der schlagende Beweis dafür, daß die moderne Industrialisierung und Verstädterung nicht unbedingt zum hohen, engen Mietshaus führen mußte. Für Eberstadt war das entscheidende Moment die "Bausitte". Auf dem Kontinent führte die Entwicklung des Mietshauses verbunden mit der dichten Ausnutzung des Bodens zu hohen Grundstückspreisen, die eine andere Art der Bebauung ausschlossen. In England dagegen, konnten umgekehrt die Baulandpreise keine großen Höhen erreichen, weil von vorneherein eine Nutzung bestand, die niemals soviel Einkommen – und Gewinn – versprach.

Es blieb also in England beim niedrigen Vorstadthaus. Während in fast allen Ländern Europas das Wohnen im grossen städtischen Mietshaus rapide zunahm, sank in England bis in die 1960er Jahre hinein die Wohndichte und sogar die durchschnittliche Höhe der Vorstadthäuser. Es wurden keine Häuser gebaut, die mehr als zwei Stockwerke aufwiesen. Heute leben etwa zwei Drittel der Bevölkerung in England und Wales in Reihenhäusern oder Doppelhäusern, etwa 15% in Einzelhäusern und der Rest in Etagenwohnungen. Von denen sind wiederum nur 12% in eigentlichen Mietsblöcken zu finden, die meist erst seit dem letzten Krieg im sozialen Wohnungsbau errichtet wurden; die Differenz betrifft Wohnungen, die durch die Aufteilung größerer Reihenhäuser entstanden sind.

Sicherlich muß man Eberstadt Recht geben mit seinem Konzept der konservativen Wohnsitten; ob er freilich die spätere Entwicklung des englischen Vorstadthauses mit seiner zwar geringeren Wohndichte aber einer enormen Ausbreitung der Vorstädte guthieß, wissen wir nicht. Heute konzentriert sich das Interesse wieder auf die eher dichte Bebauung des inner-vorstädtischen Reihenhauses.

Der Reihenhaustyp erscheint so einfach wie kaum ein anderer, aber die Millionen Beispiele zeigen die gleiche Vielfalt wie jeder andere Haustyp. Jedes Beispiel zeugt vom Zusammentreffen vieler Faktoren. Gewerbe, Entwerfer, Erbauer und Bewohner hatten kaum je eine einheitliche Vorstellung. Diese Tatsache bedingt eine strikte Trennung in der Behandlung der einzelnen Aspekte des Planens und Bauens. Über der systematischen Einteilung darf jedoch die chronologische Entwicklung nicht vergessen werden, und schließlich spielt in einzelnen Bereichen, besonders die Vielfalt der Grundrisse beim kleinsten Reihenhaustyp, wie auch bei der Fassadendekoration, die Unterscheidung nach Landesteilen eine wichtige Rolle.

Einleitung IX

Wie kann man zunächst die Bausitte erklären? Am Anfang steht nicht eine spezifische englische Art, sondern eine nordwest-europäische Bauweise, die noch bis ins 19. Jahrhundert auch die Niederlande – im weitesten Sinne, von Nordfrankreich bis Bremen – umfaßte. Die für das englische Reihenhaus entscheidende Frage ist: wie konnte sich dieser Typ in England halten, als alle anderen Länder ihn verdrängten und im städtischen Bereich mit dem Etagenwohnhaus ersetzten?

Es muß hier etwas vorweggenommen werden, was erst später im Detail zu erörtern sein wird. Eine Reihe von Häusern, die sich völlig gleichen, ist nicht etwas, das nur auf praktischer Planung, sondern auch auf rein architektonischen Werten beruht; "architektonisch" im traditionellen, klassischen Sinne des Wortes. Eine "Terrace" bzw. "a terrace of houses" bezeichnet die formale Koordinierung und größtmögliche einheitliche Proportionierung der Fassaden, nicht nur der einzelnen Häuser, sondern der Reihe als Ganzes. Die Fassade einer Terrace suggeriert somit die Fassade eines einzigen, großen Palastes. Hier schufen die englischen Grundbesitzer, Bauspekulanten und Architekten des 18. Jahrhunderts etwas völlig Neues. Die ersten englischen Terraces wurden im 18. Jahrhundert in den besten Vierteln Londons für den Adel und Großbourgeoisie errichtet. Natürlich war nicht die klassische Tradition selbst das eigentlich englische, sie kam aus Frankreich und Italien, aber die Kombination dieser Tradition mit der Kontinuität der Sitte des abgeschlossenen Hauses blieb ohne Parallele. In Holland gab es, wie in England, zahlreiche Reihenhäuser, aber das klassische Vorbild übte nicht entfernt den gleichen Einfluß aus, wie in dem sich aristokratisch gebärdenden Britannien.

Am Anfang des "gewöhnlichen" Hauses steht eine rein wirtschaftliche Frage. Wird die Finanzierung gelingen? Wie bewerkstelligt man sie am besten? Hier wiederum bestehen, und bestanden schon seit dem 18. Jahrhundert, entscheidende Unterschiede zwischen England und allen anderen Ländern. 99 Prozent aller englischen Häuser wurden spekulativ erbaut; dabei waren nicht nur der Boden, sondern auch das Baukapital immer relativ günstig zu haben. Die nächste Sorge für den Erbauer waren die Baugesetze; dies betraf vor allem die billigeren Häuser für die unteren Schichten. Konnte man kleinste Häuser ohne Verletzung der Gesetze bauen und dennoch einen Gewinn erzielen? Was die Lage hier vereinfachte, war die Tatsache, daß in einem relativ zentralistisch regierten Land wie England die örtlichen Varianten der Baugesetze eine viel geringer Rolle spielten als in den deutschen Ländern.

In anderen Hinsichten entsprach die Entwicklung in Großbritannien weitgehend der deutschen. Entscheidend für die Effizienz war die rasche Entwicklung der Bauindustrie und des Bautransports; hier übernahm man zuweilen kontinentale Erfindungen, wie den Hoffmann"schen Ziegelbrennofen. Rasche Fortschritte waren auch in anderen Bereichen der Bautechnologie zu verzeichnen, vor allem im Bereich der Sanitärtechnik. Die Engländer sind bekannt als "Erfinder" der Hygiene, zumindest des Wasserspülklosetts. Wieweit allerdings Arbeitersiedlungen in der sanitären Ausstattung im 19. Jahrhundert den kontinentalen voraus waren, müßte noch weiter untersucht werden.

Die umfangreichste Erörterung betrifft die praktische Nutzung des Hauses. Wer konnte sich was leisten? Die Variationsbreite unsers Typs war enorm. Zwanzig Räume oder drei, der Grundriß blieb im wesentlichen der gleiche. Die englische Wohnsitte des 19. Jahrhunderts verlangte mehr als anderswo nach separaten Räumen für jede Funktion. Das Bild wird beherrscht von einer Vielzahl von meist kleinen Räumen, die von oft langen und engen Korridoren separat zugänglich sind. Wie auf dem Kontinent wird im Laufe des 19. Jahrhunderts die "Gute Stube" zu einem wichtigen Raum auch für die Unterschichten. Eines der Widersprüchlichkeiten des englischen Reihenhauses ist die Entwicklung des kleinsten Haustyps. Hier herrscht nicht etwa die größte Einheitlichkeit, sondern im Gegenteil, die größte Variationsbreite des Grundrisses, die im späten 19. Jahrhundert ihren Höhepunkt erreichte. Natürlich bezieht sich Planung nicht nur auf den Grundriss des Inneren, sondern besonders bei den kleinsten Haustypen auf die engere Umgebung des Hauses, den Hof, den

Garten, die Unterbringung der Außentoiletten und des Ascheimers, aber vor allem die Plazierung des Zugangs zum Haus. Ein englisches Haus verlangt zwei Eingangstüren, eine vordere und eine hintere.

Wir kommen zurück zur Architektur. Eine Reihe von Häusern bildet eine "Terrace" weil die Vorderseite im traditionellen architektonischen Sinn als "Fassade" gesehen wird. Hier kann man wiederum einerseits die Gleichförmigkeit betonen, die Gleichheit der Bedingungen und die Begrenztheit der Mittel, andererseits aber die Vielfalt der Stile, die Vielfalt der Einfälle der einzelnen Erbauer. Wichtig ist aber auch die Stellung des Reihenhauses auf der Gradwanderung zwischen dem, was man in England "polite architectur" nennt, d.h. dem Betätigungsfeld des gebildeten Architekten und dem "venacular", dem anonymen Bauen. "Venacular" drückt sich im Zusammenfügen von Formen lokaler Materialvorkommen und Bautechniken, vor allem der Farben, an den Fassaden aus.

Der Gegensatz "polite/venacular" führt schließlich weiter zur Demonstration des sozialen Status. Auch heute noch gilt England als ein Land, in dem die sozialen Unterschiede stärker als anderswo betont werden. Das Wohnhaus ist eines der wichtigsten, wenn nicht das wichtigste Mittel, die soziale Stellung anzuzeigen. Das Reihenhaus schien sich dazu ganz besonders zu eignen, denn es schloß fast alle Gesellschaftsschichten ein. Aber gerade dies komplizierte die Situation. Es ist charakteristisch für die Mittel zur Darstellung des Status, daß diese im dauernden Wandel sind. Im Falle des englischen "terraced house" führte dies am Ende zu einer völligen Umkehrung der Werte. Eingeführt wurde der Typ für die reichsten Schichten. Als aber die Mittelschichten und der unterste Mittelstand mit diesem Typ einen, wenn auch noch so geringen Anspruch auf "Architektur" und "Status" erringen konnten, war es Zeit für die oberen Klassen, sich einem anderen Typ zuzuwenden, dem Einzelhaus oder dem Doppelhaus (semi-detached). Wiederum folgten bald die mittlere und die untere Mittelklasse. Zum Schluß muß dem kontinentalen Beobachter eine Enttäuschung bereitet werden, von etwa 1905 bis 1945 wurden in England keine Terraces, keine langen Reihen von Häusern jeglicher Größe gebaut. Heute allerdings feiert man die Rückkehr des Reihenhauses als "town house".

1. Das englische Universal-Reihenhaus

Die englischen Hausformen sind in wirtschaftlicher, sozialer und gesundheitlicher Hinsicht den deutschen haushoch überlegen.

Rudolf Eberstadt, 1908[1]

Bei vorsichtiger Schätzung wurden bis 1914 mehr als 90% aller englischen Wohnungen als aneinandergereihte Einzelhäuser gebaut, Häuser aller Größen und Klassen. Etwa 70% davon wurden seit dem 18. Jahrhundert in mehr oder weniger regelmäßigen Reihen errichtet. Im Jahre 1911 waren in England und Wales lediglich etwa 3% aller Wohneinheiten abgeschlossene Etagenwohnungen.[2] Im Süden des Landes findet man kleinere Reihenhäuser in allen Dörfern und Kleinstädten ab etwa 500 Einwohnern (Farbtafel 5). Im Norden kommen sie selbst in den kleinsten ländlichen Siedlungen vor. Bemerkenswert ist, daß kleinere Reihenhäuser mit geringer Wohndichte auch in oder nahe den Zentren größerer Städte bis nach 1900 gebaut wurden (Abb. 61, 67, 88, 89). Bis zu jenem Zeitpunkt fehlte in England der Gegensatz von weiträumigen Siedlungen einzelner Häuser in den äußeren Vororten und dichten Baublöcken im Zentrum, wie wir sie von den meisten anderen Ländern, einschließlich Schottland her kennen.

Eine umfassende Erklärung dieses Phänomens erscheint schwierig. Es ist kaum möglich, einen oder mehrere konkrete Gründe anzuführen oder gewisse greifbare historische Ereignisse oder Bauten zu benennen, wie etwa im Bereich der Architekturgeschichte. Leider fehlen auch eingehende Untersuchungen zur Etagenwohnung in den anderen Ländern.[3] Eine vollständige Untersuchung des Haustyps Reihenhaus müßte diesen weit in die Vergangenheit zurückverfolgen. In diesem Zusammenhang können nur einige spätere Elemente der Stadtanlage, der Wohngebräuche, der Gesetzgebung und der ökonomischen Entwicklung angedeutet werden.

Der Kontrast zwischen Stadt und Land war in England sehr viel weniger ausgeprägt als auf dem Kontinent. Die meisten Stadtmauern verloren bereits im 16. Jahrhundert ihre Bedeutung, und es gab deshalb kaum den Zwang zur dicht gedrängten Bebauung innerhalb der Mauern. Zwischen den Grundbesitzern in der Stadt und auf dem Lande bestand kein Unterschied; die bedeutendsten waren oft identisch. So wird das Wort "estate" in England sowohl für einen Land- und Gutsbesitz als auch für städtische Häuser oder Siedlungen benutzt. Schon früh gibt es deshalb in England die Entwicklung der Vorstadt, doch erst im 19. Jahrhundert zeigt sich hier eine besondere Siedlungsform. Der Grundtyp des in diesem Buch behandelten Hauses gehört zunächst keiner besonderen Umgebung an, weder der ländlichen noch der städtischen oder der vorstädtischen; erst später wird das Reihenhaus typisch für die Vorstadt.

Der "Suburbanisations-Prozeß", der Drang aus der Stadt hinaus, war wohl schon vom 16. Jahrhundert an mit dem Bestreben verbunden, Arbeiten und Wohnen zu trennen. Ein Haus soll ein Wohnhaus sein und keine anderen wesentlichen Funktionen haben; dies galt

2 *Das englische Reihenhaus*

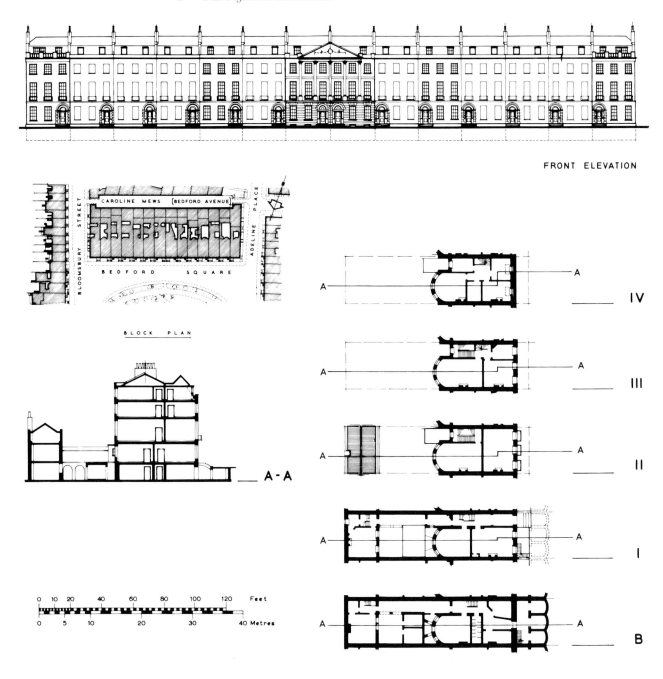

1. **London WC1.** Bedford Square. Der am besten erhaltene georgianische Platz in London, um 1775 – 1780 vermutlich von Thomas Leverton für das Estate des Duke of Bedford gebaut (vgl. Abb. 3). Vierzehn Reihenhäuser gleicher Breite sind durch das Hinzufügen zweier Seiten- und eines Mittelakzents zu einer Terrace zusammengefaßt. Die entstandene Trennungslinie in der Mitte ist mit einem Pilaster versehen, was als nicht klassisch angesehen wurde. Der Grundriß der Häuser ist von den Ställen (Mews) bis zu den vorderen Kellerräumen unter dem Bürgersteig des Platzes schmal und langgestreckt. Das Basement (Souterrain) enthält Küche und ähnliche Räume, das Erdgeschoß Eßzimmer und ein einfaches Wohnzimmer, das erste Obergeschoß den Drawing Room (den wichtigsten Raum). In den oberen Etagen befinden sich die Schlafzimmer und unter dem Dach in der Regel die Räume der Dienerschaft.

für die Häuser der besseren Schichten in London seit dem 17. Jahrhundert und ging einher mit der Idee der Klassentrennung. In den neuen Vierteln Londons wurden die besten Straßen und Plätze für die gehobeneren Bürger reserviert (Abb. 3, 135). Beide Gesichtspunkte, Trennung von Arbeiten und Wohnen sowie Trennung der Schichten, gehören wohl zusammen. Die besseren englischen Kaufleute wollten nicht mehr über ihrem Laden wohnen. Schließlich galt auch der Grundsatz, daß jede Familie ihr eigenes Haus haben solle, wobei im Laufe des 18. und 19. Jahrhunderts die Kleinfamilie mehr und mehr die Großfamilie ablöste. Es gab schon früh Versuche, die Untervermietung zu verbieten, z.B. in London in den Jahren 1589 und 1602, und die mittleren und höheren Schichten richteten sich auch danach. Der alte Spruch "My home is my castle" – in meinem Haus soll mir niemand etwas anhaben – weist in dieselbe Richtung. Die Eigentumsverhältnisse waren meist recht einfach, so daß es bis in die jüngste Zeit kaum Eigentumswohnungen in Reihenhäusern gab. In Schottland hingegen war das Wohnungseigentum schon lange üblich. Die Entwicklung des schottischen Mehrfamilienhauses seit dem Mittelalter hängt eng damit zusammen, daß die besseren Familien der Stadt sich Wohnungen in der ersten Etage über den Läden kauften. In London hätte separates Wohnungseigentum bzw. das Verpachten einzelner Wohnungen eines Hauses zu chaotischen Verhältnissen im "Leasehold System" geführt (siehe Kapitel 3: Pachtsystem). Um 1800 kann man in London sogar eine Vereinfachung der Eigentumsstruktur bemerken, d.h., die Pachtverträge einzelner Häuser einer Hausreihe waren von gleicher Dauer, um nach Beendigung der Pacht auch organisatorisch neue Erschließungen zu erleichtern.

Auch für die unteren Schichten wurde das Einfamilienhaus zur Norm. Auf dem Kontinent hielt man die Etagenwohnung für die unvermeidliche Folge der Industrialisierung und der "Verstädterung", was allerdings kaum als Erklärung der vielen hohen Etagenblöcke in stadtferner Umgebung ausreicht. In England hingegen wurden am Anfang der Industrialisierung für die Arbeiter im Hof des Unternehmens kleine und kleinste Häuser gebaut. Hier kommt das bereits erwähnte zunehmende Bestreben der Schichtentrennung zur Wirkung, die Herrschaft will sich nicht von Arbeitern umgeben sehen.

Die Weitervermietung durch Untermiete kam auch in England häufig vor. Vor allem den deutschen Bewunderern der Zeit um 1900 gegenüber muß dies betont werden. Das Einfamilienhaus war in England nicht immer die Regel. Im Jahre 1911 mußten etwa 40% aller Londoner Familien sich mit anderen ein Haus teilen. Meist handelte es sich dabei um ältere Häuser, die mit ihren sanitären Anlagen kaum auf diese Benutzung zugeschnitten waren. Wie es scheint, waren die Grundstücks- und Baukosten zu hoch, um Häuser des kleinsten Typs zu errichten. Das gleiche galt für die Entwicklung in Plymouth. Fast alle Häuser dort gehören zum mittleren und größeren Typ des Reihenhauses, wurden jedoch gleich nach ihrer Fertigstellung von mehreren Familien bezogen. In vielen Gegenden gab es einzelne Untermieter und Kostgänger besonders in den kleineren Häusern. In schlechten Zeiten wohnten mitunter zwei Arbeiterfamilien in einem kleinen Haus zusammen, man nannte das "doubling up".

Aber auch mit den traditionellen englischen Reihenhaustypen selbst konnten sehr hohe Wohndichten erreicht werden. In Liverpool ergab die Kombination von Kellerwohnungen, "Back-to-Backs" (Rückseite-an-Rückseite-Häuser) und der "Courts" (Höfe) eine Wohndichte von 1730 Personen pro Hektar (Abb. 67, 68). Eine Dichte, die etwa der Hälfte derjenigen eines späteren Berliner Mietshausblocks entsprach. Allerdings waren in England seit den 1850er Jahren solche Kombinationen und Wohndichten verboten, eine Dichte von etwa 500 Personen pro Hektar galt bereits als sehr hoch. Noch mehr als in anderen Ländern mißtraute man in England den Etagenwohnblöcken. Die hohen Mietshäuser für untere Schichten, die seit der Mitte des Jahrhunderts in einigen Teilen Londons und gelegentlich auch in anderen sehr großen Städten errichtet wurden, waren wenig beliebt. Zum einen wegen ihres kargen Aussehens, zum anderen durch die Versuche der Planer und der Aufseher, das Leben der Bewohner zu reglementieren und zu kontrollieren – etwa durch offene

Treppenhäuser. Auch die Erbauer trauten dem Typ nicht. Seit dem späten 19. Jahrhundert gibt es allerdings im Zentrum von London eine weitere neue Entwicklung zum Mietblock, doch hier handelt es sich um Luxus- und Zweitwohnungen.

Für die Masse der unteren Mittelschicht und der besser gestellten Arbeiterschicht gab es praktisch nie einen anderen Haustyp als das Reihenhaus. Als in den 1880er Jahren das Wohnungsproblem wieder stärker in die Diskussion rückte, erschien als in jeder Hinsicht beste Lösung die Einführung preiswerter Fahrkarten für Vorortzüge oder Straßenbahnen, um so auf etwas billigerem Boden kleine Häuser, mit einer Wohndichte ab etwa 150 Personen pro Hektar zu errichten. Im Jahre 1883 heißt es zu den Häusern in der gerade begonnenen Siedlung Noël Park, einem der ersten weit draußen gelegenen Wohnvororte Londons für die unteren Schichten, daß es sich hier "...nicht um einen neuen Typ handele, sondern um den universell eingeführten Typ aller städtischen und vorstädtischen 'terrace dwellings'', bei denen man auf die billigste Weise das größte Maß an Wohnraum schaffen könne" (Abb. 54).[4] Die Wohndichte pro Haus in England im 19. Jahrhunderts schwankte. Der höchste Stand war im Jahre 1821 mit 5,75 Personen zu verzeichnen, im späteren 19. Jahrhundert beobachten wir ein stetes Sinken von 5,38 im Jahre 1881 bis 5,20 im Jahre 1901 und 5,04 zehn Jahre später. In Holland hingegen, einem England in vieler Hinsicht ähnlichen Land, stieg diese Zahl von 5,50 im Jahre 1881 auf 5,73 zwanzig Jahre später.[5] Die durchschnittliche Familiengröße wird in England für jene Zeit mit etwa 4,5 Personen angegeben.

Eine große Rolle spielt natürlich die Kostenfrage. Immer wieder staunten besonders die deutschen Beobachter über die niedrigen englischen Baulandpreise und deren geringen Anteil von etwa 10-20% an den Gesamterstellungskosten eines Hauses. Bei einem großen Berliner Mietsblock dagegen konnten sie ein bis zwei Drittel betragen. Nur in einigen zentralen Stadtteilen Londons führten außergewöhnlich hohe Grundstückskosten zu den erwähnten hohen Mietblöcken. Ein Teil des Ausnutzungsvorteils wurde jedoch durch die teurere Bauweise dieser Blöcke wieder aufgehoben.[6]

Einer der wesentlichen Gründe, Häuser mit maximal zwei Hauptgeschossen zu bauen, war die Möglichkeit, durchweg eine neun Zoll starke Backsteinwand zu verwenden, d.h. die Länge eines Steines (23 cm) entsprach der Dicke der Wand (Abb. 40 – 41). Was die Bauweise insgesamt angeht, so staunten die kontinentalen Beobachter vor allem über die Leichtigkeit. Diese kann auch mit der allgemein errechneten geringeren Lebensdauer englischer Häuser in Zusammenhang gebracht werden. Vor allem bei den "Leasehold"-Bauten (Gebäuden zur Verpachtung) rechnete man mit Neubau oder durchgreifender Erneuerung der Häuser nach dem Auslaufen der Pacht. Auch außerhalb der Verpachtungsgepflogenheit, im "Freehold"-Bereich (Übereignung von Gebäuden), berechnete man den zu erzielenden Gewinn aus dem Besitz von Arbeiterhäusern anders als den von besseren Häusern, da bei kleineren Objekten eine geringere Lebensdauer zu erwarten war. Ein weiterer Grund für das Festhalten an unserem Typ war die Standardisierung der Grundrisse wie auch der gesamten Bauorganisation der Häuser. Seit dem späteren 17. Jahrhundert wurden praktisch alle Londoner Häuser spekulativ erbaut, d.h. erst nach oder kurz vor Fertigstellung der Häuser suchte der Bauherr einen Käufer oder Mieter.

Die Provinzstädte folgten dem Londoner Beispiel im 18. und frühen 19. Jahrhundert. Die Bauunternehmer hielten sich strikt an Vorausberechnungen, um mögliche Risiken zu vermeiden. Als William H. White im späten 19. Jahrhundert versuchte, die Londoner Bauunternehmer von den Vorteilen innerstädtischer Mietwohnungen zu überzeugen, beklagte er sich bitter über deren Konservativismus.

Nicht nur für Erbauer und Spekulanten, auch für die Bewohner waren die Häuser eine Ware wie jede andere. Die Mobilität der Familien scheint schon im 19. Jahrhundert in England besonders hoch gewesen zu sein. Allgemein ist der Sinn für das bleibende, für mehrere

Generationen einer Familie erbaute, individuell zugeschnittene Haus in England sehr viel geringer entwickelt als anderswo. Das individuelle Einfamilienhaus, oft im Eigenbau errichtet, kommt in England sehr viel seltener vor als in vielen anderen Ländern Europas. Der Ausdruck "My home is my castle" bezieht sich auf die Notwendigkeit der Privatsphäre und widerspricht nicht der Mobilität. Auch die wachsende Zahl der Hauseigentümer (heute etwa 66% aller Haushalte) hat diese Einstellung wenig verändert. Der kontinentale Ausdruck "Immobilie" oder auch das amerikanische "real estate" ist in England nicht gebräuchlich.

Je mehr es den Bauherren um die Maximierung der Profite ging, desto stärker wurden sie vom Gesetz kontrolliert. Bauvorschriften und Bautypen hängen immer eng miteinander zusammen. Es ist oft schwierig festzustellen, in welche Richtung der Einfluß geht. Wurde ein neuer Bautyp durch eine neue Bestimmung eingeführt, oder wurde eine neue Bestimmung so formuliert, daß lediglich ein schon existierender Bautyp neu geregelt wurde? In unserem Kapitel zum kleinen Reihenhaus werden wir Beispiele für beide Prozesse bringen. Wohl die einschneidendste Forderung und auch eine der ältesten war die der Baufluchtlinie. Sie wurde meist zu Anfang, in Zusammenhang mit der Straßenfluchtlinie festgelegt. Kaum weniger wichtig ist beim englischen Reihenhaus die "party wall" zwischen den Häusern (Abb. 17, 41, 49, 60). Die deutsche Bezeichnung Brandmauer trifft nur eine der wichtigsten Funktionen dieser Party-Wall. Im Londoner Leasehold-System galt sie als Eigentum des ursprünglichen Besitzers des Bodens und mußte von den Pächtern sorgfältig instandgehalten werden. Durchbrüche waren nicht erlaubt. W.H. White erzählt ein wenig ironisch von einem Fall, bei dem seine Durchlaucht, der Herzog von Bedford, persönlich um eine solche Erlaubnis gebeten werden mußte.[7] Es scheint, daß die sich immer mehr verschärfende Party-Wall-Gesetzgebung dem Reihenhaus zum Durchbruch verhalf. In der Jahrhundertmitte wurde die gerade Party-Wall auch im Norden bei kleinen Stadthäusern eingeführt, wo vorher vielerlei Agglomerationen wie Back-to-Backs oder komplizierte Winkellösungen anzutreffen waren, mit eckumlaufenden Trennwänden. Auch das Aufsprengen geschlossener Straßenblöcke in einzelne Reihen zur Vermeidung komplizierter Ecklösungen gehört in diesen Zusammenhang (Abb. 3). Es fällt immer wieder auf, daß die Bauunternehmer mit dem Ende einer Hausreihe architektonisch selten etwas anzufangen wußten. In den meisten Fällen begegnet man einfach einer undurchbrochenen Party-Wall: ein wesentlicher Angriffspunkt der Gegner des traditionellen Reihenhauses im 20. Jahrhundert. Eine weitere Vorschrift, die um die Mitte des 19. Jahrhunderts hinzukam, war die Forderung nach einem Stück freien Bodens an der Rückseite des Hauses. Die Vorschrift trug entscheidend zu einer größeren Reglementierung des Typs bei.

Bis hierhier haben wir die Faktoren erwähnt, die dem Reihenhaus zur Durchsetzung verhalfen, diese war aber natürlich auch von den Eigenschaften des Typs selbst bestimmt. Erstaunlich war die Vielseitigkeit des Grundrisses und Aufrisses. In späteren Kapiteln sollen einige der vielen Varianten gezeigt werden; hier geht es mehr um die Flexibilität der Anlagen in ihren Grundzügen.

Es gibt praktisch keine Begrenzung der Länge einer Zeile, sie kann mehrere hundert Meter betragen. Silkstone Row in Lower Altofs, Yorkshire, galt mit 250 Metern als die längste Reihe. Entlang den Londoner Vorortbahnen lassen sich vielleicht noch längere Terraces finden. Die Skala der Hausgrößen war außerordentlich groß, denn Adlige und Arbeiter lebten im gleichen Haustyp. In anderen Ländern war die Situation gewöhnlich sehr viel komplizierter. In Wien zum Beispiel blieb es bis ins 19. Jahrhundert bei den so verschiedenen Typen des Stadtpalastes und des Zinswohnhauses, bis sie sich schließlich im sogenannten "Zinspalast" in gewissem Sinne verbanden.[8] In England sind die Größenverhältnisse des Reihenhauses sehr verschieden. Man kann vier der kleinsten normalen englischen Häuser mit je zwei Zimmern im Parterre und im ersten Stock (Abb. 94), abzüglich ihrer Dächer und etwaigen Rückanbauten, in das vordere Wohnzimmer der größten Reihenhäuser in Kensington, etwa der "Albert Houses" von 1860 (Abb. 43), hineinstellen. Bemerkenswert ist,

2. **Bath.** Lyncombe Terrace, Lyncombe Hill, ca. 1820. Drei Häuser sind die Mindestzahl einer Terrace. Die Einheit der Gruppe wird durch das vorspringende mittlere Haus erzielt, das auch den Namenszug trägt. Es war bei diesem Beispiel nicht möglich, Symmetrie und Einheitlichkeit aller Fensterachsen zu erzielen.

daß beide Größen ein- und demselben Grundtyp angehören. Auf jedem Stockwerk ein Zimmer nach vorne und eins nach hinten, mit dem Eingang und der Treppe an der Seite. Andere Lösungen, z.B. die Plazierung des Eingangs in der Mitte der Fassade, kommen in den meisten Teilen Englands sehr selten vor. Vor allem in London variierte man die Breite des Hauses nur sehr wenig, im 19. Jahrhunderts wurden die Häuser zunehmend schmaler, der Grundriß erscheint zusammengepreßter. In der Tiefe hatte man mehr Spielraum, dennoch findet sich der Typ mit drei Räumen hintereinander, der so häufig in Holland vorkam, in England kaum.

Die Hauptvariable war die Höhe des Hauses. Es gibt viele recht weiträumige Lösungen mit nur einem Geschoß, etwa die "Cottages" in Sunderland (Abb. 61), andererseits sind vier, selbst fünf und sogar sechs Geschosse zuzüglich Souterrain nichts Seltenes. In solchen Häusern mußte meist nur die Dienerschaft sämtliche Treppen hinauflaufen. Erst im späteren 19. Jahrhundert erkannte man, daß die Höhe der Häuser außer Kontrolle geraten war, und der geräumige Rückanbau erschien als eine bessere Lösung. Im europäischen Vergleich erwiesen sich die 1870er – 1880er Jahre als eine wichtige Wende im englischen Hausbau. Die durchschnittliche Zahl der Stockwerke nahm in England ab, während sie anderswo rasch stieg. Sogar zwischen den beiden Weltkriegen blieb das zweistöckige Einfamilienhaus in England der Normalfall.

Die Gründe für diese Reihenbauweise waren somit meist praktisch-wirtschaftlicher Natur, bei der Grundtatsache, daß jede Familie ein eigenes Haus auf eigenem Grundstück anstrebte, war das eng aneinandergebaute Reihenhaus die beste Lösung. Es gibt aber noch andere Gründe, die außerhalb dieses Bereichs liegen. In ihren Einzelheiten müssen die architektonischen Elemente später erörtert werden; an dieser Stelle interessieren sie uns in ihrer sozialen oder soziologischen Bedeutung. Betrachtet man einige große Reihenhäuser der besten Klasse, so stellt sich heraus, daß ihre Form nicht oder nicht nur ein Resultat der Bequemlichkeit, der Wirtschaftlichkeit und des Platzmangels ist, sondern daß die enge Reihung und die große Höhe der Häuser als positive formale Faktoren gesehen wurden.

Um die frühe Entwicklung des neuzeitlichen Reihenhauses in London zu verstehen, muß man daran erinnern, daß zu Anfang die größten Londoner Plätze für die Häuser des hohen Adels reserviert waren. Die Bauentwicklung dieser Paläste ging jedoch sehr langsam voran, Grundeigentümer und Bauunternehmer wandten sich bald fast ausschließlich dem Bau von Reihenhäusern zu. Der nur geringe Bedarf an Stadtpalästen ergab sich aus der Tatsache, daß der englische Adel seine Hauptaufgabe im Ausbau seiner Landsitze sah — im Gegensatz zur Mehrzahl kontinentaler Adliger — und sich deshalb mit einem relativ bescheidenen Stadthaus begnügte. Der vierte Earl of Shaftesbury hielt sich dreißig Jahre lang ein Haus in Grosvenor Square, das nicht gerade klein , aber doch nur eines in einer Reihe von sieben gleichartigen Häusern war und einem Vergleich mit seinem Landsitz in Wimbourne St. Giles in Dorset nicht im geringsten standhielt. Die Nachfrage des mittleren und niederen Adels, sowie mehr und mehr der gehobenen Mittelschicht nach den großen Londoner Reihenhäusern nahm rapide zu. Um 1800 mußte Bedford House, wie manch anderer Stadtpalast, einer weiteren Straße mit hohen, engen Reihenhäusern weichen, sie wurde Bedford Place genannt (Abb. 3 — 5). Auch der Prince of Wales gab 1827 einen seiner Londoner Paläste, Carlton House auf, und an seiner Stelle erhob sich bald die großartige Carlton House Terrace (Abb. 111).

War es auch mit dem Bauen großer einzelner Paläste in London zu Ende, so konnte man an ihrer Stelle die Fassaden einer Reihe von Häusern so gestalten und zusammenfassen, daß die Illusion einer Palastfassade entstand. Während des 18. Jahrhunderts wurden die Fassaden der Häuser entlang dem sehr großen Grosvenor Square als übergreifende Fassadenkomposition konzipiert. Dies geschah dadurch, daß die Eck- und die Mittelhäuser jeweils besondere Akzente in der Form von Säulenstellungen oder Portiken erhielten. Die Tatsache, daß jede dieser grandiosen Palast- oder "Chateau"-Fassaden eine Ansammlung einzelner Häuser darstellte, wurde überspielt. Im späteren 18. Jahrhundert wandte man diese Bauweise mit Geschick auch bei etwas kleineren Häuserreihen an, etwa am Bedford Square (Abb. 1), und noch später auch für Häuser der Mittelschicht wie um 1840 in der Northdown Street (Abb. 139).

Dieser Typ des Reihenhauses, die "Terrace", kam so sehr in Mode, daß ein Haus in einer solchen Reihe für eine Weile sogar einer ansehnlichen Villa vorgezogen wurde. Man findet um 1800 architektonisch gut ausgestattete Häuserreihen nicht nur in engen Stadtgebieten, sondern auch am weitläufigen und durchgrünten Stadtrand von Provinzstädten. Sie liegen oft in einem halbprivaten Parkgebiet, wie etwa im Falle der Häuserreihe Newmarket Road 49-69 in Norwich aus den 1820er Jahren. Das Grundstück war von solcher Größe, daß es ohne Schwierigkeiten möglich gewesen wäre, die gleiche Anzahl von Villen mit größerem eigenen Garten zu errichten (Abb. 6, 7).

Als sich im späteren 19. Jahrhundert sogar Arbeiterhäuser um Kennzeichen einer "Terrace" bemühten, gab es kaum genug Geld für größere Gärten und schmückende Architekturelemente, aber zwei wesentliche Faktoren größerer Reihen wurden beachtet: die Gleichförmigkeit der einzelnen Häuser und die strikte Unterscheidung von Straßenfassade und Rückseite der Häuser.

Die vordere und die hintere Tür dienten gewöhnlich verschiedenen Bedürfnissen und wurden deshalb unterschiedlich gewichtet. "…keine dieser Vorderstraßen darf so angelegt werden, daß sie als rückwärtige Straße erscheint, was der Fall wäre, wenn sie eine Hintertür zeigen würde", heißt es etwas verklausuliert in den Baubestimmungen von Sunderland im Jahre 1867. Äußerst selten stehen sich die Frontseite, d. h. die Straßenfassade einer Hausreihe und die Rückseite der nächsten Reihe gegenüber (Abb. 61) wie im modernen Zeilenbau — ein in England kaum bekannter Begriff. Nur zuweilen kam diese Lösung in älteren Bergwerkssiedlungen vor. Bezüglich der Straßenfassade verschärfte man die Bestimmungen über die Baufluchtlinie zunehmend, nicht einmal Stufen und Schuhabstreifer durften vorstehen (Abb. 28).

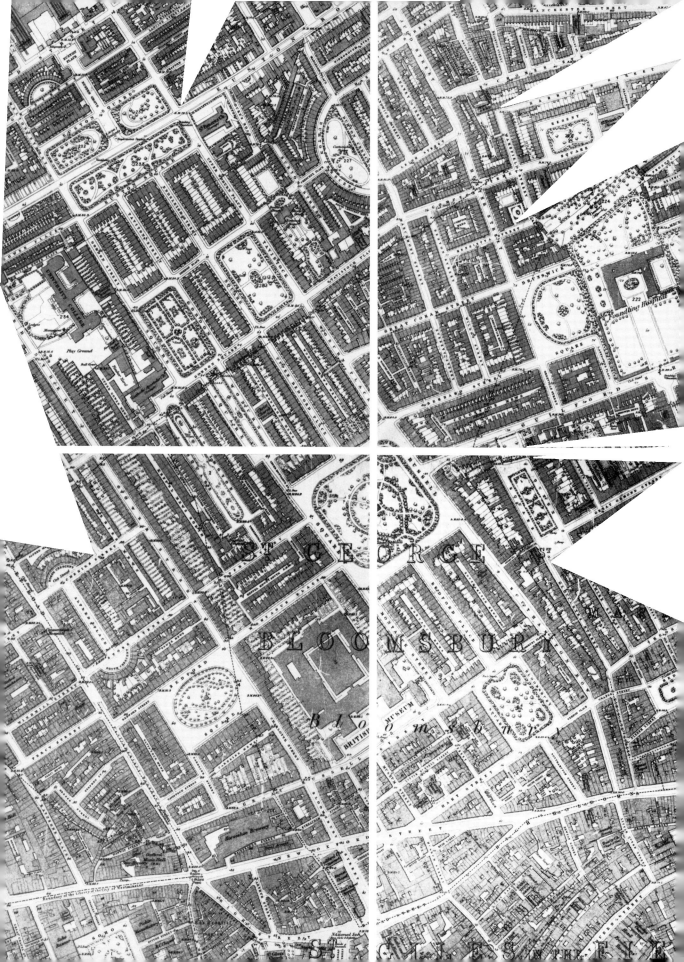

Das englische Universal-Reihenhaus   9

3. (linke Seite). **London.** Teil des Bedford Estates u.a. auf dem Plan von 1870; rechts der 1661 begonnene Bloomsbury Square; die nördlichen Teile stammen meist aus den 1820er Jahren. Vorbildlich wirkt die Anlage der Plätze und ihr Verhältnis zueinander sowie die Anlage der Häuser – in den späteren Jahren stets als einfache Reihen, die sich nur selten an ihren Ecken berühren.

4. **London.** Bloomsbury Square, begonnen 1661 (vgl. Abb. 3). Das Bild stammt aus dem 18. Jahrhundert und zeigt Bedford House am nördlichen Ende.

5. Ein Blick in die gleiche Richtung 1982: Bedford House mußte um 1800 Bedford Place und seinen Terraces weichen.

Das englische Universal-Reihenhaus 11

Der Ursprung des englischen Reihenhauses läßt sich als eine Version des besseren städtischen Einzelhauses, gedrängt gebaut und zur Straße hin ausgerichtet, wie es in den meisten Teilen Europas traditionell vorherrschte, beschreiben. Aber das englische Reihenhaus vom 17. bis zum Ende des 19. Jahrhunderts stellt mehr dar als eine einfache, zufällige Aneinanderreihung von Häusern. Diese Häuserreihe bemüht sich um architektonische Einheitlichkeit als Zeichen für den gehobenen sozialen Rang ihrer Bewohner wie auch als Zeichen der besonderen, gemeinsamen Anstrengung der Bauunternehmer. Hierin liegt der Hauptgrund, warum man in England , und nur in England, von einer "Terrace" spricht, und nicht von Reihenhäusern, von "row houses"; jener Begriff ist in England ungebräuchlich, in Amerika aber häufig. Deshalb muß der Begriff "Terrace" im Zusammenhang mit der Architekturgeschichte noch einmal gesondert erörtert werden.

Eine zusammenfassende Definition der "Terrace", des englischen Reihenhauses, verbindet praktische Überlegungen mit denen der Architektur und des sozialen Status. Es war die enge Verbindung, ja Verschmelzung aller dieser Elemente, die den Erfolg des Typs so lange garantierte. Als sich aber diese Verschmelzung zu lösen begann, als seit etwa der Mitte des 19. Jahrhunderts die Villa und das Doppelhaus, das "semidetached" zu modischen Haustypen avancierten, kam die Terrace nur noch für die mittleren und unteren Schichten in Frage. Die Regelmäßigkeit einer Häuserreihe war nun nicht mehr, oder nicht mehr primär, ein Resultat speziellen architektonischen Aufwandes, sondern hauptsächlich das Ergebnis von Sparsamkeit und verstärkter Massenproduktion im Baugewerbe. Nach 1920 waren Häuser in langen Reihen so unbeliebt, daß auch die meisten Arbeiterhäuser nicht mehr in dieser Form gebaut wurden.

Ende des 19. Jahrhunderts wohnte die große Mehrzahl aller Bürger in Reihenhäusern und in ihrem Bewußtsein war "das Haus an sich" weitgehend mit dem Reihenhaus identisch. Als im späteren 19. Jahrhundert die Beliebtheit der – in sanitärer Hinsicht oft vorbildlichen – hohen innerstädtischen Londoner Wohnblöcke rapide abnahm, schrieb ein Londoner Bauunternehmer über die von ihm gebauten billigen Wohnblöcke: "Alle unsere Häuser sind entlang der Straße gebaut, wie gewöhnliche "terraced houses". Es ist meine Überzeugung, daß unsere Bauten auf diese Weise so weit als möglich wie gewöhnliche Häuser erscheinen" (Abb. 106 – 110).[9] Auch bei jenen eingangs erwähnten 3% Etagenwohnungen des späten 19. Jahrhunderts handelt es sich zum größten Teil um die "cottage flats" in London und die "terraced flats" im Nordosten, in Tyneside (Abb. 100 – 110). Auch sie unterscheiden sich im Äußeren kaum von gewöhnlichen Reihenhäusern.

6. **Norwich.** Terrace in der Newmarket Road, vor 1830. Ein großzügiger privater Parkstreifen trennt die Häuserzeile von der öffentlichen Straße.

7. Die Rückseite der gleichen Terrace. Ein typisches Beispiel für die Bezeichnungen "Queen-Anne-Front" und "Mary-Anne-Back", was so viel bedeutet wie: vorne prächtig, hinten ärmlich. Ein halbprivater Fahrweg ermöglicht die Zufahrt zu jedem Haus.

2. Die georgianische Terrace und ihre Ursprünge in der klassischen Architektur der Renaissance

Während andere Länder bedeutende Beiträge zur Kunst der Malerei, Skulptur und Musik sowie zur monumentalen Architektur beitrugen, verfeinerten die Engländer alle Dinge des täglichen Lebens... Die Architekten des englischen Hauses waren immer etwas Besonderes.

Steen Eiler Rasmussen, 1934[1]

Für die meisten neuen Vorhaben mußten die Bauherren im London des 17. Jahrhunderts die Erlaubnis des Königs einholen. Im Jahre 1630 erhielt der vierte Earl of Bedford eine solche für sein großes Projekt in Covent Garden (Abb. 8). Die "Piazza", heute nicht mehr in ihrer ursprünglichen Gestalt erhalten, war das erste englische Beispiel einer regelmäßigen Platzanlage mit wohlgeordneten Fassaden. Bald darauf wurden alle besseren neuen Viertel von London, Bristol und Bath in diesem neuen Stil angelegt, mit Plätzen und Straßen von größtmöglicher Regelmäßigkeit. Es handelte sich um Beispiele des zu jener Zeit sich in Europa allgemein verbreitenden Bestrebens nach großzügiger Stadtplanung. Eine der Bedingungen, unter denen der Earl of Bedford die Erlaubnis des Königs für den Bau von Covent Garden erhalten hatte, war die, daß er sich des königlichen Architekten, Inigo Jones, bedienen mußte. Charles I. und Inigo Jones waren eingehend vertraut mit der Kunst Frankreichs und Italiens. Jones war der erste Architekt, der die italienische Renaissance und neuere städtische Entwicklungen in Frankreich studierte und miteinander verband.

Die Fassaden von Covent Garden stehen in der direkten Nachfolge von Palladios Palazzo Thiene in Vicenza, besonders dessen Hofseite (Abb. 8). In der Hauptsache besteht diese aus einer großen Kolossalordnung, aus Säulen oder Pilastern, die sich über mehr als ein Stockwerk erstrecken. Um diese Ordnung noch eindrucksvoller erscheinen zu lassen, wurde das untere Geschoß als ein Sockel gestaltet, welcher betont einfach und schlicht gehalten war und meist nur durch Rustika gegliedert ist. Diese Fassadenelemente kombinierte man nun mit einem normalen dreistöckigen Haustyp. Über dem rustizierten Untergeschoß folgte das Erdgeschoß und im ersten Stock befand sich nach italienischer Art das "piano nobile", das Hauptgeschoß des Hauses. Hier wurden die Hauptgesellschaftsräume untergebracht, später meist "drawing room" genannt. Darüber kam noch ein weiteres, sehr viel niedrigeres Stockwerk. Diese beiden Hauptgeschosse lagen hinter der Kolossalordnung der Fassade, deren Gesims den Abschluß bildete. Ein weiteres, kleineres Geschoß konnte oberhalb des Hauptgesimses als Attika hinzugefügt werden.

Ein Hauptelement der traditionellen Straßenfassade, der Giebel, wurde aufgegeben. Das Dach ist nun hinter dem Hauptgesims verborgen (Abb. 29, 41). Das Interessanteste an der

8. (rechts oben). Andrea Palladio, Palazzo Thiene, Vicenza, Aufriß der Hoffassade, um 1540. Die Illustration der *Quattro Libri dell'Architettura* von 1570 und der Place Royale (heute Place des Vosges) in Paris gaben die Vorbilder für die Gestaltung des Platzes Covent Garden in London um 1630 (linke Seite, Detail aus C. Campbells Vitruvius Britannicus) und der meisten Londoner Häuser für die nächsten dreihundert Jahre.

Londoner Palazzofassade war jedoch, daß die Kolossalordnung weggelassen werden konnte, ohne daß die Fassade ihren Palazzo-Charakter verlor. Man erreichte das, indem die Proportionen durch die sehr hohen Fenster des ersten Stocks sorgfältig bewahrt wurden – sie waren doppelt so hoch wie breit – und einem niedrigeren dritten Geschoß. Die Rustika wurde ebenfalls beibehalten, wenn auch oft nur in kleinen Resten. Es gab immer ein sorgfältig ausgeführtes Hauptgesims und auch meist ein klares Sockelgesims für den Hauptteil der Fassade. Was fehlte, war der teuerste Teil der Dekoration, die Säulen oder Pilaster (Abb. 1, 5, 41).

Um so wichtiger aber wurden im 18. Jahrhundert die Säulen und Pilasterstellungen für die Eckblöcke und Mittelteile einer langen Reihe. Letzteren wird nun ein Tempelportikus mit Pilastern oder Säulen vorgesetzt, der meist von einem Giebel bekrönt ist. Die Eckrisalite werden auf die gleiche Weise, aber meist ohne Giebel, hervorgehoben (Abb. 1). Das Vorbild war hier nicht Italien, sondern die Palastfassade des französischen Barock. Diese Gliederung hatte nicht nur formale Zwecke. Elmes konnte behaupten, daß die Terraces in Regents Park an die "Palastfassade eines Herrschers" erinnern (Abb. 112).[2] So brauchen wir nicht weit nach einem solchen Palast zu suchen. Buckingham Palace, der in seiner heutigen Anlage hauptsächlich aus dem frühen 19. Jahrhundert stammt, zeigt eine solche Fassade.

Noch beim berühmten Royal Crescent von 1767 in Bath (Abb. 125) sowie beim Crescent in Buxton (von John Carr 1779 – 81) applizierte man eine durchgehende Kolossalordnung aus Halbsäulen, bald aber wurde das Bild der Plätze und Straßen von dem Kontrast zwischen schlichteren Fassaden und reichen Eck- und Mittelakzenten beherrscht. Die grundlegende Definition bzw. der architektonische Zweck der Terrace seit dem 18. Jahrhundert bestand darin, eine Reihe gleichartiger Häuser so eng wie möglich zu verbinden, um eine Illusion der Einheit, den Eindruck eines einzigen Gebäudes zu vermitteln. Gerade weil man es mit einer klassischen Fassade zu tun hatte, deren wesentliche Elemente – die Säulenordnung – man entbehren mußte, galt es umsomehr, sich an korrekte Proportionen und genaue Wiederholungen zu halten. Schließlich konnte man auch bei den End- und Mittelrisaliten die Kolossalordnung weglassen und sie durch einfaches Vorstehen betonen, wie etwa bei den Reihen an Bedford Place – solange nur die größtmögliche Regelmäßigkeit der Proportionen und die Einhaltung der Horizontalen gewahrt wurde (Abb. 2, 5).

Die Einheit einer Häuserreihe wurde zudem oft mit einer Tafel angepriesen, die in der Mitte oder am Ende der Reihe angebracht war und der Terrace einen Namen gab. Nash's Inschrift an seiner Chester Terrace in Regents Park war ungewöhnlich groß (Abb. 113). Später legte man weniger Wert auf diese Namensgebung und die Tafeln wurden kleiner und billiger. Die Namen wählte man aus einem kleinen Kreis von Personen der höheren Gesellschaft, vor allem natürlich der königlichen Familie, oder auch von Ortsteilen, wie Kensington oder Lansdown – einem Estate in Bath. Oft wurden auch Siege zu Land und zur See gefeiert, wie Waterloo und Trafalgar. Gelegentlich benutzte man später auch abstrakte Bezeichnungen wie "Onward Terrace" in Wolverhampton oder "Progress Terrace" in Preston im Jahre 1884. Gelegentlich wird auch eine Straße nach der an ihr liegenden Terrace benannt.

Erstaunlich ist, daß der Begriff "Terrace" nie völlig eindeutig gebraucht wurde. Auch in England bezeichnet das Wort im eigentlichen Sinn eine "Terrasse", genau wie im Deutschen, ein erhöhtes Stück Land oder einen Teil eines Hauses. Darüber hinaus kann, wie das Oxford Dictionary schreibt, das Wort benutzt werden für "eine Reihe von Häusern auf einem erhöhten Niveau..., unangemessenerweise auch eine Reihe von Häusern in gleichmäßiger Gestalt, auf einem wenig oder gar nicht überhöhten Niveau". Wohl zum ersten Mal findet sich dieser Gebrauch des Wortes bei den Adelphi Terraces von 1769, die auf einem hohen Terrassen-Sockelbau über der Themse errichtet wurden (Abb. 9). Vor dieser Zeit gibt es einige Beispiele von Hausreihen, für die der Begriff "row" (Reihe) als Auszeichnung benutzt wurde, etwa in der Minor Cannon Row in Rochester vom Jahre 1736 oder etwas später in der Prospect Row in Chatham.

England fügte sich ganz dem Zeitgeist der europäischen Entwicklung. Imponierende Größe und Regelmäßigkeit, gepflegte Sitten im Dienste des Lobpreises von König und Adels. Kein anderes Land nahm die Regelmäßigkeit der Bauweise so ernst wie England – außer wohl eher zufälligen Imitationen wie Kenau Park in Haarlem um 1830. In französischen Städten gab es gewöhnlich viel umfassendere Vorschriften des Königs oder der Stadtverwaltung für die gesamte Anlage der Stadt, sowohl was Achsen und Blickpunkte betraf als auch in der übergreifenden Ordnung ganzer Stadtteile. Die einzelnen Häuser hingegen sind selten genaue Kopien ihrer Nachbarn. In England sind Städte, die nach einem einzigen oder einigen wenigen Plänen gebaut wurden, sehr selten, wohl aber gab es sorgfältige Abstimmungen von Straßen und Plätzen innerhalb der großen Londoner Estates des 18. und 19. Jahrhunderts (Abb. 3, 4, 135). Paris hat sehr viel mehr Häuser mit reicher und voller klassischer Gliederung; aber die Fassaden einfacherer Häuser wirken sehr viel weniger uniform als die entsprechenden Londoner Fassaden. Nur in den Niederlanden beharrte man in ähnlicher Weise wie in England auf dem Einzelhaus in der Stadt, wobei dieses Gebiet sich von Nordfrankreich bis Bremen erstreckt.

Im Gegensatz zu England brachte hier aber die Entwicklung fast immer die architektonische Betonung des Einzelhauses. Sogar in der Zeit des Klassizismus, etwa im frühen 19. Jahrhundert in Brüssel, als Einheitlichkeit allgemein stärker betont wurde, variierte man innerhalb einer Reihe die Höhe und Gestalt des Hauptgesimses, um das einzelne Haus hervorzuheben. Sieht man sich die Fassaden der aneinandergereihten Häuser auf dem Konti-

9. **London.** Adelphi Terrace von Robert und James Adam. In der Beschreibung der Architekten heißt es: "Der oben abgebildete Druck zeigt die Royal Terrace, die Häuser und die Straßenöffnungen weisen zum Ufer, zusammen mit den Landeplätzen, den Arkaden und den Zugängen der unterirdischen Straßen sowie die Lagerhauseingänge des Adelphi. Die Anlage ist eine private Unternehmung der Brüder Adam, von ihnen entworfen und im Juli 1768 begonnen.? Es war die erste Reihe, die den Namen "Terrace" erhielt, der Kontrast zu den unregelmäßigeren älteren Häusern ist ganz rechts im Bild zu sehen.

nent genauer an, so bemerkt man, daß die "Fassade" eines jeden einzelnen Hauses die Hausfront individuell gliedert, auch wenn sie nur geringfügig vorsteht. Im späteren 19. Jahrhundert geschieht dies gewöhnlich mit einer recht dünnen Backsteinverblendung. Bei den Terraces der englischen Palladianer und ihrer Nachfolger liegt das Gewicht auf der Betonung durchgehender, glatter Oberflächen der gesamten Vorderfassade einer Reihe von Häusern, auf dem sorgfältigen "bonding", dem Mauerverband der gesamten Fassade. In der späteren Zeit findet sich auf dem Kontinent nur bei kleineren Arbeiterhäusern ein höheres Maß an Wiederholung. Was diesen Ländern fehlte, war die strenge Reglementierung palladianisch gesonnener "Estates" in jener Zeit des 17. und 18. Jahrhunderts, als diese Mode sich bildete.

Die in England außerordentlich strenge Behandlung der Fassade kann somit aus der Verbindung zweier Tendenzen erklärt werden: der Sitte, in einem Einfamlienhaus zu wohnen, sei es noch so bescheiden –, zugleich aber einen großen Palast zu suggerieren.

Der andere bereits erwähnte Aspekt, der England vom Kontinent unterschied, war die frühzeitige Trennung von Arbeit und Wohnen. Viel seltener als anderswo wohnte man in Großbritannien über den Geschäftsräumen. Der erhebliche Umfang vieler Estates in London und in einigen Badeorten machte es möglich, das Areal von Anfang an streng in Wohnhausgruppen, Märkte und Bezirke für Handwerk einzuteilen. Die Hauptplätze wurden stets für die feineren Wohnhäuser reserviert. Die Architektur oder zumindest den Palazzotyp der

Fassade konnte man sich kaum mit einem Laden denken. Sozialer und architektonischer Status bedingten sich gegenseitig. Nachdem im Lauf des 19. Jahrhunderts die Regel der Trennung von Wohn- und Arbeitsplatz in allen Schichten üblich geworden war, wandte man das Palastprinzip auch auf mittlere und schließlich kleinere Häuser an.

Wir kommen hier zu einer Entwicklung, in der England nun völlig vom Kontinent abweicht. Die Geschäftsstraßen und die älteren Hauptdurchgangsstraßen zeigen fast nie auch nur den Versuch einer Regelmäßigkeit, diese ist ganz den besten neuen Wohngebieten vorbehalten. Besonders deutlich wird das in Clifton oder auch in Kensington, den vornehmen Vororten von Bristol bzw. London. Die Geschäftsstraßen sind, obgleich von reizvoller Lebendigkeit, architektonisch zweitrangig, um so großartiger und regelmäßiger sind die von den ersteren sorgfältig abgesonderten Terraces.

Die Terrace kann wohl als der wichtigste Beitrag Englands zur Architektur der klassischen Stadt der Renaissance betrachtet werden. Nach 1800 aber mischen sich Bedenken in den Gebrauch des Wortes "Stadt". Schon damals hatte das Betreben begonnen, außerhalb der Stadt zu wohnen, ungestört im Grünen. Es war ein Teil der englischen Bewegung des "Picturesque", des Malerischen, das schließlich dazu führte, daß man enge städtische Bebauung grundsätzlich ablehnte und damit schließlich auch das Reihenhaus. Man baute nun, wo immer das finanziell möglich war, Einzel- und Doppelhäuser (semi ditached). Im mittleren 19. Jahrhundert war die Terrace als Statussymbol weitgehend von der Villa verdrängt worden – wir werden im letzten Kapitel darauf zurückkommen. Etwas früher, etwa seit 1810 versuchten einige Architekten die Hausreihen an die neue Bewegung des Malerischen anzupassen, vor allem Nash im Regents Park (Abb. 112, 136). Eine Terrace ist nicht länger Teil eines Straßenblocks, sondern ein unabhängiger Baukörper. Auch in dichteren städtischen Lagen stehen nun die Reihen meist selbständig und an den Enden unverbunden da, z.B. in Bloomsbury (Abb. 3, 4). Paradoxerweise finden wir in dieser späten Form, am Ende der Entwicklung, die architektonisch bedeutendsten Beispiele unseres Typs. Bevor wir uns der Architektur dieser Anlagen und Fassaden zuwenden, müssen aber zunächst die materiellen Bedingungen unseres Haustyps weiter behandelt werden.

3. Angebot und Nachfrage

Die Entwicklung des normalen englischen Wohnungswesens zeigt als bedeutsame Züge billiges Land, reichliches Kapital und ein unabhängiges, leistungsfähiges Baugewerbe, das den Wohnungsbedarf für eine große Bevölkerungmehrheit in zureichender Weise zu decken vermag.

Rudolf Eberstadt[1]

Von 1801 bis 1911 wuchs die Bevölkerung von England und Wales von 9 Millionen auf 36 Millionen und die Zahl der Häuser von 1,6 auf 7,6 Millionen. Im ersten Kapitel wurde kurz der Sachverhalt erläutert, daß als Ideal und in der Realität jeder Familie in England ein Haus zustehen sollte. Ein weiteres Kapitel wird sich mehr im Detail mit den Hausgrößen und dem Einkommen der Bewohner beschäftigen. Hier geht es um die Finanzierung.

Vermietung

Bis zum Beginn des 20. Jahrhunderts wurden 90% aller Häuser von privaten Hauseigentümern vermietet. Die Zahl der in einer Hand befindlichen Häuser variierte von ein oder zwei bis zu mehreren Hundert. Viele kleine Häuser waren im Besitz von Handwerkern und Ladeninhabern. Bauunternehmer und Spekulanten vermieteten Häuser jeder Größe. Die Regeln der Vermietung waren unterschiedlich, die Mittelschichten bezahlten ihre Miete viertel- oder halbjährlich, die unteren Schichten jede Woche. Bei ihnen kam es wegen der Armut und der Mobilität der Bewohner oft zu Schwierigkeiten bezüglich Mieterhebung und Unterhalt der Häuser. Nach 1850 übernahmen meist spezielle Hausverwalter ("house agents" auch "house jobbers" und in London "house knackers" genannt[2]) diese Aufgaben. Vorbild waren die "agents", die Manager oder Aufseher der großen Londoner Estates. Mehr und mehr befaßten sich diese Verwalter auch mit dem Verkauf der Häuser, und um 1900 hatte sich der Berufszweig des Maklers (Estate Agent) etabliert. Er entspricht dem deutschen Makler, aber mehr als dieser kann er seine "Ware" öffentlich anpreisen. Große Schaufenster mit Fotos der zu verkaufenden Häuser sind ein vertrautes Bild in allen englischen Städten.

Die niedrigsten Mieten wurden in den unternehmenseigenen Bergwerkshäuschen im Nordosten des Landes gezahlt. Zu Anfang des 19. Jahrhunderts betrug die Miete für Häuser mit nur einem Raum drei Pennies pro Woche oder 13 Shilling im Jahr (ein Shilling entspricht 12 pennies). Häuser mit zwei Räumen kosteten etwa einen Shilling, drei Pennies die Woche oder drei Pfund pro Jahr (Abb. 61). Häuser mit vier Räumen waren für drei bis sieben Shillinge die Woche zu haben (7 - 15 Pfund p.a.; 1 Pfund = 20 Shillinge; Abb. 94). Fünf- bis sechsräumige Häuser kosteten etwa sechs bis zehn Shillinge (16 – 26 Pfund p.a.); ein mittelgroßes Standardhaus kostete im späteren 19. Jahrhundert 20 bis 40 Pfund p.a. (Abb. 48). Sehr große Reihenhäuser erreichten eine Jahresmiete von 100 Pfund oder mehr.

Wie heute gab es starke regionale Unterschiede. Der *Cost of Living Report* errechnete für die meisten englischen Städte im Jahr 1908 eine statistische Größe, basierend auf der gleichen Anzahl von Zimmern in einer Wohnung. Setzt man die Durchschnittsmiete in London gleich 100, folgt die Stadt Plymouth als nächste mit 81 – eine Stadt, in der nur größere

Häuser gebaut wurden, die man sogleich an mehrere Familien vermietete. Darauf folgten Tyneside, d.h. Newcastle-upon-Tyne und Umgebung mit 70, Liverpool mit 65, etwas weiter darunter Manchester mit 62, Birmingham mit 59 usw.. Die meisten Industriestädte lagen um 50 bis 60, einige Städte der Midlands und Ostenglands unter 50. Weit darunter lag Macclesfield mit 32; der Report erwähnt jedoch nicht, daß in dieser mittelgroßen Stadt in Cheshire die Industrie stagnierte und die Bevölkerung kaum wuchs. Die Häuser waren dort kleiner und älter als gewöhnlich (Abb. 201).

Im Gegensatz zu einigen anderen Gebrauchsgütern stiegen die Mieten; sie verdoppelten sich von 1790 bis 1840, und bis 1910 nahmen sie noch einmal um 75% zu, nur gelegentlich fielen sie, wie in den 1830er und 80er Jahren. Vom Gesamteinkommen einer Familie betrug die Miete etwa 8% bis 10% bei den Mittelschichten, zum Teil erheblich mehr in unteren Schichten. Im späteren 19. Jahrhundert erhöhte sich der Mietanteil allgemein. Dies wurde durch höhere Baukosten verursacht, vor allem aber durch gestiegene Ansprüche und höheren Komfort.

Für den Hauseigentümer, den "landlord", der fast immer ortsansässig war, bildeten Häuser ein sicheres Investment, allerdings ohne besonders schnelle Gewinne. Die Miete betrug etwa 10% des Kaufpreises, als guter Profit galten etwa 4 – 7% oder 10% bei kleineren Häusern. Es gab jedoch einen wesentlichen Unsicherheitsfaktor, der demjenigen der Bauspekulation entsprach, das Auf und Ab der "building cycles", eine Art Über- bzw. Unterproduktion, die sich in der Zahl der leerstehenden Häuser ausdrückte. Sie lag selten unter 5% und stand häufig bei 10%.

Das eigene Heim, das Eigentum an Haus und Grund, scheint im 19. Jahrhundert noch nicht so ideologiebefrachtet gewesen zu sein wie heute, wo rund 66% der Engländer ihr eigenes Haus bewohnen. Wenn W.H. White davon spricht, daß es für jede Familie "ein Stück Land und den Himmel darüber" darüber geben solle, so meint er damit nicht unbedingt das individuelle Eigentum.[3] Es gab Fälle, in denen ein Eigentümer mehrerer Häuser sich sein Wohnhaus von jemand anderem mietete.[4] In Birmingham wurde jedoch 1860 jedes sechste Haus vom Inhaber selbst bewohnt. Das *Freehold Movement* der 1840er Jahre und 1850er Jahre war eher politisch orientiert – eine Übereignungs-Bewegung zum Zwecke der Erweiterung des Wahlrechts. In vielen Arbeitergegenden gab es sogenannte "building clubs" oder "building societies", etwa in Leeds, Burnley oder den West Midlands. Diese Gesellschaften spielten zunächst nur eine lokale Rolle und nur einige bestehen noch heute als "Permanent Building Societies" fort. Ihre Funktion ist eher die einer Bau-Darlehenskasse als die von Bauspargesellschaften und ihre Stellung ist heute in England ungleich mächtiger als die der deutschen Entsprechungen. Im 19. Jahrhundert liehen diese Institutionen auch den Spekulanten Geld, besonders in London, und erst seit 1900 begannen sie Geld vorrangig für den Erwerb des individuellen Hauses zu verleihen. Als typisch kann das Beispiel eines kleinen Londoner Vororthauses von 1908 gelten: die *Cooperative Building Society* verlieh 290 Pfund für ein neues Haus, das 300 Pfund kostete; diese mußten dann in monatlichen Raten von 14 Shillingen und 4 Pennies zurückgezahlt werden, wobei eine vorherige kleine Ansparung in der Rechnung enthalten war – etwa in Höhe einer halben vergleichbaren Jahresmiete.

Es gab noch weitere Ausgaben für Hauseigentümer und -bewohner. Die städtischen und allgemeinen gesundheitlichen Reformen erhöhten die Grundsteuer ("rates") beträchtlich; sie sind in England seit jeher sehr hoch und werden vorwiegend für lokale öffentliche Einrichtungen und Investitionen verwendet. Berechnungsgrundlage war der jährliche Mietzins des Hauses. In London stieg er allein im frühen 20. Jahrhundert von 13 Shilling, 1 Penny auf 17 Shilling Miete pro Jahr.[5] Dazu gab es die "Inhabited House Duty", die mit der Einkommensteuer verrechnet wurde, und zwar 1851 auf Häuser von 20 Pfund Mietwert und mehr, d.h. für Häuser von der unteren Mittelschicht an aufwärts. Sie betrug 1874 im Jahr mindestens vier Shilling, neun Pennies. Schließlich gab es noch die berüchtigte "window tax", die Fenstersteuer; 1821 betrug sie drei Shillings, drei Pennies für sehr kleine Häuser unter 5 Pfund jährlichem Mietwert und weniger als sechs Fenstern, und 1 Pfund, 8 Shilling für Häuser mit 10 Fenstern. Von 1823 an wurden die Häuser mit weniger als sieben Fenstern nicht mehr besteuert und 1851 wurde die Steuer im Zeichen fortgeschrittener Gesundheitspolitik ganz gestrichen. Häufig bestand besonders bei den Londoner Leasehold-Häusern ein zusätzlicher Versicherungszwang.

Die Spekulanten

Zahlreiche Architekturhistoriker und vor allem Sozial- und Wirtschaftsgeschichtler, wie etwa J.H. Dyos, haben sich eingehend mit der Entwicklung des spekulativen Wohnungsbaus beschäftigt: der Begriff "urban history" deckt sich in England zum größten Teil mit diesem Zweig der Städtegeschichte. Es wird mehr oder weniger streng zwischen dieser "Städtegeschichte" und der Historie einzelner Orte wie auch der Geschichte allgemein konzeptioneller Stadtplanung unterschieden. Tausende von Dokumenten zum Hausbau wurden eingehend analysiert; in diesem Abschnitt können wir lediglich eine vereinfachende Zusammenfassung geben.

99% aller Häuser im London des 19. Jahrhunderts, Villen eingeschlossen, wurden spekulativ, d. h. in der Hoffnung auf spätere Käufer gebaut.[6] Im 18. und frühen 19. Jahrhundert gab es einige Grenzfälle bei sehr teuren Häusern, die oft schon nach Fertigstellung des Rohbaus verkauft und anschließend von den Eigentümern nach eigenem Belieben vollendet wurden – etwa das Haus, welches der Duke of Devonshire 1830 am Lewes Crescent in Brighton kaufte.

Viele der spekulativen Unternehmungen waren von enormer Größe. Es gab keine wesentlichen Beschränkungen für die Entwicklung von Vororten, und der Grundbesitz war häufig in wenigen Händen konzentriert. Einem einzigen Besitzer gehörte oft ein Viertel oder mehr des vorstädtischen Bodens. Die Tendenz zur Konzentration von Bauvorhaben nahm zu; dies betraf sowohl die Finanzierung als auch die Planung sozialer und praktischer Funktionen. Manche der größten Terraces bildeten nur einen Teil noch umfangreicherer Erschließungen. Oft arbeiteten und planten benachbarte Grundbeitzer zusammen; tonangebend waren Londoner Grundbesitzer. Weite Landstriche nördlich und westlich um die ältesten Teile Londons gehörten einer kleinen Gruppe von Eigentümern; diese Besitzungen wurden "great estates" genannt. In Bloomsbury war es hauptsächlich der Earl, bzw. Duke of Bedford, um Regents Street die Krone und in St. Marybone der Herzog von Portland. Weiter westlich, in Paddington und North Kensington bauten die Bischöfe von London, außerdem war dort das große Ladbroke Estate. Im Südwesten, von Mayfair bis Belgravia und Pimlico lag der riesige Besitz des Duke of Westminster, oder, wie er sich außerdem nannte, Lord Grosvenor. In Chelsea kam später noch das Cadogan Estate dazu. Die meisten Eigentümer dieser Besitzungen profitieren noch heute von ihren Estates.

Mit Ausnahme von Bath und Bristol waren die Erschließungen in den Provinzstädten von wesentlich geringerem Umfang. Vom späteren 19. Jahrhundert an finden sich Entwicklungen, die den früheren Londoner sehr ähnlich sehen. So zeigen die Straßengruppen um die Orchard Street in Pendleton bei Manchester acht Reihen von 16 x 2 identischen Häusern. In dem nordwest-englischen Seebad Morecambe zeigen fast alle Häuser denselben Stil, nur ihre Höhe variiert. Es gibt mehrere unterschiedlich große Provinzstädte mit besonders regelmäßiger Gesamtplanung: Ashton-under-Lyne bei Manchester; Mauricetown bei Plymouth, Birkenhead, Barrow-in-Furness im Nordwesten, Middlesborough (Abb. 89) – vor allem der Vorort Grangetown. Es handelt sich hier meist um die durchgehende Planung eines einzelnen Grundbesitzers. Sehr viel seltener – aber in der Geschichte der Haus- und Stadtplanung bekannter – sind jene kleineren Orte, die von einem Fabrikanten für seine Arbeiter gebaut und verwaltet wurden, wie etwa Saltaire bei Bradford, nach 1850 von dem Textilindustriellen Sir Titus Salt gegründet und errichtet. Es wäre interessant, jene Orte gesondert zu untersuchen, die besonders wenig Planung zeigen, wie etwa Southampton (im Gegensatz zu den regelmäßigen Straßenzügen im benachbarten Portsmouth), Ipswich, Peterborough und Cliftonville bei Margate (in starkem Kontrast zu Southend-on-Sea auf der gegenüberliegenden Themseseite).

Wer waren die Spekulanten? Zunächst war es der Grundbesitzer selbst, der "noble landlord with a greedy purse", der "erlauchte Besitzer mit seiner gierigen Geldbörse", wie John Summerson schreibt oder auch derjenige, der den Boden eines oder mehrerer Estates gekauft hatte. Man nennt ihn gewöhnlich den "developer", oder den Spekulanten im engeren Sinn dieses Begriffs. Jede Erschließung brauchte einen Planer, der die Straßen anlegte, die Kanalisationsarbeiten einleitete und die Parzellen an einzelne Bauunternehmer verkaufte. Im Falle der großen Estates war dies meist der "estate surveyor". Das Wort "surveyor" (Aufseher) bezeichnet in England eine ganze Fülle von Tätigkeiten: Landvermessen, Planung, Qualitätskontrollen am Bau, Erschließung usw. In anderen Fällen übernahm ein Außenstehender diese Aufgaben, meist ein Bauunternehmer oder Bauhandwerker. Oft kamen die Unternehmer aus branchenfremden Berufen oder sie trugen keine Berufsbezeichnung. Weniger wichtig waren Architekten, Makler und Auktionatoren, die nicht direkt die Rolle des "speculating developers" übernommen hatten. Wichtig dagegen war der "solicitor", der Rechtsanwalt bzw. Notar. Er beaufsichtigte die umfangreichen Vertragspapiere (eine kleinere Landübertragung kostete etwa 2 Pfund), und vermittelte häufig das Kapital an kleinere Bauunternehmer. Wie schon erwähnt, besaßen die Bauunternehmer im allgemeinen wenig Kapital – für das Land brauchten sie meist nur wenig – und sie waren daher auf die Solicitors angewiesen. Diese fungierten als eine Art Investmentbank für stille Teilhaber aus einem weiten Kreis von Personen, oft alleinstehende Frauen, aber auch kleinere Geschäftsleute der Londoner City, z. B. Georg Penson, der bei seinem Tode 1900 120.000 Pfund hinterließ, die er größtenteils durch Investitionen in North Kensington verdient hatte. Der Zinsfuß für jene Investoren lag konstant bei 5%; lediglich in schlechten Zeiten konnte er auf 4,5% fallen. Gegen Ende des 19. Jahrhunderts gewannen Banken und Versicherungen als Investoren an Bedeutung.

Charakteristisch für spekulative Bautätigkeit waren starke Konjunkturschwankungen. Besonders hektisch war die Entwicklung in den 1790er Jahren und nach dem Sturz Napoleons 1815; danach folgte von den späten 20er Jahren bis in die vierziger Jahre eine Depression; kleinere Booms schlossen sich in den vierziger und fünfziger Jahren und ein weiterer in den frühen sechziger Jahren des 19. Jhts. an. Nach einem weiteren Niedergang kam eine steile Entwicklung nach oben in den mittleren und späteren 70er Jahren. Die 80er Jahre waren ruhig; danach ging es wieder steil aufwärts, und um 1900 wurden in England und Wales, mit einer Bevölkerung von 32 Millionen, 160.000 Häuser pro Jahr gebaut, eine Zahl, die erst in den 1930iger Jahren wieder erreicht wurde. Es folgte bald ein rapider Rückgang und ein fast völliges Versiegen der Bautätigkeit vor und während des ersten Weltkrieges. Dies ist im wesentlichen der Londoner Verlauf; in der Provinz zeigten sich erhebliche Schwankungen. Die Wirtschaftshistoriker sind sich nicht einig über die Ursachen der Building Cycles. Es scheint lediglich sicher, daß sie sich nicht nur aus den lokalen Gegebenheiten des Marktes ergaben, sondern auch aus der allgemeinen Lage am Geldmarkt.[7]

Die Grundstückskosten waren recht unterschiedlich und reichten von einigen Pennies für den Quadratfuß bis zu einigen Shillingen. Außerordentlich schwer zu berechnen ist der Gewinn, der aus dem Verkauf und Wiederverkauf von Bauland gewonnen wurde. Wie Eberstadt immer wieder betont, gab es in England keine der deutschen Entwicklung vergleichbare Situation, bei der die Grundstücksspekulation den Wert des Bodens multiplizierte, lange bevor das Bauen begann. Natürlich kauften auch in England die Developers Land im Hinblick auf seine Wertsteigerung durch Bautätigkeit möglichst billig ein, aber dessen Wert erhöhte sich im allgemeinen parallel zur Nachfrage. Die einzige Methode, dieser nachzuhelfen, war die Anlage einer "strategic road" (Erschließungsstraße), oder später einer Vorortbahn. Natürlich gab es auch eine allgemeine Steigerung der Bodenpreise – in Zusammenhang mit der allgemeinen Wertsteigerung aller Gebäude – aber normalerweise verlief die Wertsteigerung, die "improved groundrent", parallel zum Bau von Häusern, bzw. wenn diese verkauft oder vermietet waren.

Es gab mehrere Methoden, eine spekulative Bebauung in Gang zu bringen. In den meisten Teilen Londons waren die Estates "entailed" oder "held in trust", d.h. der Boden durfte nicht verkauft, sondern nur im "Leasehold" verpachtet werden. Die Grundbesitzer oder die Spekulanten legten gewöhnlich die Straßen und später die Kanalisation an. Die einzelnen Grundstücke wurden sodann verpachtet. Die Pacht während des Bauens hielt man niedrig (peppercorn rent), so daß die Bauunternehmer wenig Kapital benötigten. Sie vermieteten dann das fertige Haus oder verkauften den "lease", den Pachtvertrag weiter. Nach Ablauf des Pachtvertrages, gewöhnlich nach 99 Jahren, fiel in jedem Falle das Haus an den ursprünglichen Grundbesitzer zurück, ohne daß dieser jemals etwas an dem Bau bezahlt hatte. Er konnte die Häuser nun wieder neu vermieten, meist mit hohem Profit, "rack rent", oder aber den Prozeß des Developments von neuem beginnen. In anderen Städten Englands gab es dieses System der Erschließung nur selten, lediglich Birmingham und Sheffield bildeten Ausnahmen. Einige Städte hatten ein Pachtsystem auf 999 Jahre, was faktisch einem Verkauf gleichkam. Das übliche aber war das Freehold-System, d.h. Verkauf und die damit übliche vollständige Übereignung. Gerade in London bestand so eine enge Verbindung des Leasehold-Systems und der Entwicklung des spekulativen Hausbaus, und damit unseres Haustyps, besonders durch die Kontrolle der Bauunternehmer durch die Grundeigentümer. Ähnliche Mechanismen gab es bei den Freehold Projekten durch "restrictive covenants", die einschränkenden Klauseln in den Urkunden. – Wir kommen darauf im nächsten Kapitel zurück.

In gleicher Weise wie im Leasehold-System der geringe Pachtbetrag des Bauunternehmers während des Baues dazu diente, die Bautätigkeit zu kontrollieren, schob der Bauunternehmer beim Freehold-Erwerb die Bezahlung des Grundstücks soweit hinaus, bis er das Haus gebaut oder verkauft hatte. In einigen Städten, etwa im Brighton der Regency-Zeit, konnten die Bauunternehmer zwischen Leasehold und Freehold wählen.

Im späteren 19. Jahrhundert betrugen die Baukosten etwa vier bis zehn Pennies per Kubikfuß (0,58 bis 1,30 Pfund pro m³) je nach Hausklasse. In London lagen die Preise gewöhnlich 20% über denen in der Provinz. Der Wert eines Hauses drückte sich durch den jährlich zu erwartenden Mietbetrag aus (ein "10 Pfund-Haus", ein "50 Pfund-Haus"), der etwa 10% oder etwas mehr des Kaufpreises oder der Gesamtbaukosten ausmachte. Während die durchschnittliche Größe und die Preise neuer Häuser ständig stiegen, erhöhten sich die Kaufpreise und Mieten älterer Häuser während des gesamten Zeitraumes kaum.

Insgesamt sind die Profite der Spekulanten außerordentlich schwer zu beurteilen. Natürlich wurden mehr als die 4-10% Gewinn erwartet, der den Hauseigentümern zufiel, aber auch mehr als die stabilen 5%, die sich die Investoren holten. Für die Spekulanten gab es keinerlei Sicherheit. Es kam in spektakulären Fällen zu riesigen Profiten, meistens ging es jedoch nur langsam voran. Der bekannte Spekulant Charles Henry Blake in West London verdiente manchmal weniger als 1,5%. Pleiten waren an der Tagesordnung, in den mittfünfziger Jahren stand James Hall in North-Kensington mit 340.000 Pfund in der Kreide.

Eine gesonderte Frage war die Profitabilität der Häuser der unteren Schichten. Hierbei sind die – im Ganzen recht seltenen – städtischen und philanthropisch-paternalistischen Arbeitersiedlungen auszunehmen, obgleich sie keineswegs immer unprofitabel blieben. Die meisten Kritiker jener Zeit stimmten darin überein, daß Arbeiterhäuser im gleichen kapitalistischen Prozeß gebaut und bezahlt werden müssen wie andere auch. Ohne Zweifel konnten relativ hohe Gewinne in solchen Gegenden erzielt werden, wenn, wie in der Nähe der Liverpooler Docks, wenig Nachfrage für bessere Häuser bestand. In den Städten des Südens, in London und Brighton, gab es jedoch Bauunternehmer wie den berühmten Thomas Cubitt, die niemals kleinere Häuser bauten. Es gab hier genug ältere Wohnhäuser, die von den ärmeren Schichten übernommen wurden und die durch Überbelegung relativ hohe

Mieterträge brachten. In vielen Fällen bezahlten die Armen die gleiche Miete pro Quadratfuß wie die Reichen. Es ist wahrscheinlich, daß nach der Einführung strengerer Baugesetze um und nach 1850 der Gewinn beim Bau von kleineren Häusern vorübergehend abnahm, da die Löhne der Mieter mit den gestiegenen Kosten nicht Schritt halten konnten. Aber schon in den 70er Jahren hatte man sich an diese Bestimmungen gewöhnt, und die meisten Häuser, auch die für einen Großteil der Arbeiterschicht, waren in mancher Hinsicht größer, als es die Baugesetze verlangten. Arbeiterhäuser gehörten nicht mehr zu einer speziellen Kategorie von spekulativen Häusern, wie oft in früheren Jahrzehnten, in der nachlässige Bauweise als Voraussetzung für den Profit betrachtet wurde.

Es ist unmöglich, auch nur zu versuchen, hier die wichtigsten spekulativen Entwicklungen englischer Städte nachzuzeichnen. Gewöhnlich handelte es sich um Unternehmungen von lokaler Bedeutung, aber es gab einige wenige Persönlichkeiten, die schon zu ihren Lebzeiten weit über ihren Wirkungskreis hinaus bekannt wurden und es verdienen, in den Kreis anderer wagemutiger Unternehmer der Zeit gestellt zu werden. Summerson zufolge war der erste große Spekulant im späten 17. Jahrhundert Nicholas Barbon. Er scheint eine beachtliche Standardisierung und zügige Erschließung erreicht zu haben. Obwohl er allgemein erfolgreich und vielseitig war, dazu Autor eines Buches über die Grundsätze des Kapitalismus, starb er hochverschuldet. Wohl die größten Erfolgsberichte kamen aus den Seebädern. Besonders in Brighton gelang es, tausende von wohlhabenden Familien zum Erwerb eines Zweitwohnsitzes, "second home", oder Ruhesitzes zu verleiten (Abb. 115).[8] Man versprach den Bewohnern Seeluft und die Nähe der königlichen Familie – dieses Versprechen wurde aber kaum eingehalten, denn Königin Victoria liebte es nicht, vom Publikum bestaunt zu werden. Thomas Reed Kemp, aus einer mittelständischen Familie des nahen Lewes stammend, stand hinter den meisten Erschließungen. Seit den 1820er Jahren entwickelte er "nahezu eigenhändig" neue Reihenhaussiedlungen östlich und westlich der alten Stadt. Doch die Entwicklung seiner Projekte ging sehr langsam voran, sie erstreckte sich teilweise über mehr als 30 Jahre. Finanziell war das Ganze kaum ein Erfolg. Kemp mußte im Jahre 1837 wegen Zahlungsunfähigkeit für einige Zeit das Land verlassen. Eine letzte Genugtuung schien jedoch angemessen: der östliche neue Teil Brightons erhielt den Namen Kemp Town.

Der wichtigste Spekulant in Cheltenham war ein pensionierter Londoner Kaufmann namens Henry Thompson, der mit der Entwicklung der Montpellier und Lansdown Estates begann. Sein Sohn Pearson Thompson übernahm die Projekte 1820, mußte aber 1830 die unvollendeten Terraces an zwei Architekten, die Brüder Jearrad, verkaufen. Später beteiligte sich Thompson an wichtigen Projekten in North-Kensington, besonders dem Ladbroke Estate. In Royal Leamington Spa kamen viele der Spekulanten und Investoren aus den Midlands. Doch schon um die Mitte des Jahrhunderts war die Zeit der großen Mode-Kurorte vorbei. Ihre neue Funktion als Tagesausflugsziel und später als Pendlerorte gehört in einen anderen Zusammenhang.

Die Erfolge und die Schwierigkeiten der spekulativen Unternehmungen John Nashs und der Krone in London sind mehrfach beschrieben worden. Architektonisch sind Regents Park und Regents Street wohl die bedeutendsten ihrer Art.[9] Der erfolgreichste spekulative Bauunternehmer des 19. Jahrhunderts war Thomas Cubitt, als Sohn eines Zimmermanns in Norfolk geboren, starb er in London als Millionär.[10] Zusammen mit anderen Unternehmern wie Seth Smith bauten er und seine Nachfolger allein auf dem Estate des Duke of Westminster – bzw. Lord Grosvenor – in den Jahren 1825 bis 1875 über 5000 Häuser, praktisch ganz Belgravia und Pimlico. Zwei der wichtigsten Unternehmer im Kensington des späteren 19. Jahrhunderts, Charles Aldin und William Jackson, hatten ihre Karriere bei Cubitt begonnen. Ein weiterer Spekulant in Kensington, C.J. Freake, war wohl der erste Bauunternehmer, der zum Baron erhoben wurde, während Cubitt sicherlich der erste Unternehmer war, der für sich den Ritterstand, d.h. den Titel "Sir", ablehnte.

10. **Cromer.** Norfolk. Eine Anzeige für Bauspekulanten um 1890. Das kleine Seebad hatte sich in den letzten Jahren schnell entwickelt, vor allem durch Besuche der königlichen Familie und die Anbindung an London durch eine neue Eisenbahnlinie. Das Grand Hotel auf der linken Seite, existiert noch heute. Cromer Hall, der hier angezeigte Landsitz, liegt etwa einen Kilometer von dem dargestellten Areal entfernt. Die abgebildete Reklame richtete sich an potentielle Käufer, die über keine genauen Ortskenntnisse verfügten. Bereits nach wenigen Jahren waren die meisten der abgebildeten Straßen mit Reihenhäusern gesäumt, die wohl von Anfang an als Pensionen genutzt wurden.

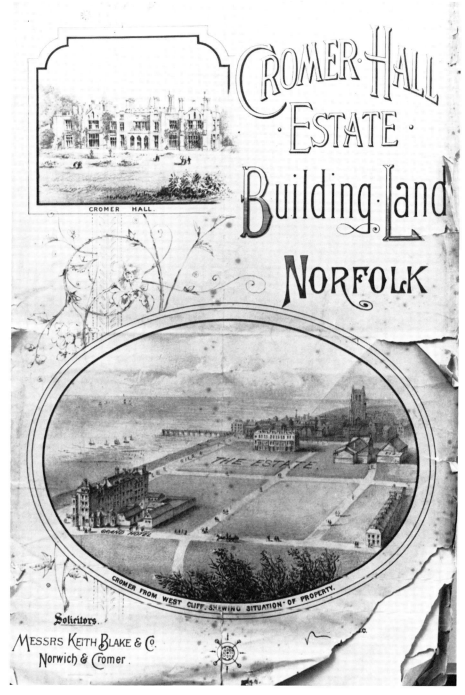

Weniger spekulativ sind die zahllosen kleinen und mittleren Bauunternehmungen in der Provinz.[11] Nur ein genaues Auswerten aller Dokumente einer Erschließung kann uns einen Einblick in den Bauprozeß verschaffen. Betrachten wir z. B. ein Stück Land zwischen Dereham Road und Earlham Road in Norwich, so schienen im Jahre 1860 alle Faktoren für eine schnelle Entwicklung gegeben. Die Zufahrtsstraßen waren gut, die Gegend relativ attraktiv, besonders an ihrer etwas erhöhten Südseite. Es schien eine gute Nachfrage nach kleinen und mittleren Häusern zu bestehen. Der Großgrundbesitzer W.B. Humfrey verkaufte 1861

Farbtafel 2. **Brighton**. Brunswick Terrace, ca. 1830. Volle Palastentfaltung der Fassade einer Hauszeile.

10 Acres (4,05 Hektar) an den Bauunternehmer und Spekulanten S.H. Meachen für 4.850 Pfund, d.h. für etwa zwei Pennies per Quadratfuß (0,09 Pfund pro m²), Meachen konnte aber vorerst nur 350 Pfund begleichen – vermutlich für jene Grundstücke, die er selbst bebauen wollte. Meachen legte die Straßen aus oder zumindest markierte er sie und steckte die Bauparzellen ab, die er an andere Bauunternehmer für 4 Pennies per Quadratfuß verkaufte. Dieses Geld ging dann gleich an Humfrey; Meachen erhielt lediglich 10 Shillinge (0,50 Pfund) pro Transaktion. Innerhalb von acht Jahren wurde das Areal mit etwa 230 meist kleinen, aber regelmäßigen Häusern bebaut, und zwar von insgesamt 18 Bauunternehmern. In vielen Fällen verlief die Bauentwicklung ohne Zwischenfälle. Der "builder" kaufte das Grundstück, lieh sich das Geld dazu über einen Solicitor, meist, indem er andere, eben gebaute Häuser als Sicherheit anbot, dann baute er 3 bis 18 Häuser innerhalb eines kappen Jahres, verkaufte sie und zahlte das Geld (damals wie heute die Hypothek, die "mortgage"), zurück (vgl. Abb. 37, 50, 191).

In anderen Fällen gab es nichts als Schwierigkeiten, wie bei der Zeile Alexandra Road 120-130. Es dauerte neun Monate, bis das erste Haus fertiggestellt wurde; dann aber mußte der Bauunternehmer J. Youngs das ganze Projekt mit Verlust verkaufen, denn er hatte seine Schulden bei dem Solicitor J. Winter zu begleichen. Winter verlieh daraufhin das Geld einem anderen Unternehmer, aber auch dieser kann bereits nach drei Monaten nicht mehr weiterarbeiten und verkauft das Ganze wieder an Youngs, wiederum mit Verlust. Kurze Zeit später muß auch Youngs erneut aufgeben und veräußert die kaum weitergeführte Reihe an Meachen! Alle drei zahlen nun einen Teil ihrer Schulden an Winter zurück und nach nochmaliger Kapitalaufnahme bei Winter kommt Meachen endlich dazu, die Reihe fertigzustellen, 18 Monate nach dem Baubeginn. Zu guter Letzt muß sich auch Bernhard Zipfel, der Käufer der Terrace, von dem sie ihren Namen erhielt, das Geld von Winter borgen. Wer machte wohl den größten Profit bei dieser Erschließung? Sicher nicht die Bauunternehmer, eher noch der Solicitor und seine Investoren, am meisten jedoch der ursprüngliche Grundeigentümer, Humfrey.[12]

Später gab es viele sehr umfangreiche Erschließungen, von denen man annehmen kann, daß derart kompliziert-leichtsinnige Finanzierungsfälle kaum noch vorkamen. In den 1890er Jahren inserierte die *British Land Company Limited* den Verkauf, bzw. die Versteigerung von Baugrundstücken auf dem "Rectory Manor Estate" in Walthamstow, heute zu London, E17, gehörig. Zunächst pries man die "zentrale, gesunde, bezaubernde und gehobene Lage" an, die "vollständig für den Bau erschlossen sei". Sie eigne sich "für alle Bauunternehmer, Geschäftsleute, kleine Kapitalanleger, Grundstücksverkäufer und Spekulanten"; entweder "um das Land mit Gewinn weiter zu verkaufen, oder um auf eigene Rechnung dort zu bauen" oder aber, um "selbst dort zu wohnen". Die Verkäufer seien bereit, das Geld zum Kauf des Grundstücks zu leihen, und zwar bis zu 90% des Gesamtpreises; sie seien auch bereit, Leasehold-Pächtern das Geld zum Bau vorzuschießen. "Neue Straßen und Kanalisation sind bereits angelegt". Eine Kaufurkunde normalen Typs koste nichts, da die Firma ihre eigenen Rechtsanwälte habe. – Die Grundstücksgesellschaft befaßte sich mit allem Notwendigen, ausgenommen dem Bau der Häuser selbst, aber auch dieser wurde weitgehend von ihr bestimmt. Sie lieferte Entwürfe für die Häuser, die sich sowieso in ihrer Anlage nicht von den tausenden von Vororthäusern, die damals in London gebaut wurden, unterschieden. Diese Häuser paßten genau in die von der Grundstücksgesellschaft aufgeteilten Parzellen (Farbtafel 11). Alles war durchgeplant;[13] die Tage des rücksichtslosen oder des wagemutigen Spekulantentums schienen vorüber.

Ob grundsätzlich das Angebot die Nachfrage befriedigte, kann nicht genau gesagt werden. Auf jeden Fall war für die untersten Schichten das Angebot ungenügend und schlecht. Für alle Gesellschaftsschichten darüber gab es jedoch meist ein Überangebot an Häusern, da es für den spekulierenden Bauunternehmer äußerst schwierig war, die Höhe der Nachfrage zu ermitteln.

Handelte es sich um einen Block mit Wohnungen, so gab es, wenigstens theoretisch, verschiedene Möglichkeiten der Aufteilung. Aber der Bau eines ganzen Hauses mit vielleicht zehn und mehr Zimmern, geschweige denn eine Reihe solcher Häuser ohne festen Abnehmer, war ein riskantes Unternehmen. Die schwierigste Entscheidung für jeden Spekulanten betraf die Größe der zu bauenden Häuser. Es kab kaum allgemeine Regeln, die bei solchen Entscheidungen halfen. Es bestand ein natürlicher Hang zur Größe infolge eines anfänglichen Optimismus, aus Gründen sozialen und architektonischen Prestiges und aus dem Bestreben, den Rang einer Gegend möglichst im voraus festzulegen. Bei größeren Häusern war das Bauen teurer und somit der Gewinn höher. In Gegenden ohne besondere Annehmlichkeiten jedoch, wo die Nachfrage am schwierigsten abzuschätzen war, gab es keine Antwort auf die Frage, ob mehr Gewinn durch wenige, größere Häuser oder durch viele, kleinere Häuser zu erzielen war. Dies hing auch von weiteren Faktoren ab: die spezielle Lage des Grundstücks, der Bedarf an Gärten, die ortsüblichen Gepflogenheiten bei Untervermietungen. Hinzu kam, daß für die meisten Unternehmungen der bestimmende Faktor des "make or break" (Erfolg oder Mißerfolg) im prompten Verkauf der Häuser lag. Da sich größere Häuser im allgemeinen langsamer verkauften als kleinere, finden wir in der Regency- und Victorian-Epoche häufig die Situation, daß man großspurig begann, aber schnell ins Mittelmaß abglitt. Und wir werden niemals alle jene grandiosen Projekte kennenlernen, die nur auf dem Papier existierten.

David Cannadine schreibt, daß in bisherigen Untersuchungen zum spekulativen Hausbau die Absicht großer Unternehmer, ein Gebiet mit teuren Häusern zu bebauen, überbetont wurde. Natürliche Gegebenheiten waren viel entscheidender. Zum Beispiel zieht eine freundlich-hügelige Gegend immer die besten Schichten an und eine Arbeiterstadt oder eine Gegend in der Nähe von Fabriken läßt nichts anderes als einfache Häuser zu. Die Frage der Hausgröße im engeren Sinn war hingegen für eine Gegend, die weder besonders attraktiv noch besonders häßlich schien, schwer zu beantworten. Für bestimmte große Estates in Zeitungen im großen Stil zu werben, scheint erstmals im späten 19. Jahrhundert vorgekommen zu sein; seit 1920 wurde dies dann üblich (Abb. 10, 108).

Etwa seit der Mitte des 19. Jahrhunderts wurde das Problem der Größenplanung etwas gemildert, weil nun die wohlhabenden Schichten es vorzogen, in Einzelhäusern zu leben; eine Villa ließ sich meist besser verkaufen als einzelne Häuser einer Terrace. Die Größen der Reihenhäuser nahm ab. Warum versuchten die Unternehmer nicht, ähnlich wie auf dem Kontinent, die Größe der Häuser einer Terrace zu variieren, dort enthielt jeder Häuserblock Wohnungen verschiedener Größe? In England galt das enge Zusammenwohnen mehrerer verschiedener Schichten als unfein. Diese Schichtentrennung verstärkte sich zunehmend. Das ging so weit, daß die gehobene Mittelschicht nicht einmal in der Nähe der unteren Mittelschicht wohnen wollte. In der Tat zeigen nun viele große Erschließungen eine gewisse Schichtendifferenzierung innerhalb eines engen Rahmens. Mit größter Sorgfalt werden die Straßen der kleineren Häuser versteckt und soweit wie möglich jede Straße einer einzigen Schicht zugeordnet.

Die späten "Standard"-Typen der Reihenhäuser am Ende des Jahrhunderts bedeuteten, wie wir am Beispiel der Walthamstow-Erschließung gesehen haben, eine weitere Nivellierung der Größenunterschiede. Am Ende der Skala wurde das "working class"-Haus, das Arbeiterhaus, abgeschafft, wenigstens im früheren Sinne des Wortes, insofern es durch besonders kleine Grundrißform und oft unsolide Bauweise charakterisiert war. Nicht nur die Planung, auch die Bauweise war jetzt bei fast allen Reihenhäusern im Wesentlichen die gleiche, was auch weitgehend für die modernen sanitären Anlagen galt. Hausgrößen wurden nun in minutiöser Weise unterschieden, z. B. als 8 Pfund-Haus, 8,8 Pfund 10 Shilling - Haus, 10 Pfund-Häuser usw. (Abb. 37, 90). Es stellt sich die Frage, auf welche Weise die Klassenhierarchie nun demonstriert werden konnte — dies soll im letzten Kapitel anhand der Bedeutung der Fassadengestaltung erörtert werden.

4. Das Bauwesen: vom Handwerk zur Industrie

Wir brauchen einen Arkwright (Pionier der Textilmanufaktur) für die Bauindustrie.
James Hole, 1866[1]

Nach der Erörterung der spekulativen Baulanderschließung wenden wir uns einigen Prozessen des Bauens sowie der Herstellung und Beschaffung von Baumaterialien zu. Spätere Kapitel werden die Qualität des gewöhnlichen Bauens behandeln, wie auch die Techniken der Dekoration; an dieser Stelle interessiert uns der Bauprozeß in ökonomischer Hinsicht.

Das Bauwesen war schon immer ein wichtiger Gewerbezweig. Die Zahl der Beschäftigten am Bau nahm zu und betrug in England und Wales nach 1900 über eine Million. Es ist anzunehmen, daß Wohnhäuser den weitaus größten Teil der Produktion ausmachten. Welche Arten von Berufen gab es, welche Probleme ergaben sich bei der Produktion und dem Transport der Baustoffe?

Im frühen 19. Jahrhundert können wir einen fundamentalen Wandel in den Verfahren der Berechnung und der Kontrolle der Baukosten beobachten. Traditionellerweise geschah dies durch Aufmessen und Schätzen des Baufortschritts oder nach Fertigstellung; eine Methode, die außerhalb Englands, etwa in Frankreich, noch länger angewandt wurde.[2] Doch mit der schnell zunehmenden durchschnittlichen Größe eines Bauvorhabens und der Forderung nach Verkürzung der Bauzeit gab es bei diesem Vorgehen immer mehr Schwierigkeiten und Schereien. Die Bauherren bestanden nach 1800 auf einem neuen Verfahren, bei dem die Kosten vor Baubeginn genau berechnet wurden und man mit dem Bauunternehmer einen Vertrag schloß, "contract", nach dem jener den Bau zu einem Festpreis und bis zu einem bestimmten Termin auszuführen hatte.

"Ich würde sogar eine Hundehütte mit einem Vertrag bauen", schrieb eine Zeitschrift im Jahre 1834.[3] Ein weiterer wichtiger Faktor eines solchen Vertrages war die genaue Festlegung aller Details am Bau durch die sogenannten "specifications". Die Baufirmen konkurrierten nun stärker untereinander, indem sie Baukostenvoranschläge, sogenannte "tenders", einsandten.

Obgleich die Bauspekulanten nicht eigentlich für bestimmte Kunden bauten, so bedeuteten die vielen Bedingungen, mit denen die Pacht und der Verkauf von Land verbunden war, oder das Ausleihen von Baukapital doch, daß es sich auch hier um individuelle Verträge handelte. Wir wissen zum Beispiel, daß Thomas Cubitt in den Fällen, wo er selbst als Developer handelte, die Vorschüsse, die er den kleineren Baufirmen gab, so einteilte, daß er jeweils auf eine befriedigende Fertigstellung eines Bauabschnitts wartete, bevor er weiteres Geld verlieh. Es gab andererseits auch Fälle, bei denen ein Bauunternehmer in der Lage war, die Bedingungen selbst zu beeinflussen und zuweilen wurden die Bedingungen in den Verträgen gemildert, wenn die allgemeine wirtschaftliche Lage sich verschlechtert hatte.

Es gab im wesentlichen zwei Arten von Contracts mit Bauunternehmern: solche, in denen mit jedem Handwerker ein einzelner Vertrag geschlossen wurde, und jene, bei der ein einziger Bauunternehmer als Generalunternehmer für alle Gewerke insgesamt verantwortlich war. Letzteres scheint bereits um 1800 besonders bei dem spekulativen Bauunternehmern zur Norm geworden zu sein. Gelegentlich gab es noch eine weitere Vertragsart, wobei die Arbeitsleistung am Bau vereinbart wurde, vor allem durch solche Unternehmer, die ursprünglich nicht aus dem Baugewerbe kamen. Es hieß "taskmaster system" und war wegen rüder Sitten und schlechterer Bauqualität berüchtigt.[4]

Für den Begriff "builder" gibt es im Deutschen keine genaue Entsprechung, praktisch bedeutet es jedoch Bauunternehmer. Er kam erst während des 18. Jahrhunderts auf und sollte zwischen dem größeren Bauunternehmer und dem bloßen Maurer ("bricklayer"), dem Zimmermann ("carpenter") und anderen Zweigen unterscheiden. Für das Wort "Maurer" hingegen gibt es im Englischen keine genaue Entsprechung, weil immer zwischen "stonemason" (Steinmetz- und -setzer) und "bricklayer" (Backsteinmaurer) unterschieden wird. Für Bauunternehmer, die in großem Stil bauten und alle Gewerke einschlossen, bürgerten sich bald die Ausdrücke "merchant builder", "contractor" und "master builder" ein. Mehr und mehr sonderten sich vor allem in London die "speculative builders" (der Ausdruck wurde seit etwa 1830 gebraucht) von den anderen Gruppen ab. Daneben gab es noch die "jobbing builders", fast immer kleine Firmen, die sich mit Reparatur und dem Bau kleiner Hausgruppen beschäftigten. Die große Mehrzahl aller Baufirmen blieb klein, auch wenn gegen Ende des 19. Jahrhunderts eine rapide Konzentration einsetzte. Zu jener Zeit bauten bereits 17% der Baufirmen 40% aller neuen Häuser in London; in Sheffield und Norwich etwa war die Konzentration noch etwas höher.

Die Arbeit auf dem Bau war generell gut bezahlt. Allgemein stiegen die Löhne zwischen 1790 und 1850 um 50% und bis 1900 noch einmal um etwa 80%. Der Anteil der Löhne an den Gesamtbaukosten erhöhte sich ebenfalls von weniger als einem Viertel vor 1850 auf beinahe die Hälfte um 1914. Andererseits jedoch unterlagen die Bauarbeiter besonders stark saisonalen Einflüssen. Neue Organisationsformen am Bau brachten verstärkte Kontrollen mit sich und eine wachsende Hierarchie in der Verwaltung durch Vorarbeiter, "clerks of works" usw. Der große Bauboom der neunziger Jahre führte zur Festigung der Gewerkschaften und zu einer Reduzierung des "piece work", der Akkordarbeit. Große Firmen beschäftigten zunehmend festangestellte Arbeiter. Thomas Cubitt — der sowohl spekulativ als auch im Einzelauftrag baute — war besonders bekannt wegen seines Paternalismus und seiner straffen Organisation.

Nach wie vor wurde Stein auf Stein gebaut, die grundsätzlichen Baumethoden änderten sich kaum. Um so mehr gab es Neues in der Herstellung der Baustoffe und ihrer Zurichtung für den Bauplatz. Wie es im *Builder* von 1854 heißt, produzierte Cubitt in seiner Werkstatt fast alles mit Maschinen vor.[5] Wir kennen Berichte über einfache mechanische Herstellungsmethoden für landwirtschaftliche Entwässerungsrohre der dreißiger Jahre, die Rohre wurden wie Makkaroni erzeugt, und die Kosten senkten sich um die Hälfte gegenüber der alten Methode.[6] Der große Bedarf an Rohren aller Art, der bald entstand, hätte wohl kaum durch handwerkliche Anfertigung gedeckt werden können. Maschinen zur Herstellung von Backsteinen wurden seit den 1830er Jahren langsam eingeführt. Um 1870 konnte eine Maschine etwa 10.000 Backsteine pro Tag produzieren, etwa fünfmal soviel wie ein Arbeiter im Handbetrieb; um 1900 sogar 60.000 pro Tag.[7] Mit Hilfe des "Hoffmann Kiln", eines österreichischen Brennofens, der im Jahre 1859 in England eingeführt wurde, konnte eine große Zahl von Backsteinen billig gebrannt und dabei auch der Ausschuß verringert werden. Die Auswirkungen der neuen Herstellungsmethoden auf das Aussehen der Backsteine können wir noch heute leicht feststellen, deren Folgen für die Preise sind ziemlich unklar. Während des ganzen 19. Jahrhunderts schwankte der Preis für 1000 gewöhnliche Backsteine zwischen ein und zwei Pfund.

Haussteine wurden mehr und mehr mit Dampfsägen zerschnitten und bearbeitet, was die Kosten stark reduzierte, vor allem, wenn es direkt beim Steinbruch geschah. Um 1900 konnte sich jeder sechste Einwohner Britanniens eine steinerne Grabstelle leisten. Während die Verwendung von Bruchstein für das Mauerwerk in den meisten Gegenden rapide abnahm — Backstein war praktischer und billiger —, zeigen am Ende des Jahrhunderts auch die kleinsten Reihenhäuser Dekorationen aus billigem Haustein.

Die größte Einsparung durch Maschinen beobachten wir in der Holzverarbeitung, sie betrug bis zu 60%. Zum Teil unter amerikanischem Einfluß stieg ihre Verbreitung seit den vierziger Jahren, besonders in den siebziger Jahren als Antwort auf den starken Anstieg der

Löhne. Zu dieser Zeit schätzte Laxton die Anschaffungskosten einer kleinen Schreinereiwerkstatt mit vier Maschinen und einer Dampfmaschine auf 1000 Pfund.[8] Dazu kamen noch die eigentlichen "machine made joinery", d.h. Fertigtüren und -fenster und Dekorationsleisten, die im Ursprungsland des Holzes, z. B. Schweden oder Kanada, hergestellt wurden. Wie im Baugewerbe blieben die Zulieferfirmen allgemein noch klein, doch am Ende des Jahrhunderts kam es zu erheblichen Konzentrationen, vor allem in der Fletton-Backsteinindustrie und bei den Steinbrüchen von Bath.

Traditionell wurden die meisten Baustoffe in der Nähe der Baustelle gewonnen, denn im vorindustriellen Zeitalter war der Transport umständlich und teuer. Abgesehen vom Holz, das in England bereits seit dem 17. Jahrhundert knapp war, wurden nur für die besseren Häuser zahlreiche Baustoffe aus der Ferne herbeigeschafft – wie die Steine für Treppen und Brüstungsmauern sowie Dachschiefer aus North Wales. Wenn möglich, wurden sie auf dem See- und Flußweg herbeigeholt, später auch auf Kanälen. Elsam gab die Preise für Portland Stein und Schiefer einschließlich Seetransport nur bis nach London an. Der Landtransport war das eigentliche Problem. Die meisten Preise Elsams schließen den Transport für nur eine Meile Landweg ein. In Bedfordshire verteuerte eine Meile die Kosten der Backsteine um 2%, fünf Meilen jedoch um 40%. Ein Pferdewagen konnte etwa 600 Backsteine auf einer guten Straße transportieren, und noch nach 1900 schoben Kinder Schubkarren mit Backsteinen von einem Ende Norwichs ans andere. Nur langsam wurden Dampflastwagen eingeführt und Motorlastwagen waren erst nach 1918 verbreitet.

Die eigentliche Revolution im Transportwesen war allerdings schon mit der Eisenbahn gekommen. Sie begann im größeren Maßstab in den 1850er Jahren. Von nun an wurden fast alle Steinsorten, z. B. aus Yorkshire, nach London transportiert, oft durch eine Kombination von Eisenbahn und Schiff ("zu niedrigen, durchgehenden Transportpreisen"). Diese Kosten betrugen normalerweise 1 Shilling pro Kubikfuß, das ist ein Drittel des Endpreises. Die modernen Steinbrüche und Ziegeleien, wie diejenigen Flettons in Bedfordshire und Peterborough, hatten nun meist einen Gleisanschluß. Im Falle Londons konnten die Eisenbahnen erst nach 1900 mit dem noch billigeren Kahntransport auf der Themse konkurrieren. – Um 1900 bereits wurden die Transportkosten für große Mengen als "gratis" angezeigt.[9] Wichtig war vor allem, daß die Transportkosten für viel mehr Orte im voraus kalkuliert und vom Erzeuger sofort angegeben werden konnten.

Schließlich änderten sich auch die Vertriebsmethoden für Baumaterialien. Früher befaßten sich die Bauherren oder auch die Architekten und die Bauunternehmer oft selbst mit der Produktion von Baustoffen. Trupps von Backsteinproduzenten wanderten von Baustelle zu Baustelle. Hinsichtlich spezieller und teurerer Materialien, z.B. Farben, rieten Elsam und Webster den Architekten, herumzureisen und die Produkte am Ort ihrer Herstellung zu prüfen. Einige Baustoffe wurden allerdings schon seit einiger Zeit von großen Firmen in Standardgrößen auf den Markt gebracht, etwa Holz und Schiefer. Andere Firmen, die mit Teilen für die Innenausstattung wie z. B. Marmorkaminen handelten, hatten Ausstellungsräume, und die Stuckdekorationsfirma Coade gab außerdem noch illustrierte Kataloge heraus. In kleineren Orten spielten die "Ironmongers", die Eisenwarenhändler, eine wichtige Rolle für die Bautätigkeit. Nach 1870 entwickelte sich jedoch rasch eine neue Art des Vertriebs: der "general builders merchant", der Baustoffhändler. Kelly nennt um 1870 hundert solcher Firmen, 1910 waren es 1300. Yuong & Marten, eine der bedeutendsten Londoner Firmen, wurde 1871 gegründet, etwas später unterhielt Broadbent aus Leicester Zweigstellen in London, Liverpool, Cardiff und Hull, wo sie Ziegel, Backsteine, Sanitärwaren, Bruchsteine – fast alles was benötigt wurde – verkauften.[10] Manche dieser Firmen gaben reichillustrierte, oft farbige Kataloge heraus, die die Funktionen der Musterbücher für Bauunternehmer übernahmen; Young & Marten nannten ihre Kataloge "A Builder's Manual", d. h. fast eine Art Baugewerbe-Lehrbuch (Abb. 208). Die Aufgabe dieser Firmen bestand in der Lagerhaltung für einen Markt, der "mit Neuerungen überflutet ist".[11] Sie gewährten vor allem auch Kredit, eine Funktion, die für Baustoffhändler seit 1815 nachweisbar ist[12] und die in den 80er Jahren bei "einem guten Teil der Baumaterialien" galt.[13] Die Baustoffhändler übernahmen damit ehemalige Funktionen der Grundbesitzer und anderer früherer Geldgeber. Auf die künstlerischen Ergebnisse des intensiven Wettbewerbs auf dem Baumarkt werden wir später zurückkommen.

Im Ganzen ist es schwer, die Entwicklung der Baukosten zu beurteilen. Die Löhne erhöhten sich beträchtlich; die Preise der Baustoffe fluktuierten stark, am teuersten waren sie in den 70er Jahren. Bis zur Mitte des Jahrhunderts gab es als einen weiteren Kostenfaktor die Besteuerung der meisten Baustoffe. Bekannt war besonders die Backsteinsteuer: 5 Shillinge für 1000 gewöhnliche Ziegelsteine, dementsprechend mehr für größere Steine. Diese Steuer wurde 1850 abgeschafft. Es ist jedoch schwierig, den Effekt dieser Maßnahme zu beurteilen, weil die Preisschwankungen, bedingt durch andere Faktoren wie z. B. Transportkosten, Schwankungen in der Nachfrage, erheblich größer sein konnten als der Anteil der Steuer. Im allgemeinen scheinen sich im 19. Jahrhundert die Materialien nicht verteuert zu haben (vgl. Abb. 53, 92). Wegen der gestiegenen Löhne wurde aber das Bauen insgesamt teurer. Doch besagt dies wenig, da sich die Ansprüche, die Qualität und die Vielfalt der Materialien und Bauweisen dauernd erweiterten.

Der wichtigste neue Faktor in der Entwicklung der Bauindustrie war die Standardisierung. Was den Grundriß und Aufriß der Häuser betraf, so bedeuteten die neuen Bestimmungen für die Zeichnung von Detailplänen, auch für das kleinste Haus, einen Zwang zur Wiederholung; Varianten waren teuer. Bezüglich der Bauteile ging, dem *Tudor Walters Report* von 1918 zufolge, die Standardisierung im Bereich der Holzteile schon sehr weit, erreichte aber bei den sanitären Anlagen noch nicht das Maximum. Man kann die Entwicklung der Standardisierung am Außenbau der Häuser gut ablesen. Während bei besseren Häusern der Georgian- und Regency-Periode die klassische Stiltradition äußerste Regelmäßigkeit der Fassade verlangte, waren die Rückseiten meist den unterschiedlichen Möglichkeiten und Bedürfnissen der einzelnen Unternehmer und auch der Bewohner überlassen. Später im 19. Jahrhundert gilt oft das Gegenteil. An den Fassaden findet man beabsichtigte Vielfalt, aber rückwärtig herrscht die größte Einheitlichkeit. Insgesamt nimmt die Regelmäßigkeit zu. Auch in Fällen, wo die Bauentwicklung nur zögernd voran ging, wie bei der oben beschriebenen Zipfel-Terrace in Norwich, mußte dies nicht zu einem unregelmäßigen Aussehen führen. Andere Mittel zur zwangsweisen Einführung von Fassadenordnungen werden wir im folgenden Kapitel behandeln.

5. Verträge und Gesetze

Wo immer wir eine häßliche, schlecht gebaute Stadt betrachten, wo jeder kleine Grundbesitzer (freeholder) als Brite auf seinem Recht beharrt, mit seinem Eigentum machen zu können, was er für richtig hält, seine Rücksichtslosigkeit, seine Ignoranz und seine Sturheit seinen Nachbarn und vielen zukünftigen Generationen aufzwingt; und wo örtliche Selbstverwaltung Mißwirtschaft bedeutet – neigen wir dazu, uns ein wenig gesunden Despotismus zu wünschen, um solche Wirrnisse einzuschränken.

James Hole 1866 [1]

Im Bereich des Hauses und des Hausbaues spielt das Recht eine bedeutende Rolle. Die "deeds", die Kaufverträge und verwandte Dokumente, sind Ausweis des Eigentums. Sie enthalten oft Bestimmungen, die auch für zukünftige Eigentümer und für die Architekturgeschichte von Wichtigkeit sein können. Daneben gibt es die vom Staat oder von der Gemeinde erlassenen gesetzlichen Bestimmungen, die auch noch bei Erhaltung oder Umbau eines Hauses zu befolgen sind.

Private Vertragsbedingungen

Wir haben bereits im vorangegangenen Kapitel von der wachsenden Reglementierung in allen Bereichen des Bauwesens gesprochen, dem engen finanziellen Spielraum, dem Vertragswesen und der Standardisierung in Qualität und Preis. Detaillierte Baukostenvoranschläge wurden erstellt und ihr Umfang wuchs in dem Maße an, wie sich Bauten und Ansprüche verkomplizierten. Das Bauen wurde zu einem wirtschaftlichen Vorgang, bei dem der Erfolg durch genaue Festlegung im voraus garantiert werden sollte. Beim gewöhnlichen Haus lohnte sich eine detaillierte Aufstellung kaum, da es ja nur eine Wiederholung des Nachbarhauses und vieler anderer darstellte, die Aufstellung der Berechnungen selbst kostete viel Geld. Was man brauchte, war ein Rahmen von Bestimmungen, der auf möglichst viele Häuser bezogen werden konnte.

Die Einfügung von gesetzlich verbindlichen Klauseln in Kaufverträgen von Baugrundstücken und anderem Besitz war eine alte Sitte. Konkret gesprochen, handelt es sich in England um die "restrictive covenants" beim Verkauf von Freehold-Bauland und um die "restrictive clauses" der "leasehold building agreements" (d. h. die einschränkenden Bedingungen oder Klauseln beim freien Verkauf bzw. der Verpachtung des Grundstücks). Dazu kamen die kommunalen oder staatlichen Baugesetze. Diese Bestimmungen betrafen fast alle Aspekte des Hausbaus, wir werden deshalb immer wieder auf sie zurückkommen; hier geht es aber um die allgemeine Entwicklung dieser Vorschriften und darum, auf welche Weise ihre Anwendung überwacht wurde.

Die wichtigste Vorschrift in den "deeds", wie man in England alle Dokumente zum Hauserwerb nennt, ist, daß das Haus ein Wohnhaus bleiben muß und daß keine andere Nutzung zugelassen werden darf. Oft war auch das Untervermieten verboten. Es durften vor allem keine Gewerbe ausgeübt werden wie etwa Leimkochen, Herstellung und Brennen von Backsteinen oder Kalk sowie die Schweinezucht. Einige der Mietverträge im Bedford Estate in London zählen in minutiöser Weise alle bekannten Gewerbe auf, bis zu 60 verschiedene ("...coffee house keeper, coffee shop keeper,..."), um ja keine Lücken für den Mißbrauch offen zu lassen.[2] Nur für private Schulen, Arztpraxen und Pensionen in Badeorten gab es Ausnahmen. Zu den Bauvorschriften gehörten auch Bestimmungen, die die Straße betrafen oder zumindest den Vorgarten; so durften die Zäune eine bestimmte Höhe nicht überschreiten und die Gartentüren sich nur nach innen öffnen lassen. Die wichtigste Bestimmung folgte anschließend: Die Größe des Hauses, ausgedrückt in der jährlichen Mietsumme oder zuweilen als "Class" (I-IV) oder "Rate". In größeren Estates gab es meist eine sorgfältige Differenzierung der Mieten.

Eine andere Vorschrift für den Bau selbst war die der "Building Line", der Baufluchtlinie, an der die ganze Hauszeile orientiert wurde. Manchmal wurde auch die Höhe der einzelnen Stockwerke und der Trauflinie für die Fassade vorgeschrieben; dies war fast gleichbedeutend mit einem einheitlichen Fassadenaufriß. Im Falle der Zerstörung durch Feuer mußte die Fassade in der ursprünglichen Form wieder aufgebaut werden. Es gab eine ganze Fülle von Ermahnungen zur Bauqualität, von der allgemeinen "workmanlike", "best" und "good work"[3] bis zur genauen Beschreibung des Backsteins, der Holzarten und sogar der Nägel.[4] Für viele Regency-Häuserreihen wurde die Farbe des Anstrichs (und wie oft dieser erneuert werden mußte, gewöhnlich alle drei Jahre) vorgeschrieben (vgl. Abb. 111).

Dies betraf zunächst die besseren Häuser. In den Städten bedeutete ein Weglassen solcher Klauseln unweigerlich die Entwicklung zum Slum. In Gegenden, wo wenig Nachfrage der besseren Klassen zu erwarten war, hätten zu viele einschränkende Bestimmungen die Bauunternehmer abgeschreckt. Aber die Sitten der oberen Klassen wurden von den unteren Klassen imitiert, und von etwa der Mitte des Jahrhunderts an kann man fast überall ausführlichere Bestimmungen finden. In den 1830er und 1840er Jahren erschloß der Duke of Bedord das Figs Mead Estate um den Oakley Square in London, NW 1; es wurden durchweg Häuser mittlerer Größe für höhere Angestellte und bessere Kaufleute usw. gebaut. Hier sind die Bestimmungen in den Dokumenten besonders ausführlich und das Motiv liegt auf der Hand: Gerade weil die Häuser nicht der besten Klasse angehörten, mußte umso ausführlicher ihr Status gewahrt werden, damit er nicht auf ein ärmeres Niveau absinken könnte, etwa das der benachbarten Somers Town. In Norwich hatten die meisten kleinen Häuser ohne Eingangsflur mit nur 8-9 Pfund Mietwert im späteren 19. Jahrhundert seitenlange Klauseln. Ähnliches läßt sich bei den späteren Arbeiterhäusern in Preston beobachten. Es ist in diesem Zusammenhang rätselhaft, warum andere Städte, etwa Portsmouth, bei allen Hausklassen mit sehr viel weniger Bestimmungen auskamen.

Diese Bestimmungen legten nicht nur den Bau der Häuser fest, sondern auch, was mit ihnen nach der Fertigstellung geschehen sollte. Es gab "Leasehold"(Pachtland) - Stadtviertel, bei denen man sich nicht um die Einhaltung der Vorschriften eines Estates kümmerte – das Resultat war unweigerlich ein Slum. Insgesamt sind nur wenige Streitigkeiten über nicht befolgte Bestimmungen bekannt. Vielleicht verhinderten die hohen Prozeßkosten das Einklagen der Vorschriften.

Auch heute noch werfen die Verträge schwierige Fragen auf; gelegentlich erregen sie sogar die Öffentlichkeit, wie im Falle einer halb-privaten Grünfläche auf dem Norfolk Square in Great Yarmouth: "Ein viktorianischer Vertrag entfachte scharfe Kritik", hieß es in einer Lokalzeitung im Jahre 1980.[5] Viele der georgianischen Londoner Plätze sind der Öffentlichkeit immer noch nicht zugänglich.

Seit Mitte des 19. Jahrhunderts unterlagen die Mieter einer zunehmend strafferen Verwaltung, wie wir schon berichteten. Aber auch der Mieter, so wurde immer mehr betont, hatte bestimmte Rechte. Um 1900 schreibt Marr: "Wer Miete entrichtet, kann ein Haus in gutem Zustand fordern, und durch die Bezahlung der Gemeindesteuern kann man erwarten, daß die Umgebung des Hauses in Ordnung gehalten wird".[6] Gelegentlich waren die Mieter mehr um den Ruf ihrer Gegend besorgt als die Estate-Eigentümer; wie etwa im Falle des West Brighton Estate, dort verhinderten die Bewohner den Bau eines Piers, einer jener Vergnügungslandungsbrücken.

Nicht immer waren die Eigentümer das Ziel von Klagen. In einer Reihe normaler Häuser der unteren Mittelschicht in Gillingham, Kent, haben alle Türen und Fenster, sogar die Gardinen nach vorne und nach hinten noch heute die gleiche Farbe. Ein solcher Anblick ist im Zeitalter der Übernahme von Besitz in Eigentum (owneroccupiership) selten geworden, denn er zeigt oder zeigte gewöhnlich an, daß die ganze Reihe einem einzigen Vermieter gehörte. Von der Farbe steht nichts im Mietvertrag, der um 1900 datiert ist; aber er enthält viele strenge Bestimmungen, gegen Lärm in der Nacht und ähnliches. Der Eigentümer wohnt nicht weit von der Zeile entfernt und geht regelmäßig an seinen Häusern vorbei, um ein Auge auf die Anlage zu haben. Die Mieter, so sagte es einer von ihnen, hatten das positive Gefühl, daß er sich um die Häuser kümmere.

An diesem Punkt verwischt sich das Problem der Reglementierung. Warum hören wir so selten von Schwierigkeiten, die vielen zwingend vorgeschriebenen Bestimmungen durchzusetzen? Hohe Gerichtskosten erklären das nicht ausreichend. Die Antwort liegt wohl darin, daß es zwischen den Parteien eigentlich keine Gegensätze gab. Es lag im Interesse beider, der Eigentümer und der Bewohner, das "Ansehen" einer Straße zu wahren. Im vorigen Kapitel ging es um die Frage, warum die Bewohner noch wenig Wert auf das Eigentum am Haus legten; auch hier liegt wohl die Antwort darin, daß dazu keine Notwendigkeit bestand, da beide Parteien sich im Grundsatz einig waren.

Die staatlichen Bauvorschriften

Obgleich der soziale und politische Rahmen der parlamentarischen Baugesetze und der lokalen Bauordnungen sich von dem der privaten Klauseln unterscheidet, ist ihr allgemeiner Zweck sehr ähnlich. Die früheste Baugesetzgebung im größeren Maßstab in London diente, wie anderswo in Europa, hauptsächlich der Glorifizierung des Königs. Ihre erste praktische Anwendung aber bezog sich auf die bereits im zweiten Kapitel erwähnte Piazza Covent Garden des Duke of Bedford im 17. Jahrhundert. Als man 1844 den "Metropolitan Building Act", die Londoner Baugesetzgebung, auf die umliegenden Vororte ausdehnte, übernahmen die neuen städtischen Bauunternehmer ("metropolitan surveyors") die Aufgaben einzelner privater Estate-Bauunternehmer ("Surveyors"). In vielen privaten Bauvorschriften Londons wurde abkürzend geschrieben: "... in Übereinstimmung mit dem Baugesetz...". In der Tat, das Gesetz diente als eine Art Spezifizierung, als vorausgehende Baubeschreibung ("specification").

Die Geschichte der Londoner Gesetzgebung geht bis ins Mittelalter zurück. Und im späten 17. Jahrhundert gab es schon sehr umfangreiche Bestimmungen, vor allem zur Feuersicherheit, zur Stabilität der Bauten usw.. Der "London Building Act" von 1774 galt noch lange bis ins 19. Jahrhundert und ist in mancher Hinsicht auch heute noch relevant, etwa für die Konstruktion der offenen Kamine. Alle Bauten, vor allem aber Wohnhäuser, wurden in sieben Klassen aufgeteilt: Häuser mit einem Kaufpreis von 850 Pfund und mehr gehörten zur Klasse I, diejenigen über 300 Pfund zur Klasse II, über 150 Pfund Klasse III und darunter zur Klasse IV (Abb. 40, 41). Es gab noch weitere Faktoren zur Klassifizierung, aber man hielt sich nicht genau an die Kategorien. Wichtig war vor allem der vorgeschriebene Querschnitt der Wand, zwei oder mehr Backsteine für die oberen Klassen und nur einen Stein im Falle der IV. Klasse. Die Klassen V, VI und VII interessieren uns hier nicht, da sie hauptsächlich freistehende Gebäude betrafen und nur sehr wenige Details ihrer Konstruktion vorgeschrieben waren. Ferner gab es in diesem Gesetz von 1774 keinerlei Vorschriften zur Breite der Straßen und zur Höhe der Gebäude. Summersons Urteil, daß diese Verordnung bereits Mindestbestimmungen für die Arbeiterhäuser enthielte, läßt sich kaum aufrechterhalten (Abb. 66).[7]

Bei Nichteinhaltung der Bestimmungen mußte Strafe gezahlt werden. Alle Bauten wurden schon während der Bauzeit beaufsichtigt. Für die Prüfung wurde durch regionale Aufseher, "district surveyors", eine Gebühr erhoben, die sich nach der Klasse richtete, z.B. ein Pfund, drei Shillinge für die Klasse I, zwei Shillinge und zwei Pennies für die Klasse IV und nur ein paar Pennies für die Klassen V-VII. Fast alle Kontrolleure hatten ihre eigenen Architektenbüros, und es gibt zahlreiche Geschichten über Nachlässigkeit und Korruption. Im *Punch* von 1890 wird über einen Bauunternehmer berichtet, der 10 Pfund zu wenig für einige Fundamente ausgab: "das Problem wurde gelöst, indem der Surveyor bei einer Flasche Heidsieck fünf Pfund erhielt… Come, it's a bargain".[8] Im Grundsatz blieben die Verordnungen des Londoner Systems bis ins 20. Jahrhundert erhalten.

Der Beginn der Baugesetzgebung in den Provinzstädten ist schwer festzumachen. Die vielen lokalen "Improvement Acts" handelten meist nur von Straßenbau und öffentlicher Ordnung. In der Provinz finden sich gelegentlich Bestimmungen aus Londoner Gesetzen in den Klauseln privater Bauverträge. Unter anderem verhalf der Brunswick Square Act von 1830 für ein Gebiet in Brighton zur Durchsetzung privater Vertragsklauseln. Zu jener Zeit erließen einige der großen Provinzstädte umfassende Verbesserungsbestimmungen, die sich nicht nur mit der Ordnung der Straßen, sondern auch mit Baufluchtlinien und mit der "area", dem Raum zwischen Kellerwand und Bürgersteig befaßten, mit anderen Worten: Man schuf Vorschriften gegen ungesunde Kellerwohnungen.

Eine völlig neue Einstellung zur Baugesetzgebung begann sich abzuzeichnen, aus der die ganze Bevölkerung, auch die ärmeren Schichten, Nutzen ziehen sollte. Die Vorschriften der Landlords und der Spekulanten dienten zu Anfang der Kontrolle ihrer Bauunternehmer. Die neuen Baugesetze aber reglementieren alle, auch die Grundeigentümer und Spekulanten.

Etwa seit den 1830er Jahren wuchs die allgemeine Besorgnis über die Gesundheit und die Behausungen der Armen, untermauert mit Statistiken und wissenschaftlichen Untersuchungen. Die Motivation war Beschämung, Philanthropie und natürlich die Erkenntnis, daß Infektionskrankheiten keine Klassenschranken kennen. Den nun einsetzenden Ruf nach gesünderen Häusern kann man auch in Parallele zu den früheren Bemühungen um die Feuersicherheit setzen. Wie zu erwarten, gab es eine Menge "laissez faire"-Argumente gegen umfassende Gesetze. Noch in den 90er Jahren widersetzte sich ein Memorandum des *RIBA* den Bestimmungen für mehr Licht und Luft, weil diese in den "Bereich des Privatbesitzes eingriffen".[9] Ausländische Beobachter hingegen, z.B. R. Eberstadt und H. Muthesius, hatten eine hohe Meinung von der englischen Baugesetzgebung: sie war kurz, flexibel und detailliert, wo es nötig war, nämlich im Sanitärbereich.

In den 1840er Jahren konkurrierten manche Städte miteinander in Bezug auf die Organisation und Gesetzgebung des Gesundheitswesens: Liverpool 1842 und 1846, Manchester 1844, Nottingham 1845 – Birmingham hingegen hatte vor 1876 wenig vorzuweisen. Das fortschrittlichste Gesetz war jedoch der Metropolitan Building Act von 1844 für London (erweitert 1855). In vieler Hinsicht war er zwar eine Fortschreibung der früheren Londoner Gesetze, enthielt aber wichtige neue gesundheitswirksame Bestimmungen, z.B. zur Abwässerregulierung, über Kellerwohnungen, über die Höhe der Gebäude im Verhältnis zur Breite der Straße und schrieb 100 unbebaute Quadratfuß Fläche (9,92 m²) an der Rückseite jedes Hauses vor. Pläne für neue Straßen und Abwassersysteme mußten vor Baubeginn den Behörden eingereicht werden, eine wichtige Änderung des alten Verfahrens der Inspektion bereits fertiger Bauten.

Die lokale Gesetzgebung war auf dem Rückzug. Es war alte englische Rechtssitte, daß jede Stadt, ja jeder Bezirk oder Anlieger einer Straße bei einschneidenden Veränderungen jeweils gesondert die Genehmigung des Westminster Parlamentes einholen mußte. Das war teuer und dauerte lange. Die neuen Ziele zur Gesundheitspolitik strebten landesweite Gesetze an. Schon seit dem Anfang des 19. Jahrhunderts gab es einige Bauvorschriften, denen das ganze Land folgen mußte, etwa die Gesetze über Schornsteinbau und Schornsteinfegerei (1840) und die Steuergesetze (Abb. 17). Nach langen Debatten kam es 1847 zum Town Improvement Clauses Act, der hauptsächlich ältere lokale Gesetze zur Baufluchtlinie und zum Straßenbau zusammenfaßte. Wichtig war vor allem der Health of Towns Act von 1848 (auch Public Health Act genannt). Ähnlich dem Londoner Act von 1844 beschäftigte er sich verstärkt mit Entwässerung und Toiletten; vor allem mußten ab jetzt Pläne nicht nur für Straßen und Kanalsysteme, sondern für alle neuen Gebäude und Häuser vor Baubeginn eingereicht werden (Abb. 50, Farbtafel 11). Die gesamte Gesetzgebung im Bereich Gesundheit und Bauwesen wurde reorganisiert. In allen Städten richtete man Gesundheitsämter ein. Jetzt war nicht mehr das Parlament, sondern eine neu installierte Behörde, das (National) Board of Health (Gesundheitsamt), der Vorläufer des Umweltministeriums, zuständig. Anzumerken ist noch, daß gleichzeitig die gesamte Kommunalverwaltung und -gesetzgebung verbessert wurde.

Die meisten Gesetze betrafen dann auch die Sanierung von Elendsvierteln und interessieren uns in diesem Zusammenhang nicht. Was neue Häuser betraf, so ging der Local Government Act von 1858 mehr ins Detail: Alle Fahrstraßen mußten 36 Fuß (10,97 m) breit sein und an der Rückseite jedes Hauses ein Platz von 150 Quadratfuß (13,94 m²), wenn es sich um einen zweistöckigen Bau handelte. Dies war wohl die wichtigste gesetzliche Bestimmung für das neuere englische Reihenhaus (Abb. 60).

Fast alle wichtigen Städte erließen in der Nachfolge der beiden Acts von 1848 und 1858 Ortstatute. Aber Wissenschaft und Gesetzgebung schritten fort und 1877 wurden neue allgemeine Richtlinien herausgegeben (auf der Grundlage des Public Health Act von 1875) von 52 Seiten Umfang und zahllosen Details für die Entwässerung. Mehr Macht in der Hand der Gemeindebehörde war unvermeidlich, so argumentierten die Fachleute, aber die Bestimmungen sollten wenigstens eindeutig und umfassend, dabei jedermann zugänglich sein, und nicht, wie es z.B. noch im 1858 Act hieß: "...wie noch von den Behörden zu bestimmen sein wird ...".[10] Man fand auch bedauerlich, daß die bisherige Gesetzgebung von Ort zu Ort so stark variierte. Wie wir aber im Kapitel über die kleinen Häuser sehen werden, ist diese Vielfalt in der frühen Gesetzgebung ein Spiegel der traditionellen lokalen Vielfalt der Haustypen. Bis um die Mitte der 80er Jahre hatten die meisten Stadtbehörden neue Gesetze erlassen und setzten ihre Einhaltung durch, während noch um 1880 – wie Barry und Smith für einige Städte in West Yorkshire berichten – große Laxheit herrschte. London blieb vorläufig außerhalb der nationalen Gesetzgebung, holte aber bald auf, besonders mit dem Building Act von 1894.

Es fehlt nicht an Beweisen dafür, daß zumindest im Stadium der Bauplanung diese Gesetze streng eingehalten wurden; man braucht nur die meist erhaltenen Pläne und die relativ hohe Zahl der zurückgewiesenen Projekte anzusehen. Für den Anbau eines kleinen Erkerfensters, "baywindow", in der Connaught Road in Norwich um 1890 mußte ein Entwurf eingereicht werden, sowie die schriftliche Zustimmung der Nachbarn, außerdem war darzulegen, daß in den Vertragsklauseln nichts gegen Erkerfenster stand (ein spätes Beispiel für die Empfindlichkeit hinsichtlich der Baufluchtlinie). Die städtische Behörde war also eine Art von Koordinator öffentlicher und privater Bestimmungen. Sehr bald jedoch empfanden manche diese Gesetze als zu streng, besonders den Feuerschutz; und die 1901 erlassenen "Model Byelaws for Rural Areas" ließen mehr Spielraum. Bald erweiterte schließlich auch die neue Wissenschaft von der Stadtplanung die Ortstatuten. Was die Gesamtplanung der Städte betrifft – die uns in unserem Zusammenhang kaum interessiert

—, so war Großbritannien hinter der Entwicklung Deutschlands zurück; erst 1909 kam der erste vorsichtige Versuch mit einem Stadt-Entwicklungs-Gesetz, dem Town Planning Act.

In vorigen Kapiteln wurde die Freiheit des Spekulanten, beim Bau von Häusern einen hohen Gewinn zu erzielen, hervorgehoben. Daraus ergab sich die Notwendigkeit der Kontrolle. In diesem Kapitel haben wir betont, daß der Erbauer und die Bewohner ein gemeinsames Interesse an der Bauqualität hatten, auch wenn es nur darin bestand, eine gehobenere Stufe in der Klassenhierarchie zu erreichen und zu bewahren. In den meisten Straßen und Häusern finden wir noch immer wenigstens Reste jener Utopie jener Idealstadt, von der die Schriftsteller und Architekten der Renaissance träumten. Der wichtigste Ausdruck dieses Ideals lag in der einheitlichen architektonischen Gestaltung, die bis zum Ende des 19. Jahrhunderts gültig blieb.

Von besonderer Wichtigkeit war die Einhaltung der Verordnungen und Gesetze beim Bau der kleinsten Häuser für die unteren Schichten. Es wurde betont, daß auch diese Häuser Profit abwerfen müßten, die Baubestimmungen für diese Bauten aber wurden erst nach der Mitte des 19. Jahrhunderts eingeführt. Die meisten neueren Untersuchungen zur Geschichte des Arbeiterhauses des 19. Jhs. bedienen sich einer strengen Unterscheidung; solche, die von "Reformern" errichtet wurden, und die rein spekulativ erbauten Häuser. Die Qualität der ersten Gruppe wird als haushoch überlegen angesehen. Es muß jedoch in diesem Zusammenhang betont werden, daß, zumindest im Großbritannien des 19. Jahrhunderts, in der Zeit vor 1918, die "Reformsiedlungen" einen verschwindend kleinen Anteil an der Gesamtheit der Arbeiterhäuser ausmachen. Untersucht man die Entwicklung der meisten spekulativ gebauten kleinen und kleinsten Häuser des späteren 19. Jhs., so läßt sich eine schnelle Angleichung an die etwas früheren "Reformhäuser" feststellen. Eine dieser Reformsiedlungen ist Saltaire, komplett von dem Unternehmer Sir Titus Salt ab 1850 für seine Arbeiter gebaut (Abb. 94). Ihre Errungenschaften hinsichtlich der Planung der Häuser und der sanitären Einrichtungen fanden rasch Eingang in den spekulativen Hausbau, jedenfalls in Lancashire und den meisten anderen Teilen des Nordens. Vielleicht könnte man spekulative Siedlungen ausfindig machen, die bereits vor 1850 den gleichen Standard aufwiesen, z.B. in Preston. Tatsächlich leisteten die kleinsten Häuser in Saltaire kaum mehr als das, was bald in den allgemeinen Baugesetzen zu lesen stand. Allerdings: Andere Bestimmungen der Modellsiedlungen, wie die Alkoholbeschränkungen, waren in gewöhnlichen Siedlungen nicht zu finden.

Die Ausdrücke "Byelaw (Ortsstatut) Street" (vgl. Abb. 180) oder "Byelaw House" mit ihrer Bedeutung von räumlich starrer Ordnung und Wiederholung und auch niedrigem Sozialstatus, beweisen, daß die Gesetze befolgt wurden. Die Art und Weise, wie diese Gesetze dem Spekulanten Extrakosten aufbürdeten – für Grundstücke, Straßenbau und Kanalisation – wurde als ein Zeichen der wachsenden Macht des Staates und der Gemeinde angesehen, als eines der Merkmale des "Municipal Socialism", des kommunalen Sozialismus.

Der Fehler der Reformer des nachfolgenden 20. Jahrhunderts lag darin, daß sie nicht genügend zwischen den ungesunden ältesten Arbeiterhaustypen und den besseren, neueren Häusern des späteren 19. Jahrhunderts unterschieden. Es war hauptsächlich eine Ablehnung des Alten, des üblichen Typs, vor allem eine ästhetische Einstellung, die alles Alte in einen Topf warf und für unbrauchbar erklärte.

Die Veränderungen, die die Mitte des 19. Jahrhunderts für die kleineren Häuser brachte, kann man am Beispiel der Entwicklung von Middlesbrough ablesen (Abb. 33, 89). Diese Eisen- und Stahlstadt wurde von 1820 an aus dem Nichts geschaffen. Der älteste Teil, vor 1850 erbaut, bestand aus einem Raster, mit einem Marktplatz in der Mitte. Hinter den regelmäßigen Straßenlinien kam es jedoch bald zum Bau unregelmäßiger, enger Höfe und Back-to-Backs, der "Rücken an Rücken"-Bauten. Nach 1850, bei der weiteren Ausbreitung der Stadt nach Süden fehlte dieses Raster. Es gab weder ein Modell, noch einen umfassenden Plan für das Ganze, aber es wurde nur ein einziger Typ des kleinen Hauses – nach den

Ortsstatuten – benutzt, mit normaler Staße und rückwärtigem Eingang. Dieses Grundmuster setzte sich bis in die Zeit nach 1900 fort. Die Tatsache, daß die Stadtentwicklung immer noch stark von der Stahlindustrie geprägt wurde, war in dieser Anlage, die sich von den gewöhnlichen spekulativ gebauten Städten nicht unterschied, ohne Belang.

Die Baugesetzgebung des Staates bedeutete für die Häuser der unteren Schichten das, was die privaten Klauseln für die Häuser der gehobeneren bezweckten. Aber auch bei den Häusern der unteren Schichten hätten die Forderungen nach Bauqualität nicht in die Praxis umgesetzt werden können, wenn die Bewohner es nicht hätten bezahlen können. Am Ende des Jahrhunderts waren die allermeisten Neubauten besser ausgestattet als das gesetzliche Minimum. Es gab genug schlechte alte Häuser, in die sich die ärmste Bevölkerungsschicht hineinzwängte. Für neue Häuser, deren Qualität unter dem nun üblichen Minimum lag, hätte man keine Abnehmer mehr gefunden.

6. Das Haus und seine Bewohner

... Der Kommandeur einer Armee, der Führer eines Unternehmens, die Herrin eines Hauses...

Mrs. Beeton, 1861[1]

Die wichtigsten Fragen für das Verständnis der Geschichte eines Haustyps und seiner Anlage sind die nach den Bewohnern und den Wohnsitten. Es war bereits die Rede von einigen Regeln zur Benutzung des Hauses, die tatsächliche Nutzung der Häuser ist jedoch etwas anderes. Nur wenige Historiker haben sich bisher mit dem alltäglichen Leben im englischen Haus befaßt. Der Alltag im 18. Jahrhundert unterschied sich mehr von dem Alltag im 19. Jahrhundert, als dieser vom heutigen. Ebenso verhält es sich mit den Häusern. Es gibt allerdings einige entscheidende Unterschiede zwischen den Auffassungen des 19. Jahrhunderts und denen des "Domestic Revival", der Zeit um 1900 und danach, die hier nur am Rande erörtert werden können. Wesentliche Punkte zur Entwicklung können erst diskutiert werden, nachdem die Planung im Einzelnen beschrieben worden ist (Kapitel 13). – Zunächst geht es um die Beziehung zwischen der Wohnung und anderen Bereichen des Lebens, vor allem zum Arbeitsplatz.

Entwicklung des vorstädtischen Wohnens

Die Trennung in Zentrum und Vorstadt bzw. Arbeits- und Schlafstadt finden wir in England erstmals gegen Ende des 18. Jahrhunderts. Heute sind sie im anglo-amerikanischen Bereich die Regel. Im vorindustriellen England wohnte und arbeitete man unter demselben Dach. Gegen 1820 wählte die Mittelschicht selbst in entlegeneren Provinzstädten Vorortlagen für ihre Neubauten. Ab etwa 1850 folgte die untere Mittelschicht diesem Zug. Die saubere Reihe kleiner Häuser hatte alle Läden und Werkstätten verbannt. Sie wurden normalerweise in Ecklagen oder an älteren Haupt- und Ausfallstraßen untergebracht.

Bei der Unterschicht verlief die Entwicklung komplizierter. Wenn immer wieder gefordert wurde, das Haus dürfe nur zum Wohnen dienen, so befolgten die großen georgianischen Terraces diese Sitte; aber in den Vierteln kleinerer und mittlerer Häuser fand man noch häufig eine Mischung von Wohnen, Handel und Handwerk. Selbst in der Zeit nach der Errichtung großer Fabriken wurde noch viel im Wohnhaus gearbeitet. In den ersten Industriezentren wie Birmingham oder Textilstädten wie Nottingham, auch in Teilen von Lancashire, wurden Wohnhäuser mit Arbeitsräumen gebaut, meistens im Obergeschoß. Große Fenster zeigten dies an. Während des 19. Jahrhunderts vollendete sich genannter Trennungsprozeß in fast allen Wohngebieten. Mit ihm verschwand eine interessante Variante des Wohnhauses, das Werkstatt-Haus. In Coventry gab es eine spezielle Version für Textilarbeiter. Die Häuser einer Zeile wiesen im obersten Geschoß große Werkstätten, genannt "top shops", auf, in denen die Webstühle häufig an einer zentralen Welle angeschlossen waren, die von einer Maschine am Ende der Hausreihe betrieben wurde.[2] Weibliche Heimarbeit war das einzige, was auch später noch beibehalten wurde, z. B. die Hutmacherei in Luton oder die Uniformstickerei für die Flotte in Portsmouth. Es waren Tätigkeiten, für die keine gesonderten Räume benötigt wurden und die auch nicht unter die Bestimmungen des strengen Workshop Act von 1901 fielen. In gleicher Weise wurde die kleine Land- und Viehwirtschaft verdrängt, vor allem die Schweinehaltung im Hinterhof verbot man weitgehend. Selbstversorgung war nicht mehr erforderlich.

Es gab noch manche Städte, wie Sheffield und Northampton, wo Wohnhaus und Werkstatt gewöhnlich nahe beieinander lagen, generell nahm jedoch die Entfernung zwischen Haus und Arbeitsplatz schnell zu. Der Auszug ins Grüne war schon länger Brauch bei den besten Schichten Londons; in Manchester und Liverpool begann die Bewegung in den 1820er und 1830er Jahren. Die eigene Kutsche, Omnibusse auf verbesserten Straßen, Dampfschiffe, sowie von 1861 an Pferde-Straßenbahnen und Eisenbahnen ersetzten den Pendlern ("commuters") die tägliche Wanderung zu Fuß. Sogar vor der Einführung der Eisenbahn soll es Leute gegeben haben, die von Brighton in einem Tag nach London und zurück reisten. Bei den Arbeitern dauerte es jedoch lange, bis sie an den Vorzügen des vorstädtischen Lebens teilhaben konnten. Zunächst mußte die Arbeitszeit verkürzt, mußten die Löhne erhöht und stabil gehalten werden. Die Männer gewöhnten sich daran, ihr Mittagessen nicht mehr zu Hause einzunehmen. Seit den 1860er Jahren boten einige Londoner Vorortbahnen reduzierte Fahrpreise für die untere Mittelschicht an und in den 80er Jahren begannen spezielle Gesetze mit der Einführung von Arbeiter-Bahntarifen (Cheap Trains Act 1883), die sich bis in die 1960er Jahre hielten. Diese Fahrpreise betrugen nur etwa ein Viertel des normalen Tarifs. Besondere Verordnungen verhinderten dabei aber eine Mischung der Schichten, indem die Arbeiter bereits zwischen fünf und sechs Uhr morgens fahren mußten. Für die meisten kam der eigentliche Fortschritt im Vorstadtverkehr erst um 1900, als die Straßenbahnen elektrifiziert wurden und man verbilligte Rückfahrkarten einführte. Selbst in vielen mittleren Städten mit etwa 50.000 Einwohnern waren lange tägliche Fahrten zur Arbeit normal.

"Sweet Home" und "Domestic Economy"

Es ist schwer, sich heute das Leben in den städtischen Häusern des vorindustriellen Zeitalters genauer vorzustellen. Die gesellschaftlichen Gruppen und ihre Aufgabenbereiche waren mehr durchmischt als heute: die Großfamilie, Freunde, Bedienstete, Lehrlinge; Arbeit, Privatsphäre, Erholung, die Pflege der Kranken und Alten, alles spielte sich in wenigen Räumen nebeneinander ab. So konnte z.B. das Schlafzimmer des Hausherrn, der "master bedroom", auch als Hauptrepräsentationsraum des Hauses dienen. Die moderne Gesellschaft vom 18. und 19. Jahrhundert an wandte sich zunehmend von dieser Lebensweise ab. Der Privatbereich der Familie — und dies bedeutete immer mehr der der Kleinfamilie — wurde strenger ausgegliedert. Arbeit und Beruf fanden anderswo statt. Die Aufgaben der verschiedenen Gruppen von Bediensteten wurden sorgfältig definiert, gleichzeitig versuchte man ihren Bereich von der der Herrschaft so weit wie möglich zu trennen. Es gab auch mehr Arten von Unterhaltung außerhalb des Hauses, die Trinkstube ("pub"), und später das Restaurant begannen ihre moderne Entwicklung in England im 19. Jahrhundert. Kurz gesagt, wir beobachten einen unaufhaltsamen Prozeß der Spezialisierung und Trennung von Funktionen und Schichten.

"Self containedness", ein etwas schwerfälliger Ausdruck des Architekten J.J. Stevenson[3] — nur unvollständig als "abgeschlossene Wohneinheit" zu übersetzen — bedeutete die Konzentration auf den Ablauf der Wohnbedürfnisse einer Familie in einem Haus. Zwei wesentliche Aspekte müssen bei der Planung des Hauses beachtet werden, der materielle der Organisation und Finanzierung sowie der psychologische einer "häuslichen Atmosphäre". Zunächst geht es um den einfachen quantitativen Zuwachs. So faßt Stevenson auf seine Weise zusammen: "... das große Maß an Bequemlichkeit, das heute benötigt wird"[4]. Die Hauswirtschaft eines größeren Hauses war eine ungeheuer ernsthafte Angelegenheit. Was Mrs. Beeton in dem bekanntesten aller englischen Koch- und Haushaltsbücher über die Hausfrau schrieb, diente sicherlich auch zur Stärkung des Selbstbewußtseins der Frau, aber es herrschte auch allgmein Übereinstimmung über den "ökonomisch-wissenschaftlichen" Charakter der Haushaltsführung. "Niemand kann ohne umfassende Kenntnisse und Erfahrungen in der Hauswirtschaft existieren", schreibt Walsh in den 50er Jahren.

Viele der zahlreichen Bücher zum Thema Haushaltsführung gaben in ihren Titeln an, welchen Einkommensgruppen sie sich zuwandten, etwa an jene, die 100 Pfund pro Jahr verdienten oder, im Falle von Walsh, an die Einkommensschichten von 100 bis 1000 Pfund. Einer der Hauptgründe für die weite Verbreitung solcher Bücher war natürlich das Streben nach höherem Sozialstatus. Jene Einkommensgruppen, die sich bisher noch nicht die Lebensweise der besseren Leute hatten leisten können, wollten genauer wissen, wie sie sich zu verhalten hätten und wie sie ihr Budget aufteilen sollten. Aber auch die Häuser selbst wurden komplizierter gebaut. Als nach der Mitte des 19. Jahrhunderts sanitäre Einrichtungen zunehmend verbreitet waren, gewannen Gesundheit und Hygiene neue Bedeutung. Viele der Erkenntnisse und Einrichtungen, die wir heute als selbstverständlich hinnehmen, waren damals neu (Abb. 11, 27).

Oft wurde der Tagesablauf in minutiöser Weise, besonders in größeren Häusern, vorgeschrieben: Mrs. Beeton gibt die folgende

Haushaltsordnung

Gemeinsames Morgengebet 8.45 Uhr
"Lege Wert auf die Versammlung der Deinen"
Mahlzeiten

Frühstück (in Küche und Kinderzimmer)	8.00 Uhr
Frühstück (im Eßzimmer)	8.30 Uhr
Dinner in der Küche	12.30 Uhr
Luncheon	13.30 Uhr
(Abendbrot) "Tea" in Küche und Kinderzimmer	17.00 Uhr
Dinner	18.30 Uhr
(Abendbrot) "Supper" in der Küche	21.00 Uhr
Die Post kommt an	8.00 Uhr

"Freundliche Worte, in denen wir eine starke Hand fühlen"

Die Post geht ab 8.30 und 18.00 Uhr

"Ein rechtzeitig geschriebener Brief ist ein Glied in einer Kette der Zuneigung"

Freuden und Pflichten in wohlgeordneter Reihenfolge
Gemeinsames Abendgebet 22.00 Uhr

(Die im Wesentlichen bis heute bestehenden sozialen Unterschiede in den englischen Bezeichnungen der Mahlzeiten sind ein besonderes, hier nicht zu erörterndes Kapitel.)

Die Hauptarbeit im Haushalt lag bei der Dienerschaft. Ihre Zahl ist in viktorianischen Haushalten immer als sehr hoch empfunden worden. In den 90er Jahren erreichte sie ihren höchsten Stand mit über 16% der arbeitenden Bevölkerung, 1851 waren es noch 13%. In London war jede 15. Frau Hausmädchen, in Brighton jede 11., und sogar in der Industriestadt Jarrow jede 43. Etwa eine von fünf Familien hatte wenigstens eine Hausangestellte. Ihr Einkommen war niedrig, aber während der Epoche besserten sich ihre Bezahlung und ihre Lebensumstände. Die Jahreseinkommen der Familien mit Dienstboten bewegten sich im Laufe des Jahrhunderts von 200 Pfund bis 300 Pfund. Doch es gab Unterschiede zwischen der Provinz und London, dort begnügte man sich oft mit der "Zugehfrau", meist junge Mädchen, "young girl for rough work" oder "pauper slavey" (Armen-Magd), die etwa 2 Shillinge pro Woche erhielten.

11. Illustrationen aus Mrs. I. Beetons *Household Management*, Ausgabe von 1880.

Die Herrin (The Mistress)

Die Dienerschaft

Ein englischer Frühstückstisch

Das Mittagessen (lunch)

Ein Familienabendessen (supper)

Man geht zum großen Essen

Die meisten englischen Sozialkritiker waren sich im Anfang des 19. Jahrhunderts über die Bedeutung des "Heims" als Raum für ein abgeschlossenes Familienleben einig. Viele Wertvorstellungen des 19. Jahrhunderts gediehen abgeschirmt von der Außenwelt: Enthaltsamkeit, Sauberkeit, Sparsamkeit, die patriarchalische Stellung des Vaters und die Herrschaft der Frau des Hauses über die Dienerschaft – sogar die Herrschaft der höheren Diener über die niederen. Alte protestantische Tugenden wurden neu entdeckt, vor allem durch das Evangelical Movement, einer Erneuerungsbewegung innerhalb des Protestantismus. Charles Dickens und andere verbanden diese Eigenschaften mit dem Wert des "Home, sweet Home". Eine Oper des Jahres 1823 von Howard Payne verhalf diesem Vers zu großer Popularität.[5] Der Vater ging nun nach einem harten Arbeitstag nicht in den Club oder ins Pub, sondern nach Hause. Die Hauptaufgabe der Mutter war die Planung des häuslichen Lebens. Schon seit langer Zeit gab es Plätze im Haus, die für den Zusammenhalt der Familie Symbol waren, z.B den offenen Kamin, "fireplace" genannt, auch das ältere Wort "hearth" wurde gebraucht. Die meisten kleineren Häuser der frühen Zeit hatten gewöhnlich nur einen Kamin. Daneben gab es auch andere Symbole, etwa: "puss: they keeps the varmint away and gives a look of home", was bedeutet, daß kleine Katzen das Ungeziefer vertreiben und die Wohnung erst gemütlich machen, wie der Schriftsteller Henry Mayhew für ein ärmeres Haus notierte.[6]

Aber die Grundrißentwicklung der Häuser (nicht nur der Reihenhäuser) in der georgianischen und viktorianischen Zeit trug dem Bedürfnis nach familiärem Zusammensein nicht besonders Rechnung; Grundprinzipien waren Trennung und Differenzierung. So gab es jetzt mehr als einen Kamin in den meisten Häusern. Während des 19. Jahrhunderts entwickelte sich das Wohnhaus der untersten Schichten von einem ein- zu einem mehrräumigen Haus. Alle Funktionen in einem Raum zusammenzufassen, galt nun als veraltet und ungünstig. Erst die Architekten des Domestic Revival gegen Ende des 19. Jahrhunderts betonen, meist für alleinstehende Häuser der Mittelschicht, den zentralen Raum im Haus, der nun meist "hall" genannt wurde.

Nach 1900 versuchte der Hausreformer Raymond Unwin, die altmodische Wohnküche für kleine Häuser wieder einzuführen und stellte sich gegen jene Errungenschaft des späten 19. Jahrhunderts, die gute Stube des Arbeiters, den "working class parlour". Das Domestic Revival entwickelte die eben erwähnten protestantischen Ideale weiter, enthielt aber auch neue künstlerische Elemente und Gefühlswerte. Hier geht es aber um die praktischen Gesichtspunkte des Hauses, die Größe, den Grundriß, die sanitären Einrichtungen und die Möglichkeiten, Privatsphäre zu schaffen. Diese Faktoren waren vor allem von dem Klassentyp des Hauses und dem Einkommen der Bewohner abhängig.

Obgleich die oberen Schichten weiterhin bewundert und imitiert wurden, konnten sie kaum als Modell für das Familienleben gelten. (Eine Ausnahme war die Familie von Königin Victoria und Prince Albert; und es wäre interessant zu untersuchen, inwieweit dies auf deutschen Einfluß zurückzuführen ist.) Die meist riesigen Häuser waren Ausdruck von gesellschaftlichen Verpflichtungen der oberen Schichten. Im späteren 19. Jhd. wurden an besonders große Landschlösser kleinere Privatflügel ("family wings") angebaut, in denen die engere Familie mehr unter sich sein konnte. Reiche Familien besaßen gewöhnlich mehrere Wohnungen oder Häuser, in der Stadt, auf dem Lande und in einem Seebad.

Ein engerer Familienzusammenhalt war bei der mittleren und unteren Mittelschicht zu finden. Dort verließen die Eltern seltener das Haus, die Kinder arbeiteten nicht, besuchten aber auch nicht die Internatsschulen. Ein oder zwei Dienstboten nahmen die gröbste Arbeit ab, die Hausfrau blieb aber nicht ohne häusliche Beschäftigung, wie bei den oberen Schichten.

Das familiäre Leben der unteren Schichten zeigt kein klares Bild. Viele verheirateten Frauen waren berufstätig. Es gab aber regionale Unterschiede. In der Textilindustrie des Nordwestens arbeiteten viele Frauen, wenige in den Gebieten der Kohle- und Schwerindustrie des Nordostens. Die Abwesenheit der Mutter wurde als ungünstig für das Familienleben angesehen, dennoch brachte die Fabrikarbeit der Frau mehr Geld in eine Familie, so daß diese sich u.a. ein besseres Haus leisten konnte.

Hinzu kam, daß die Hausfrau einige bezahlte Arbeiten wie Nähen und Waschen zu Hause ausführen konnte. Kinder waren dabei wichtige Helfer, die Einführung der Schulpflicht nach 1870 gab dazu mehr Gelegenheit, da nun die Kinder weniger zur Arbeit gingen. Die meisten Sozialkritiker erklärten wiederholt, daß auch bei sehr geringem Einkommen ein trautes Heim gestaltet werden könne. In der schon erwähnten Oper von Payne heißt es:

> Mid pleasures and palaces through we may roam,
> Be it ever so humble, there's no place like home.

(Und wenn wir auch Gärten und Paläste durchstreifen, es gibt keinen Ort wie das Heim, auch wenn es noch so bescheiden ist).

Die wenigen Bücher zur Hauswirtschaft, die sich speziell an die unteren Schichten wandten, lasen sich meist wie Predigten. "... diese Familie hat nie etwas Vernünftiges zu essen, aber alles ist immer wundervoll sauber und der Tisch ist gedeckt, als ob es ein Bankett wäre", heißt es im Jahre 1882.[7] An einigen der neuen Gemeindeschulen gab es seit 1873 Haushaltskurse, außerdem wurden Sitten und Gebräuche der Mittelschicht an Dienstmädchen zur späteren Familiengründung vermittelt. Es hieß immer wieder, Arbeiterfrauen wüßten nicht, wie ein Haushalt zu führen sei. Erholung, Komfort und geselliges Leben waren davon abhängig, wieviel der wenigen Freizeit die Männer im Gasthaus verbrachten. Die Hausfrauen hatten viele Kontakte außerhalb der engeren Familie mit Nachbarn und Verwandten, z.B. am Waschtag. Hierzu wird bei den Ausführungen zur Planung des kleinen Hauses noch einiges mehr zu berichten sein.

Ein weiterer wichtiger Aspekt des Hauses war das Bedürfnis nach Repräsentation. Hatte man drinnen in mühevoller Arbeit alles hergerichtet, wollte man das Haus auch nach außen vorführen, wenigstens zum Teil. In der Mittelschicht nahm der Brauch, Gäste einzuladen, zeitweise auch deshalb zu, weil die halböffentlichen Unterhaltungseinrichtungen wie Public Houses oder Music Halls mehr und mehr von den unteren Schichten besucht wurden. Auch die untere Mittelschicht der Ladenbesitzer und kleineren Angestellten hatte lieber Gäste zu Hause, wie bei D'Aeth 1910 beschrieben wird. Bei der Arbeiterschicht war dies, außer an Festtagen, kaum üblich. Wie wir sehen werden, ist planerisch und architektonisch die Einteilung des Hauses in Repräsentations- und gewöhnliche Räume von großer Bedeutung. Allgemein war im Bereich "gesellschaftlicher" Gepflogenheiten die soziale Hierarchie am stärksten spürbar, die unteren Schichten imitierten die Oberschicht hier am intensivsten.

Der Haushalt und die Größe des Hauses

Die Einteilung in Ober-, Mittel- und Unterschicht ist ebenso grob wie die der Londoner Häuser in vier Kategorien. Ähnlich wie in anderen Kapiteln beginnen wir die Übersicht der Hausgrößen mit der Spitze der Gesellschaft.[8]

In den größten Häusern der Terraces in Belgravia oder South Kensington wohnten – nach Untersuchungen der "Survey of London" – Adlige, Richter, Großkaufleute oder auch solche, die sich nur mit "gentleman" titulieren ließen; sie verfügten alle über ein Jahreseinkommen von drei- bis fünftausend Pfund oder mehr. Oft wurden die Häuser über längere Zeiträume nur von den Dienern bewohnt, da sich die Herrschaft in einem ihrer anderen Häuser aufhielt. Einige Häuser kosteten über 5000 Pfund, die jährliche Miete betrug 500 Pfund oder mehr, wie im Falle des Albert Houses in Queen's Gate von 1860. Man hatte bis zu 12 Diener, davon waren drei männlich, später nahm der weibliche Personalanteil zu; fast immer war die Zahl der Dienerschaft größer als die der Herrschaft. Das Haus verfügte über rund 20 Zimmer, hinzu kamen noch einige kleinere für die Diener. Die Räume in den "Mews", den Ställen und Nebengebäuden, sind nicht mitgezählt. Diese Häuser entsprachen der Größe eines mittleren Landschlosses (Abb. 43).

Die nächste Gruppe kann man als sehr wohlhabend bezeichnen. Ihr Jahreseinkommen betrug 1000 Pfund und mehr. Um 1900 gab es ungefähr 200.000 Familien dieser Einkommenskategorie in England, Rechtsanwälte, Kaufleute und hohe Beamte. Sie bewohnten die großen Terraces in Brighton, die besten Häuser Bristols und die meisten großen Terraces in den feinen westlichen Vierteln Londons: Kensington, Paddington, Earls Court usw. Die Baukosten der Häuser betrugen etwa 1000 bis 3000 Pfund und die Mieten 100 Pfund und mehr pro Jahr. Die Häuser enthielten insgesamt etwa 15 Zimmer einschließlich der ziemlich spartanischen Diener-Schlafzimmer. Nicht alle hatten ein separates Treppenhaus für die Dienerschaft, was für die vorher besprochene Einkommensgruppe selbstverständlich war.

Der Butler hatte sein Zimmer im vorderen Teil des Souterrains (Basement) neben der Butler's Pantry. Das war bei den Häusern der vorher besprochenen Gruppe nicht anders. Der Butler beaufsichtigte die weiteren Diener, einen Koch, zwei Dienstmädchen und, soweit Kinder da waren, eine Gouvernante. Die Jahreslöhne (bei freier Kost und Logis) waren für den Butler 30-34 Pfund, den Koch 10-25 Pfund und die Dienstmädchen 15-25 Pfund. Oft verfügten diese Häuser über einen Stall mit Kutscher und Knecht, jedenfalls während des frühen und mittleren 19. Jahrhunderts. Beide Hausgrößen dieser reichen Bevölkerungsgruppe wurden mit Class I bezeichnet (Abb.41, 42).

Der obersten Schicht folgte die der "professional men", Rechtsanwälte, erfolgreiche Ärzte, obere Angestellte, sie verdienten jährlich etwa 500 bis 700 Pfund. Der Wert des Hauses betrug etwa 1000 Pfund und die Miete 100 Pfund und weniger. Es gab 10 Zimmer, drei weibliche Diener, davon war die eine Köchin oder Gouvernante. Der Unterschied in der Ausstattung zwischen diesen Häusern und denen der beiden obersten Klassen war enorm. Eine Dienstbotentreppe fehlte ebenso wie Ställe, Butler's Pantry, "servants hall", d.h. der Tages-Aufenthaltsraum für die Dienerschaft; dazu diente die Küche. Die Schlafzimmer der Diener waren meist sehr klein, und es war üblich, daß mehrere von ihnen in einem Bett schliefen.

Die nächste Gruppe bildeten die mittleren und niedrigeren Professionals, bessere Angestellte, Ladenbesitzer usw., sie verdienten um 350 Pfund im Jahr. Ihr Haus kostete rund 500 Pfund, war für 40 oder 60 Pfund gemietet und enthielt sieben oder acht Zimmer. Üblich waren ein oder zwei weibliche Dienstboten, deren Unterbringung oft Schwierigkeiten machte, so daß diese manchmal im Badezimmer schlafen mußten.

Eine deutliche Grenze bestand zur unteren Mittelschicht mit "kleinen Angestellten" und Ladenbesitzer, sie verdienten etwa 200 Pfund jährlich und hatten meist ein Dienstmädchen, das etwa 20 Pfund bei freier Kost und Logis kostete. Seit dem späten 19. Jahrhundert war Personal immer schwerer zu haben, wenigstens in London. Ein Haus mit sechs bis sieben Zimmern kostete 200 bis 300 Pfund oder an Miete 25 bis 45 Pfund.

Die untere Grenze dieser unteren Mittelschicht bildeten die jüngeren kleinen Angestellten mit einem Einkommen von 100 bis 150 Pfund und einem Haus mit fünf bis sechs Zimmern. Die Küche ist mitgerechnet, nicht aber die Spülküche. Das Haus kostete 120 bis 200 Pfund, was einer Miete von 12 bis 30 Pfund entsprach. Diese Familien hatten keine Dienstboten außer vielleicht der oben erwähnten Zugehfrau. Zwischen diesen Familien der untersten Mittelschicht und den gut verdienenden Arbeiterfamilien gab es kaum Einkommensunterschiede. Diese beiden Schichten nahmen in der Gesamtbevölkerung ständig zu und bestimmten zahlreiche Haustypen, wie wir noch sehen werden. Die untersten Angestellten machten 1857 2,5% aus, um 1911 aber schon 7,1%. Die Zuwachsrate der kleinen bis mittleren Vororthäuser im späten 19. Jahrhundert wird uns noch beschäftigen (vgl. Abb. 48, 58, 162, Farbtafel 1).

Die Arbeiterschicht umfaßte drei Viertel bis vier Fünftel der Gesamtbevölkerung. Abgesehen von Branchenunterschieden erhöhten sich die Reallöhne von 1850 bis 1880 um etwa 30%, dann weniger rasch, aber stetig bis 1900. Viele Arbeiter verdienten mehr als 40 Shillinge die Woche, d.h. 115 Pfund jährlich. Ihr Haus war oft von der gleichen Art wie das der untersten Mittelschicht. Im Norden herrschten kleinere Häuser mit drei oder vier Räumen vor und in London nahm eine Familie meist nur eine Reihenhausetage mit drei oder vier Zimmern ein. Die Arbeitsmarktsituation stabilisierte sich, die Einkommen wurden sicherer und die Bereitschaft, mehr für das Wohnen auszugeben, wuchs. Der "Housing of the Working Classes Report" bemerkte 1884/5: "Man solle drei Shilling nicht fürs Trinken, sondern für die Miete ausgeben…"[9]; allerdings wissen wir nicht, wem diese Zeilen im besonderen galten. Jedenfalls scheinen die 80er Jahre eine Epoche zunehmenden Wohlstandes gewesen zu sein.

Eine weitere große Gruppe war die der ungelernten Arbeiter, der Bergleute sowie der meisten Textilarbeiter (Abb. 61, 94), die etwa 20-35 Shilling wöchentlich verdienten (jährlich 52-78 Pfund). Die Häuser dieser mittleren Arbeiterschicht hatten zwei bis vier Zimmer und kosteten etwa 100 Pfund bzw. zwei bis drei Shillinge Miete (jährlich fünf bis acht Pfund). Es hing vom Zustand des Hauses ab, ob eine eigene Toilette und Spülküche fehlte oder ob es sich um ein neueres Haus handelte mit vier Zimmern, eigenem Hof und eigener Hoftoilette usw. Die älteren Häuser waren meist den ungelernten Arbeitern, wie Dockarbeitern, überlassen, die etwa 14 bis 24 Shilling (33-52 Pfund jährlich) verdienten.

Dieser schon sehr niedrigen Gesellschaftsschicht schloß sich die Gruppe der Armen an, die immerhin 15 bis 25 Prozent der Gesamtbevölkerung ausmachte. Die meisten ihrer Wohnungen berühren unsere Untersuchung nicht, da sie nicht für Wohnzwecke ("purpose built") oder in bestimmten Größenordnungen errichtet wurden.

Die Haupträume des Hauses

Im 19. Jahrhundert ist das Hauptprinzip bei der Planung des Hauses die Trennung nach Funktionen. Über Landschlösser und größere Villen erfahren wir viel aus den Büchern von Kerr, Girouard und Franklin. Viele dieser Gesichtspunkte treffen auch auf die Häuser der Mittelschicht und die Cottages der unteren Schichten zu. In den größeren städtischen Häusern des 18. Jahrhunderts hingegen war der Grad der Trennung noch wesentlich geringer.

Für die Wohnräume gab es die Bezeichnungen: "parlour", "drawing room", "withdrawing room", "ante room" – die beiden letzteren Ausdrücke verschwanden im 19. Jahrhundert. Weniger festgelegt war die Plazierung der Räume sowie ihr Verhältnis zueinander. Nicht alle Räume hatten einen Zugang zum Korridor, ein Problem, das uns im Detail noch beschäftigen wird. Vor allem war die Trennung von eher privaten Zimmern und solchen, die zur Unterhaltung mit Gästen bestimmt waren, noch wenig entwickelt. Das große Londoner Reihenhaus, Nr. 26 Grosvenor Square, welches Robert Adam in den 1770er Jahren umbaute, zeigt noch die meisten dieser älteren Nutzungsbräuche.

Das Verhältnis von Empfangszimmern ("reception rooms" dieser Ausdruck, meist von Estate Agents benutzt, war bereits in Anzeigen der 1870er Jahre gebräuchlich, und umfaßte alle Räume außer Schlafzimmer, Küche und Bad) zu Schlafzimmern in der späteren viktorianischen Zeit war bei großen Reihenhäusern etwa eins zu zwei, bei kleineren eins zu eins. In einem Haus von 16-20 Zimmern gab es etwa fünf bis sechs Wohnräume, das bedeutete in der Regel: Wohnzimmer ("drawing room"), Eßzimmer ("dining room"), Frühstückszimmer ("breakfast room"), Arbeitszimmer ("study"), "Boudoir" und eine Bibliothek ("library"). In einem Haus mit 10 Zimmern konnte das letztere auch ein Schlafzimmer sein. Die siebenräumigen Häuser haben lediglich die drei Hauptwohnräume. Bei kleineren Häusern sind die Angaben etwas ungenau, da die Küche manchmal inbegriffen ist.

Das wichtigste Zimmer war der Drawing Room, etwa dem kontinentalen "Salon" ver-

12. (rechte Seite, oben links). Der Eingangskorridor eines normalen Haustyps mittlerer Größe (hall), der bis nach hinten geführt ist. Norwich, ca. 1870 s.S. 86-88.

13. (rechte Seite, oben rechts). Ein typischer Drawing Room im ersten Stock mit Ausluchtfenster. **Brighton.** Brunswick Square (vgl. Abb. 42, 117).

14. (unten). Der Parlour, die "gute Stube" eines kleinen Hauses. Es hat keinen Korridor, die Tür auf der linken Seite führt direkt nach draußen (vgl. Abb. 50, 183).

gleichbar (Abb. 13, 41). Der Ausdruck stammte vom Withdrawing Room des 17. Jahrhunderts ab, der meistens neben dem Schlafzimmer lag, wohin sich die Damen nach der Gesellschaft zurückzogen. Etwas von diesen Sitten erhielt sich noch bis ins 19. Jahrhundert, als die Herren nach dem Abendessen im Speisezimmer blieben und erst später, nachdem wieder allgemeine Nüchternheit eingekehrt war, sich den Damen anschlossen.

Neben den großen offiziellen Essen gab es zahllose andere Gesellschaften, vor allem die "morning calls", die nachmittags stattfanden und die "at homes", die weniger formellen Parties. Eine Flut von "Etikette" hatte sich entwickelt. Bestimmte Aufgaben wurden Dienern übertragen, wie der Empfang der Gäste an der Haustür (was zu früheren Zeiten die Gastgeber noch persönlich taten); und besonderer Wert wurde auf die Einhaltung unterschiedlicher Regeln je nach sozialem Status der Gäste gelegt (Abb. 11, 13).

Wie später genauer beschrieben wird, hatte das normale vornehme Reihenhaus ein großes Souterrain, indem alle Dienstleistungen verrichtet wurden. Das Eßzimmer und noch ein weiteres Wohnzimmer befanden sich im Erdgeschoß (Abb. 40), der Drawing Room dagegen lag im ersten Stock, dem Hauptgeschoß. In sehr großen Häusern erstreckte er sich über die ganze Tiefe des Hauses (Abb. 42, 43), in mittleren Häusern befand sich meist eine breite Flügeltür zwischen dem vorderen und dem hinteren Raum, so daß der letzere gegebenenfalls auch als Schlafzimmer genutzt werden konnte (Abb. 40). In London kommt die Flügeltür auch in kleineren Häusern vor (etwa in dem mittelviktorianischen Doppelhaus in der Costa Street, SE 15). Zu jener Zeit hatten die Bewohner größerer Landschlösser die städtische Gewohnheit aufgegeben, die Hauptwohnräume im erhöhten ersten Geschoß unterzubringen, nur die großen Reihenhäuser behielten sie noch einige Zeit bei. Dies kam einem anderen Bestreben des viktorianischen Hauses entgegen: Die Räume sollten so weit wie möglich voneinander getrennt sein, um mögliche Geruchsbelästigungen zu vermeiden. Zudem erlaubte die Treppe zwischen Dining- und Drawing Room einen längeren Weg der "gesellschaftlichen Prozession". Wir werden uns später noch mit dem Drawing Room in den Kapiteln zum Grundriß und zur Fassade beschäftigen (Abb. 11).

In den Häusern mit sieben und sechs Zimmern, der Übergangsgröße zur unteren Mittelschicht, ist die Raumeinteilung oft weniger klar. Zu allererst mußte es ein Speisezimmer geben, denn man wollte nicht in der Küche essen. Aber ein Zimmer "für gut" ("for best"), eines, in dem man zu jeder Zeit Gäste empfangen konnte, erschien auch notwendig. War aber das Eßzimmer nicht sehr groß, was oft der Fall war, so brauchte man noch ein drittes Zimmer für die weiteren Tätigkeiten der Familie wie Nähen, am Kamin sitzen und die "vielen unordentlichen Arten von Arbeiten, die in jedem Haus erledigt werden müssen".[10] In den älteren Londoner Häusern dieser Größe war dies meist an der Vorderseite des Souterrains zu finden, später; als das Souterrain verschwand, verlegte man es an den Anfang des Rückanbaus (Abb. 11, vgl. Abb. 48, 55). In jeder Hinsicht einfacher ist die Situation beim 5-6-Zimmer-Haus ohne Souterrain: Es gab nur zwei Empfangszimmer, eines vorn, das andere rückwärtig. Den Begriff "drawing room" gab es kaum noch, das vordere Zimmer hieß normalerweise "sitting room", "best room", "parlour" oder "living room". Natürlich war das rückwärtige Zimmer das gewöhnliche Wohnzimmer, das vordere die "gute Stube".

Die Bedeutung der Nutzung der "guten Stube" im Verhältnis zum "Wohnzimmer" für den Alltag verstärkt sich beim Arbeiterhaus. Die oben genannten Bezeichnungen wurden auch hier verwendet, aber Parlour war die bei weitem gebräuchlichste (Abb. 14, 48, 61, 94). Das Wort leitet sich von französisch "parler" ab und bezog sich auf jene Klosterräume, in denen die Unterhaltung mit Gästen erlaubt war. Im 17. und 18. Jahrhundert wurde der Ausdruck für das beste Zimmer in besseren Bauernhäusern und Häusern von Geschäftsleuten, oft auch für das Elternschlafzimmer, benutzt. Im frühen 19. Jahrhundert fand Repton den Ausdruck "parlour" bereits altmodisch; und bei größeren Häusern wurde der Ausdruck kaum noch benutzt. Bei kleineren Häusern hielt er sich bis ins 20. Jahrhundert. Der oft unbeheizte und unbenutzte (da ja kaum Gesellschaften gegeben wurden) Parlour war und ist die Zielscheibe vieler Kritiker des älteren, kleineren Hauses mit nur zwei Räumen und der

15. Das hintere Zimmer oder Wohnküche in einem Vier-Zimmer-Haus. Links der Aufgang zu den oberen Räumen, die hintere Tür führt in die Scullery. Norwich, ca. 1860-70.

Spülküche im Erdgeschoß (Abb. 14). Noch heute steht oft nicht einmal das Fernsehgerät in diesem Zimmer. Auch das Fernsehen findet im hinteren Zimmer neben zahlreichen anderen Aktivitäten statt. Das entspricht der viktorianischen Trennung von Alltagsleben und besonderen Anlässen. Man darf dabei nicht vergessen, daß der Front Parlour oft eine ganze Reihe von anderen Zwecken erfüllte. Dort stand häufig das Klavier, dort war der Platz für das junge Liebespaar, stand ein kleiner Sekretär zum Briefeschreiben, Kinder konnten hier spielen – wenigstens am Sonntag –, zuweilen wurden hier Kinderwagen abgestellt, Fahrräder und vielleicht ein Bett. So wurde aus dem eigentlichen Besuchszimmer langsam ein Allzweckraum. In jedem Fall verlief eine strenge soziale Trennlinie zwischen Häusern mit und ohne Parlour. In Belfast unterschied man "Parlour-Häuser" und "Küchen-Häuser", d.h. solche, die einen Parlour aufwiesen und solche, die nur eine Wohnküche hatten.[11] Hole versuchte, die beiden Typen klar zu definieren, indem er den kleineren Typ als "cottage" und den anderen als "house" bezeichnete. Ende des 19. Jahrhunderts gab es kaum neue Häuser ohne Parlour. Die sehr sorgfältig abgestuften Pläne für die kleineren Häuser in Noel Park, einem nördlichen Vorort von London, haben alle Parlours, auch die Vier-Zimmer-Häuser ohne Eingangskorridor (Abb. 57).[12] Dieser Typ war auch in vielen Provinzstädten die Regel (Abb. 50). Marr schreibt gegen Ende des Jahrhunderts über die gewöhnlichen kleinen Vier-Zimmer-Häuser ohne Spülküche in Manchester: "Wäsche waschen, Kochen, Körperpflege, Kinderspiele, alles geschieht im hinteren Zimmer".[13] In Leeds gab es um 1860 Back-to-Backs mit drei Zimmern, in denen der Kellerraum als Wohnküche und das Erdgeschoß als Parlour benutzt wurde. Dazu meinte Hole: "Eine empfehlenswerte Einstellung..., aber doch unpraktisch".[14] Dem *Cost of Living Report* zufolge, gab es in Gateshead sogar Erdgeschoßwohnungen mit drei Zimmern: eine Küche, ein kleines Schlafzimmer und das Vorderzimmer als "best or sitting room".[15]

Dies hing auch davon ab, wie die Wohnküche benutzt wurde. Anfänglich spielte sich das Leben in einem einzigen Raum ab. Es gab nur eine einzige Feuerstelle (Abb. 15, 26, 50, 54). Die Entwicklung zum Haus mit zwei Räumen pro Geschoß war ein Fortschritt. Sodann gab es eine Erweiterung um einen dritten Raum, der – wenigstens in den unteren Schichten – eine neue Art von Raum enthielt, die "Scullery", auch Waschhaus genannt. Hier wurden, wie wir bereits erwähnten, die schmutzigen Arbeiten wie das Waschen von Lebensmitteln, Kleidern und Geschirr erledigt. Im Süden und den meisten Midlands-Städten installierte man nach 1870 fast nur noch Häuser mit Scullery, im Norden seit etwa 1900. Von den 1890er Jahren an wurden vielfach Gas-Kochherde in der Scullery eingerichtet (Abb. 19), besonders in kleineren Häusern. Die Küchenarbeit verlagerte sich langsam aus dem großen hinteren Zimmer in die Scullery. Die Wohnküche wurde zum Wohn- und Eßzimmer, und das Vorderzimmer konnte umso eher als Best Room benutzt werden (Abb. 14, 54).

Über den Teil des Hauses, der die Schlafzimmer beherbergt, ist weniger zu sagen. Vor dem 19. Jahrhundert waren Schlafzimmer oft Mehrzweckräume. Die Viktorianer mit ihrem Wunsch nach "Privacy" nutzten sie nur als Schlafzimmer und erhöhten auch die Zahl der Schlafzimmer. Zusätzlich gab es öfter den "dressing room" (Abb. 42), das Ankleidezimmer, das bei Vier-Zimmer-Häusern üblicherweise neben dem vorderen, größten Schlafzimmer, dem "master bedroom", lag. Das Ankleidezimmer konnte aber auch als Schlafzimmer oder später als Bad verwendet werden. Die überwiegende Mehrheit kleiner Häuser hatte aber nur zwei Schlafzimmer. Spätere Sanitär-Reformer hielten jedoch drei Schlafzimmer für das Minimum, um auch die Kinder nach Geschlecht trennen zu können (Abb. 50, 99). Vom späten 19. Jahrhundert an wurden in vielen Gegenden nur noch Häuser mit einem dritten Schlafzimmer in einem rückwärtigen Anbau ("back extension") gebaut. In einer Straße Oldhams, Spinks Street, wechselten die Häuser mit ein- und zweigeschossigen Back extensions einander ab. Allerdings gab es das Problem des Zugangs zu diesem Zimmer. Wir kommen darauf zurück.

7. Komfort

Die fünf Grundsätze eines britischen Heizgerätes: 1. Sicherheit, 2. Wirtschaftlichkeit, 3. Lüftung, 4. gefällige Form, 5. Wärme

Anonymer kontinentaler Beobachter, 20. Jahrhundert.

Licht und Luft

"Aspect" und "Prospect" – die Lage und die Aussicht waren schon lange wichtige Kriterien für die Planung eines jeden Hauses. Der "Prospect" wird uns beschäftigen, wenn wir die Umgebung des Hauses, die Straße, den Garten und die Anlage großer Terraces behandeln. "Aspect" bezieht sich auf die Orientierung des Hauses mit seinen Räumen auf die Himmelsrichtungen, z.B. des Frühstückszimmers nach Osten. Für die bescheideneren Häuser konnten diese Gesichtspunkte nur selten beachtet werden, doch die wachsende Sorge um genügend Licht, Luft und Gesundheit machte sich für alle Häuser bemerkbar.

Unsere heutige Vorliebe für Sonne und frische Luft war vor dem 19. Jahrhundert nur wenig verbreitet. Erst später wurde frische Luft als wesentlich, speziell für die Gesundheit, betrachtet. Um 1800 entdeckte man die Küste als Erholungsort; die grandiosen architektonischen Entwicklungen, die diese Wende zur Folge hatte, werden uns noch beschäftigen. Hinzu kamen zahlreiche Gesetze, die dem neuen Bedürfnis Rechnung trugen. Die Fenster- und Glassteuern, "taxes on light and air", wurden 1851 bzw. 1857 aufgehoben. Die tatsächliche Wirkung dieser Aufhebung ist nicht ganz klar; denn von 1823 an war die Steuer nur bei Häusern mit mehr als sechs Fenstern erhoben worden. Sie betraf demnach nicht die kleineren Häuser, wohl aber jene älteren größeren Häuser in Städten, die von armen Familien überbelegt waren. Wahrscheinlich regte die Abschaffung der Steuer die Konstruktion von Baywindows, den Ausluchtfenstern, an. Nach der Mitte des Jahrhunderts führten die Gesetze in umgekehrte Richtung: Für kleine Räume wurde eine Mindestgröße der Fenster vorgeschrieben.

Wichtiger als die Gesetze war für die Entwicklung der technologische Fortschritt. Das bekannte englische "sash window", das Schiebefenster, war bereits im 17. Jahrhundert aus Holland in zwei Varianten eingeführt worden. Es besteht aus zwei Rahmen, die nach oben bzw. nach unten verschiebbar sind, da sie an mit kleinen Gewichten ausbalancierten Seilen hängen. Der dadurch notwendige dicke Rahmen wurde entweder direkt in die Maueröffnung gestellt oder aber hinter einem Mauervorsprung weiter nach innen verlegt. In London war die letztere Methode seit dem 18. Jahrhundert aus Feuersicherheitsgründen vorgeschrieben und galt auch bald als die architektonisch vornehmere Art, da weniger Holz gezeigt wurde. In den kleineren Häusern der Provinz hielt sich die ältere einfachere Art noch bis ins 19. Jahrhundert (Abb. 69). Hierbei schloß der Rahmen samt der Mechanik bündig mit der Außenmauer ab. Auf der Rückseite der Häuser fanden sich außerdem noch die gewöhnlich sehr viel kleineren und primitiveren "casement windows", wie in England nach außen zu öffnende Flügelfenster bezeichnet werden (Abb. 52).

"Die üppige Menge von Licht, die mit Hilfe von großen Scheiben ins Zimmer kommt, bringt eine freundliche Atmosphäre ("cheerfulness") hervor, die früher unbekannt war"[1], schreibt Webster im Jahre 1844. Damals waren auch Gewächshäuser, Veranden und Balkone in Mode. Die Glaspreise fielen zwischen 1840 und 1910 um zwei Drittel. Größere Fensterflächen waren kein Problem mehr. Das normale georgianische und Regency-Schiebefenster hatte zwölf kleine Scheiben. Um die Mitte des 19. Jahrhunderts finden wir

16. Reklame für Außen-Jalousien, 1886.

R. LOWTHER & CO. Limited, 38 & 40, South Lambeth Road, VAUXHALL S.W.
Manufacturers of all kinds of Window Blinds for the Trade.   Illustrations & Prices on application.

THE PATENT HELIOSCENE.   FLORENTINE BLIND.   VENETIAN.

häufig sechs vertikale Scheiben, und bald wurden fast alle Fenster mit vier Scheiben ausgestattet. Es gab mehrere neue und billigere Methoden des Glasgießens mit einer verwirrenden Terminologie, die wichtigste Neuerung war das "Sheet Glass" (auch "British Sheet", "German Plate" und "Cylinder Glass" genannt, eine neue Art von geblasenem Tafelglas). Es wurde zuerst 1838 eingeführt und vor allem berühmt durch seine Verwendung am Londoner Kristall Palast von 1851 und vielen Gewächshäusern. Später gab es eine weitere wichtige Sorte, das "Patent Rolled Rough Plate", ein Walzglas.[2] Aber gerade, als sich alle großen Scheiben leisten konnten, bevorzugten nun die Gotiker und Designer des Domestic Revival kleinere, "spätmittelalterliche" Scheiben, da diese mehr Gemütlichkeit im Inneren des Hauses verbreiteten. Spätviktorianische und edwardianische Fenster zeigen gewöhnlich einen Kompromiß, d.h. in der unteren Hälfte befanden sich große Scheiben wegen der besseren Aussicht, oben kleine. In vielen Häusern der Zeit von 1920 – 1940 wurden die Schiebefenster ganz abgeschafft. Fenster mit Bleiverglasung waren in besseren Häusern beliebt. Besonders im Norden kannte man eine weitere Dekorationsform vieler Fenster: den Überzug mit einem feinen Netz von Bleirähmchen und Ornamenten. Diese Mode kam allerdings erst um 1930 auf.

Man empfand das Licht aber oft auch als störend. Viele Arten von Vorhängen bewahrten die Möbel vor dem Verbleichen. Noch heute findet man gelegentlich den Brauch, im Sommer einen dicken Vorhang vor die Haustür zu hängen, um die Türfarbe vor den Sonnenstrahlen zu schützen. Am wirksamsten schützten vor der Sonne und den Blicken der Passanten die sogenannten "Venetian Blinds" (Stab-Jalousien) und in der viktorianischen Zeit kamen eine Reihe weiterer Jalousiearten hinzu (Abb. 16). Im Inneren wurden die Haupträume der meisten besseren Häuser bis in das späte Jahrhundert hinein mit hölzernen Läden ("shutters") versehen, die, tagsüber zusammengeklappt, entweder in das innere Fenstergewände eingefügt oder unter dem Fenster in der Wand versenkt wurden. Aufrollbare Holz- und Metalljalousien, Rolläden ("self coiling shutters"), die man seit den 1860er Jahren erhalten konnte, waren und sind in englischen Reihenhäusern selten zu finden[3], ebensowenig wie außen angebrachte Schlagläden.

"Der Ruf nach Lüftung ist heute besonders stark", schrieb Walsh 1856.[4] Ein schlecht riechendes Haus, ein "rancid whiff", ein ranziger Geruch, entsprach dem deutschen "Kleine-Leute-Geruch". Ausländer beklagten sich immer wieder über die Zugluft in englischen Häusern. Hermann Muthesius berichtet, daß man es als unhöflich empfand, wenn ein Diener nach Verlassen des Zimmers die Tür schloß.[5] Dabei wurde die Zugluft sicherlich noch durch die Teppiche gemildert, denn alle Böden waren vollständig damit ausgelegt.

Es gab mehrere Möglichkeiten der Be- und Entlüftung. "Alle Heizungsmethoden müssen dem Ventilationssystem untergeordnet sein", schreibt B. Fletcher. (Er schreibt sogar, daß in "gesunden Kirchenräumen niemand einschlafen kann").[6] Spezielle Lüftungskanäle wurden mit dem Schornstein verbunden und öffneten sich unterhalb der Decke (Walsh: "Arnolds Ventilator"). Nach 1875 mußten in besonders kleinen Räumen einfach "register", Gitteröffnungen in der Außenwand angebracht werden. Bereits die Gesetze von 1858 schrieben vor, daß die obere Hälfte der Fenster vollständig zu öffnen sein mußte. Andere Arten von Fenstern kamen, außer in Küchen, am Ende des 19. Jahrhunderts selten vor. Seit der spätviktorianischen Zeit gibt es eine charakteristische Variante, die "horns". Schmale feststehende Querfenster vor bzw. hinter den oberen bzw. unteren Schiebefenster-Teilen, die zugleich die Konstruktion stabiler machten und bei fast geschlossenen Schiebeteilen "Luftbrücken" offenließen. Schließlich begann man mit den Acts von London ab 1851 auch die Reinheit der Luft selbst zu regulieren, z.B. mit höheren Schornsteinen.

Energie

Man war sich der Unersättlichkeit englischer Kamine durchaus bewußt, Webster schrieb in den 1840er Jahren jedoch von dem Überfluß der Kohle[7] und Stevenson 30 Jahre später, ein wenig vorsichtiger, "solange die Kohle reicht…".[8] Die gesamte Kohleförderung entwickelte sich von 10 Millionen Tonnen im Jahr 1790 auf 240 um 1900. Die Preise schwankten und waren vor allem von Region zu Region verschieden. In London betrugen sie 15 Shillinge bis 1 Pfund pro Tonne, in Kohle-Gegenden 10 Shillinge. Bergleute erhielten 12 Tonnen pro Winter kostenlos und jedes Haus konnte zwei Tonnen lagern. Die verschiedenen Lagerplätze werden später besprochen. Daneben gab es Paraffin als Brennstoff, das von den 1860er Jahren an populär wurde und um 1900 sechs bis zehn Shillinge per Gallone (ca. 4 1/2 Liter) kostete.

Der große Erfolg des Jahrhunderts aber war das Gas. Im Jahre 1807 wurde in London die erste "National Light and Heat Company" gegründet. Zunächst versorgte diese die Straßenbeleuchtung, um 1820 gab es bereits große Strecken mit kontinuierlicher Versorgung durch unterirdische Rohrleitungsnetze sowie verläßliche Zähler. In den folgenden Jahrzehnten wurden bereits sehr viele der besseren Häuser mit Gas beleuchtet. Der Preis fiel von anfänglich 15 Shillingen pro Kubikfuß (0,028 m³) auf 3 Shillinge um 1870.

Um 1885 gab es etwa 2 Millionen Anschlüsse in England und Wales. Am Ende jenes Jahrzehnts wurden die "slotmeters", die Münzautomaten von privaten wie städtischen Gesellschaften eingeführt. Eine Arbeiterfamilie verbrauchte für Gas durchschnittlich etwa ein bis zwei Pfund pro Jahr.

Elektrizität für den öffentlichen und privaten Verbrauch wurde zuerst in Brighton und London (Holborn) im Jahre 1882 produziert, 1887 folgten Teile von Kensington. Doch allgemein ging die Entwicklung vor 1900 kaum voran. Erst um 1910 wurde in allen besseren und mittleren Häusern Elektrizität installiert. Der Preis für elektrische Energie betrug 1913 nur 1/9 des Preises von 1891, aber Gas war immer noch billiger. Im Jahre 1920 gab es noch nicht mehr als eine Million Verbraucher im gesamten Königreich, aber sieben Millionen private Gasanschlüsse, davon die Hälfte mit Münzautomaten. Die meisten Häuser hatten auch 1914 weder Gas noch Elektrizität, noch nicht einmal die Häuser in dem relativ modernen nördlichen Londoner Viertel Noël Park. Sehr viel Elektrizität wurde für die neuen "Elektrischen", die Straßenbahnen, gebraucht.

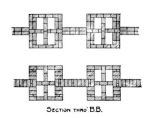

17. Schnitt durch die in die Brandmauer eingebauten Schornsteine einer Londoner Terrace. Der horizontale Schnitt wurde durch die Schornsteine zweier Häuser gelegt.

Künstliches Licht

Bis etwa zur Mitte des 19. Jahrhunderts waren Kerzen die Hauptquelle künstlichen Lichts im Haus, vor allem die billigen, schlecht riechenden Unschlitt- oder Talgkerzen – von denen Cobett allerdings noch 1822 sagte, daß sie für Arbeiter zu teuer seien. Noch im späten 19. Jahrhundert lesen wir, daß "ein Licht dem ganzen Haus diente".[9] Sehr wahrscheinlich war dies zu jener Zeit eine Öl- oder Paraffinlampe im Wohnzimmer, die vom späten 18. Jahrhundert (z.B. von Argand) dauernd verbessert wurde, vor allem durch Hink's Duplex-Brenner in den 1860er Jahren. Walsh zufolge kosteten diese im Unterhalt doppelt soviel wie Talgkerzen und ebensoviel wie Gas. Gas gab jedoch fünf- bis zehnmal soviel Licht und konnte in jedem Raum angebracht werden (Abb. 18). Seine Nachteile waren Geruch und Schmutz, aber viele Installationen verfügten über eingebaute Ventilatoren. Von 1897 an verdrängte der Glühbrenner des Österreichers Baron Auer von Welsbach alle vorherigen Techniken. Etwas später begann der harte Wettbewerb mit dem elektrischen Licht.

Heizung

Die Schätzungen, wieviel Wärme des Kaminfeuers durch den Schornstein entwich, gingen weit auseinander, 80% war wohl als Durchschnitt anzunehmen. Aber "the cheerful blaze so dear to the heart of every Englishman"[10] – das fröhliche Flackern, das dem Herzen jedes Engländers so teuer ist – um nur eine der vielen Äußerungen zu zitieren, wollte man nicht missen. Sogar die Heizmethoden selbst unterlagen dem Wechsel der dekorativen Moden, wie Stevenson zu den außergewöhnlich unpraktischen, neugotischen und "Queen Anne Revival"-Kaminen schreibt. Als großer Vorteil galt die einfache Handhabung der Kamine, besonders wenn, wie es meist geschah, die Diener sie anzündeten, bevor die Herrschaft morgens aufstand. Und als die Frischluftmode aufkam, wurden die Vorteile des offenen Kamins erst recht betont.

Um 1800 begann man sich mit dem Kamin wissenschaftlich zu befassen, dies kann man als Beginn einer Wissenschaft vom Haus bezeichnen, die sich nach 1850 hauptsächlich mit der Sanitärtechnik beschäftigte. Die ersten wichtigen Verbesserungen kamen von dem Amerikaner Benjamin Thompson (der später den bayerischen Titel Graf Rumford erhielt). Er reduzierte die rückwärtige Kaminöffnung auf ein Drittel der vorderen. Um die Mitte des 19. Jahrhunderts gab es das "register grate", einen mit dem Rahmen fest verbundenen Metallkorb für das Feuer. 1884 vervollkommnete Dr. Pridkin Teale den Kamin am Zwischenraum unter dem Feuerkorb, in den die Asche hineinfiel, durch eine Klappe zur Luftregulierung, die sich um 1900 durchgesetzt hatte.[11] Andere Arten der Heizung, auch wenn sie nur als Ergänzung zur konventionellen Methode benutzt wurden, waren in Reihenhäusern höchst selten. In kleineren Häusern gab es immer noch ungeheizte Räume. Was die Zahl der Kamine je Haus betraf, so besaßen die älteren zweiräumigen Häuser eine oder zwei Feuerstellen, in den drei- oder vierräumigen Häusern gab es meist einen Raum ohne Heizung (Abb. 94), und in vielen Häusern mit fünf Zimmern gab es im späten 19. Jahrhundert oft nur vier Feuerstellen (Abb. 50). Die Kaminheizung war ein kompliziertes Konstruktionselement der Häuser, denn jeder Kamin mußte einen eigenen Schornstein haben (Abb. 17, 86), wohl bedingt durch frühe Benutzung von Grubenkohle. In anderen Ländern war die einschlägige Gesetzgebung offenbar weniger streng. Es gab im Wesentlichen zwei Möglichkeiten für die Unterbringung des Kamins. In der Provinz finden wir in größeren und mittleren Häusern meist die ältere Art der Kaminanordnung: Die Kamine der Vorder- und Hinterzimmer lagen jeweils mit ihrer Rückseite aneinander, ihre Abzugschächte bildeten einen Mittelschornstein auf der Firstlinie des Daches (Abb. 6). In London überwog jedoch schon früh die andere Möglichkeit der Kaminanordnung, wobei alle Kamine in die Party Walls, die Brandmauern zwischen den Häusern, eingefügt wurden. Viele Schornsteine konnten auf diese Weise verbunden werden (Abb. 17, 41). Die Abmessungen und konstruktiven Details waren – und sind noch – bis ins kleinste vorgeschrieben, und bezogen sich vor allem seit dem London Act von 1774 (1840 in ganz England gültig) auf das Holz der Fußböden um den Kamin und die Rauchröhre (12 Zoll = 30, 5 cm Querschnitt). Die Höhe der Schornsteine mußte über dem Dach mindestens drei Fuß (9,4 cm) und durfte nicht mehr als das sechsfache ihrer Mächtigkeit betragen, auch der Mindestwinkel des Rauchfangs war vorgeschrieben. Eine Reihe von Folgegesetzen verbot die Schornsteinfegerei durch Kinder (die in die Schornsteine hineinkletterten) in den Jahren 1840 und 1875.

Das Kochen

Auch in der Küche gab es Neuerungen, obgleich die Versuche Rumfords, Websters und Soyers (letzterer war der berühmte Koch des Reform-Clubs und Erfinder der "Relish-Würze"), den freistehenden kleinen Herd einzuführen, kaum Erfolg hatten. Die Briten liebten den offenen Kamin und bevorzugten zum Kochen und Braten das offene Feuer[12] (Abb. 18). Von etwa 1780 an kamen kompliziertere Einrichtungen auf, bei denen man Kochherd, Backofen und Warmwasserbereitung an der Feuerstelle kombinierte. Ab etwa 1820/1830 gab es den "closed range", eine Art eiserne Herdkombination. Nach 1870 kam der offene und geschlossene "Yorkshire range" mit seinem Backofen über dem Feuer in Mode. Das Kochen auf Gas wurde in den 1840er Jahren eingeführt, doch verbreitete es sich nur langsam. Es gab immer noch genug Personal, um die schwerfälligen Öfen zu bedienen und sauberzuhalten (Abb. 24, 26).

Wie man bei den unteren Schichten kochte, ist schwieriger festzustellen. Im 18. Jahrhundert wurde vielfach außerhalb des eigenen Hauses gekocht, da Kohle teuer war. Selbst nach 1900 wurde der Sonntagsbraten dem Bäcker zur Zubereitung gebracht. Das offene Feuer in der Wohnküche wurde langsam modernisiert, etwa mit Feuerhaken und Abstellflächen. Einen Durchbruch für die unteren Schichten gab es aber erst durch die Installation von Gas-Münzautomaten um 1890, dabei waren nicht nur die Automaten, sondern auch die

18. Eine größere Küche, wahrscheinlich im Souterrain eines städtischen Hauses von 1855. Der Herd erscheint sehr altmodisch, die Gasbeleuchtung dagegen modern.

19. Spülküche in einem kleinen Haus in Leeds um 1900, vermutlich in einem Back-to-Back. Rechts ein großer Spülstein, links der "copper", ein Bottich zur Heißwasserbereitung, in der Regel aus galvanisiertem Eisen. Der Gaskocher war für diese Hausgröße eine Neuigkeit (man kochte traditionellerweise am Kamin im Wohnzimmer, d. h. dem Hauptwohnraum), die Scullery wurde dadurch zur vollständigen Küche (vgl. Abb. 78).

Herde oft Eigentum der Gasanstalt (Abb. 19). Gebacken wurde noch häufiger außerhalb des Hauses, zum Teil in Gemeinschaftsbackhäusern. In der zweiten Hälfte des 19. Jahrhunderts gab es in Norwich auch manchmal spezielle, in den Schornstein-Vorbau der Scullery eingebaute kleine Backöfen, die mit Kohle oder Holz vorgeheizt wurden. Zur Vorratshaltung dienten zahlreiche eingebaute Schränke, besonders in den Ecken zwischen den Seitenwänden und den Kaminvorsprüngen, sowie unter den Treppen. Als Speisekammer gab es die "larder", die im Laufe der Zeit kleiner wurde, da man öfter einkaufen ging. Als Pantry (ursprünglich ebenfalls "Speisekammer") bezeichnete man zunehmend den Raum für das Geschirr (Abb. 43), während bei größeren Häusern in des Butlers Pantry vor allem das Tafelsilber aufgehoben wurde. Nach und nach wurden Einbauschränke in Nischen neben den Kaminen Mode.

Zu erwähnen sind auch noch die komplizierten Klingelsysteme, die in jedem besseren Haus mit einem oder mehr Dienstboten seit dem Ende des 18. Jahrhunderts installiert wurden. Sie dienten zum Herbeirufen des Personals, wann immer man es gerade brauchte, aber auch dazu, es unsichtbar zu halten. Zu Beginn waren diese Klingeln mittels komplizierter Drahtzüge betätigt worden, ab 1870 wurde zunehmend Batterieelektrizität verwendet.[13]

8. Sanitäre Einrichtungen

"Das Badezimmer ist ein Segen für jene, die sich gerne waschen…" Builder, 1904[1]

Das Bedürfnis nach Reinlichkeit war im 19. Jahrhundert ein Hauptthema. Es war ein langer Weg von den sanitären Einrichtungen jener Jahre bis zu den heute selbstverständlichen Annehmlichkeiten moderner Wasserspülung. Großbritannien und die USA waren im 19. Jahrhundert führend bei der Erfindung, Entwicklung, Propagierung und Finanzierung (durch private wie öffentliche Hände) dieser Einrichtungen. Alte englische WC's findet man zuweilen noch heute hie und da auf dem Kontinent. In den 1840er Jahren installierten britische Ingenieure wie William Lindley in Deutschland die ersten bedeutenden städtischen Kanalisationssysteme modernerer Ausprägung.

Über Versuche, Gewerbe aus Wohnvierteln fernzuhalten, haben wir bereits gesprochen; später werden wir auf die Sauberkeit der Straßen zu sprechen kommen; in diesem Kapitel beschäftigen wir uns vor allem mit der Nutzung des Wassers. Im 18. Jahrhundert war der Schriftsteller James Boswell für seinen Luxus eines täglichen Bades bekannt, was in jener Zeit in keiner Weise üblich war. Erst seit der Regency-Zeit gehörte zur Eleganz eines gepflegten Menschen, so der Direktor der vornehmen Kurgesellschaft Brighton Beau Brummel, das Waschen unbedingt dazu. Die Sorge um die Gesundheit der Armen und zahlreiche Epidemien ansteckender Krankheiten führten in den 1830er und 1840er Jahren zu wissenschaftlichen und statistischen Untersuchungen über die Verschmutzung des Wassers als Krankheitsquelle. Aber erst, als der Prinz of Wales 1871 fast an Typhus starb, wachten auch die besseren Schichten auf; denn als Ursache der Infektion wurden schlechte Wasserleitungen genannt – und das in einem Landschloß! Nach seiner Genesung soll der Prinz gesagt haben: "Wäre ich nicht Prinz, würde ich Klempner".[2]

Ging es zuvor den Architekten und Hausbesitzern mehr um die äußerliche Sauberkeit am Haus (Abb. 27), gewann nun zunehmend die sanitäre Ausstattung an Bedeutung, wachsende Hygiene eroberte alle Bereiche des Hauses und des täglichen Lebens. Reinlichkeit wurde nun mit Ansehen und Ehrbarkeit verknüpft. Sauberkeit gehörte ebenso zur "Respectability" wie z.B. die Ablehnung von Alkohol. Alle Gesellschaftsschichten sollten daran teilhaben. Die Vorstellungen von Sauberkeit, Licht und Luft, Natürlichkeit und Funktionalität waren in der Gesundheitsbewegung bestimmend und verbanden sich sogar mit den "High-Art"-Strömungen. Sie fand in den 1870er und 1880er Jahren ihren Ausdruck z.B. in der Innenraumgestaltung des "Aesthetic Movement" um Godwin und Whistler bis hin zur Zweckmäßigkeit des Reformkleides in der damaligen Frauenmode.

Städtische Dienste

Zu früherer Zeit war Wasser ein teures Gut, um das die Armen bettelten oder es sogar stahlen. Man holte es aus Brunnen, baute Pumpen (Abb. 37) und entwickelte Zisternen, um das Regenwasser zu sammeln (Abb. 20); oft mußte es von weit her in Eimern getragen werden. Nach 1850 richtete man im Zuge des wachsenden Bedürfnisses nach verbesserter Hygiene zahlreiche öffentliche Brunnen ein, die aber auch dem Abbau des Alkoholismus dienen sollten. In den feinen Londoner Vierteln gab es im 17. Jahrhundert private Wasserleitungsnetze. Nach 1800 entstanden laufend Verbesserungen: Dampfpumpen (1810), gußeiserne Hauptrohre (1827), Filterung (1829) und Wasserspeicher. Um 1850 hatten die meisten Londoner Häuser zu festgelegten Zeiten eine gesicherte Versorgung mit frischem Wasser. Doch die Kosten waren hoch und betrugen bis zu drei Shillinge pro Woche und Haushalt. Druckwasserleitungen waren um 1840 in London schon weit verbreitet. Seit 1850 wurden die Versorgungsfirmen in großem Maßstab in städtischen Besitz überführt (Manchester 1847, London 1902). Vollständige und ganztägige Wasserversorgung gab es in

20. **Bedlington, Northumberland.** Doctor Terrace, ca. 1860. Eine Bergwerkssiedlung in ländlicher Umgebung, hier die Rückseite der Häuser wo sich das Leben hauptsächlich abspielte (vgl. Abb. 65). Das Abwasser wird in Fässern gesammelt; links im Bild, die Toilettenhäuschen.

Liverpool 1878,[3] London zu 50% um 1880, zu 95% um 1900. Im Jahre 1876 gab es in Swansea konstante Versorgung, "mit Ausnahme im Hochsommer".[4] Die Kosten wurden – wie auch heute noch üblich – nach festen Sätzen berechnet, je nach Größe des Hauses, für WC und Bad kamen weitere Kosten hinzu. Der Normalverbrauch belief sich auf täglich etwa 15 Gallonen (68 Liter) pro Kopf in der Provinz, in London waren es rund 40 Gallonen (183 Liter). Auch kleinere Häuser wurden beliefert. Ashworth ließ in seine Arbeiterhäuser bei Bolton im Jahre 1835 Wasserleitungen legen, Saltaire und Akroydon folgten nach 1850 bzw. 1860; 1908 gibt der *Cost of Living Report* einen guten Überblick: Die Städte im Süden waren im allgemeinen weiter fortgeschritten, aber auch Tyneside war relativ modern, viele andere Städte fielen jedoch weit zurück. Sheffield hatte meistens noch "standpipes" (Hydranten) und in Kidderminster verfügten nur die besseren, neueren Arbeiterhäuser über einen eigenen Wasserhahn, die anderen hatten Wasserzapfstellen für jede Häuserzeile.

Die Kanalisation mit einem unterirdischen Röhrensystem begann in den guten Gegenden Londons im 18. Jahrhundert. Sie wurden gewöhnlich von halböffentlichen Bevollmächtigten ("commissioners") installiert. Grundbesitzer und Spekulanten beteiligten sich an diesen Investitionen. Einer der großen Erfolge der unermüdlichen Bemühungen Cubitts war die Kanalisation von Belgravia und vor allem Pimlicos mit seinem flachen Terrain in den 1840er und 50er Jahren. Im Jahre 1855, als erst etwa ein Zehntel der Londoner Häuser an die Kanalisation angeschlossen waren, begann der neugegründete (städtische) Metropolitan Board of Works mit der Mammutaufgabe eines kompletten Abwassersystems für ganz London, das in den 70er Jahren vollendet wurde. Nach 1875 verpflichtete man die meisten Städte zur Erstellung von Kanalisationen. In vielen neuen kleineren Straßen wurde jedoch nach wie vor die Kanalisation von privaten Spekulanten und Bauunternehmern, allerdings nach sehr detaillierten baugesetzlichen Bestimmungen installiert (Abb. 21, 50, Farbtafel 3, 4). Auf weitere Fortschritte im Bereich der Kanalisation werden wir später noch kommen. Methoden der Abwasser-Klärtechnik wurden im wesentlichen erst nach 1876 eingesetzt. Meist wurden Abwässer damals noch zur Düngung benutzt.

Sanitäre Einrichtungen 57

21. Querschnitt einer Straße, 1899. In getrennten Abwasserleitungen wird Regenwasser und Abwasser gesammelt. Bis ins Detail ist die Neigung und Beschaffenheit der Rohre und die Lage der Kanaldeckel festgelegt (vgl. Farbtafel 3, 4 Abb. 50).

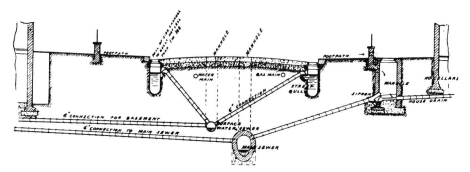

Die Müllabfuhr führten – in manchen Fällen täglich – die städtischen Behörden durch, wozu sie seit 1875 verpflichtet waren. Nach 1850 wurde die Größe der offenen Aschen- und Müllgruben ("pits") reduziert und auf sorgfältigere Konstruktion der Behälter geachtet. Asche trennte man immer öfter von anderem Müll. Mülltonnen führte man wohl gegen Ende des Jahrhunderts ein; in Walsall z.B. hatten um 1906 die besseren Häuser Tonnen, die kleineren hingegen noch Gruben. Die Kippbehälter in einigen Städten wie Darlington und Liverpool waren interessante Lösungen (Abb. 22). Zuweilen diente Asche auch zum Auffüllen von Sickergruben; allgemein wurde der Müll für den Straßenbau ökonomisch genutzt, in London auch für die Backsteinherstellung. Mit der Einrichtung von Müllverwertungsanlagen ("destructors") begann man nach 1876; im Jahre 1906 produzierte Barrow-in-Furness bereits elektrischen Strom aus Müll.

Die Toilette und ihre Installation

Die Geschichte der Toilette fasziniert viele Historiker. Uns geht es im wesentlichen darum, darzustellen, worüber die verschiedenen Gesellschaftsschichten verfügten und um die Frage, wie und wo im Hause Toiletten eingebaut wurden. Die feineren Bezeichnungen für Toilette waren "accomodation" kurz "necessary" (oder auch "netty"). Der weitverbreitete Vorläufer des WC war das "privy", meist auch "privy midden" genannt. Es war ein Trocken-Abort mit einem Behälter unter dem Sitz. Mitunter befand sich direkt darunter eine Grube ("cesspit"), diese Version war dann das "earth closet" bzw. der Gruben-Abort. "Night soilmen" oder "scavengers" entleerten meistens nachts diese Gruben, dies geschah anfangs weniger aus Hygienegründen, sondern war ein einträglicher Nebenverdienst. So betrugen die Erträge pro Bewohner und Jahr zehn Shillinge. Dieser Betrag deckte in späteren Jahren nicht mehr die Beseitigungskosten, da die Gruben häufiger geleert werden mußten, sie waren nun kleiner und solider konstruiert, d.h. mit festen Mauern umgeben.

22. Kipp-Ascheimer (Darlington, ca. 1900). Wir befinden uns in der rückwärtigen Straße, der Ascheimer ist in der Außenmauer untergebracht und wird vom Hof aus gefüllt. Die Männer der Müllabfuhr haben Zugang zu den Behältern mit Hilfe eines Schlüssels. Die kleine Tür daneben schließt den Kohlenkasten.

Das meistverbreitete Wasserklosett war im 19. Jahrhundert das "Pan-Closet" (Abb. 23). Es bestand aus einem Trichter mit einer kleinen Klappe am unteren Ende, die nach der Benutzung nach unten geöffnet wurde. Das Abwasser gelangte zunächst in einen größeren Behälter und von dort in die Abflußrohre. Das Pan galt später als unhygienisch. Das "Valve Closet" (Klappenklosett), um 1770 von Cumings und von Bramah entwickelt und später von Hellyer und Doulton verbessert, war wesentlich komplizierter. Das obere Gefäß war ständig mit Wasser gefüllt, das nach Benutzung durch eine Absperrvorrichtung in ein darunter liegendes Gefäß geleitet wurde, das getrennt belüftet und gespült wurde. Das obere Gefäß füllte sich anschließend wieder mit einer automatisch regulierten Menge frischen Wassers. Die Nachteile dieser Toilettenart waren hohe Kosten und großer Wasserverbrauch, außerdem mußte der ganze Mechanismus durch einen Holzkasten verkleidet werden. Trotzdem schworen einige Architekten, etwa Norman Shaw, auf dieses Klosett und es wurde noch bis in die 1920er Jahre verkauft. Ferner gab es noch die "Hoppers" in langer oder kurzer Ausführung, einfache Trichter, die in die Abflußröhre überleiteten. Der Short Hopper war wohl das erste WC mit einem s- bzw. u-förmigen Geruchsabscheider ("trap")

23. Die wichtigsten WC-Typen im späten 19. Jahrhundert. Valve Closet (Klappen-WC); Washdown Closet (Niederspül-WC). Das Pan-Closet zeigt den als unhygienisch verrufenen Wasserverschluß (D-Trap). Die beiden unteren wurden auch Pedestal-Typen genannt und waren aus einem Steingutstück geformt.

und deshalb der Ahne des "Wash Down", ein Spülklosett, welches Palmer zufolge zuerst von E. Humpherson in den 80er Jahren auf den Markt gebracht wurde (nach Wright war es D.T. Bostel aus Brighton 1889). Das Becken ("pedestal") war gewöhnlich in einem Stück aus Steingut geformt und verdrängte nach 1900 alle anderen Formen in Großbritannien. Vor allem war die Steingutausführung gegenüber der früheren komplizierten Eisen- oder Bleikonstruktion von großem Vorteil. Das "Wash-Out", das den Kontinent eroberte, oder auch das amerikanische "Heber"-Klosett sowie das "Syphonic" mit spezieller Lüftung gab es seltener. Charakteristisch für den scharfen Wettbewerb zwischen den verschiedenen Modellen – aber auch für die besondere Bedeutung, die man allgemein dem neuen WC zumaß – waren die Dekorationen und die vielen speziellen Namen wie Blue Magnolia, Dolphin, Epic Syphonic Closet und im Jahre 1900 Closet of the Century. Bis heute typisch für alle britischen WC's sind die "Waste Water Preventers" oder "Cisterns", die Spülkästen, auf denen die früheren Wassergesellschaften bestanden, da für deren Benutzung Pauschalbeträge je Haus kassiert wurden. Man hätte gern einmal "Claughton's Niagara" gehört[5], leise Spülungen wurden jedoch auch angepriesen, hauptsächlich beim Valve Closet.

Im Jahre 1822 schrieb Elsam, daß es "kein besseres Haus gäbe ohne ein oder mehrere WC's", und daß große Häuser sogar spezielle Klosetts für Diener hätten. Das "Patent Valve" kostete sechs Pfund sechs Shilling, das "Common Pan" drei Pfund zehn Shilling, inklusive Installation. Simon nennt in den siebziger Jahren das "Valve" mit fünf Pfund und das "Cottage Pan" mit ein Pfund achtzehn Shilling. In *The Times* der 1870er Jahre finden sich etwa Anzeigen wie: "Fünf Schlafzimmer, zwei Ankleidezimmer, drei WC's". Die Entwicklung in der Provinz ist natürlich schwieriger zu beurteilen. Liverpool erschien um 1850 fortschrittlich mit WC's in allen besseren Häusern.

Nach 1850 war das WC selbst nicht mehr das Hauptproblem, sondern dessen Installation. Im Vorwort seines großen Kompendiums zur Bautechnik schreibt Nicholson 1822: "… Die Klempnerei läßt sich nicht auf wissenschaftliche Weise abhandeln." Webster (1844) und Walsh (1856) kümmerten sich in ihren Büchern immer noch relativ wenig um dieses Thema. Das gleiche galt sogar noch für Simon 1874. Mit Klempnerei war zu jener Zeit die individuelle Anfertigung und Verlegung von Rohren gemeint. Aber bereits 1866 schrieb Hole über die Kanalentlüftung und sagte, daß die "Reichen keine einfache Aufgabe haben, ihre Wasserklosetts in Ordnung zu halten",[6] er bezweifelte, wie viele andere in jenen Jahren, die Nützlichkeit des kombinierten Abwassersystems für alle Rohre. Bald änderte sich die Situation grundlegend. Während der nächsten 30 Jahre befaßten sich Bücher zur Konstruktion von Häusern fast ausschließlich und solche über Hauswirtschaft sehr ausführlich mit den sanitären Einrichtungen, praktisch-wissenschaftlich wie Dr. Pridgin Teale oder künstlerisch gebildet wie der Installateur S. Hellyer. Stets berief man sich auf bedeutende Naturwissenschaftler. Andere versuchten es auf populäre Weise wie G.G. Hoskins mit seinem Buch *An Hour with a Sewer Rat* ("Eine Stunde bei der Kanalratte") von 1879. Catherine Buckton, Lehrerin aus Leeds, informiert uns in ihrem Buch *Our Dwellings Healthy and Unhealthy* (1885) genau, wie eine Toilette zu benutzen sei und gibt sogar eine Abbildung einer Klosettbürste bei. In manchen größeren Häusern hängte man einen in Messing gravierten Plan des Abwasserkanalsystems auf.

Das wichtigste Problem war die Bestimmung des Standorts der Örtlichkeit im Gebäude (Abb. 40, 41, Farbtafel 3). Vielfach waren die Toiletten im Inneren des Hauses völlig fensterlos eingebaut. Der Act von 1875 schrieb vor, daß der Raum wenigstens eine Außenwand mit einem Fenster haben sollte. Hinzu kamen ein getrennter Wasserbehälter und ein getrenntes Abwassersystem, die "soil pipe". Dieses Rohr mußte an der Außenmauer angebracht werden und die Verbindung mit den unterirdischen Abwasserkanälen hatte auf dem einfachsten und kürzesten Weg zu geschehen (Abb. 21, Farbtafel 4). Kontrollschächte und Kanaldeckel waren einzubauen. Die Rohre mußten aus glasiertem Steingut sein – zuerst von Doulton 1846 eingeführt – oder aber aus Gußeisen. Diese in der Fabrik gefertigten Eisenrohre konnten leicht an Ort und Stelle aneinandergesetzt werden und ersetzten die

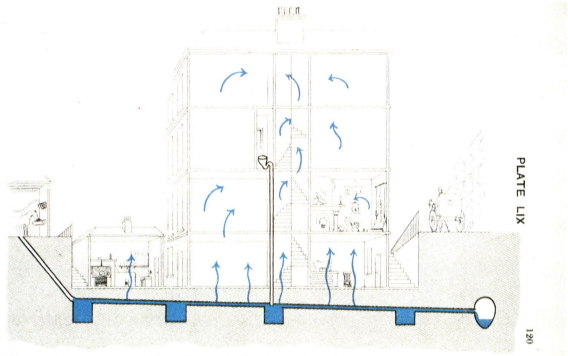

Farbtafel 3. Darstellung der Gefahren durch Abwasser an einem Londoner Haus. "Keine hundert Meilen von Harley Street. Fünf Gruben unter dem Haus eines Londoner Arztes". Nach Dr. Thomas Pridkin Teale, *Dangers to Health. A Pictorial Guide to Domestic Sanitary Effects.* 1879.

Farbtafel 4. Schnitt durch eine kleines Haus in Liverpool, um 1900, mit den Bestimmungen zur Abwasseranlage, diese führte aber nicht immer zur hinteren Straße. Von W. Goldstraw, *A Manual of Building Regulations in Force in the City of Liverpool,* 1902.

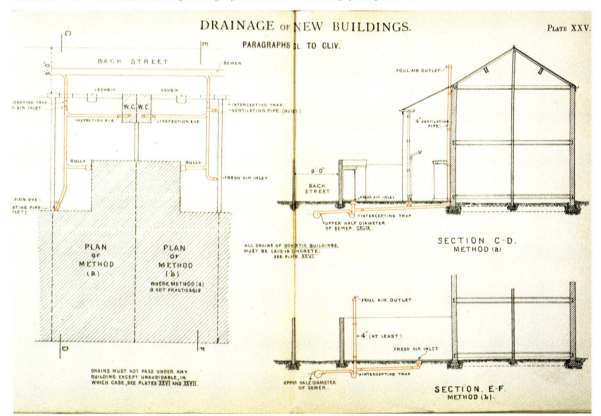

weitgehend handgefertigten Bleirohre. Das Wichtigste war, die Rohre sauber zu verbinden, die Baugesetze schrieben hierfür sogar die Zementarten vor. An manchen Stellen hielt man die Rohre jedoch wegen der Belüftung offen, im Gegensatz zu den früheren Methoden, als man sich bemühte, alles so dicht wie möglich zu schließen. Ebenso verdrängte der einfache S-Boden-Geruchsabscheider den komplizierten, altmodischen D-Verschluß (Abb. 23).

Die schichtenspezifischen Unterschiede in den Ausführungen der Toiletten waren erheblich, hinzu kam ein Modernitätsgefälle von Süden nach Norden. Die Londoner Bauvorschriften der frühen 90er Jahre unterschieden kurioserweise zwischen Häusern der Arbeiterschicht und denen anderer Gruppen, da bei den ersteren die Toiletten auf den Hof gelegt wurden (Abb. 107). Das hatte Änderungen der Vorschriften über die Mindestgrößen der Höfe zur Folge . Die soziale Grenze zwischen der Anlage von Innen- und Außentoilette verlief immer niedriger, aber selbst nach 1900 wurden relativ kleine Londoner Häuser mit einem Außen-WC gebaut (Abb. 48, 53, 57). Wir können annehmen, daß bei größeren Häusern mit einem WC im oberen Stock plus Außen-WC letzteres vom Personal benutzt wurde (Abb. 48). In der Provinz waren Toiletten im Hof auch für mittlere Häuser häufiger, wie z.B. in Sheffield. Hier aber unterschied man vorwiegend zwischen Haustypen mit und ohne WC. In Rochdale gab es im Jahre 1906 nur 750 WC's bei insgesamt mehr als 10.000 Häusern. Zu erwähnen ist auch die große Preisdifferenz bei Toiletten auf Grund verschiedener Techniken und auch Ausstattung wie etwa Sitzen aus Mahagoni oder einfachem Fichtenholz ("plain deal").

Das ältere kleine provinzielle Arbeiterhaus war größenmäßig wie konstruktiv kaum geeignet, die Installation eines WC's bzw. große Rohrdurchbrüche u.ä. zu aufzunehmen. Auch aus diesem Grund, wie aus dem der Hygiene, wurden WC's immer in den Hof gebaut, entweder als Anbau an das Haus oder in einiger Entfernung in einem separaten Bau. In Sheffield schrieben die örtlichen Baugesetze von 1864 vor, daß die Toilette fünf Fuß (1,52 m, später 15 Fuß d.h. 4,57 m) vom Haus entfernt sein sollte, in der Praxis waren sie meist weiter entfernt. Wir werden die Varianten in Zusammenhang mit der Planung des Hinterhofes weiter unten besprechen (Abb. 67, 74, 75).

Natürlich hatte nicht jedes Haus ein eigenes Klosett. In einem Bericht über einige frühe Bergwerkssiedlungen im Nordosten heißt es an einigen Stellen: "… nicht mit Aborten versehen",[7] was wohl hieß, daß es keine in der Nähe der Häuser gab. In älteren Back-to-Back-Siedlungen bestand manchmal nur ein Abort für 20 Häuser, und Hole beschreibt, daß die Leute am Sonntagmorgen Schlange stehen mußten. Im Jahre 1848 hieß es im Health of Towns Act: "Kein Haus darf ohne ordnungsgemäßes Wasserklosett usw., Abort und Aschengrube gebaut werden." Gelegentlich wurde dies so interpretiert, daß jedes Haus seine eigene Toilette haben mußte, z.B. 1867 in Sunderland. Die Formulierungen in den Gesetzen von 1858 und 1875 waren ähnlich wie 1848. Aber um 1880 waren für jedes kleine Haus getrennte Höfe und eigene Aborte die Regel und es gab nur noch wenige Gegenden, in denen mindestens eine Toilette für zwei Häuser vorgeschrieben war (etwa Leeds / West Yorkshire bis 1902). Sogar in jenen neuartigen Reihenhäusern mit Etagenwohnungen in London und Tyneside hatte jede Wohnung ihr eigenes WC, was zu sonderbaren Grundrissen führte (Abb. 105).

Schließlich müssen wir noch einmal auf die Kanalisation zurückkommen. Viele Städte entschieden sich nach 1850 für das billigere "conservancy system", bei dem nur das Regenwasser und das Wasser aus den Waschbecken in die Kanalisation abgeleitet wurde (Abb. 60). Die alte Grubenmethode wurde weitgehend durch das Kübelsystem ("pail system") ersetzt, etwa in Manchester offiziell 1871, d.h. Kübel wurden von der Stadt verteilt und wieder abgeholt. Es gab viele örtliche Variationen wie z.B. das "Rochdale tub", ein hölzernes Ölfaß, das in der Mitte geteilt war. Außerdem gab es "cinder stifters" (Schlackensiebe), in denen Schlacke und Asche getrennt wurden. Mit der feinen Asche wurden die Toiletten gefüllt. Das Earth Closet, ein mit Erde gefüllter Kasten, 1860 von Reverend H. Moule zuerst patentiert, scheint keine große Verbreitung in städtischen Häusern gefunden zu haben

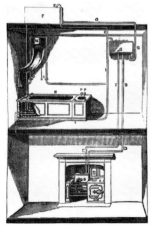

24. Ein Badezimmer, das von der im Erdgeschoß liegenden Küche mit Warmwasser versorgt wird, 1875. Unten: Feuerstelle mit dahinterliegendem Kessel und Heißwasserbehälter. Oben: Kaltwasserbehälter, Wanne mit Duschvorrichtung von der Decke hängend, heißes und kaltes Wasser für das Handwaschbecken. Die Ausführung bestand aus Mahagoni mit vornehmen Armaturen, die Wanne aus Kupfer oder galvanisiertem Blech. Die Kosten betrugen einschließlich Einbau 41 Pfund, 15 Schillinge. Die Anlage wurde "tank system" (Hochbehälteranlage) genannt im Gegensatz zum späteren, teureren "cylinder system" (Druckbehälteranlage) und wurde seit 1850 benutzt.

25. Ein Klapp-Bad in der Scullery eines kleinen Hauses mit vier oder fünf Zimmern. Reklame der Patent Adjustable Bath Company, Birmingham. Es bestand aus bleiverkleidetem Stahl, das Wasser wurde im "Copper" (vgl. Abb. 19) oder auf dem Herd erwärmt. Es kostete 3 bis 4 Pfund, um 1907 waren waren 2000 davon in Gebrauch.

26. Die primitivste Art des Bades: eine Wanne wurde in die Wohnküche gestellt (vgl. Abb. 107). Ein gestelltes Bild des Beamish Museum, Stanley, County Durham (vgl. Abb. 61 b).

(Abb. 61). Noch eine weitere Toilettenart muß erwähnt werden: Das Regen- und Abwasser-Klosett, das über eine Zisterne alles Waschwasser und Regenwasser aufnahm und sich entsprechend oft automatisch leerte, wenn es regnete. Es überrascht nicht, daß solche Toiletten hauptsächlich im regnerischen Nordwesten, etwa in Burnley, zu finden waren.

Was WC's in Arbeiterregionen betrifft, so war Liverpool vielen anderen voraus, um 1890 waren alle Toiletten mit Wasserspülung versehen; auch Barrow, Preston und Tyneside waren weit fortgeschritten. Manchester wies im Jahre 1902 42.000 WC's, 14.000 Kübeltoiletten und immer noch 3000 Gruben auf. In Städten der Grafschaft Yorkshire z.B. waren zur gleichen Zeit 50% WC's schon viel.

Im Ganzen läßt sich sagen, daß die Vielfalt der Toiletten auf verschiedene finanzielle Möglichkeiten und geographische Gegebenheiten zurückzuführen ist. Außerdem gab es unter den Experten noch keine Einigung über die beste Art der Einrichtung, wie es auch bei den teureren WC's der Fall war.

Das Waschen

In besseren Häusern begann man im 19. Jahrhundert, die Wasserrohre nicht mehr nur in der Küche im Souterrain sondern auch in den oberen Stockwerken zu installieren. Waschbecken in der Nähe der Schlafzimmer ersetzten jetzt die "hot and cold chamber maids", die für warmes und kaltes Wasser zuständigen Stubenmädchen. Allgemein wurden alle diese Leitungen "lavatories" genannt, erst im 20. Jahrhundert setzte sich diese Bezeichnung allein für die Toilette durch. Kleinere Häuser hatten im ganzen 19. Jahrhundert nur einen Wasserhahn im Erdgeschoß und ein etwas rohes Steingutwaschbecken, meist in der Scullery (Abb. 19), oder aber, wie vielfach in Tyneside, im Hof. Es war oft bis in die neuere Zeit üblich, sich auch im Winter im Hof zu waschen.

Hinsichtlich des Wäschewaschens gab es viele regional verschiedene Bräuche.[8] Die besseren Schichten gaben die Wäsche aus dem Haus – nach 1900 nahmen die kommerziellen Wäschereien stark zu – oder ließen sie von der Dienerschaft waschen. In manchen Gegenden hatten sogar kleinere Häuser eigene Waschküchen ("wash-houses"), die allein oder wie in den Westmidlands mit anderen gemeinsam genutzt wurden, wobei die Abtrennung

Reinlichkeit außerhalb des Hauses

27. Ein Dienstmädchen scheuert die Eingangsstufen, um 1872. "Die Stufen und Eingänge der Häuser werden in den Städten jeden Tag gewaschen und geweißt" (Webster, Seite 345). Der Fotograf war Arthur Munby, ein reicher Rechtsanwalt und Vorkämpfer für die Rechte der Dienerschaft, später heiratete er die hier abgebildete Hannah Culwick.

28. Schuhabkratzer, spätes 19. Jahrhundert, Strood, Medway, Kent. Das gleiche Modell kann man überall im Land finden.

gegenüber der üblichen Scullery nicht genau ist. Meist wurde in der Scullery gewaschen, obwohl dies als ungesund galt. Oft wurde die Scullery auch als Waschhaus bezeichnet. Das Wasser in der Scullery oder in der Waschküche wurde im "copper" erhitzt, einem steinernen Ofen mit einem eingelassenen Metallbecken, meist aus verkupfertem Eisen (Abb. 19, 50). Sehr häufig gab es hinter den Häusern gemeinschaftliche Trockenplätze und Bleichen, z.B. in Leadgate (County Durham) oder in Manchester.

Badezimmer wurden in Londoner Häusern allmählich seit den 1820er und 30er Jahren eingeführt. Webster schreibt 1844, daß sie mehr als "blinder Luxus" seien[9]. Um 1879 hatten dem *Builder* zufolge viele der großen mittelviktorianischen Häuser noch keine Badezimmer, sie waren aber in allen neueren Häusern ab 100 Pfund und in Vorstadthäusern ab 50 Pfund zu finden, insgesamt aber immer noch in weniger als der Hälfte aller Londoner Häuser.[10] Nach 1900 wurden alle Londoner Häuser, außer den kleinsten, mit Bad im Obergeschoß gebaut (Abb. 24, 48), und auch die neuen Häuser mit sechs bis sieben Zimmern in der Provinz erhielten ein Bad. Die Installation hielt man so einfach wie möglich, indem das Bad und das WC im Obergeschoß über der Küche und Scullery im modernen Rückanbau untergebracht wurden. Für die Warmwasserbereitung gab es mehrere Möglichkeiten, entweder direkt unter der Wanne oder aber mit einer Art Durchlauferhitzer, "geyser" (seit 1868). Seit 1850 weit verbreitet war jedoch eine Wasserleitung zu einer Kombination aus Küchenherd und Kamin, oder z.B. die elektrische Erhitzung durch den getrennten Wasserbehälter, den "boiler". In kleinen Häusern wurde eine Zinkbadewanne benutzt, die bei Gebrauch in der Küche aufgestellt wurde (Abb. 107), sowie faltbare Badewannen (Abb. 25). In vielen Fällen ging man einfach ins nächste, meist preiswerte öffentliche Bad zum "weekly tub", zur allwöchentlichen Wanne. Zahlreiche Stadtbäder wurden nach der Jahrhundertmitte gebaut. Den Bergarbeitern standen zu jener Zeit noch keine von der Grubenleitung errichteten Bäder ("pit-head-baths") zur Verfügung. Daher mußten sie sich jeden Tag in einem Bottich in der Wohnküche ihrer ohnehin schon kleinen Häuser waschen. Wegen des Anstands trugen sie dabei eine kurze Unterhose und beugten sich so tief wie möglich in die Wanne – "as far as possible" –, was zu der Redensart führte: "when do you wash the possible?" (Abb. 26).

9. Die Verbesserung der Bausubstanz

... zur vollständigen Isolierung des einzelnen Hauses, um die Ausbreitung von Krankheiten zu verhindern.

Barry und Smith, 1888[1]

Zur Verbesserung der Gesundheit dienen nicht nur moderne sanitäre Einrichtungen, auch die Bausubstanz selbst sollte bestimmte Anforderungen erfüllen. In vorangegangenen Kapiteln haben wir uns mit einigen Methoden beschäftigt, mit denen versucht wurde, die Bauqualität im allgemeinen zu verbessern. Es wurden auch neue Herstellungstechniken und Vertriebswege für Baumaterialien erwähnt, die eine gleichbleibende Qualität garantierten. Die Verbesserungen in der Bauwirtschaft sind unter zwei wesentlichen Gesichtspunkten zu sehen: sorgfältigere Konstruktion mit hergebrachten Techniken und neue Techniken sowie Materialien (vgl. Abb. 53, 92). Leider läßt sich die wichtigste Frage, wie häufig im 19. Jahrhundert schlecht gebaut wurde, am schwierigsten beantworten.

Wie zu erwarten, fällt die Beurteilung der Bauweisen des 19. Jahrhunderts sehr unterschiedlich aus. Es "sind keine Fälle bekannt geworden, bei denen durch Einsturz...Eigentum und Leben gefährdet worden wären", heißt es bei Hermann Muthesius.[2] Mit diesem kaum glaubbaren Urteil bezweckte der Autor wohl, seine deutschen Leser von den Vorteilen der englischen Leichtbauweise zu überzeugen. Im Gegensatz dazu schreibt Charles Booth gleichzeitig, daß sogar die neueren Londoner Vorstadthäuser sehr oft schlecht gebaut seien. Der in dieser Beziehung ausführlichste Bericht, der *Tudor Walters Report* von 1918, ist geteilter Meinung: "Die Bauunternehmer benutzten weder Fachwissen beim Entwurf noch Technologien bei den Bauarbeiten", aber weiter unten heißt es, daß Verbesserungen feststellbar seien und bestimmte Standard-Typen "normalerweise billig hergestellt wurden".[3] Bei kleinen Häusern war eine schlechte Konstruktion an der Tagesordnung, neu war aber wohl die Tatsache, daß auch viele größere Häuser der spätgeorgianischen und Regency-Zeit von schlechter Substanz waren und die Fehler von Tapezierern und Stukkateuren kaschiert wurden. So jedenfalls drückte sich Nash aus, als er Häuser des Portland Estate verurteilte. Bald aber stand die Ausführung seiner eigenen Reihenhäuser und die vieler Nachfolger in demselben Ruf. Am Ende des Jahrhunderts mehren sich die Anzeichen für eine allgemeine Verbesserung der Bausubstanz sogar bei den spekulativ erstellten Häusern. So sehr Barry und Smith die Back-to-Backs in West Yorkshire verurteilten, am Baustein, am Mörtel und am Holz dieser Bauten fanden sie nichts auszusetzen. Wie es scheint, verhinderten die Baugesetze kaum ungenügende Konstruktionen, konnten aber deren Ausmaße einschränken.

Wir können hier nur eine kurzgefaßte Übersicht über die Bautechniken bieten (Abb. 53, 92). Beginnen wir mit dem Mörtel. Die billigste Sorte bestand früher oft aus Kalk, der mit schmutzigem Sand und Straßenschmutz ("road stuff") gemischt wurde. War er getrocknet, zerfiel er meist zu Staub. Guter Kalk ("lime") hatte jedoch immer etwas hydraulische Qualität, d.h. er bleibt selbst in feuchtem Zustand fest. Man nutzte ihn vielfach noch bis ins 20.

Jahrhundert. Andererseits setzten sich immer mehr die hydraulischeren und dauerhaften Zemente durch, die zunächst eher für dekorative Zwecke benutzt wurden, vor allem der 1824 patentierte, auch international gefragte Portland-Zement. Nach der Mitte des 19. Jahrhunderts begannen ernsthafte wissenschaftliche Versuche. Es wurden auch allmählich mechanische Mischer verbreitet. Gegen Ende des 19. Jahrhunderts wurde Zement in Grundmauern und für die Verbindung von Tonrohren zur Regel, und Webster erwähnt bereits "concrete" (Beton) im Zusammenhang mit Kiesmörtel. Später schrieben die Gesetze für alle Fundamente Beton vor. Eine leichtere Sorte war "coke breeze", ein Nebenprodukt der schnell wachsenden Gaserzeugung, bestehend aus drei Teilen Kokskohlenlösche bzw. Aschenstampf und einem Teil Zement. Es wurde für Trennwände im Innern verwandt, aber auch für Türstürze und dergleichen.[5] Hohlblocksteine ("breezeblocks") wie auch Konstruktionen ganz aus Beton blieben in England noch lange im experimentellen Stadium. Die zahlreichen frühen Versuche, ganze Häuser aus Beton zu bauen, erfuhren keine Verbreitung. Zement wurde vor allem auch beim Verputz eingesetzt, aufs ganze gab es jedoch in England sehr viel weniger verputzte Außenwände als auf dem Kontinent oder in Schottland. Nur im Inneren trugen seit etwa 1850 alle Wände Verputz, rohe Mauern wurden nicht mehr akzeptiert.

Hinsichtlich der Fundamente befaßten sich die ersten Baugesetze hauptsächlich mit der Mauerstärke, wie die sorgsam differenzierten Fundament-Vorschriften in London von 1774 zeigen (Abb. 21, 41, 53). Später interessierte man sich mehr für die Feuchtigkeitsisolierung. Außer der Verwendung von Zement kam etwa ab 1850 der Einbau von Isolierschichten auf. Sie bestanden aus Blei, Tonziegeln, Schiefer oder Asphalt.[6] Seit 1890 besaßen alle neuen Häuser in Manchester diese Schichten, um 1900 setzten sie sich bei vielen Neubauten durch. Speziell perforierte Backsteine ("air bricks"), Luft- bzw. Loch-Ziegel, wurden unter dem Fußboden des untersten Geschoßes eingebaut, da dieser seit 1860/70 nicht mehr direkt auf dem Erdboden aufliegen durfte.

Holz am Außenbau war in London bereits im 17. und 18. Jahrhundert zugunsten des Ziegels drastisch reduziert worden, aber außerhalb der Hauptstadt hielt es sich noch lange. Besonders im Südosten, in Kent und Essex, kann man noch viele kleinere Häuser und Häuserreihen finden, die ganz aus Holz gebaut sind. In welchem Ausmaß sich die Holzbauweise in ärmeren Stadtvierteln bis gegen Ende des 19. Jahrhunderts hielt, ist schwer festzustellen. Häufig ist die Rückseite des Hauses eine Holzkonstruktion. Sogar spätgeorgianische Häuserzeilen mit eleganten Backsteinfassaden, wie die Ordnance Terrace in Chatham von ca. 1820, haben eine Rückseite aus Holz. Und auch in London finden wir zuweilen aus Sparsamkeitsgründen ein Mansardendach in Holz und Schiefer an der Rückseite von Häusern mit Backsteinfassade.[7] Diese Bauweise hielt sich für Kleinhäuser in Holland noch bis zum Anfang des 20. Jahrhunderts. Im Innern kleinerer Häuser wurden noch lange, bis in die zweite Jahrhunderthälfte, Fachwerkwände mit Stuck oder Backsteinfüllungen ("brick nogging") verwendet, sogar für tragende Wände (Abb. 53).

So, wie seit dem 17. Jahrhundert der Backstein das Holz verdrängte, ersetzte im 19. Jh. der Ziegel auch den Bruchstein. Zu Anfang des 19. Jahrhunderts hieß es noch bei Nicholson, daß in den Steinregionen eine Mauer nur halb so viel koste wie eine gute Ziegelmauer in London; aber die Vorteile der letzeren waren bereits bekannt. Sie war leichter und einfacher in der Verwendung, weniger Feuchtigkeit absorbierend und konnte bis zu einem Drittel dünner sein als eine Bruchsteinmauer. Ziegel wurden daher bald in allen Gegenden verwendet; sogar in Steinregionen wurden Hau- und Bruchstein nur noch als Fassadendekoration genutzt. In den engen Höfen der kleinen Häuser sparten Ziegel Platz. Allerdings sollten nur "gute Ziegel" oder "gut gebrannte Ziegel" verwendet werden, wie es in den Baugesetzen und Verordnungen immer wieder hieß. Die Entwicklung der Ziegeltechnologie half dabei, die schlechten Backsteine früherer Produktionsweisen zu verdrängen.

Die Stärke der Ziegelwände wurde in London bereits vom 17. Jahrhundert an gesetzlich vorgeschrieben (Abb. 41). Das Mindestmaß war ein Stein, d.h. 9 Zoll (22,8 cm). Nur bei den Wänden, welche die Mülleimer des 4. Klasse-Hauses umgaben, durfte die Stärke einen halben Backstein betragen. In der Provinz, besonders im Norden, waren diese Viereinhalb-Zoll-Mauern für die meisten Wände zugelassen und Ursache schlechter Bauqualität, nicht nur in kleinen Häusern, sondern auch wie z.B. in einem dreistöckigen Haus in Scarborough, Clark Street (ca. 1850). Später verboten die Baugesetze in den meisten Teilen des Landes diese leichte Bauart. Weitere Vorschriften betrafen das Hochführen der Brandmauern zwischen jedem Haus bis unter den Dachfirst oder, wie noch lange in London üblich, über das Dach hinaus (Abb. 52).

Als Mauerverband galt der Blockverband ("English Bond") als stabilste Methode und wurde von vielen fortschrittlichen Architekten des späteren 19. Jahrhunderts angewandt. Aber die georgianische Tradition bevorzugte aus ästhetischen Gründen den "Flemish Bond", d.h. wendischen oder gotischen Verband. Wegen der Qualitätsschwankungen der Ziegel und Akzentuierung der glatten Backsteinfassaden mit Hilfe geformter Bögen ("gauged arches") sowie vieler Fassadenformsteine, ließ die Verbindung der vorderen mit der rückwärtigen Wandschicht oft zu wünschen übrig. Hölzerne und später eiserne Anker wurden zur Sicherung herangezogen. Später ermahnen die Baugesetze vor allem zum sorgfältigen Verband an den Ecken des Baus. Hohlmauern wurden bereits um 1900 bei Stevenson und Mitchell diskutiert und scheinen bereits um 1900 häufiger vorzukommen.[8] Wachsende Sorgfalt wurde später auch auf die Ausführung von Schwellen, Fensterbänken, Fußböden und Treppen verwandt, hierfür wurden Sandstein, Schiefer und später harter Ziegelstein verwendet. In kleineren Häusern führte man Fensterbänke noch häufig in verputztem Backstein aus, seltener in Holz.

Was hatte sich im traditionellen Zimmermannshandwerk verändert? Webster schreibt 1844: "Die Technik der Zimmermannskunst ist heute verbessert, Stabilität bei gleichzeitiger Leichtigkeit wird durch sorgfältige Rahmung erreicht, wobei so wenig wie möglich von dem vergänglichen und teuren Material Holz verwendet wird."[9] Hermann Muthesius bewundert die Leichtigkeit und gute Gewichtsverteilung der englischen Holzbauteile. Drei Faktoren trugen zur Entwicklung bei: erstens die Vorschrift standardisierter minimaler Stärken der Holzteile, "scantlings" (Abb. 53), zweitens seit etwa 1840 und verstärkt 1870 eine allgemeine Standardisierung durch die Einführung mechanischer Sägen und drittens das sorgfältige Trocknen des Holzes vor seiner Verwendung, welches umso weniger zeitraubend ist, je dünner die Teile sind. Im späten 19. Jahrhundert findet man kaum Hölzer unregelmäßiger Stärke wie in der Decke des oben erwähnten Hauses in Scarborough.

Die Konstruktionsmethoden veränderten sich wenig. In den Holzdecken waren die Balken 12-16 Zoll (0,30-0,38 m) voneinander entfernt und zwei mal sechs Zoll (0,05-0,15 m) mächtig (vgl. Abb. 53). Die Distanz der Balken zum Kamin war genau vorgeschrieben. Der einfachste Boden mit einer Balkenlage konnte nur für Spannweiten bis zu acht Fuß (2,44 m) verwendet werden. Darum benötigten fast alle Balkendecken Verstärkungen, entweder durch Bretter zwischen den Balken oder durch Kreuzstaken ("herringbone strutting"), kleinen diagonal gekreuzten Hölzern zwischen den Balken, Scherhölzern. Für Entfernungen von 15 Fuß (4,57 m) und darüber wurde die sogenannte doppelte englische Balkenlage ("double joisted floors") verwendet, d.h. eine weitere Lage Querbalken. Für Räume von über 25 Fuß (7,62 m) und die größten Reihenhäuser gab es die dreifache Balkenlage ("treble joisted floors"). Am Ende des Jahrhunderts verwendete man neuartige Eisenverspreizungen, besonders über Hohlräumen bei Zwischendecken im darunterliegenden Stockwerk, doch waren sie nicht so verbreitet wie in Belgien und Frankreich. Auch gab es Versuche in teureren Häusern zur Schallisolierung Stuck, Filz und Sägemehl zwischen Balken und Bohlen einzufüllen. Dielenbalken sollten niemals Brandmauern durchstoßen. Die meisten lagen auf den sogenannten "wall plates", Streifbalken auf einem Mauervorsprung, auf.

Die Dachkonstruktion zeigte nun eine Vorliebe für Schieferdeckung. Die Einführung der besonders großen walisischen Schiefer hatte bereits um 1800 zu einer Verminderung der Dachhöhe geführt, da nur eine geringe Neigung nötig war. Im streng klassizistischen Stil

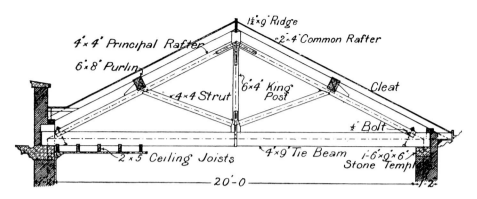

29. Schnitt durch ein Dach. Das Bild zeigt zwei Dachkantenarten, besonders verbreitet in Bristol und London. Links eine hochgeführte Mauer, die den Dachrand verkleidet, rechts die einfachere Lösung des über die Mauerkante vorspringenden Daches (vgl. Abb. 160).

mußte die Fassade das Dach so weit wie möglich verdecken. Noch flachere Dächer konnten mit Blei oder Zink gedeckt werden. Während der ganzen Zeit zwischen Nicholson und Middleton wurden "single" oder "untrussed rafters", d.h. einzelne Sparren benutzt, wenn es sich um Spannweiten von weniger als 20 Fuß (6 m) handelte. Diese konnten jedoch in der Praxis um einige Meter (bis auf 25 und 30 Fuß) der Normaltiefe eines zwei Zimmer tiefen Hauses erweitert werden durch die Verbindung der Sparren mit den obersten Deckenbalken, die ihrerseits auch auf Wänden innerhalb des Hauses auflagen. Zusätzliche Verstärkungen ließen sich durch Kehlbalken, Diagonal- und Horizontalstreben erreichen (Abb. 29, 54, 92). Auch Trennwände konnten zur Unterstützung herangezogen werden. Bei größeren Dachspannweiten mußte man Doppelsparren benutzen sowie zusätzliche vertikale Stützen, "king" und "queen posts" (einfaches und doppeltes Hängewerk). Einer der kritischsten Punkte am Bau ist der Punkt, wo das Dach auf der Mauer aufliegt. Die einfachste Lösung wurde bei georgianischen Häusern in London und Bristol durchgehend angewandt (Abb. 29, 177): Die Wand führte über die Dachtraufe hinaus hoch und bildete den oberen Abschluß des Baus, "parapet" genannt; es entstand Art eine Brüstungsmauer. Die Dachfirste lagen dahinter meist rechtwinklig zur Fassade und damit parallel zur Tiefe des Hauses, was meist zu niedrigeren Dächern führte somit Holzverbrauch und Kosten reduzierte (Abb. 40, 41). Mitunter wurde die hohe Brandmauer ("party wall") zwischen den Häusern als Auflager für die Sparren benutzt. So verlief die Traufe über der Mitte des Hauses – es war das berüchtigte Londoner "M-type-Roof" (Grabendach), bei dem sich an der Decke des darunterliegenden Zimmers schnell Feuchtigkeit niederschlug (Abb. 49).

Gelegentlich sieht man auch gewöhnliche Dächer, d.h. solche mit der Firstlinie parallel zur Fassade, wo die vordere Traufe abgeschnitten und durch eine Brüstungsmauer verdeckt wird.[10] Bei den meisten georgianischen und Regency-Häusern setzte sich diese Dachkonstruktion durch; und man zeigte traditionell die Dachsparren auch an der vorderen Trauflinie. In London und Bristol wurde gegen 1850 diese Dachform wiederbelebt, zunächst bei Villen und Doppelhäusern ("semi-detached"), und sie setzte sich von 1870 bis 1880 bei allen anderen Häusern durch, die Brüstungsmauer entfiel dann. Zumindest an der Straßenfassade liebte man es, die Traufe weit vorspringen zu lassen, wobei oft die Unterseite der Traufe mit Schiefer, Holz oder Stuck verkleidet wurde ("soffitboard"), was feuerpolizeilich vorgeschrieben war. In Abständen von etwa einem Fuß (0,3 m) zeigte man die sogenannten "trusses" (Sparren), die aber meist nicht den tatsächlichen entsprachen, sondern lediglich als eine Schmuckkonsole in der Wand befestigt waren. Eine weitere Form war in ländlichen Gebieten, die Oberkante der Fassadenmauer als Gesims etwas vorkragen zu lassen und Sparren sowie Dachkante darüber hinwegzuführen (Abb. 183).

In diesen Zusammenhang gehören auch Probleme mit der Dachrinne. In früheren, einfachen Häusern fehlte sie ganz; dies war Ursache immer wiederkehrender Spritzverschmutzung. Der Haustyp von London und Bristol ergab diese Schwierigkeiten nicht, da eine Rinne hinter der Brüstungsmauer verlief. Bei der offenen Traufe oder Dachkante wird die Rinne an der äußeren Kante befestigt. Die früheren Dachrinnen bestanden gewöhnlich aus bleiausgeschlagenen Holzbrettern, seit etwa 1850 aus Eisen oder Zink. Im späteren Newcastle-upon-Tyne waren die äußeren Dachkanten und Traufen aus Stein und die Dachrinnen darin eingelassen (Abb. 103). Mit diesen Bemerkungen begeben wir uns bereits in den Bereich der Fassadengestaltung: Die ältere Londoner und Bristoler Bauart war ein Ergebnis der klassischen Vorliebe für eine klare Linie. Aber auch Feuerschutzmaßnahmen waren damit verbunden. Die neue Vorliebe für das Zeigen der Traufe und des Holzes ist hauptsächlich auf das "Cottage Revival" zurückzuführen. Wir werden später auf diese Elemente im Zusammenhang mit dem Kapitel über die Fassade noch zurückkommen.

Bezüglich der Treppen läßt sich eine deutliche Tendenz zur Vereinfachung feststellen. Die unbequemen leiterartigen Treppen der frühen Bergwerkshäuser sowie die steilgewundenen Treppen der meisten kleineren Häuser verschwinden. Bei den späteren Treppen gab es noch Viertelwendungen oder sie waren zweiläufig. Die kleinen Mitteltreppenhäuser hatten nur eine steile gerade Treppe. Webster schreibt, daß gewundene Treppen einen geringeren sozialen Status anzeigten als solche mit Podesten ("landings"). Letztere wurden in fast alle Londoner Häuser eingebaut, auch weil diese Häuser Halbgeschosse ("splitlevels") aufwiesen. In den größeren Regency-Häusern waren die Haupttreppen meist in Stein ausgeführt. Mehr noch verlor die Zimmermannskunst an Boden, da die komplizierten Handgeländer nun aus Gußeisen bestanden. Die früheren Londoner Bestimmungen zur Feuersicherheit wurden als landesweite Gesetze übernommen. Nun bestand Stevenson darauf, daß hölzerne Tragbalken feuersicherer als eiserne seien, woraus man sehen kann, daß selbst auf einem so verwissenschaftlichem Gebiet wie der Feuersicherheit viel Raum für sogar gegensätzliche Meinungen war.

10. Die Umgebung des Hauses

Die schönsten Straßen sind die engsten und die breitesten.

D'Aviler, *Cours d'architecture*, 1695

Das Estate

Da dies ein Buch über das Haus und nicht über die Stadt ist, muß hier ein kurzer Blick auf die Stadtplanung genügen. Einige besonders wichtige Gesichtspunkte wurden bereits erwähnt, wie die Entwicklung der Vorstädte, die Trennung von Arbeit und Wohnen und einige technische Errungenschaften wie Wasserversorgung und Kanalisation.

Obgleich die früheren, unregelmäßig gebauten Stadtteile heute meist verschwunden sind oder nicht mehr ins Auge fallen, müssen wir noch einmal die neuere Tendenz zur straffen Organisation eines Stadtteils oder einer Straßengruppe in finanzieller, soziologischer wie auch architektonischer Hinsicht betonen (Abb. 10, 58, Farbtafel 1). Der Ausdruck "Estate" wird hier im Sinne des deutschen Begriffs "Siedlung" benutzt. In Gegenden, wo es keinen mächtigen Grundbesitzer gab, verständigten sich oft mehrere kleinere Besitzer über die anstehende Bebauung. Diese erste, spektakuläre Planung war oft bestimmend für alle Zukunft. Die einflußreiche Stellung dieser Grundbesitzer oder der Spekulanten zeigte sich oft in der Art, wie Läden und Pubs auf bestimmte Plätze, meist auf Eckhäuser, beschränkt wurden. In den schon vorher bestehenden Hauptstraßen lagen Läden und Pubs in lockerer Unregelmäßigkeit. Es gab zwei Gründe, weitere Läden usw. auf die Eckgrundstücke zu plazieren: Erstens waren dort höhere Erträge durch erhöhte Grundrenten zu erwarten, zweitens wurden so die Wohnstraßen zum größten Teil vom Gewerbe freigehalten und es wuchs der soziale Status der Straße (Abb. 37). Im späteren 19. Jahrhundert wurden im Südosten des Landes Läden meist ganz auf die Hauptstraßen beschränkt, z.B. in Green Lanes, Harringay im Norden Londons (Abb. 30) oder London Road, North End in Portsmouth. Dies bedeutete, daß der Weg zu einem Laden oft sehr weit war – allerdings gab es damals noch sehr viel mehr mobilen Straßenverkauf. Pubs wurden nun ebenfalls seltener, dafür aber größer. Während sich ein Gasthaus früher äußerlich kaum von einem normalen Haus unterschieden hatte, so ragte es jetzt oft palastartig aus der Masse der kleinen Häuser hervor. Manche dieser Stadtviertel zeigten, daß die moderne "Monofunktionalität" doch schon weit fortgeschritten war.

Im engeren Sinne bedeutete "Estate" auch einen durch Tore und Pforten gekennzeichneten halb-privaten Bereich (Abb. 31), der nachts abgeschlossen werden konnte. Dadurch wurde der Eindruck der Privatheit verstärkt. Öffentlicher Verkehr wurde dort eingeschränkt. Die Eingänge des Bedford Estate waren berüchtigt, da sie den Verkehr zwischen dem Bahnhof Euston und dem Stadtkern von Holborn stark behinderten. Erst im späten 19. Jahrhundert wurden diese Tore in London abgerissen. Noch heute gibt es hier, auch in Gegenden mit vielen Büros und Schulen, viele "Squares", deren Gärten in der Mitte des Platzes nur den Anliegern zugänglich sind. Die Tore, die Nashs Chester Terrace in Regents Park flankieren (Abb. 113) oder die Tore in der Camperdown Area in Great Yarmouth (1840), haben dagegen nur symbolisch ausschließenden Charakter. Erst im 20. Jahrhundert wurde dank der zunehmenden öffentlichen Stadtplanung die englische vorstädtische Siedlung im heutigen Sinne geschaffen.

30. **London.** Grand Parade, Green Lanes, Harringay. Eine typische Londoner Einkaufs- und Durchgangsstraße um 1900. In den langen Seitenstraßen befinden sich meist keine Läden.

31. **Tynemouth.** Percy Gardens, ca. 1860. Größere Häuser nach der See ausgerichtet. Die Anlage und Straße vor den Häusern ist "privat", das geht aus dem Text des Schildes am Zaun hervor. Das Torhaus ähnelt einem großen Landhaus (vgl. Abb. 113).

32. **Cheltenham.** Die Promenade – erbaut seit den 1820er Jahren (heute Rathaus), in einer Ansicht um 1840. Der Name der Straße und Terrace entspricht ganz ihrer Nutzung.

33. **Middlesbrough.** Dieses Straßenleben findet sich auch heute noch in den Arbeitervierteln des Nordens.

Die Straße

Wenige Haustypen sind so eng mit ihrer unmittelbaren Nachbarschaft verbunden wie das Einfamilien-Reihenhaus auf eigenem Grundstück und zweierlei Aussehen der Vorder- und Rückseite und ihrer Eingänge. Häuser ohne Vordereingang sind äußerst selten [1]. Wir wenden uns zunächst der üblichen Art von Straße zu; die Hoftypen werden wir später eingehender behandeln.

Während die großen georgianischen Terraces des 18. und frühen 19. Jahrhunderts bereits an sorgfältig ausgeführten Straßen lagen, die oft erhebliche Erdarbeiten nötig machten, gelangte man zu den meisten kleineren Häusern nur auf Straßen mit schlechtem oder gar keinem Belag. Die Berichte über Schmutz und Mißbrauch nehmen kein Ende. Löcher in der Straßendecke wurden oft mit Asche und Müll gefüllt. Bei Kleinhaus-Bebauungen fehlte häufig der Fahrweg, besonders in bergigen Gegenden. Wie Lowe schreibt, benötige man für Hand- und Eselskarren nur Fußwege.[2] Aber auch für mittlere Häuser um 1830 und in Gegenden, wo sicherlich kein Platzmangel herrschte, wie in Brandling Place, Newcastle, gab es keine normalen Vorderstraßen, sondern nur primitive Hinterwege. In der Doctor's Row, einer Bergarbeiter-Hauszeile um 1870 in Bedlington, wird die Vordertür auch heute noch so gut wie nie benutzt (Abb. 20, 65).

Eine breite, gesäuberte Straße wurde jedoch bald zu einem Hauptanliegen der Sanitär-Reformer. Im Jahre 1843 forderte Maslen, ähnlich wie dies Hole später für den Hausbau insgesamt tat: "Das Streben nach dem privaten Nutzen und der privaten Wirtschaftlichkeit sollte dem Streben nach öffentlichem Nutzen und Sicherheit weichen"[3]. Unzählige regionale Gesetze wurden zur Reinhaltung, Polizeibewachung, Straßenbeleuchtung und vor allem zu jener wichtigen Grenzlinie zwischen öffentlichem und privatem Bereich erlassen: der Baufluchtlinie. Nichts durfte mehr in die Straße hineinragen, nicht einmal der Schuhabtreter. Wie schon erwähnt, konnte Marr am Ende des Jahrhunderts feststellen, daß derjenige, der Grundsteuer bezahlt, auch das Recht auf eine gute Straße hat.[4] Wir werden weiter unten sehen, wie es in späteren Arbeitervierteln immer mehr ordentliche, breite Straßen gab, auch an der Rückseite der Häuser und sogar zwischen den Zeilen, wie die Querstraßen Liverpools. Hole forderte eine generelle Straßenbreite von 60 Fuß (18,29 m), das gewöhnlich vorgeschriebene Maß war seit 1858 aber nur 36 Fuß (10,97 m). Birmingham schrieb ab 1876 50 Fuß (15,24 m) vor. In Halifax gab es vier Klassen von Straßen: 54, 40, 30 und 24 Fuß (16,45; 12,19; 9,14 und 7,32 m) breit, die kleinste Kategorie durfte keine Fahrstraße sein. Diese langen, gerade und bald als langweilig empfundenen Straßen führten zu dem Begriff "byelaw street", was so viel bedeutet wie "Verordnungsstraße".

Um die Straßen sauber zu halten, wurden große Anstrengungen unternommen. So war in einigen Häusern Bristols der 80er Jahre das Holz nicht draußen, sondern im Hause zu hacken.[5] Die Model Byelaws von 1877 schrieben das tägliche Kehren der Bürgersteige, außer sonntags, vor. Eine öffentliche Straßenreinigung gab es bereits, vor allem in den besseren Straßen; dort experimentierte man sogar schon mit Maschinen. Außerdem verwendete man viel Eifer auf das Polieren von Türklopfern und das Weißeln der Fensterbänke.

Anders als in vielen Ländern des Kontinents war der Straßenbau in den Wohnvierteln Großbritanniens zunächst Sache der Bauunternehmer, die aber genau den Gesetzesbestimmungen zu folgen hatten, insbesondere hinsichtlich der Kanalisation. Natürlich war es von Vorteil, zuerst die Straßen zu bauen (Abb. 10). In Barrow zeigen alte Karten ganze Straßennetze, Schulen und Kirchen, die als erstes erstellt wurden. In vielen Fällen wird allerdings von Schlamm berichtet, durch den die ersten Bewohner eines Estates waten mußten, da die Bauunternehmer noch nicht das Geld für die Straßen aufbringen konnten oder wollten.

Der Straßenbau war im 19. Jahrhundert eine jener vielen bedeutenden technischen Entwicklungen, die im engen Zusammenhang mit dem Haus gesehen wurden (Abb. 21). In erster Linie ging es um die Vermessung (wozu Maitland nur für schwieriges Terrain den

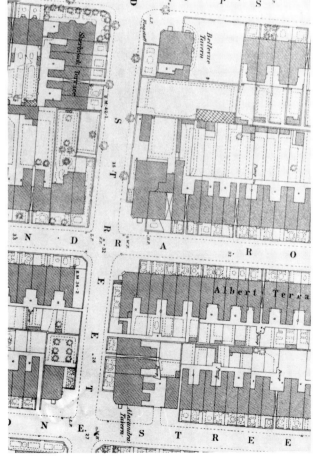

34. (ganz links). Der "knocker up", der "wandelnde Wecker", Rochdale.

35. (links). **London.** Die "Mews" in Pimlico, ehemalige Ställe ca. 1850, an der Rückseite der Häuser. Über den Ställen befinden sich die Kammern der Knechte, oft nur über eine Leiter zu erreichen.

36. (ganz links). **London.** Eaton Place und Eaton Square, Eingang der Mews, ca. 1840. (vgl. Abb. 135, 136). Die Häuser rechts sind neu. In diesen vornehmen Gegenden Londons entstanden in den letzten Jahren aus den Mews teure kleine Wohnungen.

37. (links) **Norwich.** Häuserzeile ca. 1865-80, ein Ausschnitt aus den Ordnance Survey Town Plan der 1880er Jahre. Hier wird die Anlage der Hintereingänge besonders deutlich. Bei den kleinen Häusern sind die Höfe miteinander verbunden und durch ein Passage von der Straße aus zugänglich (vgl. Abb. 50, 183, 218; Farbtafel 6). Größere Häuser haben Passagen zwischen je zwei Einheiten, wodurch jedes Haus einen eigenen Garten erhält, oder aber es führt ein kleiner Weg hinten herum, so daß jeder Garten separat zugänglich wird.

Die Umgebung des Hauses 73

Gebrauch des Theodolithen empfiehlt), dann um die Erdbewegungen. Manche Straßenplanierungen und Substruktionen, z.B. in Brighton, stellten außerordentliche Leistungen dar (Abb. 119). In Fällen, wo das Gelände uneben war, entschied man sich oft, die Unregelmäßigkeiten durch Erdbewegungen auszugleichen, ein teures Unterfangen, das aber der Mühe wert schien, da es ein geordnetes und regelmäßiges Aussehen der Reihe garantierte. Das frühe 19. Jahrhundert bescherte sodann mehrere erfolgreiche neue Methoden zur Herstellung des Straßenbelages, z.B. Macadam's "metalling", bei dem zerkleinerte Steine, Kies usw. durch den Verkehr oder auch durch Dampfwalzen geglättet wurden. Darunter lag Telfords Unterbau aus eng zusammenliegenden Bruchstein, der aber schon meist im späteren 19. Jahrhundert durch Betonschichten ersetzt wurde. Bei der älteren Art der Pflasterung wurden große Kieselsteine oder Sandsteinplatten ("slabs"), die sich noch lange in den Sandsteingegenden hielten, verwendet, während in den Hauptstraßen ab der Mitte des Jahrhunderts Granitpflaster eingeführt wurde. Heute findet man Sandsteinpflaster z.B. noch in Bradford. Manchmal wurde darüber Torf gestreut, um den Lärm zu reduzieren, etwa, wenn in einem anliegenden Haus jemand erkrankte. Holz benutzte man in Wohnvierteln selten zum Straßenbau, Backstein nur auf Gehwegen. Asphalt und "Tar Macadam", Kies vermischt mit Teer, kamen erst nach 1900 in größerem Umfang auf. Der Bürgersteig wurde meist mit Kies bestreut oder mit Sandsteinplatten befestigt; Granit oder die dunklen harten Staffordshire-Backsteine wurden später anstelle von Sandstein für Bordsteine verwendet. Die Baugesetze schrieben vor allem genau die Ableitung des Regenwassers vor. Im ganzen rechnete der Bauunternehmer mit vier und mehr Pfund Straßenbau- und Kanalisationskosten je Haus, das entsprach etwa 3% der Gesamtbaukosten. Die Straßenbeleuchtung besorgten private und städtische Gesellschaften. Gasbeleuchtung wurde in London 1808 eingeführt und war Mitte des Jahrhunderts schon weit verbreitet (Abb. 18, 69).

Schließlich waren die Straßen Orte der Kommunikation, des Promenierens, der Neugierde (Abb. 32). "Als ob unsere Familien nichts anderes zu tun hätten, als an den Vorderfenstern zu sitzen und die vorbeifahrenden Fahrzeuge zu beobachten", hieß es 1857 (Abb. 32). In Arbeitervierteln hielten sich diese Sitten noch lange, wie Dückershoff in den 90er Jahren schreibt: "Man findet ältere Leute,... die für Stunden auf derselben Stelle stehen oder sitzen, so daß man annimmt, daß sie auf jemanden warten" (Abb. 33).[8] Kleine Spiegel oder Spione, die man von außen am Fenster befestigte, um von innen die Straße beobachten zu können, waren bekannt,[9] wurden aber wohl nicht viel genutzt. In besseren Kreisen schien man sich um die Mitte des Jahrhunderts schnell von dieser Sitte abzuwenden. "Die Engländer (ganz anders als die Pariser) gehen nicht gerne nach draußen und schauen nicht einmal gern aus dem Fenster: Balkone sind unnötig", schrieb W.H. White im Jahre 1877.[10] Früher lagen die besten Häuser an den großen Durchgangsstraßen und die kleineren Häuser wurden rückwärtig versteckt. Später war es umgekehrt. Kleine Häuser standen an den Durchgangsstraßen oder wegen, wo jene nicht von Geschäften gesäumt sind (z.B. Ashton Road, Oldham), während sich die besseren Häuser in ruhigen, abgelegenen, parkähnlichen Vierteln befanden. Regelmäßige Straßen waren nun nicht mehr modern und Stevenson behauptete sogar, daß gerade Straßen nicht nur unansehnlich, sondern wegen der in ihnen stehenden Luft auch ungesund seien![11] Diese Zusammenhänge führen auch zum Ende der Geschichte unseres Haustyps, auf das wir noch zurückkommen werden.

Hintereingang und Mews

Die größten georgianischen und Regency-Terraces hatten alle ihre eigenen Ställe und Kutscherunterkünfte, die an einer rückwärtigen Straße lagen, gegenüber den Ställen der nächsten Hauszeile. Durch diesen hinteren Anbau führte auch der Hintereingang über den Hof zum Haus. Die rückwärtigen Erschließungswege wurden "mews" genannt (vgl. Abb. 1, 3, 7, 35, 41). In Belgravia erhielten die Eingänge dieser Mews große Torbauten (Abb. 36).

38. Vordergärten von Häusern kleiner und mittlerer Größe (Norwich um 1890).

Außerhalb Londons sind Mews selten, lediglich in Brighton findet man einige. Meist liegen sie dort aber etwas vom Haus entfernt, wie z.B. beim Sussex Square. Im späteren 19. Jahrhundert bildeten die King's Mews in Hove (Brighton) einen völlig geschlossenen Block für sich. Zu jener Zeit waren die privaten Ställe bereits selten geworden, weil mehr Leute Omnibusse benutzten. Die Mitglieder der Oberschicht hatten eine Abneigung gegenüber den Mews und ihren Bewohnern, weil sie die dort üblichen Menschenansammlungen der unteren Schichten als bedrohlich empfanden. In den älteren Teilen des modernen London, z.B. im Portman Estate (Baker Street, W1) wurde der Raum hinter den Haupthäusern nach und nach mit verschiedenen Gebäuden ausgefüllt. Darum erließ der Metropolitan Building Act von 1844 die gesundheitspolizeiliche Vorschrift, daß jedes neue Haus an seiner Rückseite über mindestens 100 Fuß (9,29 m²) Freifläche verfügen müsse. Der Ausdruck "Mews" wurde manchmal fälschlich auch für die rückwärtigen Teile kleinerer Häuser benutzt, so bei den Royal Parade Mews in Cheltenham, wo es sich nur um eine enge rückwärtige Passage handelte.

Bei mittleren und kleineren Häusern wurde der Hintereingang oft zum Problem. Es war hauptsächlich eine Frage des sozialen Status, daß die Eingänge zu den Stallstraßen der Mews soweit wie möglich von den Vordereingängen der Häuser und der Hauptstraße entfernt sein mußten. Die alte städtische Gewohnheit, daß jedes bessere Haus seitlich neben der Fassade einen eigenen Bogengang zum Hinterhof besaß, war schon lange verschwunden. Reihenhäuser ohne Mews hatten gewöhnlich auch keinen hinteren Eingang (Abb. 58, 59). Dieser wurde in London dadurch ersetzt, daß, wie wir sehen werden, das Souterrain einen eigenen, zusätzlichen Vordereingang erhielt. In kleineren Häusern im Süden gab es an der Front des Hauses häufig zu den vorderen Kellern Öffnungen für Kohleschächte ("coal holes"). Die späteren mittelgroßen und kleinen Häuser in London haben normalerweise keinen Hintereingang, aber wenigstens Korridore, durch die man die Kohle in den hinteren Teil des Hauses tragen konnte. Nur einige südlich gelegene Städte, wie Plymouth, bestanden auf breiten rückwärtigen Wegen für alle Häuser. In anderen Städten, wie Norwich, gab es komplizierte Varianten der Hintereingänge (Abb. 37). Im Norden erhielt später vor allem bei den kleinen korridorlosen Häusern die Hinterstraße eine große Bedeutung; wir werden im einzelnen noch darauf eingehen.

Der Garten

Wir wissen viel zu wenig über die Geschichte des Gartens normaler Häuser in England. Und das in einem Land, dem die Gartenkunst wohl mehr zu verdanken hat als irgendeinem anderen und in dem, wegen der allgemein geringen Wohndichte, mehr Menschen einen eigenen Garten besitzen als in den meisten anderen Ländern. Nicht die Gartenkunst selbst ist hier unser Thema, sondern ob es einen an jedem Reihenhaus gab und wenn ja, wo.

In den Zentren größerer englischer Städte waren Gärten so selten wie in anderen Ländern auch. Erst die einsetzende Entwicklung der Vorstädte verhalf den meisten Bewohnern zu einem eigenen Garten. Außerdem bestanden starke regionale Unterschiede; im Norden gab es im Vergleich zum Süden weniger Gärten, die meisten kleineren Vorstadthäuser besaßen keinen. Im späten 19. Jahrhundert verfügten sogar mittelgroße Häuser in den äußeren Vororten Manchesters nur über einen kleinen Hinterhof und selten über einen winzigen Vorgarten. Sogar in Siedlungen, um deren Häuser viel Platz zur Verfügung stand, gab es anscheinend kaum Gärten. Die Straßen waren unbefestigt und die ganze Gegend ungepflegt (Abb. 61). Zeit und Geld für Änderungen dieses Zustandes waren nicht vorhanden. Im Gegensatz dazu war im Südosten, in East Anglia, vorne oder hinten am Haus fast immer ein Garten, auch bei den ärmsten Vorstadthäusern (Abb. 37, 50, Farbtafel 5, 6). Noch heute sieht man vereinzelt in Great Yarmouth, Colchester und Norwich Zeilen von kleinen Häusern, bei denen nur ein schmaler Pfad oder Fahrweg durch gepflegte Gärten zu ihnen hin-

39. **London.** Paddington, um 1855. Ein Beispiel für die neueren Terraces, bei der die Rückseite des Hauses nicht in einen dunklen Hof führt, sondern zu einem halböffentlichen Park, im Gegensatz zu den georgianischen Regency-Häusern, wo sich dieser vor der Reihe befand (vgl. Abb. 1, 6, 7). Die verschiedenen Ebenen und Balustraden dienten zum Aufenthalt, aber auch zur Tarnung der Souterrains.

Farbtafel 5. Eine Reihe von Cottages auf dem Lande, um 1850. Interessant sind hier die primitiv-altertümlichen Proportionen der Fenster und Türen (Hobrook, Suffolk).

führt. Wie wurden diese Gärten genutzt und angelegt, besonders zu einer Zeit, in der immer mehr Lebensmittel von außerhalb herbeigeschafft wurden? Handwerker, die im Londoner East End wohnten, waren für ihre Blumenzucht berühmt. Als aber Cadbury für seine Modell-Industriesiedlung Bourneville bei Birmingham im späten 19. Jahrhundert den Gemüseanbau empfahl, wurde dies als Neuerung begrüßt. Daneben gab es auch Schrebergärten ("allotments"). Nottingham war bereits im frühen 19. Jahrhundert berühmt für seine Vorstadtgartenanlagen, später mußten die Städte Land zur Vermietung von Gärten bereitstellen. Viele Bewohner besitzen heute einen Garten hinter dem Haus und zusätzlich einen Schrebergarten in einiger Entfernung. Neben diesen gab es schließlich seit Mitte des 19. Jahrhunderts auch noch öffentliche Parks, die der allgemeinen Erholung dienten.

Von dieser vagen, anonymen Geschichte des Hausgartens wenden wir uns nun den historisch genauer faßbaren Versuchen zu, in der Stadt Ziergärten anzulegen, was anfangs eng mit der Entwicklung des vornehmen Reihenhauses zusammenhängt. In England kamen Ziergärten im 17. Jahrhundert zunächst bei einigen großen Londoner Plätzen auf, die formal wie Renaissance-Gärten angelegt waren. Im späteren 18. Jahrhundert wurden diese in kleine englische Landschaftsgärten umgewandelt. Alle vornehmen Spätregency und georgianischen Reihenhäuser hatten einen solchen Platz oder Garten. Noch heute sind viele dieser Parks – nahe dem Zentrum Londons gelegen – nur den umliegenden Bewohnern zugänglich, von denen jeder einen Schlüssel hat. In London nennt man sie häufig "paddocks" (Weiden) und in Brighton "enclosures" (Abb. 1, 3) – ein Ausdruck, welcher früherer Praktiken der Einhegung von Gemeindeland, d.h. seiner Vereinnahmung durch den Adel, entstammt. In einigen Fällen finden wir eine Kombination von Vorgarten und Platz. Die Hausreihe steht von der Straße zurückgesetzt, so z.B. beim Lansdown Crescent von etwa 1835 in Leamington Spa (Abb. 121, Farbtafel 12). Zuweilen liegen die besten Terraces einer Stadt in einer Art eigenem Park mit eigener Zufahrtstraße, etwa in Blenheim Mount in Bradford oder Gambier Terrace in Liverpool aus den 1830er und 1860er Jahren (Abb. 6, 7).[12] Bei der Bede's Terrace in Sunderland finden wir großzügige Vorgärten, die von einer Privatstraße aus zugänglich sind. Gelegentlich verläuft zwischen den Vorgärten ein Gartenpfad statt einer Straße; die Wagenzufahrt ist dann an der Rückseite untergebracht, sogar bei mittelgroßen Häusern.[13] In Hull besitzen alle späteren "terraces", damit ist hier der kleinste Haustyp gemeint, ausgedehnte Vorgärten, aber weder auf der Vorder- noch auf der Rückseite findet sich eine Zufahrt (vgl. Abb. 70).

Im späteren 19. Jahrhundert legte man immer öfter Vorgärten an, sogar bei mittelgroßen und bald selbst kleinen Häusern mit Souterrain (Abb. 38). "Wenn er gut in Ordnung gehalten wird, hilft er, das Haus zu verschönern und gestattet private Abgeschiedenheit", schrieb Maitland.[14] Banister Fletcher zählte die Vorgärten zu den Statussymbolen (Abb. 110),[15] sie waren ein typisches Vorstadtmerkmal. Später umzäunte man sie oft mit schweren Eisengittern, die allerdings im zweiten Weltkrieg eingeschmolzen wurden, einige wenige finden sich z.B. noch in Lincoln. Ende des Jahrhunderts besaßen die meisten neuen Häuser einen Vorgarten, besonders, wenn man die "Vorhöfe" miteinbezieht (Abb. 63, 103, 105, 169). Das waren enge Zonen, oft gepflastert, zwischen den Ausluchten zweier Häuser. Sogar viele Back-to-Backs wurden in dieser Zeit mit einem "Vorgarten" versehen, der gleichzeitig der hintere Garten des folgenden Hauses war (siehe Kap. 12).

Im Gegensatz zu dem eher dekorativen Vorgarten wurde dem hinteren Garten bei den größeren und mittleren Häusern wenig Bedeutung beigemessen, wenigstens nicht vor der Mitte des Jahrhunderts. "Gewöhnlich bleibt er ungepflegt", schrieb White 1877.[16] Große Regency-Häuser hatten selten rückwärtige Gärten. Für jene Häuser war die Rückseite des Hauses der Bereich der Dienerschaft, und die Herrschaft gelangte wohl selten dorthin. Noch um 1890 gab es bei relativ großen Häusern in der Cathedral Road, Cardiff, weite Vorgärten sowie einen Park, aber nur einen etwas erweiterten Hof an der Rückseite. Das Ziel, jedem besseren Haus einen eigenen und unmittelbar zugänglichen Garten zu schaffen, war aber nicht mehr aufzuhalten. Diese Entwicklung begann vermutlich mit Connaught Place,

Farbtafel 6. Ostengland. Hier gab es auch bei kleinen Häusern des späten 19. Jahrhunderts in den Stadtzentren (Norwich) fast immer große Gärten. Zur Anordnung der hinteren Eingänge siehe auch Abb. 37.

London W2, um 1807 [17] und in größerem Maßstab bei Nashs Regents Park in St. Leonards in den 1820er Jahren. Hier ist der Haupteingang ausnahmsweise an die Rückseite der Zeile verlegt und die Vorderseite hat direkten und privaten Zugang zu einem großzügigen Garten. Eine weitere Straße trennt die Hausanlage von dem öffentlichen Park. Bei dem Beispiel von St. Leonards galt es, die Fassade als Hauptschauseite der Häuser mit dem Park zu einer Einheit zu verschmelzen und den ungehinderten Blick auf die See zu ermöglichen. Für die Entwicklung des Gartens in der Stadt waren deutlich die Elemente der neuen Landhausarchitektur von Bedeutung. Nach der Einführung des allgemeinen, "natürlichen" Landschaftsgartens wollte man einen direkten Zugang von den Hauptwohnräumen des Hauses in diesen Garten haben. Außerdem bezeichneten Kritiker des Gothic Revival wie H. Repton und J. Britton das Piano Nobile im ersten Stock des Hauses als großstädtisch, südländisch und damit unenglisch, die Haupträume sollten ebenerdig sein.

Die ersten bemerkenswerten Versuche, das Problem beim Reihenhaus zu lösen und einen direkten Zugang zum Garten zu schaffen, finden wir in Paddington und im Ladbroke Estate (North Kensington) seit den 1840er Jahren. Die Rückseite der südlichen Zeile von Kensington Park Gardens (um 1850) grenzt an Ladbroke Square, eine der größten Grünanlagen Londons (Abb. 135, vgl. Abb. 7, 39). Wie die meisten anderen Squares in London ist dies ein privater Gemeinschaftsgarten, doch zwischen ihm und den Häusern liegt nicht, wie gewöhnlich, die Straße, sondern die Häuser haben aus dem Wohnzimmer an der Rückseite direkten Zugang zum Garten. Allerdings blieb der Hauptwohnraum ("drawing room") noch im ersten Stock. Später im 19. Jahrhundert gab es sehr große ähnliche Anlagen dieser Art in Earls Court (Harrington Gardens, Barkston Gardens usw.). Die schwierigste Frage war die nach dem Verbleib der Räume für die Dienerschaft im Rückanbau, ohne daß der Zugang der Herrschaft zum Garten beeinträchtigt wurde. In den frühen Beispielen wurden deshalb noch mehr Räume als üblich in das Souterrain gelegt und zusätzlich nach hinten ausgedehnt, den Anbau verdeckte man sorgfältig durch Terrassen (Abb. 39). In ihrer Dekoration waren diese Häuser natürlich teurer, da die Straßenseite wie die Gartenseite gleichermaßen geschmückt werden mußten. Im Jahre 1858 heißt es in den "Building News" über einige neuere Londoner Viertel, daß man das für halbprivate Squares genutzte Gelände besser für Gärten hinter jedem Haus verwenden solle.[18] So wurden anschließend kaum noch Plätze dieser Art angelegt. Einer der Hauptgründe dafür muß gewesen sein, die Kinder von der Straße wegzubringen, um sie im Garten beaufsichtigen zu können. Wir werden im nächsten Kapitel sehen, wie sich das normale, mittelgroße, spätviktorianische Reihenhaus langsam zum hinteren Garten öffnete und wie der Wunsch nach dem eigenen Garten den Grundriß veränderte (vgl. Abb 48, 57).

Schließlich können wir an dieser Stelle die Wintergärten oder Glashäuser ("conservatories") erwähnen. Es ist dies ein wichtiger Raum in jedem viktorianischen Landhaus und Landschloß. Er wurde hin und wieder an die Rückseite der Terrace gebaut, z.B. an die großen Häuser der Queen's Gate Gegend, die keinen Garten hatten (Abb. 43).[19]

11. Grund- und Aufriß: Der reguläre Typ

Unsere Grundrisse müssen kompakt und bequem sein, die Räume wohlproportioniert und gut beleuchtet. Die verschiedenen Bereiche des Haushalts müssen getrennt, aber doch geschickt miteinander verbunden sein und die Türen liegen so, daß ein hohes Maß an privater Abgeschiedenheit erreicht wird.

F. Hooper 1887[1]

Der Architekt bzw. der Bauunternehmer hatte zwei wesentliche Faktoren zu verbinden: die Wünsche des zukünftigen Bewohners und die Bedingungen der Grundstückslage sowie des Haustyps. Bisher sind wir hauptsächlich auf die Gesichtspunkte der Benutzer eingegangen und darauf, was man im 19. Jahrhundert vom Haus erwartete. Jetzt wollen wir untersuchen, was die Bauwirtschaft bereitstellte, die Kombinationen der Räume innerhalb der Vorgaben eines Typs. Dieses Kapitel wird von der ganzen Skala der verschiedenen Hausgrößen handeln, nur einige der kleinsten Haustypen werden im nächsten Kapitel erörtert.

Der Grundriß eines normalen Reihenhauses ist so simpel, daß er mit sehr wenigen Worten beschrieben werden kann: Es gibt zwei Etagen mit je zwei Räumen. Zur Variation und Erweiterung konnte man mehrere Stockwerke daraufsetzen und ferner Souterrains oder Rückanbauten hinzufügen, vielleicht gar beides. Schon im späteren 18. Jahrhundert hatte sich dieser Normalgrundriß im ganzen Land durchgesetzt. Gelegentlich erwähnte man regionale Besonderheiten, aber sie können hier nicht systematisch behandelt werden. Nur einige Charakteristika Londoner Häuser und, in sehr viel geringerem Maße, derjenigen Bristols sollen stärker hervorgehoben werden.

Wichtiger ist die chronologische Entwicklung. Einige neue Elemente der Hausbequemlichkeiten im späteren 19. Jahrhunderts wurden bereits diskutiert, wie mehr Tageslicht für alle und verbesserte sanitäre Anlagen. Wir betrachten jetzt, wie die Grundrisse diesen Wünschen angepaßt wurden. Insgesamt gesehen ist es für die Betrachtung des Reihenhauses wie auch anderer Anlagen charakteristisch, daß man einerseits zwischen der Betonung von Einheitlichkeit und Schlichtheit der Gesamtanlage und andererseits der Vielgestaltigkeit und Anpassungsfähigkeit des einzelnen Hauses ständig wechseln muß (Abb. 40–42).

Der "double fronted"-Haustyp

Dieser Grundriß ist die einzige bedeutende Ausnahme in unserem Schema. Die Eingangstür des Hauses liegt hier nicht an der Seite, sondern in der Mitte der Fassade und wird von jeweils einem Hauptraum flankiert. Jedes Stockwerk hat deshalb zwei Fenster, während die meisten Reihenhäuser nur ein Fenster zeigen. Diese zwei Fenster geben dem Haus den Namen (der Begriff "single fronted" ist nicht gebräuchlich). Der Ursprung dieser Anordnung ist das klassische Einzelhaus oder der Palast, die sehr häufig vorkommen. Bei den kleineren Lösungen solcher Einzel- oder Reihenhäuser, die sich in der Tiefe nur über einen Raum erstrecken, befindet sich die Treppe unmittelbar hinter dem Eingangsflur. Bei größeren Häusern führt ein weiterer Korridor zu dem hinteren Teil. Die Treppe knickt dann rechtwinklig von diesem Korridor ab. Das "double-fronted" Haus ist also erheblich breiter als das gewöhnliche Reihenhaus, aber weniger tief. Der Typ wurde dann benutzt, wenn die geringe Tiefe des Grundstücks den Normaltyp des zwei-Raum-tiefen Hauses nicht zuließ

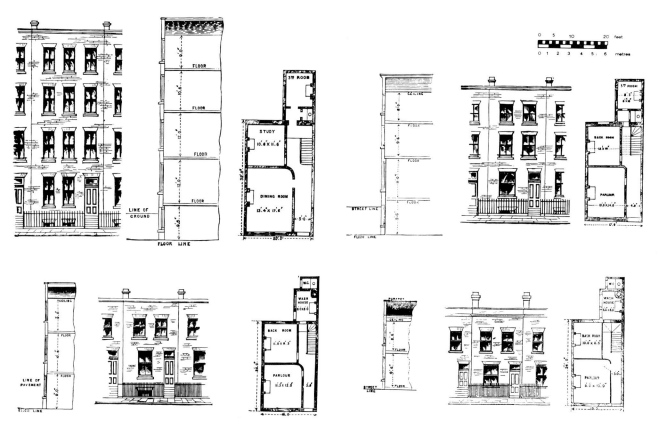

40. Die vier "Klassen" des Londoner Reihenhauses, nach Simon, 1875. Es handelt sich um späte und vereinfacht dargestellte Lösungen. Die Grundrisse bezeichnen jeweils das Erdgeschoß. In der ersten Klasse findet sich zu dieser Zeit der "First Floor Drawing Room" (man beachte aber, daß dieser nicht höher ist als das Erdgeschoß, vgl. Abb. 1). In der Klasse III und IV ist die Toilette nur von außen zugänglich.

Farbtafel 7. **London.** Harrington Gardens, SW7, um 1880. Um den Zugang zu den hinteren Gärten zu erleichtern, sind in diesem Beispiel Dienstleistungsräume neben die Straßenfrontseite gelegt worden, sorgfältig kaschiert durch Scheinfassaden mit offenen Fensterbögen.

oder für Ecklösungen. Am Zeilenende schließt sich dann ein solches Haus an die Folge normaler Reihenhäuser an (Abb. 37). In London findet sich eine größere Gruppe mittelgroßer "double-fronted" Häuser in Woodgrange Park (Hampton Road usw., E7; vgl. Abb. 161) aus den 1880er Jahren; sehr viel mehr Beispiele findet man im Südwesten Englands; in Plymouth ist dieser Grundriß genau so verbreitet wie der Normaltyp (Abb. 47, vgl. Abb. 14).

Sehr große Reihenhäuser

Zu den bemerkenswertesten Beispielen dieses Typs zählen Herrensitze ("mansions") mit 20 Zimmern bei einer Breite von nur 28 Fuß (8,53 m). Das setzte eine außergewöhnliche Bauhöhe voraus. Nicht selten waren dies fünf Geschosse mit ausgebautem Dach ("attic"), hinzu kamen ein weitläufiges Basement und komplexe Rückanbauten. Bei extrem großen Regency-Häusern, z.B. Nash's Carlton House Terrace oder Basevis in Belgrave Square, gab es gelegentlich Häuser von mehr als 30 Fuß Breite (9,14 m) und individuellem Grundriß. Diese eng gepackten Paläste mit ihrer Vielfalt an großen und kleinen Räumen, aufgetürmt zu vier bis sechs Stockwerken über einem Souterrain, gab es erst in den 1850er und 1860er Jahren: Hyde Park Gardens, Lancaster Gate[2] und vor allem in South Kensington, um Princes Gate, ab 1850, und Queen's Gate um 1860 (Abb. 43). Auch diese Häuser folgten meist dem Normalgrundriß, d.h. seitlich angelegter Eingang und entsprechend verlaufendes Treppenhaus sowie zwei Zimmer pro Etage. Nur wenige wie Nr. 31–57 Exhibition Road in South Kensington zeigen eine Variante älterer Lösungen mit größerem, oberbelichteten Mitteltreppenhaus. Die Rückseiten dieser Häuser sind in ihrer Verworrenheit kaum mit dem Wort Rückanbau ("back extension") richtig zu bezeichnen. Kurios sind an einigen Häusern (Albert Houses) auch die hohen Schornsteine für die rückwärtigen Anbauten, die vermeiden sollten, daß Küchenrauch in die oberen Schlafzimmer eindringen kann (vgl. Abb. 44).[3]

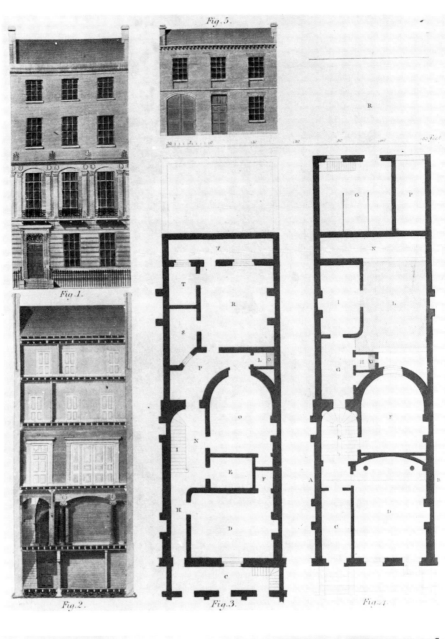
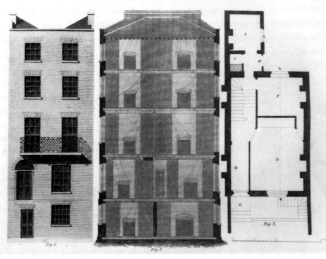
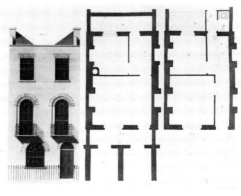

Grund- und Aufriß: Der reguläre Typ 83

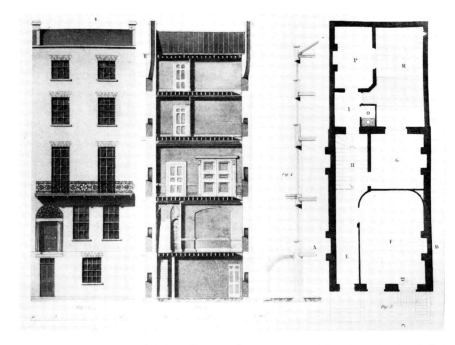

41. Die vier "Klassen" Londoner Häuser nach einer frühen Darstellung von Elsam/Nicholson, 1823-25. Die Pläne und Aufrisse sind nicht sehr konsequent zusammengestellt und eine Beschreibung läßt sich nirgends finden. Für die Klasse I (links oben) gibt es einen Aufriß der Fassade und des Mews-Hauses, ein Schnitt durch die Breite des Hauses, einen Grundriß des Basements und des Erdgeschosses. Klasse II (rechts oben) zeigt einen Aufriß und Fassade, einen Schnitt durch das Haus in der Breite, einen durch die Vordermauer und einen Grundriß des Erdgeschosses. Für Klasse III (links unten, innen) die Fassade, sowie Pläne für Basement und Erdgeschoß. Aus dem selben Buch stammen (rechts unten) die Regeln (nach dem London Building Act von 1774) über die Dicke der Wände für alle vier Hausklassen.

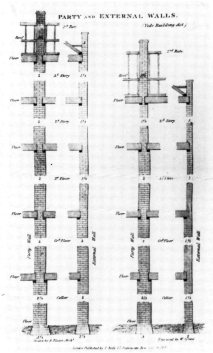

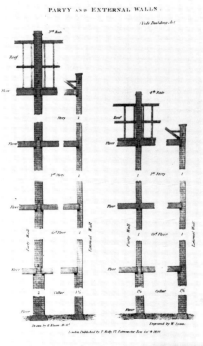

43. (unten). **London.** South Kensington "Albert Houses", 44 bis 52, Queen's Gate 1859-60 (C. Aldin, Bauunternehmer; J. Whatman, Bauspekulant; C.J. Richardson, Architekt). Eine Villa von acht Metern Breite. Interessant ist die Treppe für die Dienerschaft, die Abgelegenheit des "Study" (für den Herrn) und das "Boudoir" (für die Dame). Das "Mezzanine-Geschoß" liegt auf der Höhe des Treppenabsatzes zwischen dem 1. und 2. Geschoß. (D in dieser Zeichnung bedeutet Dressing Room; die Fassade ist nicht im gleichen Maßstab wiedergegeben).

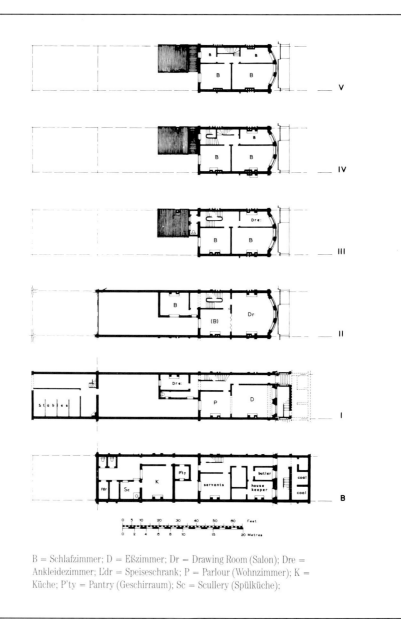

B = Schlafzimmer; D = Eßzimmer; Dr = Drawing Room (Salon); Dre = Ankleidezimmer; L'dr = Speiseschrank; P = Parlour (Wohnzimmer); K = Küche; P'ty = Pantry (Geschirraum); Sc = Scullery (Spülküche);

42. (linke Seite). **Brighton.** Brunswick Square, um 1830. Pläne eines Hauses mit fünf Stockwerken zuzüglich Basement. Die Grundrisse entsprechen sich nicht ganz, es handelt sich vermutlich um verschiedene Lösungen für Häuser der selben Zeile (vgl. Abb. 44 rechts, Abb. 117 für die Fassade, Abb. 13 für das Innere).

44. (rechts). **Brighton.** Brunswick Square, um 1830-40. Die Fassadengestaltung der Frontseite unterlag strengen Auflagen. Wie man hier sehen kann überließ man die Rückseite mehr dem Zufall. An der Stelle der alten Mews stehen heute Werkstätten (vgl. Abb. 42, 117).

45. **Eastbourne.** Royal Parade, um 1880. Hier sind die rückwärtigen Anbauten schon regelmäßiger und höher gebaut.

46. **Leicester.** Hinkley Road, 1864. Bei diesen mittelgroßen Häusern hat noch jedes Haus einen separaten rückwärtigen Anbau.

47. (rechts). **Verschiedene Grundrisse:**
A: Ein "double fronted" Reihenhaus, d.h. symmetrische gegliederte Front (Plymouth, Seaton Avenue, ca. 1880-90).
B: Ein mittelgroßes bis großes Londoner Haus mit Basement und kurzem Rückanbau über die ganze Breite des Hauses (Morton Road, ca. 1865).
C: "One pair of semi-detached houses", das Doppelhaus, Grundriß des Erdgeschosses (Bristol, ca. 1850).
D: Varianten der Treppenplazierung, typisch für Reihenhäuser in Bristol im 19. Jahrhundert.

Etwas kleinere Häuser mit "nur" 16 Zimmern finden sich in vielen Teilen Londons, und auch die größeren Häuser in Brighton zählen zu dieser Kategorie (Abb. 42, 118), aber nur gelegentlich kommen sie in anderen Orten vor: an der Strandpromenade in Eastbourne, Warrior Square Terrace in St. Leonards-on-Sea und Elliot Terrace in Plymouth aus den 1860er Jahren. Die beiden letzteren bilden ähnlich Lancaster Gate einen kompletten Straßenblock und zeigen deshalb auch nach hinten eine sehr hohe und ornamental gestaltete Fassade.

Im späteren 19. Jahrhundert gab es gelegentlich im Westend Lösungen von den Architekten des "Domestic Revival", wie Norman Shaw oder T. Wimperis, mit noch mehr Räumen, die noch komplizierter und auch individueller in der Anlage sind, aber hier nicht beschrieben werden können.[4] Nach den 1890er Jahren wurden im allgemeinen kaum Zeilen mit sehr großen Häusern gebaut. Einige dieser Anlagen gibt es in Earls Court, die bereits wegen ihrer Ausrichtung zum Garten erwähnt wurden; in Nr. 47-75 Harrington Gardens aus den 1880er Jahren führte dies zu einer sinnreichen Verlagerung der Back extensions neben die Frontfassade an die Straße, sorgfältig kaschiert durch daraufgesetzte Scheinfassaden mit offenen Fensterbögen (Farbtafel 7).

Der reguläre Typ: Hauptteil des Hauses

Die meisten Häuser haben eine Größe von vier bis zwölf Räumen, die kleineren Dienstleistungsräume wie die Scullery nicht mitgerechnet. Der Grundtyp ist bei allen Größen der gleiche (Abb. 40, 41). Diese Spanne wurde in London eingeteilt in vier Größenklassen, die sich im Laufe der Zeit verwischten. Hauptvariable ist die Höhe der Häuser. Wie oben erwähnt, wünschten die Bewohner in viktorianischer Zeit mehr Schlafräume, deshalb sind die meisten Häuser zu dieser Zeit ein oder zwei Stockwerke höher als die georgianischen Reihenhäuser. In solchen mittlerer Größe sind zuweilen die Geschoßzahlen vorne und hinten unterschiedlich, besonders bei den späteren Typen. Auf den "splitlevel"-Typ, bei dem sich mehr Stockwerke an der Rückseite als an der Vorderseite befinden, kommen wir später noch zurück. Gelegentlich gab es auch drei Geschosse nach vorne und zwei nach hinten, wie in Nottingham im späten 19. Jahrhundert. Wie schon in der Einleitung erwähnt, wurde die Grundrißbreite ganz selten variiert, in London fast gar nicht. Die Tiefe konnte eher flexibel gehandhabt werden, aber es gab auch hier Grenzen; denn bei einer mehr als das Vierfache der Breite messenden Tiefe kam nicht mehr genug Licht in die Räume.

Die Mehrzahl der kleinen Häuser besitzt kaum einen Korridor, man tritt gleich von der Straße in das Vorderzimmer (Abb. 50, vgl. Abb. 91). Alle etwas größeren Häuser besitzen eine "Hall", wie der zumeist lange und enge Korridor im Erdgeschoß genannt wird (Abb. 12). Der Beginn des allgemeinen Wunsches nach einem Korridor ist schwer auszumachen. – Gefangene Zimmer sind in England verpönt, finden sich aber auch noch im späteren 18. Jahrhundert, z.B. im sehr vornehmen Reihenhaus 26 Grosvenor Square in London, das von Adam 1770 umgebaut wurde. Dort hatten die wenigsten Räume einen Zugang vom Korridor aus. Die andere Lösung, bei der man gleich hinter der Haustür das vordere Zimmer betritt, hielt sich bei kleinen Häusern des 19. Jahrhunderts überall, außer im Süden. Gelegentlich – besonders im Süden – findet man Hausfronten, die trotz sehr geringer Abmessungen eine Hall aufweisen, etwa Woodbury Lane, Bristol um 1850, wo die ganze Breite der Front nur 9,5 Fuß (2,90 m) beträgt und damit nicht viel Platz im "Parlour" läßt. Eine Preisklasse höher haben die Häuser oft einen Korridor nur neben dem "Parlour"; so mußte man durch das Hinterzimmer gehen, um in den rückwärtigen Teil des Hauses zu gelangen, eine Anordnung, die als "half-hall entranced" bezeichnet werden kann (Abb. 53, 54).

Eine interessante Variation in der Entwicklung ist ein Wechsel der Position der Haustür etwa ab Mitte des Jahrhunderts. Sah man früher eine Tür, daneben dann ein oder zwei Fen-

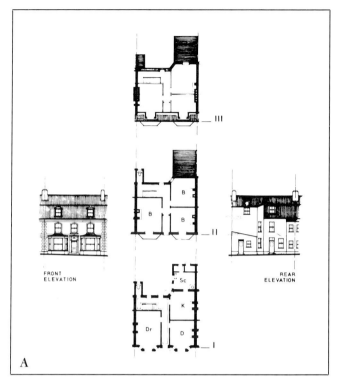

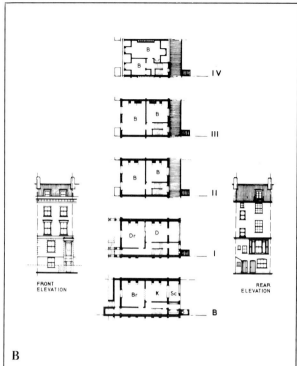

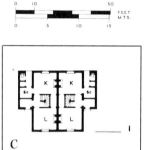

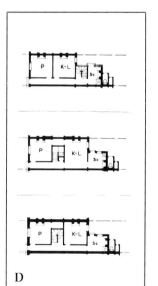

ster, anschließend die Tür des nächsten Hauses usw., so liegen nun die Türen zweier Häuser direkt nebeneinander, ebenso die Fenster zweier Häuser. Der Grund für diesen Wandel lag in einer Veränderung am Rückanbau des Hauses, die wir noch genauer untersuchen werden. Früher gab es Rückanbauten in unregelmäßiger Folge. Meist wurden sie separat an jedes Haus angebaut. Nun wurden die Back extensions von je zwei Häusern paarweise unter einem Dach zusammengefaßt. Der Zugang zum Rückanbau liegt am Ende des Korridors. Die Korridore zweier benachbarter Häuser verlaufen beiderseits derselben Brandmauer. Der Verlust an "privacy" vor den nebeneinander liegenden Haustüren wurde mitunter dadurch vermieden, daß man außen vor den Haustüren hölzerne Trennwände zwischen den Zuwegen auf der Grundstücksgrenze errichtete (vgl. Abb. 44, 50, 100, 106, 117).[5]

Die wichtigsten Veränderungen im Hauptteil des Hauses betrafen Lage und Konstruktion des Treppenhauses. Eine frühe Lösung bestand darin, die Treppe in die Mitte des Hauses in einen Gang zwischen Vorder- und Hinterzimmer zu legen. Diese Anordnung war in London bis um 1700 die Regel und hielt sich bis ins 18. Jahrhundert. In Bristol jedoch findet man sie noch bis ins späte 19. Jahrhundert mit gegenläufigen Treppen in den kleineren Häusern und mit "doglegged", d.h. gekrümmtem Lauf, manchmal mit geraden, durch Podeste unterbrochenen Treppenläufen in den größeren Häusern (Abb. 47). In sehr kleinen 4-Zimmer-Häusern war es Tradition, die Treppe aus dem meist sehr kleinen hinteren Raum aufsteigen zu lassen (Abb. 15). In den kleinsten Normaltypen des Nordens finden wir diese Lösung noch nach 1900 (Abb. 94). Die kleinen "Half-hall-entranced"-Häuser in Abbey Road (E15) von etwa 1880 sind späte Londoner Beispiele. In den meisten anderen Teilen des Landes gewann die Mitteltreppe für kleinere und kleinste Häuser jedoch wieder an Popularität. Jetzt aber war sie in ihrer Konstruktion nur eine gerade Stiege. In Norwich verdrängte diese Art zwischen 1860 und 1880 die frühere fast ganz (Abb. 50, 61). Manchmal findet sich eine weitere Variante, wobei die Treppe in der Mitte zwischen den beiden Haupträumen hinaufführt, ihr Zugang aber im hinteren Raum statt zwischen den beiden Räumen liegt.[6] In London liegt bei den kleinsten Häusern die Treppe normalerweise fast immer an der Seite, und zwar im hinteren Teil des Hauses, gewöhnlich mit einer Viertelwendung ("doglegged", s.o.) am oberen Ende (Abb. 48, vgl. Abb. 12). Für alle Häuser mit Basement war die Treppe zweiläufig mit breiten Podesten ("landings"), die auch durch den Wechsel der Ebenen verursacht wurden (Abb. 48). Die Podeste kann man stets von außen erkennen, und zwar an der Rückseite der Häuser, wo die großen Treppenhausfenster den anderen Fenstern gegenüber versetzt erscheinen (Abb. 47). Schließlich gab es noch die Möglichkeit, die Treppe oder vielmehr das Treppenhaus an die Rückseite des Hauses zu verlegen, d.h. an den Anfang der Back extension. Der Treppenaufgang lag entweder im Rückanbau (Abb. 47)[7] oder, wie bei einigen kleineren Häusern in Ipswich, im Hinterzimmer des Hauptbaus.

Basement, Area, Back extension

Zwischen Keller und Basement bzw. Souterrain bestand zunächst keine klare Unterscheidung. Viele städtische Häuser hatten Räume unterhalb des Straßenniveaus als Lagerräume für den Handel oder privaten Bedarf. Sie hatten, wenn überhaupt, nur ein einfaches Fenster zur Frontseite (Abb. 158). Hier vor allem gab es die berüchtigten Kellerwohnungen, die während im 19. Jahrhunderts gesetzlich verboten wurden. Später bezeichnete "Keller" nur den unbeleuchteten und niedrigen Lagerraum unter einem Teil des Hauses, in vielen Londoner Häusern bis nach 1900 (Abb. 48), wenn kein Basement vorhanden war. In der Provinz – in Nottingham, Northampton, Leeds und anderen Städten (Abb. 78) – hatten auch kleine Häuser Keller oder Basements, sie wurden jedoch unterschiedlich genutzt; und entsprechend vielfältig waren die Bezeichnungen. In anderen Städten, wie etwa Birmingham, gab es viel seltener Keller. Nach 1900 wurden in England bei normalen Häusern kaum noch Keller gebaut.

Das voll ausgebaute Basement war wesentlicher Teil des den Platz ganz ausnutzenden städtischen georgianischen Terrace-Hauses. Die Aufteilung entsprach aus konstruktiven Gründen den Geschossen darüber: Bei mittleren Häusern lag an der Rückseite die Küche, an der Vorderseite meist das Frühstückszimmer (Abb. 1, 41, 47, Farbtafel 3). Es gab immer einen hinteren Ausgang zum Hof. War, wie meist, auch eine Tür nach vorne erwünscht, so bedingte das eine sehr komplizierte Planung und entsprechend viele Varianten. Da der Bürgersteig vor dem Haus sich meist auf derselben Höhe wie das Erdgeschoß oder nur wenig darunter befand, lag das Basement ganz oder teilweise unterhalb des Straßenniveaus. Um einen Vordereingang und ein Fenster für das vordere Zimmer des Basements zu ermöglichen, wurde vor diesem ein schmaler, tiefer Freiraum geschaffen, etwa 1,5 bis 3 m breit. Aus diesem Lichtschacht, "area" genannt, führt eine schmale, steile Steintreppe vom Basement zum Bürgersteig. Ein gußeisernes Geländer umgibt die Area und jene Brücke, die über die Area zum Haupteingang im Erdgeschoß führt. Der Basementeingang selbst befindet sich gewöhnlich unter dieser Brücke. In London und seinen inneren Vorstädten gab es das Basement noch bis in die 1870er Jahre, auch in Häusern mit nur vier weiteren Räumen in den Hauptgeschossen (Abb. 48, vgl. Farbtafel 13).

Einer der wichtigsten Gründe für die lange Beibehaltung des separaten Basementeingangs an der Vorderseite in London war, wie schon erwähnt, daß die mittleren und kleineren Häuser keinen gesonderten Zugang zur Rückseite hatten. In der Provinz gab es häufiger Hintereingänge sowie seltener Basements.

Da in den vornehmeren Gegenden mit größeren Häusern das Niveau der Straße und des Bürgersteigs künstlich erhöht war – das ursprüngliche Niveau fand sich an der Rückseite der Häuser –, wurde der Raum unterhalb des Bürgersteiges meist für spezielle Keller genutzt, die von der Area aus zugänglich waren. Kohlenkeller wurden durch ein Loch im Bürgersteig beschickt. Diese Öffnungen wurden mit ornamentieren Gußeisenplatten abgedeckt, ein bekanntes Detail georgianischer Londoner Straßen. Varianten dieser Anordnung finden sich in stark ansteigendem Gelände, wo sich nun Ställe und Werkstätten, die sonst in den Mews untergebracht waren, unter einer Art breiter Terrasse ("walkway") vor dem Haus befinden, z.B. beim Royal York Crescent, Bristol seit 1790 (vgl. Abb. 129). Nashs Carlton House Terrace auf ähnlich steilem Hang hat große Räume vorgelagert, die hier eine echte Terrasse oder Balkone tragen, da die Eingänge an der Rückseite liegen (Abb. 111). Bei manchen kleineren Terraces führte dies zu kuriosen Lösungen, z.B. sind kleine Keller oder Höhlen vor das unterste Geschoß gebaut und komplizierte Treppen führen zum Erdgeschoß hinauf.[8] Weitere Varianten sind die Kolonnaden, die die ganze Area überdecken und im ersten Stock einen Balkon ermöglichten wie im Eaton Square, London (vgl. Abb. 43).[9] Die Kolonnaden können auch den Bürgersteig einbeziehen.[10] Wieder andere Häuser haben enge Balkone, welche die Area nur teilweise überdecken (Lansdown Crescent, Leamington Spa, Farbtafel 12). Alle diese Lösungen sind für die Regency-Epoche typisch. Auf die späteren Veranden und Portikus-Anhängsel werden wir noch kurz in den Kapiteln zur Fassade und zum Baumaterial eingehen. Schließlich wurden von etwa 1850 an viele Basements erhöht, so daß sie nur zur Hälfte unter dem Straßenniveau lagen ("half-basements"),[11] besonders bei Doppelhäusern. Dadurch kam mehr Licht in das Geschoß, eine stattliche Treppe führte zum Erdgeschoß hinauf und man konnte leichter das Ausluchtfenster plazieren.

Die Back extension, der rückwärtige Anbau, ist der komplizierteste und variantenreichste Teil des Reihenhauses. Bei den größeren Londoner Terraces der georgianischen und Regency-Zeit wurde der rückwärtige Hof nach und nach mit so vielen Anbauten gefüllt, daß kaum noch ein freies Stück Boden übrig blieb. Mittelgeorgianische Häuser wurden oft am Basement durch einen kleineren Raum erweitert, manchmal auch im Erdgeschoß. Dieser Raum hieß einfach "backroom" (Hinterzimmer). Die kleineren Häuser besaßen meist nur den kleinen Anbau für die Toilette (Abb. 51).[12] Eine häufige, spätere Art der Anordnung bei Häusern mittlerer Größe war wenigstens in London, ein kurzer Anbau über die volle Breite des Hauses. Er diente im Basement als Scullery und bildete im Erdgeschoß die Veranda, wobei allerdings den Haupträumen viel Licht genommen wurde (Abb. 47). In der Provinz, wo Baugrund billiger war, haben einige Terraces lange und komplizierte, oft ungeordnet wirkende Auswüchse, von denen viele wohl später hinzugekommen sind.[13] Bei kleinen und mittleren Häusern gab es hier zunächst nur einen kleineren, einteiligen und eingeschossigen Anbau[14], später wurden sie auch hier zweiteilig, ein größerer für die Küche mit der Scullery und ein weiterer für Toilette und Schuppen. Sehr viel aufwendigere, aber einstöckige Anbauten finden sich beim Crescent in Norwich (1820er Jahre) und dem Royal Crescent, Harrogate (1870er Jahre). In allen diesen Fällen hatte jedes Haus seinen eigenen Anbau (Abb. 36, 37, 45, 46). Diese Tradition hielt sich in Bristol bis lange nach der Jahrhundertmitte und in Teilen von Wales, besonders in Swansea, bis zum Ende des 19. Jahrhunderts. Das Dach dieser Anbauten bildet mit dem Hauptdach einen rechten Winkel, seine Form ist entweder ein Pultdach (mit nur einer Schräge), ein normales Satteldach oder ein Walmdach.

Drei wesentliche Elemente bestimmen die Entwicklung der rückwärtigen Anbauten nach 1850. Erstens sind sie paarweise errichtet (Abb. 45, 55), d.h. die Back extensions zweier Häuser sind aneinander gebaut und liegen unter einem Zeltdach (Abb. 49). Wie bereits erwähnt, führte diese Anordnung zu den dann zwingend nebeneinander liegenden Vordereingangstüren. Es ergab sich dadurch auch, daß sich zwei Häuser einen Hof teilten, oft errichtete man eine Mauer oder einen Zaun zur Abtrennung (Abb. 49). Dabei verlor man ein gewisses Maß an "privacy", gewann aber mehr Platz und Luft. Zweitens entwickelte sich die Standardisierung im Baubetrieb, so daß die Back extensions einer Häuserreihe jetzt fast immer gleichartig sind. Drittens hatten die Back extensions nun zwei und mehr Geschosse (Abb. 48). Sie ersetzten zunehmend die Basements, jedenfalls bei größeren und mittleren Häusern außerhalb Londons nach 1850 – ein Vorgang, der bei Landschlössern bereits um 1800 einsetzte. Die Anbauten nahmen jetzt Küche und Scullery mit auf. Lancaster Terrace in Leicester ist ein frühes Beispiel des paarweisen, zweistöckigen Anbaus (1857). In Hull finden sich einige Zeilen ziemlich großer Häuser aus jenen Jahrzehnten (wie

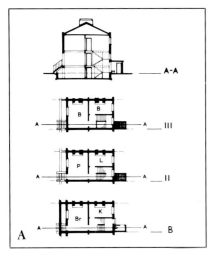 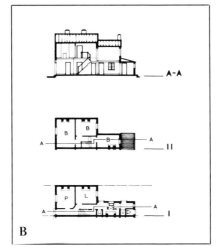 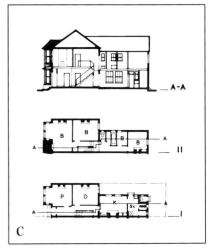

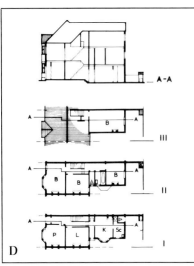 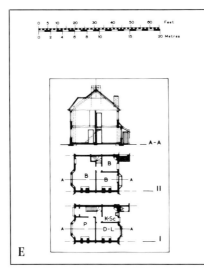 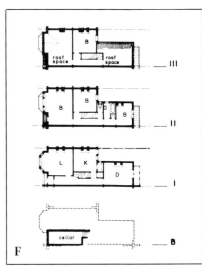

48. Entwicklung des kleinen und mittleren Reihenhauses in London und im Süd-Osten.
A: Zwei Geschosse und Basement, kein Rückanbau außer der Toilette (Park Street, N1, ca. 1820).
B: Kein Basement, aber Rückanbau, mittlerer Typ in ärmeren Gegenden Londons: Cordova Rd., E3, ca. 1870.
C: Der Standard-Grundriß um 1900, häufigster Typ im Süd-Osten (Southend).
D: Eine Variante und Vergrößerung des Typs C. "Splitlevel", der Rückanbau ist dreigeschossig (London, 1890er Jahre, siehe auch Abb. 55).
E: Der Standard Typ des 20. Jahrhunderts, kein Basement, kein Rückanbau, außer der Außentoilette (Elmstead Road, Ilford 1908, siehe Abb. 57, 58).
F: Das Eßzimmer im Rückanbau ist zum Garten hin geöffnet (Cecil Road, No. 10, ca. 1904).

Nr. 84ff., Beverley Road) mit sehr großen, paarweisen Anbauten, die sogar ein Erkerfenster aufweisen und zwischen ihnen sehr viel kleinere einstöckige, ebenfalls paarweise Anbauten, die wohl die Spülküchen aufnahmen. Jedes Haus hatte also Anteil an zwei Back extensions. Gelegentlich können sich die Anbauten über eine Länge von bis zu 70 Fuß (21,33 m) erstrecken. Eine lokale Besonderheit kann man in Plymouth finden, wo fast alle der sehr großen, paarweisen Anbauten nicht nur zur Rückseite abgewalmte Dächer zeigen, sondern auch an dem Verbindungselement zum Hauptteil des Hauses, so daß mehr Platz für die Fenster an der Rückseite des Hauptbaus vorhanden ist.[16] Eine Detailvariante ist die Dachform des Anbaus: Die ältere Lösung ist das Pultdach ("lean-to") bei kleineren Provinzhäusern als eine Fortsetzung des Hauptdaches; so erscheint der Anbau als ein Teil des Hauses (vgl. Abb. 94). Besonders in ländlichen Gegenden hielt sich diese Bauweise noch lange. Die zweite Lösung, das städtische Giebeldach, wurde in Norwich z.B. erst zwischen 1870 und 1890 eingeführt (Abb. 51). Beide Dachformen bedingen entsprechende Unterschiede im Innern des Hauses. In den großen Städten des Nordwestens und Nordostens kann man noch nach 1900 beide Möglichkeiten nebeneinander finden. Außerdem gibt es auch Rückanbauten, die kaum noch als solche zu bezeichnen sind: Die Küchen oder wenigstens die Waschhäuser vieler kleinerer Häuser in den West Midlands sind häufig von den Häusern völlig getrennt als separate Bauten erstellt (Abb. 61).

49. **London.** Anthill Road, E3, ca. 1860-70. Kombinierte Rückanbauten in je zwei Teilen. Der Zwischenraum ist sehr eng geworden. Die Dachkonstruktion zeigt die traditionelle Londoner Lösung, d.h. das Dach steht im rechten Winkel zur Fassade und ist hinter einer kleinen Brüstungsmauer versteckt.

Um 1850-60 wurden die meisten größeren Londoner Häuser mit Rückanbauten und Basements gebaut. Häuser z. B. in Walterton Road, W 8 haben drei Stockwerke über einem Basement und einen kurzen, dreistöckigen Anbau. Die Räume im Anbau sind aber nur 2/3 so hoch wie die Haupträume, die Folge davon sind versetzte Ebenen ("splitlevel") der Fußböden. Mit den ohnehin üblichen Treppenpodesten wurden die unterschiedlichen Ebenen miteinander verbunden. Bei kleineren Häusern verzichtete man zunehmend auf das Basement. Die kleinen Londoner Häuser in den ärmsten Gegenden hatten ohnehin kein solches, sondern höchstens einen kleinen, rückwärtigen Anbau.[17] Dieser diente anscheinend von 1850 an als Anregung für den neuen, etwas größeren Typ ohne Basement. Die Größe der Anbauten ist sehr unterschiedlich: z. B. zunächst ein einfacher, zweistöckiger Anbau mit Giebeldach und zusätzlich ein einstöckiger Anbau, der die Toilette und den Schuppen aufnahm. Bezeichnenderweise hat das Haus der Klasse IV bei Nicholson 1823/5 ein Basement (Abb. 41), aber Simons späteres Haus derselben Klasse 1875 keines mehr (Abb. 40). Es gibt auch Doppel-Anbauten in zwei Abschnitten mit einem breiteren und höheren Teil und einem entsprechenden kleineren, jeweils mit eigenem Giebeldach und Giebel, z.B. London, Antill Road (Abb. 49). Der größere Anbau ist so breit, daß er mehr als die Hälfte der Rückseite des Hauses einnimmt und den Fenstern der hinteren Räume nicht viel Platz läßt. Damit wird der Hof zwischen den Rückanbauten zweier Nachbarhäuser natürlich enger, aber bei der früheren Art des einzelnen Rückanbaus jeden Hauses, wäre noch mehr Platz verloren gegangen. Zur besseren Belichtung des Gebäudes half das Ausluchtfenster, man findet es oft am Hauptraum der Back extension. Auf eine besondere Erörterung zur Plazierung der Schornsteine, wollen wir wegen der sehr komplizierten Anordnungsweise hier verzichten.

92 *Das englische Reihenhaus*

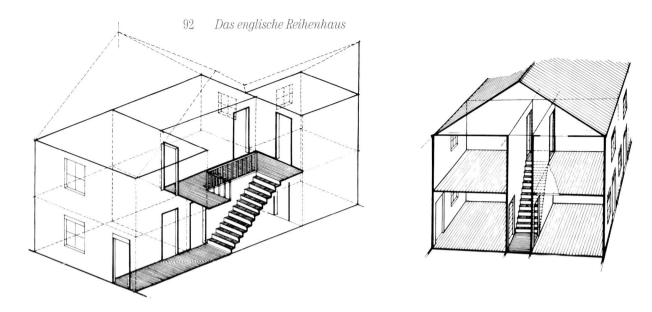

50. Die beiden oberen Zeichnungen zeigen den kleineren Londoner Standardtyp; links, in dem der Korridor nur am vorderen Zimmer entlang geführt ist (vgl. Abb. 53). Rechts den kleinen Standardtyp der Provinz, der keinerlei Korridor besitzt und bei dem die Treppe in der Mitte des Hauses liegt. Darunter der Grundriß eines solchen kleinen Hauses, typisch für das spätere 19. Jahrhundert. Man vergleiche hierzu den älteren, primitiveren Typ, Abb. 94. Das hintere Schlafzimmer ist gefangen (Norwich).

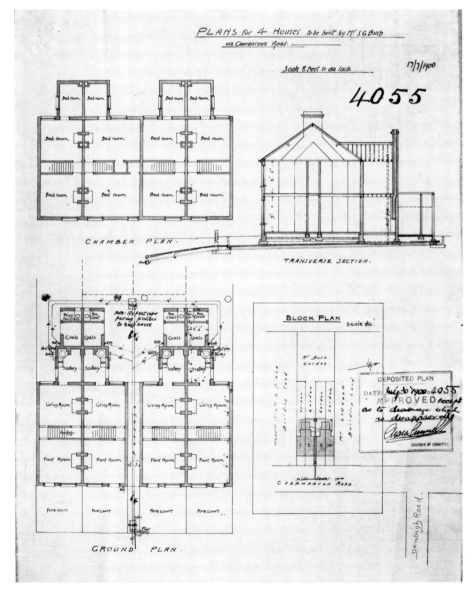

51. Der ältere Typ eines Rückanbaus mit angelehntem Dach (Norwich), 1880. In diesem Fall durften die Fenster des dritten Schlafzimmers nicht an die Stirnseite des Anbaus plaziert werden, da sie sonst zu nah der darunterliegenden Außentoilette lagen.

52. Der jüngere Typ eines Rückanbaus mit Giebeldach. Die Räume im Anbau sind noch sehr klein. Auffällig sind die kleinen, zu der Zeit altmodischen Flügelfenster (Norwich, 1880er Jahre).

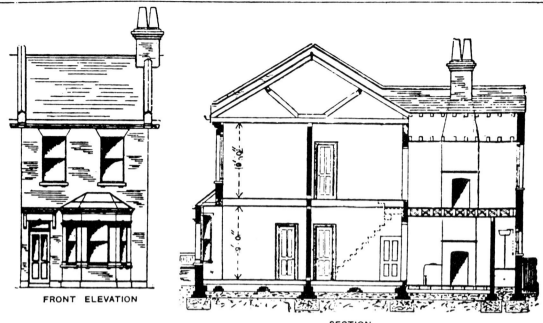

FRONT ELEVATION

SECTION.

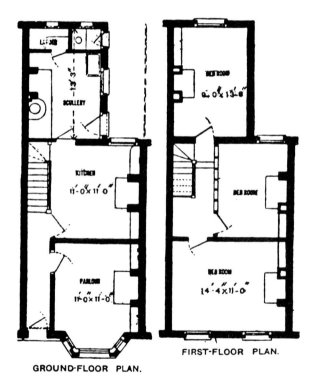

GROUND-FLOOR PLAN.

FIRST-FLOOR PLAN.

£150 HOUSE AT PLAISTOW, LONDON, E.

THE entire site is covered with a 6-in. layer of concrete, composed of one part best Portland cement to eight parts clean pit ballast. The brickwork of the external walls is of sound, hard, well-burnt grey stocks, the best and most even in colour being selected for facings; and there are red-brick dressings to the front elevation, the arches being turned in red bricks to the front elevation and in malm cutters to the back elevation. The sills to doorways and windows are of stone. The roofs are covered with Portmadoc duchess slating, laid to a 2½-in. lap, and secured with zinc nails; the ridge being of red tiles. The timber consists of second-quality Baltic fir and second-quality Swedish yellow floor joists, 7 in. by 2 in.; sleepers, 4 in. by 2 in.; ridge, 6 in. by 1¼ in.; common rafters, 4 in. by 2 in.; purlins, 7 in. by 2½ in.; ceiling joists, 4 in. by 2 in.; wall-plates, 4½ in. by 3 in. The windows throughout are 1¾ in., double hung in deal-cased frames. All the internal walls are rendered, floated, and set. All the windows are glazed with 21-oz. sheet glass. In the schedule appended to the specification in "Building World," No. 74. p. 364, the rate per hour for bricklayers and carpenters was stated to be 9½d.; that for labourers, 6½d. Bricks were 36s. per 1,000, delivered, and carcasing timber was £9 10s. per standard.

Grund- und Aufriß: Der reguläre Typ 95

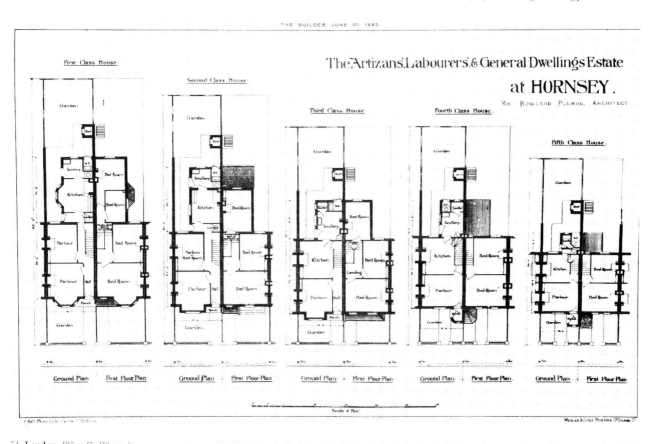

54. **London.** Pläne für Häuser in der Noël Park Siedlung, Hornsey, Nord-London, 1833. Typisch ist die genaue Abstufung der Größen.

53. (links). Der am meisten benutzte Grundriß in den ärmeren Teilen der Städte im Südosten, ca. 1900. Nur der vordere Raum hat einen separaten Korridorzugang. Um zur Rückseite des Hauses zu gelangen, muß man durch die Wohnküche gehen, daher der Name "half-hall-entrance" (vgl. Abb. 50). Ein weiterer Unterschied zum mittelgroßen Haus ist die einstöckige Auslucht (London).

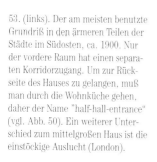

55. **London.** Tregarvon Road, SW11, ca. 1890. Der "Splitlevel"-Typ (siehe Abb. 48 D).

56. (oben). **London.** Muswell Hill, Cecil Road, N10, ca. 1904. Die Wirtschaftsräume sind hier seitlich zwischen die Häuser gesetzt und haben vorn im Basement einen separaten Eingang.

57. (oben rechts). **London.** Elmstead Road, Ilford, 1908. Die Rückseite des Nachbarhauses von Abb. 48 E, links die Außentoilette, daneben die Tür zur Küche, anschließend die Auslucht des Eßzimmers.

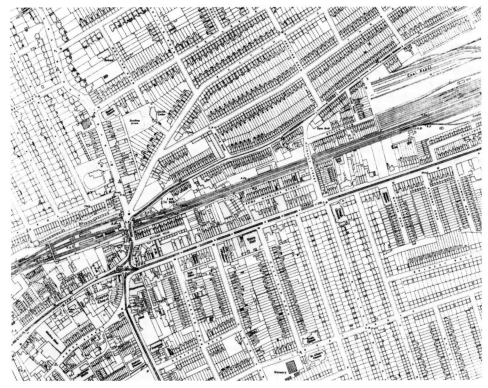

58. (rechts). **Ilford.** Der Plan eines typischen Londoner Vororts, ca. 1890-1910. Um den Bahnhof Läden, daran anschließend endlose Reihen gleichgroßer Häuser. Zuerst ältere mit Rückanbauten (vgl. Ab. 48, 59), danach die jüngeren Häuser ohne Rückanbau (Vgl. Abb. 57).

59. **London.** Typische Rückseiten kleiner bis mittelgroßer Häuser des späten 19. Jahrhunderts. Die Rückanbauten sind heute durch zusätzliche Anbauten vielfach stark verändert.

Grund- und Aufriß: Der reguläre Typ 97

Die Standardtypen des späten 19. Jahrhunderts

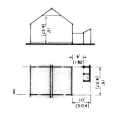

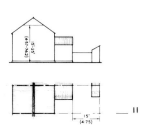

Aus Wirtschaftlichkeitsgründen und wegen der strengeren Gesetzgebung schritt die Standardisierung im 19. Jahrhundert rasch fort. Von der Wohnsituation um 1900 in England können wir uns ein recht gutes Bild machen, da noch viele Häuser dieser Zeit erhalten sind. Im Jahr 1901 lebten 60,1% der Bevölkerung in England und Wales in Häusern mit fünf oder mehr Zimmern, weitere 21,9% wohnten in Vier-Zimmer-Häusern. Die Mehrheit der ersteren hatte fünf Zimmer; sie machten in den Städten der Midlands, im Osten und in Wales 3/4 bis 4/5 der Bauten aus, im Norden stellten sie noch eine beachtliche Minderheit dar. Sie wurden oft "byelaw types" (Baugesetz-Typen) genannt. Die Größenbezeichnung von "fünf" Zimmern ist recht ungenau, oft handelte es sich nur um zwei Räume im Erdgeschoß zuzüglich Spülküche bzw. Küche mit Scullery, dazu zwei oder drei Schlafzimmer im ersten Stock. Die meisten dieser "Fünf"-Zimmer-Häuser besaßen keinen Korridor, hatten aber einen eigenen abgegrenzten Hinterhof mit Toilette, Aschenkasten und Kohlenschuppen (vgl. Abb. 50).

Der nächstgrößere Typ ist das "half-hall-entranced"-Haus. Es ist der kleinste Haustyp im Südosten Londons, jedoch in den meisten Provinzstädten ein Haus der etwas "besseren" Leute (Abb. 52, 54). Der häufigste Typ in Südost-London und Umgebung sowie in etwas geringerem Maße an der Südküste, in Bristol, Cardiff und den südlichen Midlands, ist der mit einem vollständigen Korridor, drei oder sogar vier Schlafzimmern sowie Küche und Spülküche im Rückanbau, in dem sich häufig auch ein Frühstückszimmer befand (Abb. 48). Ab 1880-90 haben diese Häuser meist auch ein Badezimmer und eine separate Toilette im ersten Stock.

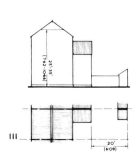

Dieser Haustyp wurde im wesentlichen ab 1850 für die unteren Mittelklasse-Häuser Londons entwickelt. Nur die Anbauten waren einheitlicher und größer. Bei diesem Typ gab es eine Reihe von Varianten, wobei die äußeren Formen von Umriß und Fassade meistens die alten blieben. Im Südosten findet sich häufig eine Reminiszenz des Splitlevel-Typs, jetzt aber waren im Anbau drei Geschosse untergebracht und im Hauptteil zwei (Abb. 48, 55). Seltener sind jene Versionen wie z.B. in Muswell Hill, wo der dreistöckige Rückanbau mit dem Service-Part sozusagen seitlich zwischen zwei Häuser gezwängt[18] wurde, was an den Typ der freistehende Einzel- und Doppelhäuser erinnert (Abb. 56, vgl. 148, 149).[19] Der wichtigste Grund, die Back extensions zu verkleinern, war die neue Tendenz, das Haus zum hinteren Garten öffnen zu können. In vielen Beispielen unseres Typs liegt nach 1900 einer der Hauptwohnräume in der Back extension und öffnet sich mittels verglaster Flügeltüren direkt zum Garten. Dies erzwang zunächst einen breiten Rückanbau, der noch weniger Platz für hintere Fenster am Hauptteil des Hauses ließ. Im Erdgeschoß der Back extensions wurden jetzt meist ein kleines Frühstückszimmer oder gar die Küche selbst untergebracht.[20]

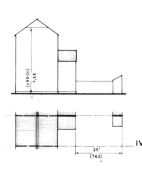

Der Standardtyp des 20. Jahrhunderts

Der Rückanbau verlor an Bedeutung, er wurde als lästig und schwerfällig empfunden. Man mußte u.a. mit Beleuchtungsproblemen kämpfen, so schneiden zuweilen die Fenster am Hauptteil des Hauses in den Anbau ein.[21] "Verzichtet ganz auf die häßlichen Rückanhängsel", schrieb die *Building News* im Jahre 1895.[22] Kurz nach 1890 fanden sich bereits in vielen äußeren Londoner Vororten Häuser im Standardformat, aber ohne größere Rückanbauten, teilweise lediglich mit einer kleinen angebauten Spülküche und eine Außentoilette.[23] Der größere Teil der Rückseite lag nun frei. 1905 bis 1910 wurden die meisten Londoner Vororthäuser und auch viele in Portsmouth, Southend, Cardiff usw. nach diesem Schema gebaut. Dies hatte erhebliche Änderungen im Grundriß zur Folge: Erstens sind die Häuser

60. Mindestmaße für Hinterhöfe nach dem Gesetz von 1877, ähnliche Gesetze bestanden zum Teil schon seit 1858.

Farbtafel 8. **Hull.** Eine typische "Avenue", von der Mayfield Street abgehend, ca. 1870er Jahre (siehe Abb. 67, 70).

gewöhnlich etwas breiter als der bisherige Standardtyp, d.h. mindestens 17 Fuß (5,2 m). Die Hall wird breiter, aber kürzer, und die Treppe liegt in deren vorderen Teil. Der Korridor zum hinteren Teil des Hauses entfällt, denn dort befinden sich nun zwei Nachbarräume: das Eßzimmer und die Küche. Bei kleineren Versionen wurde die Spülküche (und auch das Bad) wieder in die Küche gezwängt. Das Eßzimmer hatte nun meist einen direkten Zugang zum Garten, von der Küche führte immer eine Tür nach draußen. Entsprechend lag im ersten Stock neben dem hinteren Zimmer ein kleines drittes Schlafzimmer (Abb. 48, 57).

Vorläufer dieses Typs findet man in älteren ländlichen Cottages und in einigen Eisenbahnerhäusern. Ähnliche Lösungen gab es um 1890 auch in Port Sunlight, außerdem bei einigen Doppelhaus-Grundrissen. Jedenfalls ist er von allen besprochenen Grundrißtypen der wichtigste, weil er bis heute im wesentlichen unverändert im spekulativen Vorstadtbau in England Standard ist. Seine schnelle Verbreitung in London um 1900 ist keine Modeerscheinung, sondern außer von dem Wunsch nach dem rückwärtigen Garten wahrscheinlich auch aus der ungünstigen Londoner Wohnungssituation zu erklären, bei der sich meist zwei Familien ein zweistöckiges Haus des Standardtyps des späten 19. Jahrhunderts, das für diesen Zweck aber nicht geplant war, teilten. Der kleinste der neuen Typen hat kaum mehr als die Hälfte an Raum des früheren Typs mit Rückanbau. Ein solches Haus wurde von einer Familie ohne Diener bewohnt, der zunehmende Mangel an Dienstpersonal wurde bereits erwähnt. Es handelt sich hier also um Häuser, die von Anfang an für nur eine Familie mit begrenzten Mitteln zugeschnitten waren ("purpose built").

Ähnliches galt zu jener Zeit für die Londoner Cottage Flats, die Einfamilien-Reihenhäuser mit voll ausgestatteten Etagenwohnungen. Bemerkenswert ist, daß die Zusammenlegung der Küche mit der Spülküche wie auch die Verkleinerung des Hinterhofes den bisherigen viktorianischen Tendenzen nach Trennung und Differenzierung der einzelnen Räume bzw. Teile des Hauses entgegenstehen.[24]

Der Wandel in Funktion und Grundriß des Hauses

Im 19. Jahrhundert wandelten sich die Grundrisse aller Häuser, gleich welchen Typs und Größe; Abgeschiedenheit, Betonung der Privatsphäre und Bequemlichkeit (comfort) wurden zu wichtigen Qualitätsmerkmalen. Welche Änderungen vollzogen sich innerhalb der mittleren und kleineren Häuser? Wichtig waren vor allem die Korridore zur Vermeidung von Durchgangszimmern, die es so oft auf dem Kontinent gab. Wie bereits gesagt, hatte die Mehrheit kleiner Häuser keine Hall hinter der Haustür, nur im Nordwesten gab es mindestens eine Art kleiner Vorhalle, das "vestibule" (Abb. 91). Wenigstens die Mitteltreppe setzte sich zunehmend durch; sie bewirkte eine gewisse Abtrennung vom Vorder- zum Hinterzimmer. Im ersten Stock hatte sie den Nachteil, daß der Zugang zum dritten, kleinen Schlafzimmer im Rückanbau nur durch das größere hintere Schlafzimmer im Hauptteil des Hauses führte (Abb. 50). Dadurch wurde die Absicht, Kinder nach Geschlecht getrennt schlafen zu lassen, wieder weitgehend rückgängig gemacht. In den kleinen Häusern Londons und des Südostens mit ihren seitlichen Treppen wurde dieser Nachteil allerdings vermieden. Die Anordnung schien sich aber bald zu ändern, denn wie der *Cost of Living Report* schreibt, hatten bessere und neuere kleine Häuser, z.B. in Burton-on-Trent, spezielle kleine Korridore.

In allen etwas größeren Häusern war die Einführung von kleinen Dielen bzw. Halls die wichtigste Neuerung. Bis zur Mitte des 19. Jahrhunderts hatte ein größeres traditionelles Cottage in der Provinz normalerweise ein komfortables vorderes Wohnzimmer von etwa 4,5 x 4 m sowie eine enge Küche dahinter, die auch noch die Scullery und die Treppe aufnahm (Abb. 94). Im späten 19. Jahrhundert besaß ein Haus mit derselben oder geringeren Breite einen kompletten Korridor, so maß das vordere Zimmer nur 3,5 x 4 m oder weniger (Abb.

48). Der hintere Raum war dagegen größer, weil das Haus jetzt tiefer und die Treppe anderweitig untergebracht sowie die Küche um eine Scullery erweitert war, oft zwischen beiden Räumen. Allgemein war das Haus jetzt enger und in die Länge gestreckt, was wiederum weniger Licht zur Folge hatte. Der Lichtmangel wurde zum Teil durch allgemein größere Fenster wettgemacht. Im ganzen gab es also mehr Räume, es war mehr Zurückgezogenheit, "privacy", möglich, die Räume waren aber auch kleiner. Die Türen zu den einzelnen Zimmern, z.B. im Erdgeschoß, hielt man so weit wie möglich auf Abstand, um mehr Abgeschiedenheit zu erreichen. Einige Entwicklungen liefen auch dem Ziel nach mehr privater Abgeschiedenheit entgegen, z.B. die Zusammenlegung zweier Hinterhöfe und die nebeneinander liegenden Haustüren. Hier waren Wirtschaftlichkeit und das Bedürfnis nach mehr Luft entscheidend.[25]

Mehr Veränderungen gab es in der Planung größerer Häuser. Eines der wichtigsten Probleme war die Unterbringung der Diener. Schließlich gehörten sie einer niederen Schicht an und lebten doch mit der Herrschaft unter einem Dach. Einerseits wollte man die Dienerschaft beaufsichtigen, andererseits aber um jeden Preis vermeiden, von ihnen beobachtet zu werden. Zimmer unter dem Dach schienen zunächst die beste Lösung. Bald aber neigte man dazu, die Höhe des Hauses zu reduzieren: Es war wirtschaftlicher, nur zwei Etagen in Ordnung zu halten, wenn die Zahl der Dienerschaft abnahm.[26] Hinsichtlich des Basements wurde argumentiert, daß man die Kellerwohnungen der Armen verurteile, merkwürdigerweise aber bei den besseren Häusern das ungesunde Basement akzeptiere. Viele Faktoren sprachen für den Rückanbau. Schon in den 1830er Jahren legte der Duke of Devonshire in seinem neuen Haus in Brighton die Küche nicht unter das Haus, sondern in einen Rückanbau, um den "fetten Bratengeruch, der gewöhnlich in einem Haus in Brighton herrscht, zu vermeiden".[27] Auch legte man die Dienerschlafzimmer in den Rückanbau, näher an die Küche und weiter weg von den Familien-Schlafzimmern. Dies entsprach ganz der Praxis in modernen Landschlössern, dort brachte man die Dienstleistungsfunktionen in einem separaten Flügel unter. Der Rückanbau schien ein idealer Ort für die Schlafzimmer der Dienerschaft zu sein. Auf diese Weise waren sie weit entfernt von den Schlafräumen ihrer Herrschaft und die Installationen für Bad und Toilette konnten einfach gehalten werden. Der Rückanbau bedeutete ferner, daß die Zahl der Räume flexibel zu handhaben war, während die Grundfläche und die Räume der Straßenseite sowie vor allem die Fassade des Hauses ziemlich unverändert bleiben konnten. Es war billiger, im Rückanbau nur zwei Hauptstockwerke mit 9-Zoll-Wänden (23 cm) zu bauen. Ein Basement würde die Baukosten ohne eine entsprechende Steigerung der Unterbringungsmöglichkeiten erhöht haben. So konnten zusätzliche Schlafzimmer mit Holzwänden leichter und billiger im Dachgeschoß eingebaut werden. Hinzu kam, daß steile Dächer jetzt Mode wurden, Dachfenster und Giebel kamen dem Wunsch nach einer Belebung der Fassade des etwas größeren Hauses entgegen. Viele Faktoren summierten sich, z.B. Nützlichkeit, Wirtschaftlichkeit und Bautechnik sowie architektonische Stilprobleme. Wir haben bereits versucht, die letzte Entwicklung zum kleineren Typ des 20. Jahrhunderts zu erklären. Wie sehr diese auch von den neuen Tendenzen des Domestic Revival beeinflußt wurde, besonders hinsichtlich der Verkleinerung von Maßstab und Anspruch, muß dahingestellt bleiben. Wir werden auf diese Bewegung in den nächsten Kapiteln noch zu sprechen kommen. Hier kann ihr Einfluß aber schon spürbar werden an der Entwicklung zum Standardtyp des 20. Jahrhunderts (vgl. Kapitel 13 und 17).

12. Grund- und Aufriß des kleinen Reihenhauses und seiner regionalen Varianten

Der Wert des Sonnenlichtes kann für den menschlichen Haushalt gar nicht hoch genug eingeschätzt werden.

E. Bowmaker, 1895[1]

In den bisherigen Kapiteln zur Anlage des Hauses wurde meist die allgemeine Ähnlichkeit der Typen betont, hier geht es hauptsächlich um die Unterschiede der Grundrisse. Man kann die Statistik der Hausgrößen in diesem Kapitel fortführen: 1901 lebten 21,9% der Bevölkerung in Vier-Zimmer-Häusern, 9,8% in dreiräumigen und 8,2% in Häusern oder Wohnungen mit zwei oder weniger Zimmern, interessanter ist aber die Vielfalt von Grundrißmöglichkeiten bei den kleinsten Häusern. Es macht einen großen Unterschied, ob die Häuser einen hinteren Eingang haben oder nicht. Auch ergeben sich zahlreiche Varianten, wie im Falle der Back-to-Backs, wenn das Haus an einer Straße liegt, oder zu einem Hof führt oder in mehrere Wohnungen aufgeteilt ist.

Der Ursprung des regulären Typs des Reihenhauses ist hauptsächlich beim traditionellen nordeuropäischen Stadthaus zu finden, der des kleineren Reihenhaustyps auch in den ländlichen Hausformen. Hinzu kam das Bestreben in den sich mächtig entwickelnden Städten während der industriellen Revolution, viele Menschen so schnell wie möglich unterzubringen. Nicht nur Bequemlichkeit, sondern auch Wirtschaftlichkeit diktierte Grundrisse. Dennoch fanden die Fachleute oft Lösungen, die später sogar bei größeren Häusern Schule machten.

In diesem Kapitel sind die Wohnungen der Arbeiterschicht des Nordens der Betrachtungsgegenstand. Es kann hier nicht um die genaue Erforschung der ländlichen Ursprünge unserer Grundrißtypen gehen, wie es etwa J.B. Lowe für die bodenständige Architektur des 18. Jahrhunderts in Wales unternommen hat, sondern mehr um die Art, wie sich die neuen nationalen Bauvorschriften des späteren 19. Jahrhunderts auf die regionalen Eigentümlichkeiten auswirkten und wie diese sich durchsetzten. Wir haben hierzu schon die wirtschaftlichen, behördlichen und praktischen Aspekte des Wohnens der Arbeiterklasse behandelt. Dennoch ist es erstaunlich, mit welchen geschickten und unterschiedlichen Lösungen sich die Erbauer dieser kleinen Häuser oft hervortraten.

Bei den Häusern dieses Kapitels handelt es sich fast ausschließlich um die der Arbeiterschicht des Nordens. In vorangegangenen Kapiteln haben wir uns schon verschiedentlich mit der Frage der charakteristischen Lebensweise der Arbeiter beschäftigt. Wir kamen mehrfach zu dem Schluß, daß eine scharfe Trennung zwischen der Arbeiter- und unteren Mittelschicht oft nicht möglich ist. Entsprechend schwierig ist es, schichtenspezifisch genau zwischen den jeweiligen Grundrißtypen zu unterscheiden. Einerseits wurden größere Versionen der Back-to-Backs oder der Tyneside Flats von Angehörigen der unteren Mittelschicht bewohnt, andererseits lebten immer mehr gut verdienende Arbeiter in den späteren Formen des regulären fünf- oder sechsräumigen Hauses. Hinzu kommt, daß dieses Kapitel kaum die Arbeiterhäuser der Reformbewegung behandelt, da diese nur einen verschwindend geringen Anteil aller Häuser ausmachten, und schließlich werden auch die Zustände der Slums und der Überbelegung alter Häuser nicht erwähnt (zu diesem Thema gibt es umfangreiche neuere Literatur z.B. von Gauldie, Tarn und J.T. Jackson). Ebenso gehen wir nicht auf die weite Skala von den ältesten Slumquartieren zu den kleinsten Haustypen des früheren 19. Jahrhunderts ein. Deshalb ist dieses Kapitel nur mit Einschränkungen als eine Untersuchung zum englischen Arbeiterhaus zu verstehen. Schließlich kann hier auch nicht auf die Frage eingegangen werden, inwieweit es sich bei den beschriebenen Häusern um (für damals oder heute) günstige Wohnformen handelt.

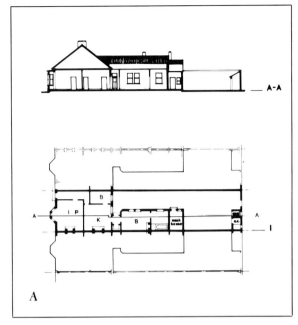
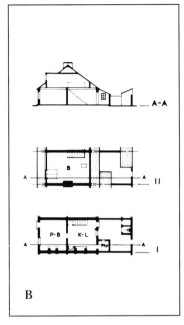
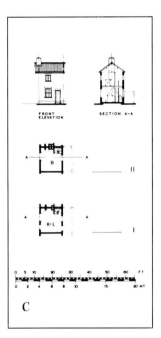
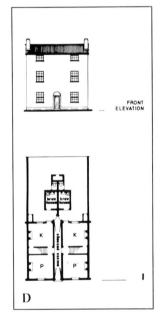
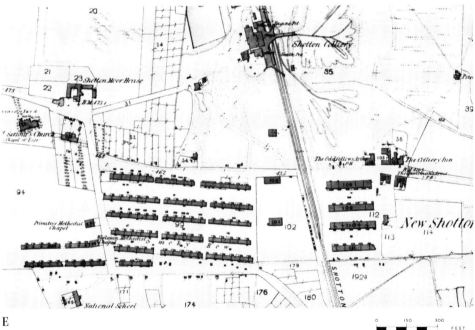

61. Kleine Haustypen.

A: **Sunderland.** Einstöckiges "Cottage", Ende des 19. Jahrhunderts. Das Bad und ein Schlafzimmer befinden sich im Anbau, ebenso das nur vom Hof aus zugängliche Waschhaus (siehe Abb. 138).

B: **Hetton-le-hole.** Caroline Street, Bergarbeiterhaus, ca. 1856, jetzt im Beamish Museum, Stanley, County Durham. Erdgeschoß mit Dachgeschoß. "P" steht hier für Scullery (vgl. Abb. 26).

C: Das ein-Raum-tiefe Haus, mit oder ohne Hinterhof (Norwich, ca. 1820, s. S. 106).

D: Der "Combined-front-entrance"-Typ. Ein etwas größeres Haus, möglicherweise für Untermieter und/oder Werkstätten. Die Treppen sind in der gleichen Weise wie im späteren Standardtyp angelegt (Abb. 50), aber der Eingang ist in der Mitte einer Passage. Die Trennung von Scullery (hier brewhouse) und Haus war typisch für die West Midlands (Birmingham, ca. 1820-40).

E: **Shotton.** County Durham, Bergarbeitersiedlung aus der ersten Hälfte des 19. Jhds. Es fehlen Umzäunungen und Vorder- und Rückseite unterscheiden sich nicht.

62. **Easington.** County Durham, ein altes Foto von Bergarbeiterhäusern, Woolmer, Wheatley Hill, 1. Hälfte des 19. Jhds. Die Häuser sind mit je zwei Räumen und einem kleineren Rückanbau relativ groß.

Einstöckige Häuser: Bergarbeiterhäuser im Nordosten; Sunderland

Häuser mit nur einem Raum wurden im 19. Jahrhundert in England wohl nur noch selten gebaut. Ein Teil der Bergmannshäuschen in den frühen Kohlengebieten des Nordostens – in Northumberland "singles" genannt – gehörten zu diesem eingeschossigen Typ. Sie wurden seit dem 18. Jahrhundert gebaut, ganz in der Art der Häuser für Landarbeiter. Der Dachraum konnte als Abstellraum benutzt werden oder er war als Schlafzimmer über eine Leiter zugänglich. Die meisten Bergarbeiterhäuser des 19. Jahrhunderts verfügten jedoch über zwei hintereinanderliegende Räume. Auch in anderen Gegenden Englands und Wales' gab es diese Art Häuser, doch hat sich kaum etwas davon erhalten. Viele von ihnen hatten einen kleinen Anbau unter einem Pultdach – oft "Katzenrutsche" ("cat slide") genannt – für die Küche oder Spülküche, z.B. die Zeile aus Hetton-le-Hole (Abb. 61 b; vgl. 20, 62-5). Allmählich wurden auch größere Häuser in dieser Art mit einem größeren Schlafzimmer im Dachgeschoß gebaut. Dieses war vom Hinterzimmer aus über eine Leiter oder auch eine steile Treppe zugänglich. Gegen Ende des 19. Jahrhunderts baute man auch für die Bergarbeiter den regulären Typ mit zwei Stockwerken.

Ein typisches Merkmal der frühen Bergmannssiedlungen (über die grundlegende Untersuchungen noch fehlen) im Nordosten war die Geschlossenheit der Siedlung. Die Wohndichte war gewöhnlich sehr hoch, gemessen an den sicherlich sehr niedrigen Grundstückspreisen. Da es sich meist um abgeschlossene Anlagen eines einzigen Arbeitgebers handelte, waren sie einheitlich angelegt; doch gab es auch Beispiele von recht ungeordnet wirkenden Häuserzeilen, z.B. in Haswell oder Black Hill, County Durham. Stadtpläne und alte Beschreibungen vermitteln den Eindruck, daß es keine ausgebauten Straßen, kaum Wege, Zäune und Kanalisation gab. Der Boden war sich selbst überlassen, meist schlammig. In Northumberland hingegen bestanden viele Bergmannssiedlungen aus einer einzigen endlosen Reihe, meist wohl entlang bereits bestehender Wege gebaut (z.B. Forman's Row, Seaton Delaval). Aus der summarischen Aufzählung folgt immerhin, daß diese Siedlungen der ersten Jahrhunderthälfte kaum als Reform-Wohnungen oder Modelldörfer bezeichnet werden dürfen, wie sie zeitgleich bei Landarbeitersiedlungen oft zu finden sind.

Eine große Ausnahme bildet die Stadt Sunderland, wo viele solcher einstöckigen Häuser noch bis ins 20. Jahrhundert gebaut wurden (Abb. 61, 63, 64). Die langen Zeilen von Cottages, wie sie dort im Unterschied zu den zweistöckigen "Houses" genannt wurden, sind unverwechselbare Wahrzeichen dieser Stadt. Spätere Versionen sind meist ziemlich breit, etwa 20 Fuß (6,1 m). Es gibt immer ein relativ großes Vorderzimmer, einen Korridor, an der

Rückseite die kleine Küche und daneben ein kleines Schlafzimmer. Schon vor der Mitte des Jahrhunderts scheinen die meisten Cottages einen eigenen, durch Mauern abgeschlossenen Hinterhof zu besitzen, mit eigener Toilette und mit Rückanbauten, die zusätzlich ein Schlafzimmer enthalten können – ein sehr ungewöhnliches Element – sowie ein Waschhaus oder eine Spülküche. Die noch späteren Häuser sind oft "double fronted" oder besser "one-and-a-half"-fronted, d.h. sie haben neben dem Eingang noch ein kleines Schlafzimmer. Viele Häuser haben Räume mit Gaubenfenstern im Dachgeschoß.

Es ist nicht leicht, diesen Typ zu erklären. Größere Gruppen dieser eingeschossigen Häuser sind, mit Ausnahme von Jarrow und einigen Häusern in Darlington,[3] in anderen Städten nicht bekannt. Mit den bereits erwähnten verwandten Bergwerkshäuschen ist die lang anhaltende Tradition dieses Typs in Sunderland nicht erklärt. Wichtiger scheint dagegen, daß ältere Bergmannshäuser keine eigenen Hinterhöfe und Toiletten hatten. Ein prominentes Beispiel einer solchen frühen Siedlung stand in Monkweariouth, dem nördlichen Teil von Sunderland (Stobbart's Buildings, Hays Parade) mit offenem Hof und zentral gruppierten Toiletten in Kontrast zu benachbarten Häusern vom Typ Sunderland. Auch ist zu bedenken, daß man bei den Bergwerkssiedlungen des späten 19. Jahrhunderts diese frühere Art der einstöckigen Häuser weitgehend aufgab und den regulären zweistöckigen Reihenhaustyp übernahm. Die Byelaws für Sunderland von 1867 enthielten besonders ausführliche Bestimmungen über getrennte Toiletten für jedes Haus und zur Unterscheidung zwischen vorderen und rückwärtigen Straßen.[4] Desgleichen war früher gänzlich unbekannt.

Viele dieser für die Sunderland-Cottages typischen Elemente finden sich auch in Häusern des benachbarten Tyneside (Newcastle): separate Höfe und Hinterhof-Einrichtungen sowie eigene Toiletten. Das unterscheidet sie von den Bergmannssiedlungen und den überbelegten älteren Häusern sowohl in Sunderland als auch in Newcastle. Man findet immer einen Korridor, und alle Räume sind separat zugänglich – das unterscheidet auch den Nordosten vom übrigen Norden Englands. Die Zimmer sind ungewöhnlich hoch, 30 bis 60 cm höher als in England üblich. Außerdem sind die Häuser breiter, so daß zwei Räume an der Rückseite und manchmal auch nach vorn möglich sind. Vieles in Newcastle und Sunderland erinnert an Schottland. Dort baute man, wie in Tyneside noch lange, zahlreiche Etagenwohnungen und das einstöckige Haus hielt sich hier viel länger als in England. Ähnlich wie in Schottland gab es in Sunderland alle Stufen eines Übergangs von einstöckigen zu zweistöckigen Häusern mit Gauben, Giebeln usw. (Abb. 182). Auch in Schottland sind die Räume höher als in England, aber im Unterschied zum englischen Nordosten sind sie sehr viel größer, und die Wohnung hat insgesamt weniger Räume. Wesentlich sind aber auch die Unterschiede zwischen Tyneside und Sunderland: In Tyneside waren die Häuser deshalb breiter, weil ein Haus zwei getrennte Wohnungen auf je einem Stockwerk aufnahm. Nachdem sich dieser Typ durchgesetzt hatte, schienen die örtlichen Baugesetze von 1867 diesen Typ zu unterstützen; möglicherweise war man froh, ihn nicht, wie in vielen anderen Städten, verbieten zu müssen. In Sunderland brauchten Straßen mit Cottages nur 30 Fuß breit zu sein – im Gegensatz zu 40 Fuß bei zweistöckigen Häusern (9,14 m; 12,19 m). Genaue Maße waren für Dachgeschosse vorgeschrieben, um zu verhindern, daß ein zweigeschossiges Haus für ein eingeschossiges ausgegeben wurde. Die Wände der Cottages durften dünner als die der zwei- und mehrgeschossigen Häuser sein und die Höfe proportional kleiner. Die Vorschriften in Sunderland waren detaillierter als die nationalen.

Hier wurde auch häufiger untervermietet als anderswo. Trotzdem scheint der Grund für das Fortleben eines älteren Typs nicht primär in den wirtschaftlichen und bautechnischen Gegebenheiten zu liegen. Wie es im *Cost of Living Report* heißt, wurden diese Häuser von den Facharbeitern ("skilled mechanics") bevorzugt. Den Bewohnern war an dem Typ und seiner äußeren Gestalt gelegen. Nur dies erklärt, daß es viele "double fronted" Häuser, d.h. mit zwei normalgroßen Räumen an der Vorderseite mit insgesamt acht oder mehr Zimmern gab.[5] Der Lokalstolz war sicher berechtigt.

63. **Sunderland.** Mainsforth Terrace West, ca. 1870er Jahre (vgl. Abb. 182).

64. **Sunderland.** Canon Cockin Street, ca. 1890-1900. Rückseite und Seitenansicht einstöckiger Häuser mit besonders hohen Hofmauern, die oft durch Glassplitter gesichert wurden.

65. **Bedlington.** Nothumberland, Doctor Terrace (Doctor Row und North Row, ca. 1800er Jahre). Siehe auch Abb. 20. Spätes Beispiel einer Hausreihe ohne jede Einfriedung. Toiletten und Kohlenschuppen befinden sich gegenüber der Rückseite der Häuser, dort liegt auch der hauptsächlich genutzte Eingang. Die Vorderseite scheint sehr selten benutzt zu werden.

Ein-Raum-tiefe, zweistöckige Häuser

Allgemein war der ein-Raum-tiefe Grundriß ebenso stark verbreitet wie der zwei-Raumtiefe. Die Historiker des traditionellen Hausbaus bezeichnen ihn als "einjochig" ("singlepile"). In vielen Industrie-Siedlungen, besonders in Nordwales, überwog der Typ des "double-fronted" und ein-Raum-tiefen, einstöckigen Hauses. In den Städten war der Typ mit der Tiefe von einem Raum (um 3 m²) und zwei Stockwerken, mit oder ohne Hinterhof, bis zur Jahrhundertmitte der häufigste (Abb. 61C). In langen, engen Höfen, die sich hinter den Altstadthäusern etwa in Norwich, Wakefield oder Nottingham erstreckten, waren dies die einzigen Typen, die sich im 18. und frühen 19. Jahrhundert relativ leicht einfügen ließen. In London standen sie in Dreier- oder Vierergruppen in den Höfen, z.B. an Quicksand Street Whitechapel Road.[6] Es scheint, daß der Nordosten diese Bauweise noch länger beibehielt als andere Gegenden, so z.B. Boldon Colliery, Gateshead, Jarrow oder in Hartlepool, wo sie "kitchen houses" genannt wurden. In einem derartigen ein-Raum-tiefen Haus in Union Street, Wallsend (Mitte bis späteres 19. Jahrhundert), führt eine Treppe gleich hinter dem Vordereingang hinauf; sonst entspricht das Haus aber ebenso wie die meisten anderen Reihenhäuser dem Normaltyp des durchgehenden Hauses ("through house"). Beim unteren wie oberen Zimmer gehen die Fenster sowohl nach vorne als nach hinten. In Liverpool wurden zwischen den 1850er und 1860er Jahren viele ein-Raum-tiefe Häuser gebaut, die wegen ihrer Rückanbauten bereits als 3 1/2-räumige Häuser betrachtet werden können. Sie markieren den Übergang zum kleinsten regulären Typ mit vier Räumen, der später beschrieben werden soll.

Bei den meisten der kleinen ein-Raum-tiefen Häuser gab es jedoch an der Rückseite keine Fenster oder Anbauten, einfach weil kein Platz für da war und die Häuser an die Mauer gequetscht waren oder an die Gebäude des Nachbarhofes. Allerdings kamen einige mittelgroße Häuser vor, die relativ viel Raum an ihrer Rückseite aufweisen und dennoch, wenigstens im Obergeschoß, keine Fenster zeigen trotz Hinterhof und Hintertür, z.B. in Murray Street, Consett (ca. 1860er Jahre). Im Falle der double-fronted-Häuser der unteren Mittelschicht – an der Nordseite von Bellevue Grove in Leeds – gab es ebenfalls einen Hintereingang, aber selten ein kleines Fenster (Abb. 81). Der Typ wurde "blind back" ("blinde Rückseite") genannt und führt uns zur bedeutendsten – und berüchtigsten – Variante des Reihenhauses, dem "Back-to-Back".

Frühe Back-to-Backs

Mehrere Gründe sprachen für diesen Typ: niedrigere Grundstücks- und Baukosten sowie bessere Wärmedämmung ("keeping warm....")[7]; die später gesetzlich vorgeschriebenen Belüftungsröhren wurden oft zugestopft. Ein weiterer Vorteil war die vereinfachte Grundrißlösung für Eckhäuser am Ende der Häuserzeile (Abb. 80). Die meisten Industriestädte des Nordens und der Midlands bevorzugten diesen Typ. Um die Mitte des Jahrhunderts fanden sich in Nottingham 7 000 – 8 000 Back-to-Backs bei insgesamt 11 000 Häusern. Sheffield hatte über 16 000 Back-to-Backs, Liverpool 20 000 – 30 000, Manchester vielleicht etwas weniger. In Birmingham gab es etwa 40 000, sie wurden dort noch bis in die 70er Jahre des 19. Jahrhunderts gebaut; auf Yorkshire werden wir später noch zurückkommen. In den südlichen Midlands und im Süden gab es nur wenige Beispiele, während man sie in östlichen Städten wie Norwich und Great Yarmouth etwas häufiger fand; in Bristol und

London kamen sie sporadisch vor.[8] Im Norden und in Wales waren sie sogar in ländlichen Siedlungen zu finden. Es ist möglich, daß der Typ seinen Ursprung in den engen Höfen des 18. Jahrhunderts hat, aber seine Haupterscheinungsform hatte an den Enden der Zeile jeweils eine Straße. In Manchester und Nottingham gab es viele frühe Beispiele, d.h. mindestens von Anfang des 19. Jahrhunderts an,[9] in Yorkshire sollte diese Form der Anlage bald dominieren.

Der Grundriß: 10 x 15 Fuß (3,02 x 4,57 m), war gewöhnlich einfach. Die einzige Tür führte gleich in den Hauptwohnraum (in Leeds wurde dieser "house" oder "house place" genannt), an dessen Ende sich eine enge, dunkle Treppe befand. Es gab fast immer zwei Stockwerke, in den großen Städten meist drei, sonst häufig eine Dachstube. In Liverpool hatten die Häuser immer Basements, die gewöhnlich separate Wohnungen enthielten; in anderen Städten, z.B. Leeds und Oldham, waren diese unteren Räume überwiegend Keller. Sie dienten als Vorratsräume, auch als Spül- oder Waschküche. Die größte Vielfalt gab es beim Standort der Toiletten. Nach den Stadtplänen zu urteilen, hatten ältere Häuser praktisch keine Toiletten, vielleicht eine Toilettenstation in einiger Entfernung am Ende der Häuserzeile. In anderen Fällen wurden sie in die Lücken zwischen den Häusern plaziert, oft mit Schlafzimmern direkt oberhalb (Abb. 76).

Die Back-to-Backs boten verschiedene Kombinationsmöglichkeiten mit anderen Grundrißtypen. So wechselte man ein "Through"-Haus (dieser Begriff wurde für ein normales Reihenhaus in Gegenden verwendet, wo es viele Back-to-Backs gab) ohne Rückanbau mit einer Einheit von zwei Back-to-Backs daneben ab, die dann ebensoviel Platz einnahmen wie das Through-Haus. Es gab auch noch kompliziertere Anlagen, etwa das Ineinanderschachteln von Häusern in Hanglagen wie in Halifax oder Hebden Bridge. Die am meisten verschachtelte Anlage war wohl, wenn man den Stadtplänen glauben muß, ein Häuserblock von 60 x 70 Fuß (18,31 x 21,31 m) in der Albert Street in Todmorden mit 12 Häusern sehr unterschiedlicher Größe und Form. Ähnliche Arrangements waren in Rochdale typisch für den gesamten Wohnungsbau zwischen 1850 und 1872: In den Raum zwischen den Rückanbauten zweier "Through Houses" wurde ein quadratisches Haus eingefügt, das man als "Einen (Raum) oben – einen unten" ("one up – one down") bezeichnen könnte oder als halbes Back-to-Back. Um die Klassenunterschiede zu wahren, nannte man die ersteren "houses" und die zweiten "cottages". Die "Houses" waren zur normalen Straße hin ausgerichtet, die "Cottages" zu den Höfen, die mit den Rückanbauten und -eingängen der "Häuser" abwechseln. Haus- und Hofanlage sowie Straßenverlauf waren stark voneinander abhängig.

Frühe Hofanlagen in Birmingham und Liverpool

Es wurde bereits erwähnt, daß der Hauptunterschied zwischen den einerseits besseren Häusern sowie geordneten späteren Arbeitersiedlungen und andererseits den frühen billigen Häusern im Fehlen ordentlicher Straßen bestand. Das Wort Hof ("court") wurde hier in sehr weiter Bedeutung angewandt, als enger, undefinierter Raum um die Häuser herum, vor oder hinter ihnen. Die Back-to-Backs zeichnen sich ja gerade dadurch aus, daß sie keine "Rückseite" besitzen. Die langen Grundstücksstreifen ("burgage plots") in älteren Städten hinter den Bürgerhäusern entlang den alten Straßen wurden bereits erwähnt. Dutzende von kleinen Häusern ohne richtigen Straßenzugang wurden auf diese Grundstücksstreifen im 18. und frühen 19. Jhd. gebaut, einige erstreckten sich über 130 Meter wie in Wakefield. In den ärmsten Teilen Londons, im Osten der Stadt und südlich der Themse, gab es viele kurze Gäßchen und Gänge, meist unregelmäßig angelegt (Abb. 66). Weiter draußen im Osten, in Stepney und Mile End, hielten sich solche Anlagen vielleicht bis zur Jahrhundertmitte, aber allmählich wurden die Häuserblocks größer, die Gäßchen schwanden und

66. **London.** Bethel Place, Vine Street, Tooley Street, größtenteils vor 1800 erbaut.

die Wohndichte nahm beträchtlich ab. Londons Beitrag zur Entwicklung eines örtlichen Kleinhaus-Typs scheint dabei gering gewesen zu sein im Vergleich zu den Industriestädten – zu viele Londoner Familien der Arbeiterschicht oder der Armen konnten in abgewirtschafteten größeren Häusern untergebracht werden. Im Norden waren gewöhnlich alle Häuserblocks kleiner und überfüllt. In Manchester und Bolton scheint die Vereinheitlichung schon früh, vielleicht schon vor 1800 eingesetzt zu haben. Die Außenseiten der Häuserblocks bestanden aus Back-to-Backs und Through-Häusern. Im Innern des Blocks war gewöhnlich kein Platz mehr für weitere Häuser, ganz im Gegensatz zu Städten wie z.B. Sheffield (s.u.). Der Freiraum wurde für Toiletten benutzt. In Manchester ließ man auch später, als die Blöcke größer und die Häuser regelmäßiger geworden waren, gelegentlich die Höfe frei, ebenfalls wohl zum Wäschetrocknen. Meist sind die Innenhöfe dieser Häuserblocks vollständig umbaut und nur durch niedrige Passagen, "tunnels" genannt, erreichbar. Die Toiletten waren daher für die Bewohner straßenseitiger Back-to-Backs schlecht zugänglich. Sie mußten erst auf die Straße, durch den nächsten Tunnel und noch an einigen Häusern an der Rückseite vorbeigehen. An den Ecken der Häuserblöcke führte diese Art der Anlage zu sehr komplizierten Grundrißlösungen. Die Tradition der Höfe setzte sich in manchen Städten noch bis zur Jahrhundertmitte und später fort. Der Bau der Höfe wurde systematisiert und mit Vorschriften geregelt. Die alten Birminghamer Back-to-Backs in den Hinterhöfen wurden bereits erwähnt (Abb. 67, 69). Charakteristisch für diese Stadt sind die erstaunlichen und verwirrenden Varianten der Hofanlagen und Häuserkombinationen der ersten Jahrhunderthälfte. Wie soll man eine Anlage von Back-to-Back-Häusern nennen, die an beiden Seiten "Rückanbauten" haben – sternförmig? Selbst gängige Bezeichnungen wurden oft ungenau verwandt. Meist war "Court" die Bezeichnung für den Hof eines Häuserblocks, diese "Courts" wurden dann durchnumeriert in "Court No. 1" bis "Court No. 20" und mehr. Stadtplänen zufolge belegte man aber auch manche Durchgänge in einer großzügigeren Reihenhausanlage mit diesem Begriff.[10] Selbst wenn man modernere Standardgrundrisse wählte, bedeutete dies nicht, daß auch modernere Straßen gebaut wurden,[11] vielmehr stellte man die Häuserzeile "irgendwie" in die Wildnis. Manchmal wurden die Rückanbauten für Spül- und Waschküche genau wie die Toiletten und Schuppen vom Haus getrennt und auf dem Areal zwischen den Häusern plaziert (Abb. 61, 67). Es gab eine Unmenge Passagen bzw. Tunnels zwischen Straße und Hof (Abb. 69) sowie zwischen den Höfen. Sie dienten wohl auch, wenigstens in späteren Zeiten absichtlich, der Luftzirkulation. Später nahm die Dichte ab und die Höfe sowie Gartenplätze wurden weitläufiger. Erst in den späten 70er Jahren gab man sie weitgehend auf, als Ortsstatuten Standardvorschriften erließen, wobei sich Birmingham mit einer vorgeschriebenen Straßenbreite von 50 Fuß (15,24 m) besonders hervortat.

Die umliegenden Midland-Städte – Wolverhampton, Walsall, Kidderminster, Coventry usw. – zeigten einige Birminghamer Elemente, so die komplizierten Rückanbauten und Passagen, doch die Dichte war gewöhnlich geringer und es gab weniger Back-to-Backs.

In Liverpool herrschten von Anfang an andere Voraussetzungen (Abb. 67, 68). Der größte Teil der Arbeiter, meist Hafenarbeiter, war ärmer und ihre Bauplätze zunächst auf einen Streifen nördlich des Zentrums entlang der Docks beschränkt. Die Wohndichte war mit bis zu 700 Personen per acre, (das sind 1 730 pro Hektar), sehr hoch. Um 1840 lebten 86 000 Menschen in den "Courts", in diesem größten, eigens für die untersten Schichten gebauten Stadtteilen Englands, London eingeschlossen. Die Reformer meinten, das Liverpool-System vereinige alle drei Grundübel billigen Wohnens: Hinterhof, Back-to-Back, Kellerwohnung.

Die typische Bauweise scheint im späteren 18. Jahrhundert, zunächst noch unregelmäßig (Burlington Road) aufzutreten und wurde im wesentlichen beibehalten, bis man sie durch die Baugesetze von 1842, 1846 und 1864 verbot. Anders als in Birmingham war das Schema immer das gleiche: fünf bis zehn dreistöckige Back-to-Backs, die sich an dazwischenliegenden Höfen von oft nur 9 Fuß (2,74 m) Breite gegenüberstanden. Die Häuser hatten Basements, in denen häufig Kellerwohnungen mit eigenem Eingang untergebracht waren. Eine Toilettengruppe war normalerweise am Ende des Hofes plaziert. Meist gab es enge Höföffnungen zur Straße, die von etwas besseren Häusern gesäumt wurden, manchmal war es aber nur der drei Fuß (0,91 m) breiter und fünf bis sechs Fuß (1,52 – 1,83 m) hoher "Tunnel". Die Hartnäckigkeit, mit der die Bauwirtschaft an diesem Bauschema festhielt, zeigt sich am Victoria Kanal. Zwischen Victoria Dock und Stuart Street wurde auf einem engen, nur 12,2 m breiten Streifen eine Häuserzeile gebaut und in deren Hinterhöfen 2 x 2 Back-to-Backs. Dieses Liverpooler Schema konnte man gelegentlich auch andernorts finden, überraschenderweise sogar in dem modernen Birkenhead. In Manchester gab es dergleichen Import aus Liverpool zwischen King Street und Queen Street, was die Einwohner von Manchester sicher nicht gerne hören möchten.

67. **Hofanlagen.** Aus den *Ordnance Survey Town Plans* der 1880er Jahre. Die Bezeichnung "Court" weist darauf hin, daß die meisten Häuser nicht von normalen Fahrstraßen her zugänglich sind. Die Karten zeigen frühe unregelmäßige Anlagen und die später regelmäßigeren Häuserzeilen.

(rechts): **Sheffield.** Charakteristisch sind bei regulären Reihenhäusern und Back-to-Backs die weiten Hinterhöfe, Toiletten- und Aschenbehältergruppen, ca. 1830-70, (vgl. Abb. 74, 75).

(ganz rechts): **Liverpool.** Typische Höfe des frühen 19. Jahrhunderts, (vgl. Abb. 68).

(rechts): **Birmingham.** Ca. 1850, die Areale hinter den straßenseitigen Häusern sind mit Häusergruppen verschiedener Art gefüllt, auch befinden sich die Toilettengruppen separat.

(ganz rechts): **Hull.** Ca. 1870, Häuserzeilen sowohl entlang regulärer Straßen, als auch an schmalen Durchgangswegen, (vgl. Farbtafel 8; Abb. 70, 71).

68. (rechte Seite). **Liverpool.** Typischer "Court". 1. Hälfte 19. Jahrhundert; Fünf Back-to-Backs mit Souterrain-Wohnungen stehen sich gegenüber, im Vordergrund die Rückwand der Toiletten, im Hintergrund: Blick in die reguläre Straße (Burlington Street, Court No. 16; Foto aus den 1930er Jahren).

Spätere Höfe und verwandte Elemente in Nottingham, Hull, Sheffield u.a.

Obgleich der Ausdruck "Court" meist vermieden wurde, setzten einige wenige Städte die Tradition der Höfe mit abgewandelten Arrangements bis nach 1900 fort. Das bedeutete in der Regel: kein direkter Zugang von der Straße. Einen Anteil an frühen Back-to-Backs und geschlossenen Courts hatte Nottingham, beide wurden in den Acts von 1845 verboten. Seitdem wurden nur Häuser des regulären Through-House-Typs gebaut. Die meisten hatten lange Vorgärten mit nur einem Gartenweg dazwischen; an der Rückseite lagen kurze Höfe, entweder separat für jedes Haus oder miteinander verbunden. Diese Hofreihe wurden nun auch "Terraces" oder "Avenues" genannt und öffnete sich an einem oder beiden Enden zu einer normalen Straße. Gelegentlich gab es diese Anordnung auch bei größeren Häusern wie in der Peel Street (ca. 1870). Entscheidend war aber weiterhin, daß diese Häuser keinen unmittelbaren Straßenzugang hatten (Abb. 73).

In Hull vermied man den Straßenanschluß am längsten (Kingston-upon-Hull) (Abb. 67, 70, 71, Farbtafel 8). Alten Stadtplänen zufolge waren die Quartiere besonders dicht mit Hoflabyrinthen ausgestattet, die vielerlei Bezeichnungen hatten ("court, yard, square, alley, place, entry"). Seit dem späten 18. Jahrhundert entwickelte sich, ähnlich wie in Liverpool, eine regelmäßigere Anlage, die Back-to-Backs mit Höfen verband. Einschneidende Veränderungen brachten die Byelaws von 1854: jedes Haus mußte einen eigenen Hinterhof aufweisen, Back-to-Backs waren somit verboten. Jetzt wurde fast ausschließlich die kleinste Version des regulären Typs mit vier oder fünf Räumen gebaut. Jeder Hof mußte 20 Fuß (6,09 m) breit und, wie in Nottingham, vollständig nach der Straße geöffnet sein. Die Passagen oder Tunnels wurden abgeschafft. Die "terraces" oder "avenues", wie man sie jetzt nannte, ordnete man im rechten Winkel zur normalen Straße. Der Häuserzwischenraum war durch eine niedrige Mauer oder einen Zaun zweigeteilt, das offene Ende führte auf die nächste Straße. C.A. Forster meint, daß sich in Hull der regionale Typ gegen den Standardtyp der Byelaws durchsetzte und diese Gesetze dergestalt den alten lokalen Typ in Hull bewahren halfen, indem sie ihn gesundheitsfreundlicher gestalteten. So forderte man 1875 einen separaten Hintereingang für jedes Haus. Die Terrace hatte nun an zwei Stellen Verbindung mit der Straße, einmal durch den Haupteingang und zum anderen durch einen Weg entlang der Rückseite, der durch eine Passage mit der Straße verbunden war. Anders als in Nottingham und dem älteren System von Liverpool (und Hull) ähnlicher, bildeten die neuen Zeilen in Hull keine Ecke zur Straße aus, sondern schlossen an die Rückseite einer Reihe besserer Häuser an; daher auch das Wiederaufleben der Tunnels für den hinteren Eingang. 1894 wurde eine Hofbreite von 24 Fuß (7,32 m) sowie ein Vorgarten vorgeschrieben. Obgleich auch hier die an normalen Straßen gelegenen Häuser beliebter wurden, baute man bis 1914 noch Häuser mit Höfen, das letzte 1926. Die benachbarten Städte Goole und Grimsby übernahmen dieses Schema kaum, wohl wegen fehlender Tradition. Dort wurde der Standardtyp und die normalen Anlagen gebaut. In der alten Hafenstadt Great Yarmouth (Abb. 72) bestand wie in Hull eine Tradition enger Gassen ("rows") bzw. Gänge, dort finden wir eine ähnlich lange Ablehnung direkten Straßenbezugs: Viele Häuserreihen sind nur über Gartenpfade erreichbar.

Die Planung in den Vierteln des späteren 19. Jhds. in Sheffield ist anderer Art. Hier haben die Häuserreihen einen Straßenzugang, aber die rückwärtige Hofanlage zeigt einige Eigentümlichkeiten (Abb. 67, 74, 75). Früher war auch Sheffield ein Beispiel für die Entwicklung der Courts. Es gab aber weniger Varianten als in Birmingham und weniger System als in Liverpool. Reihen von Back-to-Backs säumten die Straßen parallel und die unregelmäßigen Areale zwischen den Häusern waren wiederum mit kleinen Häusern oder nur mit Toiletten und Schuppenblocks bebaut. Back-to-Backs wurden nach 1864 verboten und durch den regulären 4-Zimmer-Typ ersetzt. Wie in anderen Städten herrschte nun eine klare Unterscheidung zwischen Vorder- und Rückseite eines Hauses sowie Straße und Hinterhof. Die Besonderheit der späteren Entwicklungen Sheffields lag darin, daß sich meh-

69. **Birmingham.** Typischer Hof einer Zeile Back-to-Backs, die Passage führt entweder zur Straße oder in einen Hof. (Court Nr. 8, Clarkson Street, vermutlich 1. Hälfte 19. Jahrhundert).

70. **Hull.** Crystal Avenue, Middleton Street, (vgl. Abb. 67 und Farbtafel 8). Im Vordergrund rechts die Häuser entlang der regulären Straße, die durch Wege, genannt "Terraces" oder "Avenues" unterbrochen wird. Auf der linken Seite, wo die Fronthäuser fehlen, hat man einen Einblick zur Rückseite der Reihe in dessen Mitte ein kleiner Weg verläuft. Dieser erhält seinen Zugang, wie man rechts im Bild an der intakten Hausreihe sehen kann, durch eine Passage.

71. **Hull.** Devon Grove, Sculcoates Lane, ca. 1890. Später gab es mehr Platz, die Gärten wurden größer, aber die alte Anordnung blieb erhalten.

72. **Great Yarmouth.** Middle Market Area, ca. 1870. Die Erschließungen in Yarmouth sind weniger standardisiert als in Hull oder Liverpool. Hier sind die Zugänge zu den Hauseingängen vorn und hinten besonders eng.

73. **Nottingham.** Ceyde Terrace, Russell Street, ca. 1870. Das Ende der Terrace steht zur Straßenfront. Im Gegensatz zu Hull befindet sich hier keine Zeile entlang der Straße. Die Garten- und Frontseiten sind links im Bild, einen Zugang zu den Häusern gibt es sowohl über den Gartenweg, als auch über einen rückwärtigen Gang.

74. (unten links). **Sheffield.** Ca. 1880-90. Ein typischer, weiter, offener Hinterhof für vier Häuser (vgl. Abb. 67).

75. (unten rechts). Die gleiche Anlage von der Straße gesehen, hinten im Hof die Toilettengruppe.

rere Häuser einen gemeinsamen Hof teilten. Die alte Form der Numerierung in Court No. 1 usw. fand man trotzdem noch gelegentlich, obwohl es sich nicht mehr um Courts im engeren Sinne handelte. In Sheffield faßte man dann in den Höfen auch Toiletten und Aschengruben in Gruppen zusammen, ganz wie in den alten Court- oder Back-to-Back-Anlagen. Andernorts hatte die große Mehrzahl der Neubauten kleiner Häuser schon individuelle Hinterhöfe, wenn auch nur kleine für jedes Haus. In Sheffield jedoch gruppieren sich stets 4-6 Häuser mit der Rückseite um einen Platz, auf dem sich die Toiletten befanden. Die Baugesetze schrieben für die Toiletten meist eine Mindestentfernung von 3 Fuß 6 Zoll (1,07 m) vom Haus sowie 150 Quadratfuß (13,94 m²) freie Fläche pro Haus für den Hinterhof vor. Dies galt auch anderswo; aber in der Praxis waren in Sheffield die Toiletten viel weiter vom Haus entfernt, auch weiter als die seit den 80er Jahren geforderten 15 Fuß (4,57 m). Die Hoffläche überstieg auch meist 150 Quadratfuß. Sogar bei Häusern der unteren Mittelklasse[12] waren die Toiletten in dieser Weise angeordnet, auch städtische Wohnblöcke in der Infirmary Road (um 1900) hatten saparate Toilettenbauten. Möglicherweise war dies durch das traditionell rückständige städtische Abwassersystem begründet. Die Offenheit des Hofes hat wohl mit dem Bedürfnis nach frischer Luft und der Möglichkeit eines Gartens zu tun. "Not to be hemmed in, like being put in an suitcase", "nicht eingeengt, wie in einen Koffer gestopft zu sein", wie eine heutige Bewohnerin es ausdrückte. Als diese Bausitte sich durchsetzte, spielte wohl auch die Erinnerung an die schlechte, alte Zeit mit ihren engen Höfen eine Rolle oder der Wunsch nach besseren Kontrollmöglichkeiten für den Bauherrn – ähnlich wie bei den gleichzeitigen philanthropischen Arbeiter-Mietshausblöcken in London.

Einige Charakteristika von Sheffield sind auch weiter westlich zu finden, in Ashton, Macclesfield, Stockport oder südlich in Derby sowie auch östlich in Rotherham und Worksop. Sogar einige der Arbeitersiedlungen des späten 19. Jahrhunderts auf dem Lande zeigen völlig offene Hinterhofanlagen, so Poolsbrook oder Barrow Hill in Derbyshire.

Andernorts ist der Gemeinschaftshof mehrerer Häuser in der zweiten Hälfte des 19. Jahrhunderts seltener – allerdings gibt es oft eine diesem verwandte Lösung: Eine Passage bzw. einen Tunnel als Zugang zur Rückseite mehrerer Häuser, für vier bis zehn oder mehr. Der Weg, der die Häuser mit der Passage verbindet, führt an der Rückseite der anderen entlang und trennt somit deren Hof von den Gärten. Beispiele finden sich besonders häufig in Norwich (Abb. 37, Farbtafel 6) und Maidstone. Hinter den Häusern schuf man damit einen halböffentlichen Bereich, der oft als üblicher Eingang zum Haus benutzt wurde, wenn der Haupteingang direkt ins Wohnzimmer führte. Die Wegerechte wurden für jedes Haus genau festgelegt. Später begrenzte eine öffentliche hintere Straße, auf die wir noch zu sprechen kommen werden, die Grundstücke in notwendiger klarer Weise.

Zur weiteren Entwicklung der Courts zählt auch die Bauweise des "combined-front-entrance"-Typs. An der Vorderseite der Reihe gibt es hierbei keine Haupteingänge. Die Türen finden wir in der Mitte der Passage, welche Vorderseite und Hinterhöfe zweier nebeneinanderliegender Häuser verband (Abb. 61 d). Alten Stadtplänen zufolge waren diese Häuser besonders häufig in den West Midlands anzutreffen. Spätere Beispiele finden sich in Sheffield, Derby, Lincoln oder Grantham [13].

Spätere Back-to-Backs in Yorkshire

Trotz der Kritik an den Back-to-Backs, vor allem wegen fehlender Durchlüftungsmöglichkeiten, behielt der Nordwesten Yorkshires die Bauweise eines Typs bei, der in anderen Städten schon längst verboten war. In Manchester hatte man um 1900 viele ältere Back-to-Backs abgerissen. In Leeds, Halifax, Bradford und Umgebung wurden noch in den 80er Jahren 65% aller Häuser in dieser Weise gebaut. Bradford hatte 1860 versucht, den Typ zu verbieten, mußte ihn aber 1864/5 wieder erlauben und konnte ihn erst 1900 abschaffen. In

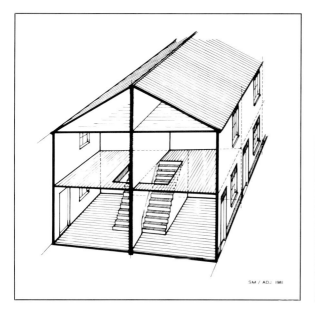
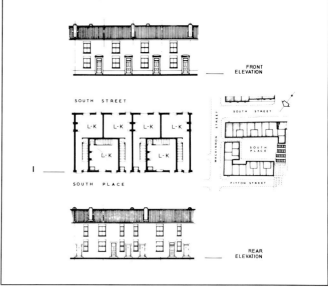
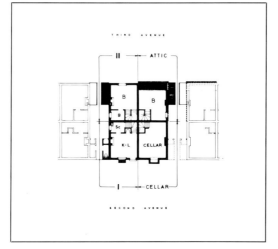
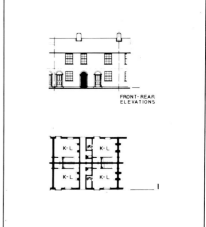

76. Verschiedene Back-to-Backs.
Oben links: Vereinfachte Darstellung der Back-to-Back-Grundform mit zwei Wohneinheiten je Haus.
Oben rechts: **Rochdale.** 1872. Hier sind einzelne Back-to-Back-Einheiten (houses and cottages) zwischen den Rückanbauten regulärer Häuser eingefügt. Die regulären Häuser liegen zur Straße (front elevation) die anderen zum Hof (rear elevation).
Mitte links: **Keighley.** Spätes 19. Jahrhundert. Typische Gruppe von vier Häusern unter einem Dach, umgeben von Straßen und Höfen, welche auch die Toiletten enthalten. Jedes Haus hat 4 Stockwerke (Abb. 77).
Mitte rechts: **Manchester.** Back-to-Backs, vor 1840. Hier liegen die Toiletten in einem Gang zwischen den Häusern, darüber Schlafzimmer.

77. Keighley. Second Avenue, spätes 19. Jahrhundert. Grundriß siehe Abb. 76 (mitte links), die Endhäuser sind anders gestaltet.

Leeds bereitete der (nationale) Town Planing Act von 1909 diesem Haustyp eine Ende, dennoch wurde er wegen bereits vorliegender Genehmigungen bis um 1930 weitergebaut. Allerdings nahm der Anteil kleiner Reihenhäuser des Standardtyps stark zu.

Die gängigsten Typen der Back-to-Backs haben wir bereits besprochen: Eine Zeile entlang der Straße , "dahinter" Höfe, oder die an allen Seiten von Straßen umschlossene Doppelzeile. Schließlich dominierte die vollständig von Straßen umgebene Version. Auch bei den drei Hauptblöcken der Akroyd'schen Modellsiedlung Copley bei Halifax aus den 1840er Jahren findet sich ein Beispiel dieser Anordnung. Wie Hole[14] schreibt, gab es hier als Neuerung eine Spülküche unter der Treppe und zwei getrennt zugängliche Schlafzimmer nebeneinander im oberen Geschoß. Auch hier war das Problem die Plazierung der Toiletten. In Leeds wurde gesetzlich vorgeschrieben (1866/9), daß die Zeile nach jedem 8. Paar zu unterbrechen sei, um einen offenen Hof zu schaffen und dort die Toiletten sowie die Ascheimer zu plazieren (Abb. 78, 79). Die Straßen mußten nun 36 Fuß (11 m) breit sein wie anderswo auch. Die meisten Häuser waren jetzt etwas größer bzw. breiter. Die Fassade hatte, wie bei vielen Häusern in Sunderland, ein Fenster für das Haupt-Zimmer, die Tür und ein kleineres Fenster zur danebenliegenden Spülküche, war "one-and-a-half-fronted" (Abb. 19). Im oberen Geschoß lagen zwei Schlafzimmer, meist ein weiteres unter dem Dach, dazu kam ein Basement oder ein Keller, in dem sich heute meistens die Toiletten befinden. (Abb. 79, 87).

In Bradford entwickelte sich wahrscheinlich lange vor 1850 ein anderes Muster. Charakteristisch ist die endlos lange gerade Reihe von Back-to-Backs mit weitem Raum auf beiden Seiten, auch Gärten, besonders in den Vororten Heaton und Manningham (vgl. Abb 86).[15] Aber auch zwei Reihen von Back-to-Backs, die sich an einer Art Hof gegenüberstanden, waren möglich, ähnlich wie in Sheffield (Abb. 82-85). Spätere Lösungen in Bradford basierten auf diesen beiden Typen. Für diejenigen mit einem Hof waren ungewöhnlich breite Passagen zwischen jedem zweiten Hauspaar vorgeschrieben, um den Weg zu den Toiletten im Hof für die Bewohner straßenseitiger Häuser zu verkürzen und auch, um den Spülküchen mehr Licht zu geben, deren Fenster mitten in der Passage lagen. In den langen Einzelreihen von Back-to-Backs hatte jedes Haus seine eigene Toilette. Sie sind enger mit dem Haus verbunden und liegen meist neben dem Garteneingang im Hof, zum Teil etwas tiefer, wenn das Haus zur Straße erhöht stand.

In Leeds wurde 1902 ein ähnlicher Typ gesetzlich eingeführt; dieser unterschied sich von dem Bradforder dadurch, daß die Toiletten im Basement eingefügt wurden und nur von außen zugänglich waren (Abb. 87). Die Straßen in Leeds mußten nun 42 Fuß (12,80 m) breit sein, und alle Häuser hatten einen Vorgarten. Der Schwanenabgesang der Back-to-Backs war in Leeds ein Haustyp, der die modernsten Elemente enthielt: versetzte Ebenen, ein Bad im Obergeschoß und kein Basement. Der Anbau mit versetzten Ebenen, vergleichbar mit Londoner Häusern dieser Zeit, wurde an die Seite des Hauses gedrängt und enthielt die Spülküche, darüber das Bad und ganz oben noch einen kleinen Schlafraum. Ein doppelläufiges Treppenhaus mit Podesten an der Rückseite des Hauses verband ganz nach Londoner Art die niedrigen Räume des Anbaus mit den hoheren des Hauptbaus.[16]

In Halifax findet man Bradforder Typen (Abb. 86) und auch Achter-Gruppen wie in Leeds. Huddersfield übernahm ebenso die Bradforder Anlage mit Tunnels, in welche sich Spülküchenfenster öffneten. In Keighley waren die Gesetze von 1872 einschneidender. Dort wurden alle Häuser in Vierergruppen gebaut, welche durch eine 10 Fuß (3,05 m) breite Passage – schon fast in Hofbreite – voneinander getrennt waren und in dem sich Toiletten und Mülleimerhäuschen für die Häuserblöcke befanden (Abb. 76, 77).

Dieser Typ läßt sich wohl kaum noch als Back-to-Back bezeichnen, er erinnert – wahrscheinlich nur zufällig – an die vier Häuser unter einem Dach der berühmten Mühlhausener Arbeitersiedlung Napoleons III. im Elsaß aus den 1850er Jahren.

Warum hielt sich dieser Back-to-Back-Typ in Yorkshire so lange? Beresford meint, daß der Typ sich besonders für lange, schmale Grundstücke eigne.[17] Die meisten Back-to-Backs in

118 *Das englische Reihenhaus*

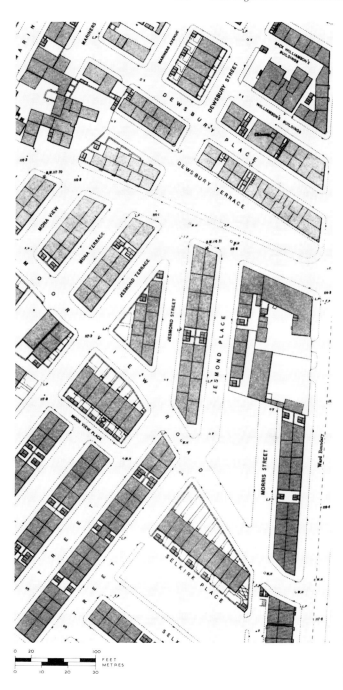
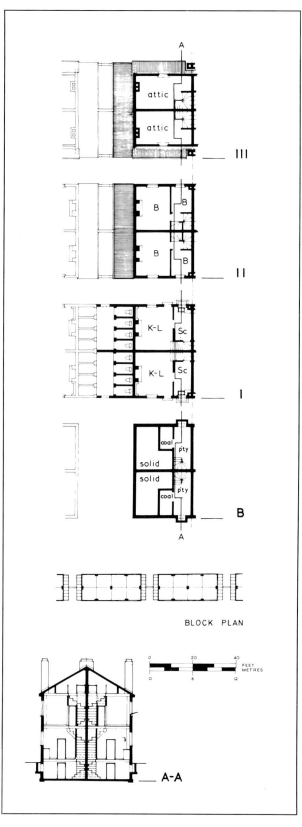

78. **Back-to-Backs in Leeds.** Karte: Oben ältere, noch wenig geordnete Einteilungen; charakteristisch für die neueren Teile sind die relativ breiten und offenen Straßen, selbst bei den wenigen Beispielen des regulären Reihenhaustyps (through houses).
Pläne: Die für Leeds zwischen ca. 1870 und 1900 typische Anordnung: Nach 8 Häusern wird die Zeile durch einen Hof unterbrochen, der die Toiletten der Gruppe enthält.

79. **Leeds.** Autumn Place, ca. 1870. Die Ecklösung ist, wie meistens bei Back-to-Backs, sehr individuell, hier sind vier kleine Back-to-Backs am Ende der Zeile untergebracht. Der "one-and-a-half-fronted"-Typ schließt sich auf der linken Seite an.

80. **Leeds.** Roundhay Road, ca. 1880. Ecklösung mit Läden.

81. **Leeds.** Bellevue Grove, ca. 1880. Rechts im Bild eine Zeilenrückseite von ein-Raum-tiefen Häusern, einem Vorläufer der berüchtigten Back-to-Backs; die Rückseiten sind sogenannte "blind backs", sie haben einen hinteren Eingang, aber nur selten ein kleines Fenster.

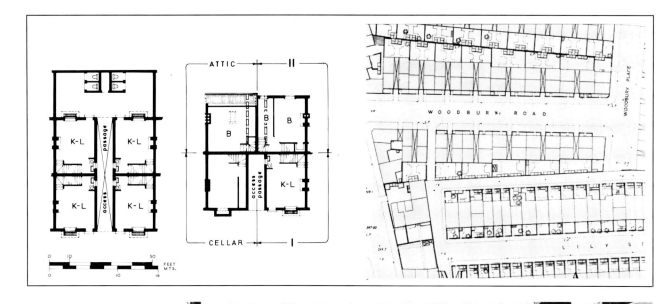

83, 84, 85 (rechts und unten).
Bradford. Verschiedene Back-to-Backs der gleichen Gegend wie Abb. 82. Rechts die Fronten der Straßenseite, unten die Passage, rechts die Rückfront der Back-to-Backs.

82. (linke Seite). **Back-to-Backs in Bradford.** Der Stadtplan zeigt die beiden Hauptvarianten der Häuser: unten die von beiden Seiten mit Straßen umgebene Zeile mit den Toiletten im jeweiligen Vorgarten, oben die Gruppe mit Höfen (Manningham, spätes 19. Jhd.). Der Grundriß zeigt zweimal die gleichen Häuser einer Vierergruppe mit einem Durchgang zum Hof. Links alle vier Häuser im Erdgeschoß, rechts die vier verschie-

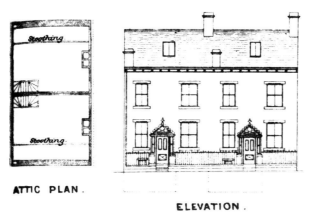

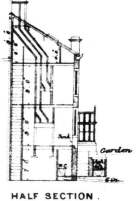

denen Geschosse. Im Durchgang zum Hof befinden sich zusätzliche Fenster für die Scullery.

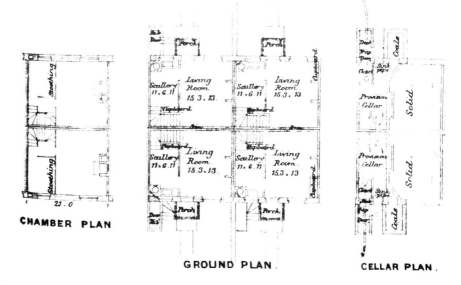

86. (rechts). **Halifax.** Ca. 1870-80, Back-to-Backs vom Typ der langen ununterbrochenen Zeile mit einer Toilette im Souterrain für jedes Haus, die nur von außen zugänglich ist. Interessant sind die eingebauten Schränke (cupboards), der große Vorratskeller (provisions), die praktische Lage des Kohlenbehälters unter dem Eingang (coals) und des Ascheimers (ashbin) unter einer Klappe (tab door); im ersten Geschoß befindet sich ein kleines, durch eine einfache Trennwand (stoothing) abgeteiltes Schlafzimmer.

87. **Leeds.** Banstead Grove, ca. 1905; eine Variante der obigen Anlage. Blick auf den Eingang mit der darunterliegenden Toilettentür.

Leeds sind jedoch in parallel verlaufenden Reihen gebaut, die quer zur Hauptstraße auf ziemlich großen Grundstücken liegen. Die lange Einzelzeile ist eher für die Back-to-Backs in Bradford typisch. Wie andere hier besprochenen Anlagen der kleinsten Haustypen sind auch die Back-to-Backs gute Raumfüller. Alle Reihenhausarten sind flexibel: Wenn der Platzbedarf stieg, paßte man die Typen an – spätere Back-to-Backs sind oft größer als frühe, kleine Through-Häuser.

Gegner dieses Typs hielten den Vorteil der Back-to-Backs in der Grundstücksausnutzung für gering, da die strenger gewordenen Straßenbestimmungen "vorne" und "hinten" breite Straßen verlangen. Hinsichtlich der Baukosten errechneten Barry und Smith nur kleine Unterschiede, wobei die Gewinne der Bauunternehmer von Back-to-Backs in Halifax höher gewesen seien, was sie allerdings nicht weiter begründeten. Die Mieten in Through-Häusern vergleichbarer Größe seien um 5 bis 20% höher. In der Cross Flats-Gegend in Leeds kosteten die größeren Back-to-Backs im Jahre 1914 13 Pfund und 15 Shillinge Miete jährlich, die kleineren Through-Häuser 14 Pfund 15 Shillinge und die sehr kleinen Through-Häuser im benachbarten Harlech Grove waren sicher billiger als manche größeren Back-to-Backs.

Die meisten Kommentare zu diesem Typ stimmen darin überein, daß man gern in ihnen wohnte. Wir haben hierzu bereits Hole zitiert. Er erwähnt sogar Back-to-Backs mit einer Jahresmiete von 20 Pfund, in der Provinz war das die typische Miete für ein Haus der Mittelklasse. In Bradford gab es die kuriosen quadratischen Blöcke aus vier stattlichen Back-to-Back-Häusern unter einem Dach in weitläufigen Gärten, St. Hilda's Villas genannt. Wollten damit obere Schichten die Qualität dieser Grundrisse demonstrieren? In Leeds haben die Back-to-Backs von Cross Flats, die Through-Häusern gegenüberliegen, zwar größere Räume, aber keine Korridore, eine in mehrfacher Hinsicht altmodischere Planung.

Wohl der größte Nachteil der Back-to-Backs gegenüber dem Normaltyp, den Through-Häusern, ist das Fehlen eines Hinterhofes ein Mangel an Abgeschlossenheit, an "privacy". Aber bei den kleineren und mittleren Normalhäusern in Leeds stellt man überraschenderweise auch hier fehlende Abgeschlossenheit fest. Denn nur sehr niedrige Mauern trennen die Höfe von den rückwärtigen Wegen, die fast so breit wie die vorderen Straßen sind. Wir haben diese Offenheit auch in Yorkshire, in Sheffield und in Wakefield gesehen, wo man in einigen Straßen offensichtlich versuchte, das kleine Through-Haus verstärkt einzuführen. Hier sind die Grundstücksrückseiten völlig offen. Wie es in Bradford noch länger den älteren Typ mit einem halbprivaten Hinterhof gab, so war es im früheren 19. Jahrhundert auch in Leeds.[18] Dort wurde seit etwa 1840 jedoch nur der Grundtyp gebaut, der an allen Seiten von ähnlich offenen Straßen umgeben war. Von hier erklärt sich vielleicht das Problem von Leeds. Rimmer zitiert ein Lob für die neuen Häuser aus den 1840er Jahren in Cavalier Hill und Ellerby-Lane, es handelte sich bei diesen um normale Back-to-Backs. Bereits das Gesetz von 1842 schrieb in Leeds Straßenbreiten von 30 Fuß (9,14 m) vor – Hole zufolge wurden diese jedoch häufig nicht eingehalten. Mair, ein erbitterter Gegner der Back-to-Backs, bemerkte 1910, daß die durch aufeinanderfolgende Gesetzesvorschriften immer breiter werdenden Straßen zur Beibehaltung dieses Haustyps beitrugen: eine zeitgenössische Argumentation ähnlich der Eberstadts in Deutschland, der behauptete, daß die gesetzlich geforderte große Straßenbreite in Berlin den Bau von hohen Mietshäusern nur fördere.

Man wollte die breite Straße. Der spätere einheimische Verteidiger der Back-to-Backs in Leeds, F.M. Lupton, drückte es 1906 so aus: "Da gibt es keinen Hinterhof, wo Unrat deponiert werden kann, ein großer Vorteil in den ärmsten Teilen der Stadt." Es handelt sich hier um eine Einstellung, die etwa von 1830 bis 1870 vorherrschte, als alle Städte mit verschärften Gesetzen gegen versteckten Schmutz angingen. Die Stadt Birmingham schrieb Straßenbreiten von 50 Fuß (15,24 m) vor, Halifax vier Klassen von Straßen unterschiedlicher Breite. Jene Orte, die geschlossene Hinterhöfe erlaubten, erließen zu ihrer Sauberhaltung endlose Vorschriften. Die offenen Straßen von West Yorkshire, die weiten Höfe von Sheffield – sie alle sind aus dem Bestreben nach öffentlicher Sauberkeit entstanden.

Die Baugesetze verursachten also häufig einen Wechsel der Haustypen oder aber sie erlaubten den Weiterbau traditioneller Typen in verbesserter, gesünderer Form. Leeds und Hull gehören zu der letzten Gruppe. Der entscheidende Punkt war der Zeitpunkt der Gesetzgebung. Wenn es, wie in Leeds, augenscheinlich in den 1830er und 1840er Jahren gelang die Dichte und Unordnung der Anlagen zu mindern, verhinderten örtliche Interessengruppen, daß der neue Normaltyp vorgeschrieben wurde. Offen bleibt, inwieweit sich die Kritiker jener Jahre der Nachteile des lokalen Back-to-Back-Typs überhaupt bewußt waren. Ein früher Bericht von 1839 über Wohnungs- und Sozialprobleme in Leeds im *Journal of the Royal Statistical Society*[19] erwähnt unsere Back-to-Backs nicht ausdrücklich. Wohl erst durch die ausführlichen Regierungsberichte der frühen 1840er Jahre nahm die Öffentlichkeit den Back-to-Back-Typ wahr, nicht ohne lokalen Stolz oder zumindest lokale Widerborstigkeit. Nach all diesen Diskussionen will es wie Ironie erscheinen, daß die Regierung im Jahre 1980 die Baubeschränkungen für diesen Typ wieder aufgehoben hat.

Das "Two-Up-Two-Down" in Lancashire und andernorts

Der modernste Typ in unserer Übersicht ist zugleich auch der älteste oder zumindest der am weitesten verbreitete, nämlich die kleinste Version des im vorigen Kapitel beschriebenen regulären Typs. Er galt zuweilen als der für Lancashire spezifische Typ, etwa im *Cost of Living Report*. In der Tat löste er in Lancashire die Courts und Back-to-Backs ab, aber das Gleiche geschah in Sheffield, Hull, Nottingham und Teesside (Middlesborough), in Cheshire und Staffordshire – wobei aber die Lösung der Rückseiten unterschiedlich ausfiel; Elemente der alten Hof-Anordnung hielten sich, während man in Lancashire vollkommen davon abkam (Abb. 88, 89).

Die Hauptmerkmale des Lancashire-Typs haben wir bereits besprochen, hier geht es um die Sonderentwicklungen in der Region. Bedeutend sind die in den 1820er Jahren begonnenen philanthropisch-paternalistischen Siedlungen der Boltoner Baumwollmanufakturisten H. und E. Ashworth aus den 1820er Jahren. Es handelt sich um durchgehende 4-Zimmer-Häuser für Arbeiter in Egerton und Pinnacle Field. Der Standard war anscheinend sehr hoch und entsprach dem der "mittleren Geschäftsleute in den Städten".[20] Nach vorn hatten sie ein ziemlich großes Wohn- und Schlafzimmer, nach hinten eine kleine Küche und ein weiteres, aber kleines Schlafzimmer. Normalerweise verfügte jedes Haus über seinen eigenen, abgeschlossenen Hof (Abb. 94). Wir erwähnten bereits die ein-Raum-tiefen und mit einem relativ großen Rückanbau versehenen Häuser in Liverpool aus der Jahrhundertmitte. Der entscheidende Schritt war, den hinteren Raum zur Wohnküche zu vergrößern, wodurch das vordere Zimmer als "gute Stube" benutzt werden konnte (Abb. 92, 94). Schließlich baute man hinten noch eine kleine Spülküche an dieses – mittlerweile zwei-Räume-tiefe Haus – an; diese Bauart setzte sich aber bei kleinen Häusern in Lancashire erst um 1900 durch. Die altmodische Plazierung der Treppe im hinteren Zimmer hielt sich, wie es scheint, länger als andernorts, wo sie nicht selten durch eine Mitteltreppe ersetzt wurde.

In den Arbeiter-Modell-Siedlungen in Yorkshire gibt es seit 1850 Übergangslösungen zur Vergrößerung des hinteren Zimmers: In Akroydon zeigen die Häuser in "Block II" und "Block III" ein-Raum-tiefe Anlagen mit verschieden großen Anbauten, "Block IV" hatte viele zwei-Räume-tiefe Häuser, von denen Vorder- und Hinterzimmer etwa gleich groß waren. In West Hill (Halifax) hatten die "Class III"-Häuser einen Korridor, einen ziemlich kleinen Parlour und eine große Wohnküche mit kleiner Scullery als Anbau.[21] Die normalen spekulativ gebauten Häuser in Barrett Street, Bury, von ca. 1860 zeigen ebenfalls die schrittweise Vergrößerung des hinteren Raumes.

88. (links). **Preston.** Luftaufnahme des östlichen Teils (New Hall Lane) der Stadt um 1930.

89. (rechts). **Middlesbrough.** Plan von 1915. Oben rechts ist die regelmäßige Anlage des älteren Teils (1820-50) mit dem Marktplatz im Zentrum zu erkennen. Südlich die neueren Teile, die Reihen sind alle gerade, es gibt keine unregelmäßige Bebauung nach hinten wie im älteren Teil, aber auch keinen regelmäßigen Generalplan s. S. 36).

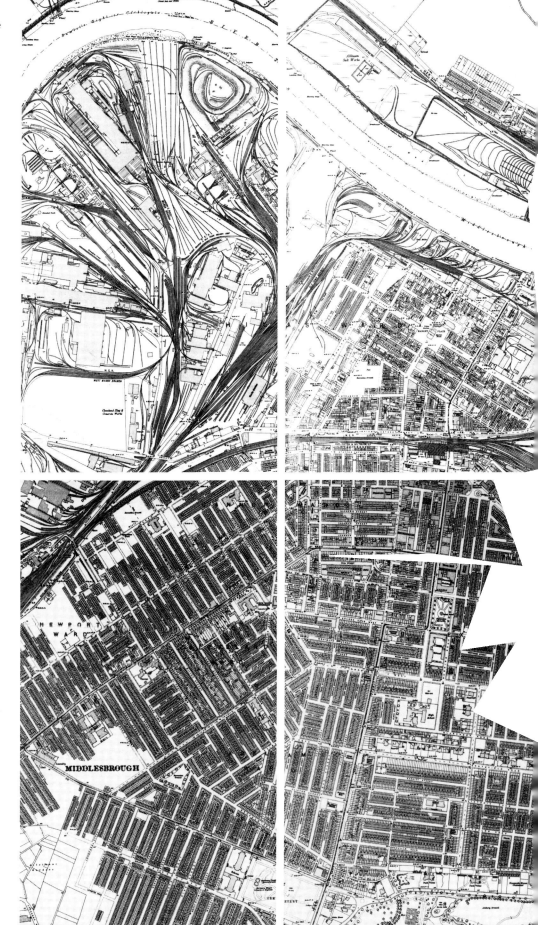

90. **Salford (Manchester).** Church Street, um 1880. Man beachte die Back extensions und die Breite der

hinteren Wege. Die Häuser und Straßen sind in Größe und Vielfalt sorgfältig variiert.

91. **Bolton.** Ein typisches "Vestibül", die Details sind modern – ein Vordereingang des "non-hall-entranced"-Typ, einem Haustyp ohne Korridor. Man betritt direkt von der Straße das Wohnzimmer, daher die leichte Tür vor dem eigentlichen Eingang.

Wohl in keiner Großstadt einschließlich Londons gab es eine größere Typenvielfalt bei kleinen Häusern als in Manchester (Abb. 76, 94, 179). Wir haben die Courts und die Back-to-Backs bereits erwähnt. Die kleinen Versionen des regulären Typs kamen aber schon vor 1800 auf,[22] und um 1820 gab es sehr viele davon.[23] Die Häuser und die Höfe sind sehr klein; letztere abgeschlossen. Die Hoftür führt jeweils in einen sehr engen Gang bzw. Tunnel, durch den man zur Straße gelangt. Die Wirkung der Baugesetze von Manchester muß noch genauer erforscht werden, aber mit der Forderung, daß Courts und Straßen 30 Fuß (9,14 m) breit sein mußten, wurden die Courts praktisch abgeschafft. Im Jahre 1844 hieß es im *Manchester Borough Police Act*, daß kein Haus ohne Toilette im Haus oder Hof gebaut werden dürfe. Es scheint, daß damit der Back-to-Back-Typ zumindest sehr erschwert wurde, obgleich man ihn erst 1868 ausdrücklich verbot. Um 1850 dominierte der neue Typ bereits in allen Teilen Manchesters. Typisch für Manchester und Salford bleiben die regelmäßigen, aber engen Freiräume bzw. Höfe an der Rückseite. Manchmal werden die Häuser irrtümlich als Back-to-Backs bezeichnet. Seit 1868 waren die Straßen 36 Fuß (10,97 m) breit (Abb. 179), der Platz an der Rückseite wurde mit 70 Quadratfuß vorgeschrieben – im Gegensatz zu den anderswo lange üblichen 150 Fuß. Selbst größere Häuser hatten vergleichsweise enge Höfe (Abb. 98). Erst 1890 wurden auch hier 150 Quadratfuß Vorschrift.

Im Jahre 1908 dehnte man die Hoffläche auf 250 Quadratfuß (22,23 m²) und die Straßenbreite auf 42 Fuß (12,8 m) aus. Viel zu spät: Manchester hatte es nun übertrieben. Die Standardisierung erscheint weitgehend, nur an der Rückseite der Häuser gibt es einige Planungsvarianten des kombinierbaren Toiletten- und Ascheimer-Häuschens. Noch um 1890 hatten die meisten Häuser in Manchester noch vier Zimmer, ohne die angebaute Scullery (Abb. 90).

In Liverpool wurde das alte System während der 1840er und 1860er Jahre völlig abgeschafft. Der Streit um nationale Gesetzentwürfe und alte lokale Bausitten war nirgends so heftig wie hier, aber der dann folgende Sieg einer nationalen Gesetzgebung um so klarer. Die Umgebung des kleinen und kleinsten Hauses unterschied sich 1860 radikal von dem, was man bis zur Mitte des Jahrhunderts baute. Normalerweise waren die Häuser etwas kleiner als in Manchester, es gab mehr 3 1/2-Zimmer-Häuser und an der Rückseite größeren Platz; die rückwärtigen Verbindungsgänge zeigten allerdings nur 4 Fuß (1,22 m) Breite (vgl. Abb. 92, Farbtafel 4, 9).

Preston in Lancashire führte diesen Typ erstmals in großem Stil ein. Hier gab es weniger Courts und Back-to-Backs als anderswo (Abb. 88). Die kleinen Häuser, die um 1800 in der Nähe der großen Textilfabriken vor der Stadt gebaut wurden, waren meist exakte Zeilen mit zunächst offener Rückseite.[24] Um 1830 bis 1840 waren zwei Hauptarten der Anlage bereits voll entwickelt: Green Bank Terrace und Moss Rose Road mit engen rückwärtigen Gängen, die kleine separate Hinterhöfe miteinander verbanden; dann an East Saint Peters Square und Adelphi Street ohne diese Gänge, aber mit Passagen, die nach jedem zweiten Haus einen direkten Zugang des Hofes zur Straße gaben. Ein weiteres Beispiel sorgfältiger

92. **Liverpool.** Der kleinste Haustyp, der um 1900 in dieser Region gebaut wurde (vgl. Farbtafel 4).

93. **Liverpool.** Der Hof eines sehr einfachen Hauses, links die Toilette und der Ascheimer (vgl. Abb. 22).

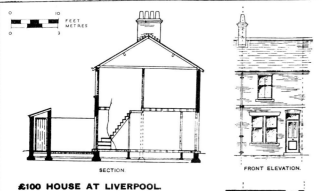
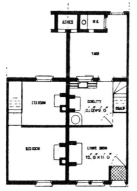

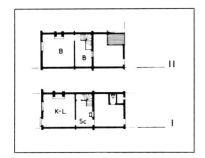
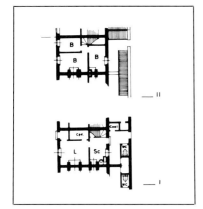
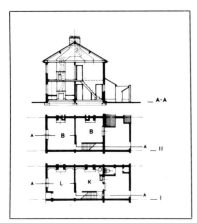
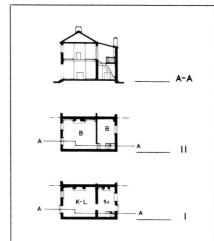
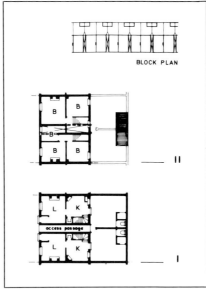

94. **Verschiedene "Two-up-two-down"-Häuser.**
Links oben: **Egerton bei Bolton.** Arbeiterhäuser von den Textilunternehmern H. & E. Ashworth um 1830 erbaut. Die hinteren Zimmer sind immer noch klein. Wichtig, der separate Hof mit eigener Toilette und Aschenkompartement (s. S. 138 und Abb. 92, 93).
Links mitte: **Saltaire.** Eines der kleineren Häuser der berühmten Modellstadt des Fabrikanten Titus Salt, nach 1850. Die Mauern sind dicker als gewöhnlich, da sie aus Bruchstein gebaut sind.
Unten links: **Manchester.** Der Haupttyp des späten 19. Jahrhunderts in jener Region. Vorder- und Hinterzimmer dieser Häuser sind nun fast gleich tief, noch enthält das hintere Zimmer die Treppe und die meisten Häuser haben keinen Scullery-Anbau (vgl. hierzu den kleinen nationalen Standardtyp der Zeit, Abb. 50, 179, Farbtafel 27).
Mitte oben: **Norwich.** Erste Hälfte 19. Jahrhundert. Ein sehr verbreiteter Plan in der Stadt und auf dem Lande. Das Haus ist eigentlich nur ein-Raum-tief, da man den hinteren Teil als Anbau betrachten kann.
Mitte unten: **Preston.** Späteres 19. Jahrhundert. Zwischen zwei Häusern führt eine Passage nach hinten um jedem Haus einen separaten Hintereingang zu verschaffen. Diese Lösung gibt dem Haus mehr Breite, so daß bei jedem zweiten Haus ein drittes Schlafzimmer zur Straße gelegen, hinzugefügt werden kann.

95. & 96. (linke Seite rechts oben und unten). 97 (rechts). **Preston.** Zugänge zum Hof. (vgl. die nebenstehenden Grundrisse).
Linke Seite oben: Der Eingang zur Passage von der Straße aus, darunter: Blick auf das Ende des Durchgangs mit beiden Holztüren zum jeweiligen Hof. Rechte Seite oben: Die gleiche Anlage mit Blick über das gesamte Areal zwischen den Häusern.

98. **Manchester.** Spätes 19. Jahrhundert. Typisch für diese Stadt ist die enge hintere Bebauung auch etwas größerer Häuser wie diese in Moss Side, oft fälschlicherweise als Back-to-Backs bezeichnet.

99. **Barrow-in-Furness.** 1870-80. Hier sind die hinteren Straßen weit angelegt.

Farbtafel 9. **Liverpool.** Weller Street, ca. 1860-70.

Planung ist die Platzausnutzung über den Passagen; denn jedes zweite Haus erhielt auf diese Weise ein drittes Schlafzimmer, das über dieser lag (Abb. 94-97). Barrow-in-Furness war die modernste der großen Städte in Lancashire, die sich eigentlich erst ab 1870 richtig entwickelte. Dort finden wir mehr zweistöckige Back extensions, d.h. mehr Häuser mit drei Schlafzimmern, was dem Standard Südenglands entsprach und im Norden weniger üblich war (Abb. 99).

Im Nordosten Englands finden wir in älteren Stadtteilen von Middlesbrough Back-to-Backs und Courts wie überall (Abb. 89). Die Verwaltung der Stadt wurde seit ihrer Gründung in den 1820er Jahren vollständig von Eisenfirmen beherrscht. Erst in den 50er Jahren wurden in deren neueren Teilen die älteren Back-to-Back-Typen mit Höfen verboten. Die Straßen mußten so breit sein, wie die Häuser hoch waren, nämlich mindestens 20 Fuß (6,09 m) und seit 1876 36 Fuß (10,97 m). Die rückwärtigen Verbindungswege waren in Middlesbrough normalerweise sehr eng, die in Stockton und Darlington etwas breiter. Grundrisse und Straßenanlagen der kleinen Häuser in Teesside entsprachen in der zweiten Jahrhunderthälfte denjenigen in Lancashire. Im Süden von Lancashire, etwa in Macclesfield und Stoke-on-Trent,[25] herrscht ebenfalls das 3-4-Zimmer Haus vor, doch die Rückseiten sind offener, etwa wie in Sheffield.

Etagenwohnungen in Reihenhäusern: Tyneside und London

Die letzte Sonderentwicklung auf dem Lande sind Häuser mit Etagenwohnungen (flats) in Tyneside (über 50% um 1900), d.h. in Newcastle-upon-Tyne und später in London. Einige findet man auch in anderen Städten des Nordens wie Ashington, Sunderland, Hartlepool, Carlisle, Barrow und eventuell in Manchester.[26] Über ihren Ursprung kann nur spekuliert werden, es scheint, daß dieser Typ sich wesentlich später entwickelte, als die bisher besprochenen. In Schottland wurden diese Wohnungen wie auf dem Kontinent meist in hohen Blöcken angeordnet. Ein anderes Vorbild war vielleicht der alte Typ der Almshouses mit karitativen Altenwohnungen, die man manchmal von einer Galerie aus zugänglich machte.[27] Die steilen Hänge am Hafen von Newcastle und Gateshead erforderten oft mehrgeschossige Bauten, deren obere Geschosse separat von der Rückseite her zugänglich waren. Die Überbelegung älterer Häuser scheint in den Städten des Nordostens stärker gewesen zu sein als in Yorkshire. In Newcastle und Tyneside finden sich aber nur sehr wenige Back-to-Backs und Courts. Die horizontale Teilung der Häuser wurde mit den etwas größeren neuen Häusern in der Blandford Street, Wharncliffe Street und George Street in den 1830er und 40er Jahren weiterentwickelt. So zeigen die Stadtpläne Häuser mit zwei Eingängen und geteilten Hinterhöfen. Schon in Liverpool sahen wir Souterrains als separate Wohnungen mit separaten Eingängen. Für Newcastle wissen wir nicht, wann aus dem separaten Basement ein separates Erdgeschoß wurde. Vielleicht hat das Gesetz von 1847, als für Keller und Basements ein Vorhof ("Area") Vorschrift wurde, etwas mit diesem Schritt zu tun. Ein Plan von 1854 für neue Häuser der Maple Street zeigte bereits fast alle Eigenschaften der Newcastle-Wohnung. Es gab kein Basement, im Erdgeschoß waren drei Räume und zwei vordere Eingangstüren, eine führte direkt über eine Treppe zur Wohnung im ersten Stock. Die obere Wohnung hatte vier Zimmer, von einer Hintertür gelangte man über eine Treppe hinunter in einen separaten Hof mit der zur Wohnung gehörenden Toilette. Die Scullery im rückwärtigen Wohnungsbereich war noch sehr klein. Etwa zur gleichen Zeit wurden die Flats in der Percy Street und Middle Street in Tynemouth gebaut, hier erweiterte man die Wohnungen durch ein Basement und ein Dachgeschoß. Die obere

Farbtafel 10. **Burnley.** Eine für Lancashire im späten 19. Jahrhundert typische hintere Straße.

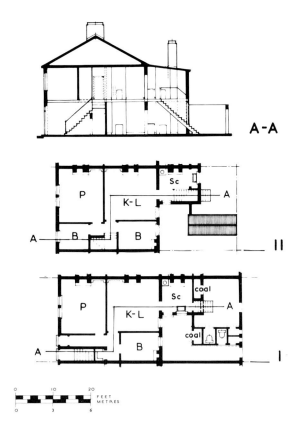

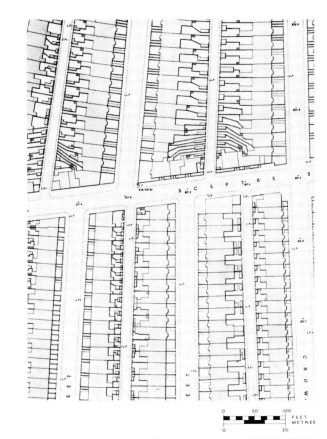

100. (oben links und rechts). **Das Tyneside Flat.** Der komplizierte Grundriß dieser Anlage erreicht eine besondere Abgeschlossenheit zweier Wohnungen in einem Haus. Auch die obere Wohnung hat einen separaten Eingang von der Straße und einen Zugang über die hintere Treppe zum eigenen Hof mit eigener Toilette. (Tamworth Road, Newcastle-upon-Tyne, ca. 1880). Die Karte rechts oben aus der gleichen Zeit zeigt die Varianten der Hofgestaltung vor allem aber die Entschlossenheit, die Höfe voneinander zu trennen auch dort, wo die Ecklage der Häuser dies schwierig macht (s. S. 141).

101. Einblick in den Hof einer unteren Wohnung (Tamworth Road, Newcastle; Abb. 100).

102. Der Hinterhof einer oberen Wohnung.

103. Die straßenseitige Fassade ähnlicher Häuser in Gateshead.

104. **South Shields.** South Frederick Street, Spätes 19. Jahrhundert. Auffällig sind die hohen Mauern, die Rückanbauten sind hier nicht, wie sonst üblich in Tyneside, einzeln an jedes Haus gebaut, sondern, wie im regulären Reihenhausbau der Zeit, miteinander kombiniert. So befinden sich in diesen doppelten Anbauten Teile von vier Wohnungen.

105. Aus dieser Anordnung ergeben sich an der Straßenfront vier Eingangstüren, die direkt nebeneinander liegen.

Das Londoner Cottage Flat.
106. London, Longcroft Road, SE9, ca. 1880. Die Fassade verrät nicht, daß jedes Haus drei Wohnungen enthält.

107. (oben rechts). Die Rückseite der gleichen Häuser wie Abb. 106. In jeder Etage befindet sich eine kleine Wohnung. Die Toilette ist über eine kleine Veranda nur von außen zugänglich, dies entsprach der üblichen Regel, daß einfache Häuser nur über eine Außentoilette verfügten.

108. Werbung für ein Londoner Cottage Flat.

109. Kombinierte Vordereingänge für zwei Wohnungen in jedem Haus, diese sind bereits charakteristisch für das spätere Londoner Cottage Flat. London, Hayday Road, E16, frühes 20. Jahrhundert.

Wohnung konnte über neun Räume verfügen, sogar gegen Ende des Jahrhunderts baute man noch diese sehr großen Wohnungen.[28] Sehr viel kleinere Flats mit je zwei Zimmern pro Etage um einen gemeinsamen Hof gab es in Jarrow (Abb. 100-103).

Nach 1870 wurden die "Terraced Flats" in großer Zahl gebaut. Die 1870er Baugesetze erwähnen bereits diese Wohnungsform. 1866 mußten alle vorderen Straßen 40 Fuß (12,19 m) breit sein, rückwärtige 20 Fuß (6,09 m), die Raumhöhe war mit 9 Fuß (2,74 m) vorgeschrieben. Seit 1892 waren die Häuser 18 Fuß (5,49 m) breit, jeder Aufenthaltsraum mindestens 70 Quadratfuß (6,50 m²) groß und alle Räume durch Korridore erreichbar. Die Sculleries wurden größer, um 1900 baute man bereits bei vielen Häusern Rückanbauten mit kleinen Badezimmern.[29] Jedes Haus erhielt seinen eigenen Rückanbau, bei paarweiser Bauweise wurden an der Vorderseite je zwei Haustüren nebeneinander gestellt, mithin finden wir vier statt zwei Haustüren nebeneinander (Abb. 104-105). Variantenreich wurde die Gestaltung der Höfe und Plazierung der Toiletten usw. Gelegentlich gab es sogar drei Flats in einem Haus mit drei separaten Eingängen vorne wie hinten, etwa in Gordon Street, Gateshead (1899). Das führte zu außerordentlich komplizierten Anordnungen der Höfe. In Tyneside (Newcastle), London und Plymouth wurden auch für kleine Einkommen relativ große Häuser gebaut. Ein Haus aber von 250 Pfund Baukosten konnte unmöglich von einer Arbeiterfamilie allein gemietet werden; man teilte das Haus auf. Anders als im Süden, wo neue Häuser des älteren Typs mit mehreren Familien belegt wurden, regte dies im Norden die Planer zu einem speziellen Typ mit abgeschlossenen Wohnungen an.

Das Londoner "cottage flat", ein ähnlicher Wohnungstyp, wurde 40 bis 50 Jahre später entwickelt, fand aber nur geringe Verbreitung. Die meisten der zweistöckigen Londoner Häuser waren sowieso für zwei Familien bestimmt. Überlegungen zur Einrichtung dieser mittelgroßen Londoner Standardhäuser als "abgeschlossene" Wohnungen begannen etwa mit den Prince Albert Houses, den 1851 für die Londoner Weltausstellung gebauten, zweistöckigen Modell-Häuserblocks für die Unterschicht mit je zwei Geschoßwohnungen, die vor allem in sanitärer Hinsicht den gewöhnlichen Häusern voraus waren. Die späteren vier- oder mehrstöckigen "Blocks" waren wegen ihrer fehlenden Privatsphäre und ihrer Häßlichkeit ziemlich unbeliebt. Manche der privat spekulativ errichteten Wohnblöcke erweckten deshalb, wenn auch nur äußerlich, den Eindruck von normalen Reihenhäusern. Wir haben

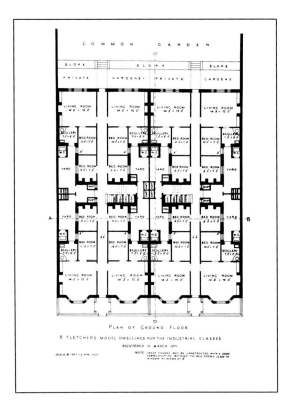
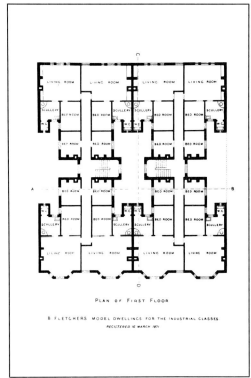
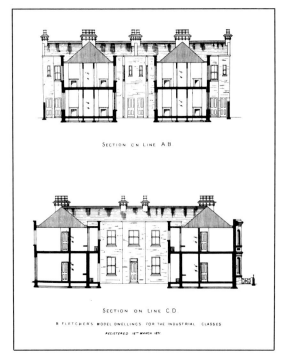
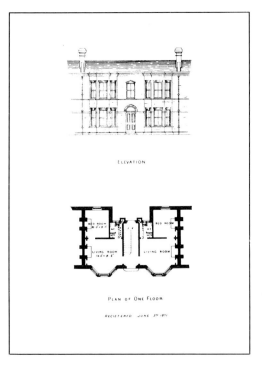

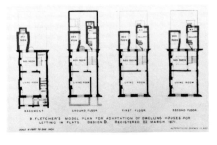

Grund- und Aufriß des kleinen Reihenhauses und seiner regionalen Varianten 137

110. (links). Banister Fletcher, 1871, in seinem Buch *Model for the Industrial Classes*. Fletcher versucht den gewöhnlichen, zweigeschossigen Reihenhaustyp für Wohnungen umzuplanen. Es handelt sich hier um Wohnungen mit drei Räumen, die Treppen liegen zwischen den Back extensions und einige der Korridore werden von mehreren Parteien genutzt. Fletchers Anlagen zeigen eine größere Offenheit als üblich. Unten rechts: Fletchers Vorschläge zum Umbau älterer Reihenhäuser, d.h. Hinzufügung von Anbauten für weitere Schlafzimmer, Scullery und Toilette; jede Etage bildet eine abgeschlossene Wohnung.

bereits einen Bauunternehmer dazu zitiert (Abb. 106).[30] Banister Fletcher schlug in seinem ausführlichen Buch *Model Houses for the Industrial Classes* (1871) vor, die älteren zweistöckigen Reihenhäuser zu Flats umzubauen (Abb. 110). Vielleicht sind die frühesten Beispiele dafür die Victoria and Albert Cottages in Woodseer Street und Deal Street,[31] London E 1, von etwa 1850 mit separater Vordertür für die obere Wohnung. Um 1881 gab es Flats mit Küchen und Waschbecken auf beiden Etagen, aber immer noch mit gemeinsamen Toiletten im Hof.[32] Andere Versionen mit rückwärtigen Treppen ähnelten den Lösungen in Newcastle. Der endgültige Londoner Typ erscheint um 1885 bis 1895, z.B. in der Francis Road in Leyton, mit paarweisen Back extensions, je zwei Schlafzimmern sowie eigener Küche und Toilette auf jeder Etage sowie bald auch mit eigenem Bad. Dieser Typ hat eine Hintertreppe in den Garten hinunter, der durch einen Zaun von demjenigen der unteren Wohnung getrennt ist (Abb. 108, Farbtafel 11). Anfangs mußten vier Eingänge nebeneinander plaziert werden,[33] später wurden je zwei Eingänge eines Hauses unter einem Bogen zusammengestellt, wodurch das Cottage Flat noch mehr wie ein normales zweistöckiges Terrace House aussah. Gelegentlich gab man jeder Etagenwohnung einen eigenen Platz zum Wäschetrocknen, indem derjenige der oberen Wohnung auf dem Dach des Anbaus der unteren lag.[34] Nach 1900 übernahmen viele andere Städte den Cottage Flat-Typ, besonders im städtisch geförderten Wohnungsbau.[35] Ähnliche Lösungen mit getrennten Vordertreppen finden sich auch in Holland.

Zum Wandel in Planung und Nutzung des Hauses: der offene und der geschlossene Hinterhof

Die Tiefe im Inneren der Häuser nahm ständig zu. Anfangs spielte sich alles in einem Raum ab, später zeigten die meisten Häuser im unteren Geschoß zwei bis drei verschiedene Räume: Parlour ("Gute Stube"), Wohnküche und Scullery. Alle Typen des kleinen Reihenhauses, nicht nur die regulären Through-Houses, sondern auch Back-to-Backs und Etagenwohnungen vergrößerten sich stetig.

Parallel zur strikteren Funktionstrennung im Inneren vollzog sich auch außen eine stärkere Differenzierung. Der Gegensatz zwischen Vorder- und Rückseite verschärfte sich. Die Straße an der Vorderseite und der rückwärtige Verbindungsweg wurden zwei verschiedene Sphären. Für das große und mittlere Haus erschien der abgeschlossene Hinterhof als selbstverständlich, für kleinere war er ein bedeutender Fortschritt. Die beträchtlichen Unterschiede in der Umgebung der Häuser wurden bereits bei den älteren Häusern beschrieben. Die Entwicklung begann mit Back-to-Backs und Höfen, bei denen es gewöhnlich nur einen Eingang von einem Hof aus gab, über die ersten Zeilen der regulären Through-Häuser mit ihren offenen, gemeinsamen Höfen bis zu den kleinen, abgeschlossenen Höfen für jedes Haus in Lancashire und im Nordosten Englands. So klein und eng man diese auch baute, waren sie doch voneinander getrennt und somit Privatraum. Die allgemeine Gesetzgebung von 1858, die 150 Quadratfuß (13,94 m²) Freiraum hinter jedem Haus forderte – nur der Toilettenblock durfte auf diesem Stück Land gebaut werden – war wohl die einschneidendste Reglementierung für alle kleinen Häuser (Abb. 60). Fast alle Städte folgten diesem Gesetz, schrieben aber nicht vor, daß die Höfe von Mauern umgeben zu sein hatten, mit Ausnahme von Newcastle und Sunderland (8 Fuß 2,44 m hoch). In Tynside trennte man die Höfe stärker voneinander. Die Separierung von Höfen einzelner Etagenwohnungen nahm erstaunliche Formen an. So kann man bei einer Abwinkelung der Hausreihe beobachten (im Süden Englands endete die Zeile stumpf mit einer Brandmauer), wie die Hofmauern ebenfalls abknickten; hier degenerierte der Hof zu einem langen Winkelgang (Abb. 100).

Der Hof wurde eine Ergänzung zum Haus und diente auch zu dessen Sauberhaltung. "Entferne jeden Schmutz sofort aus dem Haus" schrieb Mrs. Buckton 1885.[36] Zur Vordertür konnte man ihn nicht mehr hinauswerfen, da die Straße öffentlicher Raum war. In Leicester haben darum die meisten Häuser zwischen dem hinteren Zimmer im Haupthaus und der Küche im Anbau einen kleinen Vorplatz als Zugang zum Hof. Auf diese Weise gelangte man von beiden Bauteilen direkt auf den Hof (Abb. 46). Selbstverständlich hielt man auch den Hof sauber. Zahlreiche Vorschriften befaßten sich mit seiner Ausstattung und enthielten detaillierte Bestimmungen über Boden- und Wandmaterial. Die Müllabfuhr und die Entleerung der Toiletten wurde ebenfalls sorgfältig organisiert. Früher nutzten mehrere Familien eine Toilette gemeinsam; später erhielten fast alle Häuser eine eigene im Hof, auch spätere Back-to-Backs hatten dann ihre Toilette direkt am Haus. In Sunderland durfte das Waschhaus in der Back extension nur vom Hof aus zugänglich sein; in dieser Gegend brachte man oft im Anbau ein Schlafzimmer unter, das zwischen Waschhaus und Haupthaus lag (Abb. 61). Auch ein Kohlenschuppen wurde meist außerhalb des Hauses plaziert.

Schließlich gab es auch einen rückwärtigen Verbindungsweg oder ein Straße, falls die Häuser keinen Korridor und kein von vorne zugängliches Basement besaßen. Ohne hinteren Zugang hätte man die Kohle, Asche, Abfall, sogar den Toiletteninhalt durch das ganze Haus tragen müssen. Als nämlich der neue reguläre Haustyp mit rückwärtiger Straße in Lancashire und im Norden aufkam, war das WC noch eine Seltenheit. In Burnley waren alle rückwärtigen Wege, viele mit eigenem Bürgersteig, 12 Fuß breit (3,66 m), in Bolton und Barrow meist 20 Fuß (6,99 m). Hier gab es keine komplizierten Klauseln, wie sie in die Dokumente zu jenen Häusern eingefügt wurden, bei denen halböffentliche Zugangswege zur Hausrückseite führten. Die "back lanes" wurden fast zu einer normalen Straße – doch erreichte sie nicht die Gepflegtheit der Straßenvorderseite der Häuser (Abb. 99, Farbtafel 10).

Die Veränderungen der Hausrückseite waren folgenschwerer als diejenigen im Inneren. Sie trugen zu mehr Abgeschlossenheit des einzelnen Hauses, der "self-containedness" bei. Die sozialpsychologischen Folgen festzustellen ist schwieriger als die praktische Nutzung zu beschreiben. Die Sozialgeschichte ist sich in der Beurteilung der älteren Wohnquartiere der unteren Klassen Englands eben nicht einig. Richard Hoggart z.B. betonte die zahlreichen Kontakte in der Nachbarschaft, andere, wie etwa Jeremy Seabrook, hoben einen Mangel an Kontakten hervor. Im praktischen Bereich verurteilen die meisten modernen Historiker – ganz wie die Reformer des 19. Jahrhunderts – das Fehlen von privater Abgeschlossenheit in dieser frühen Phase des Wohnungsbaus. Die Kritik bezieht sich sowohl auf die Häuser selbst als auch auf den Alltag der Menschen dieser Schichten des 19. Jahrhunderts. Den Kritikern war wohl nicht bewußt, daß der Wunsch nach Privatsphäre sogar für die Mittelklasse verhältnismäßig neu war.

Gelegentlich finden wir vorurteilsfreie Beschreibungen des Lebens dieser Bevölkerungsschicht in den alten Courts, wie in dem Buch *The Great Unwashed* von Thomas Wright aus dem Jahre 1868: 20 Häuser teilten sich "Lock Court" in London, meist Straßenverkäufer, Prostituierte oder Arbeitslose. Die Häuser waren klein und stark überbelegt. Es gab kaum eine Privatsphäre, und sie schien auch nicht erstrebenswert. Als Wright sich über die Scharen kleiner Kinder um ihn herum beklagte, erklärte man ihm, daß diese ein "Recht" hätten, zu erfahren, was in "ihrem" Hof geschähe. (Das war vor Einführung der allgemeinen Schulpflicht.) Man war in hohem Maße aufeinander angewiesen: So nutzte man wegen der großen Armut Dinge des täglichen Gebrauchs, z.B. zum Kochen, meist gemeinsam. In besonderen Situationen, wie Geburt, Krankheit oder Tod, bedurfte man der nachbarlichen Hilfe – es gab sonst keine. Streit gab es oft und er wurde offen ausgetragen. Da der Innenraum sehr begrenzt war, wurden so viele Tätigkeiten wie irgend möglich in den Hof verlegt, so aß man bei gutem Wetter sogar auf der Türschwelle.

In heute kaum vorstellbarer Weise bildete jeder Hof eine Welt für sich, besonders im Norden, wo hier auch noch gearbeitet wurde. Es herrschte eine große "Platzverbundenheit" ("territoriality"), wie Soziologen heute sagen würden. In London war das nicht ganz so, aber in den meisten Provinzstädten war die Zugehörigkeit zu einem Hof oder zu einer Straße kaum anders als in traditionell-bäuerlichen Gemeinden.

In welcher Weise beeinflussen die Planänderungen kleiner Häuser das gemeinschaftliche Leben? Zunächst blieben viele ältere Sitten noch bestehen, vor allem soweit sie das Leben an den Rückseiten der Häuser betrafen. Die Hintertür blieb gewöhnlich offen, sie wurde und wird in vielen Fällen noch immer als der Normaleingang benutzt. Der vordere Eingang ist offizieller mitunter gar zu vornehm; auch führte dieser durch die "Gute Stube", die man sauber halten wollte. Verwandte und Nachbarn betraten ohne Ankündigung das Haus: "It's only me" – "ich bin's". Die Nachbarschaftshilfe war in besonderen Situationen noch bis ins 20. Jahrhundert selbstverständlich, wenigstens bei den ärmeren Familien. Den Kindern bedeutete der Unterschied der "besseren" vorderen Straße und der "gewöhnlichen" Rückseite der Häuser nicht viel. Sie spielten überall. Die Kinder der unteren und mittleren Schichten spielten außerhalb von Haus und Hof, die anderen im eigenen Garten. Nachbarlicher Plausch fand sowohl vor als auch hinter dem Haus statt.

Die Bräuche der Mittelschicht wurden zunehmend übernommen. Ein abgeschlossenes kleines Haus verstärkte die Beziehungen innerhalb der Kleinfamilie, hatte aber eine geringere Abhängigkeit von den Nachbarn zur Folge. Wichtiger wurden jetzt die engeren Verwandten, auch wenn diese nicht in unmittelbarer Nähe wohnten, den unteren Schichten standen nun zudem öffentliche Einrichtungen wie z.B. Krankenhäuser offen. Die Einstellung "Keep yourself to yourself" (Bleib unter Deinesgleichen) gewann an Bedeutung. Wichtige Bereiche des Lebens wie Geld und Sozialstatus, Moral und Eheleben gingen die Nachbarn nichts an. Wo es noch länger die älteren, offenen Höfe gab, wie in Sheffield oder Birmingham, kann man kleinere Maßnahmen der Abgrenzung feststellen, etwa daß die Eingänge einiger Hoftoiletten mit Wänden abgeschirmt wurden. Es wird berichtet, daß in Newcastle im späten 19. Jahrhundert Familien mit Kindern wegen des Lärms die unteren Wohnungen bezogen.[37] Das Streben nach privater und öffentlicher Sauberkeit trug ebenfalls zur Trennung dieser Sphären bei. Der Arbeitsplatz war nun fast immer von der Wohnung getrennt, die Entfernung zwischen beidem wuchs ständig. Für immer mehr Menschen wurden nun die Straßen zu offenen Kommunikationswegen.

Die Back-to-Backs kamen wegen mangelnder Differenzierung zwischen Frontseite und Hinterhof zunehmend aus der Mode. Gab es keinen Hinterhof und keine Rückseite, so hängte man z.B. die Wäsche zum Trocknen über die Straße. Manche neuere Fragen zur früheren Sozialisation der unteren Schichten lassen sich vielleicht beantworten, wenn man die Hausformen näher untersuchte. Seabrook befaßte sich mit den Bewohnern des modernen Typs der Through-Häuser, während Hoggart seine heimatlichen Back-to-Backs in Leeds in Erinnerung hatte. Die Frage nach Ursache und Wirkung, ob etwa gewisse Haustypen bewahrt wurden, weil sie mit bestimmten Nachbarschaftsbeziehungen zusammenhängen, kann hier nicht beantwortet werden, aber sie führt uns zum letzten Abschnitt dieses Kapitels.

Kleine Haustypen. Ähnlichkeiten und Unterschiede

Die komplizierte Entwicklung des kleinen Hauses ist gekennzeichnet durch eine deutlich nach bestimmten Prinzipien verlaufende nationale Entwicklung, aber auch durch ein Fortdauern regionaler Eigenarten, die den nationalen Tendenzen entgegenlaufen. Um 1850 läßt sich eine relativ klare Trennungslinie ziehen. In der ersten Hälfte des Jahrhunderts läßt sich die größte Typenvielfalt finden, wobei alle Typen und Kombinationen in den meisten größeren Städten des Landes zu finden waren. Danach beobachten wir in allen Regionen die rasche Verbreitung des regulären "Through-Haus"-Reihenhaustypus. Gleichzeitig bewahrten einige wenige Städte den älteren Typ, wobei aber alle Anlagen weiträumiger, systematischer und regelmäßiger wurden.

Bevor wir nach Gründen für diese Varianten suchen, müssen einige gemeinsame und verschiedene Elemente der Häuser geklärt werden. Der Wohnraum, seine Ausmaße und die Art der Zimmer sowie die Grundrisse der einzelnen Typen unterschieden sich in quantitativer Hinsicht nicht sehr stark. Vergleicht man vier um 1900 gebaute Häuser: ein "Two-Up-Two-Down" in Manchester (Abb. 95), ein Flat in Newcastle (Abb. 100), ein Back-to-Back mittlerer Größe in Leeds (Abb. 78) und ein mittleres Cottage in Sunderland (Abb. 61), so boten alle diese Typen etwa 500 Quadratfuß (46,45 m²) Wohnfläche — Korridore und kleine Wirtschaftsräume, wie die Scullery, nicht eingerechnet. Der Lebensstandard fast aller Arbeiterschichten in allen Regionen hatte sich verbessert. Der Hauptunterschied zwischen den Planungstypen ist die Grundstücksnutzung. In Manchester und Newcastle gleicht die Raumfläche etwa der Grundstücksfläche. In Leeds hingegen ist das Grundstück wenig mehr als halb so groß wie die Wohnfläche, während in Sunderland das Grundstück mehr als das doppelte der Wohnfläche beträgt. In England betrugen die Grundstückskosten im Verhältnis zu den Gesamtbaukosten etwa 10 bis 20 Prozent; damit waren sie wahrscheinlich weniger entscheidend als die ökonomischen Variablen von Angebot und Nachfrage auf dem Wohnungsmarkt.

Alle Haustypen haben vier Haupträume, die in etwa gleicher Weise genutzt werden, jedoch verschieden groß sind. Unterschiede ergeben sich durch das Vorhandensein von Korridoren und den Standort der Treppe. Den sonst so verschiedenen Haustypen in Lancashire und Yorkshire ist die altmodische, nur von der hinteren Wohnküche oder der Spülküche aus zugängliche Treppe gemeinsam, die Privatsphäre ist gering. Sunderland und Tyneside hingegen bleiben bei dem Zugang eines jeden Zimmers von einem Flur. Die größten Unterschiede ergeben sich in der Umgebung der Häuser. Das Hauptmerkmal der Back-to-Backs ist immer noch der Weg zur Toilette über die Straße. In der zweiten Hälfte des 19. Jahrhunderts war der Hauptunterschied zwischen den regionalen Typen der offene oder der geschlossene Hof. In dieser Hinsicht gehören Süd-Yorkshire und die westlichen sowie nördlichen Midlands wegen ihrer offenen Höfe zusammen. Trotz der verschiedenen Grundrisse der Häuser lassen sich die offenen Straßen in West-Yorkshire mit den offenen Höfen in Sheffield vergleichen (Abb. 67, 74, 75). Am Schluß der Gruppierung sind Lancashire und der Nordosten Englands (Abb. 65, 99) sowie alle anderen Teile des Landes, wo man geschlossene Höfe einführte, zusammenzufassen.

Weitere Untersuchungen und Vergleiche zu Funktion und Gestalt der Häuser könnten ohne Zweifel zu weiteren Differenzierungen führen. Dies ändert aber nichts daran, daß darüber hinaus viele sofort auffallende Grundunterschiede bestehen. Letztlich bleiben Erklärungen für diese regionalen Unterschiede schwierig. Vor der Mitte des 19. Jahrhunderts war wohl die Sparsamkeit bei jenen Typen ausschlaggebend, die nicht dem normalen Reihenhaus zuzurechnen sind. Nach 1850 können praktische Gründe für diese Unterschiede nur noch beschränkt gelten. Die Entstehung der "Terraces" — Häusergruppen ohne direkten Straßenzugang — in Hull und Nottingham ist vielleicht noch am einfachsten zu erklären. Der Grundriß und die Anlage der Rückseite waren im wesentlichen die des nationalen Standardtyps, aber die Erbauer sparten ein wenig bei den Straßenkosten, wenigstens der Hofzugang war offen und einfach. Die Etagenwohnungen in Tyneside und die einstöckigen Cottages in Sunderland lassen sich vielleicht mit der Nähe Schottlands erklären. Offen bleibt, warum nur West-Yorkshire die Back-to-Backs beibehielt, und sich die Rückseiten der Häuser von Lancashire sowie im Nordosten so stark von denen der West- und Nord-Midlands sowie Sheffields unterscheiden.

Auch die geographischen Gegebenheiten könnten eine Rolle spielen. Die Städte in Yorkshire sind hügeliger als die meisten in Lancashire. Auch die bergigeren Städte in Lancashire, etwa Rochdale, Blackburn und Oldham, zeigen eine größere Typenvielfalt und altmodischere Anlagen. Topographische Gesichtspunkte nahmen Einfluß im Städte- und Hausbau, ebenso die Arbeitssitten, z.B. in den Hafenstädten. Great Yarmouth und Hull im Osten und die älteren Viertel von Liverpool im Westen haben viele Gemeinsamkeiten. Die Zeit der kleinen Werkstätten hielt sich in den West Midlands und in Sheffield länger als in vielen anderen Gegenden. Dies hatte kleinere Industrieeinheiten und somit kleinere Arbeitergruppen mit stärkerem Zusammenhalt in Großfamilien zur Folge. Die relative Nähe von

Wohnung und Arbeitsplatz bedeutete sicher auch ein intensiveres nachbarschaftliches Zusammenleben. Auf der anderen Seite der Penninen, im "Baumwollgebiet" von Lancashire, wurden seit etwa 1800 große, "anonyme" Fabriken errichtet. Da mehr Mitglieder der Familie eine feste Arbeit fanden, gab es mehr Geld folglich eine größere Unabhängigkeit der Kleinfamilie in einem eigenen Haus. Hier war es leichter, eine Kleinfamilie zu gründen. Die Wollindustrie in Yorkshire führte große Fabriksysteme erst später ein: Dort blieben die Hausformen als Folge traditioneller. So ist es auch zu verstehen, daß Rochdale eine Ausnahme in Lancashire darstellte, weil hier bis 1880 die Industrie – wie in Yorkshire – an der Wollverarbeitung festhielt und dementsprechend der Haustyp länger demjenigen älteren in dichter Bebauung verhaftet blieb. Nach 1870 ging auch Rochdale allmählich zur Fabrikation von Baumwolle über. Der Haustyp glich sich dem der anderen Städte Lancashires an. Trotzdem waren zu jener Zeit solche Entsprechungen nur noch von begrenztem Nutzen, da auch Yorkshire inzwischen weitgehend zum Fabriksystem übergegangen war, aber in seinen Haustypen es eher beim Alten blieb. In Sheffield entwickelte sich rasch eine große Stahlindustrie, die offene Form der Höfe blieb hingegen die gleiche und unterschied sich stark von den engen, privaten Höfen jener Häuser, die die Stahlarbeiter in Middlesbrough bewohnten.

Seit der Mitte des Jahrhunderts unterlagen Bauherren neuen Baugesetzen, deren detaillierte Fassung war von Stadt zu Stadt unterschiedlich. Manchester und Liverpool, wo die Form des kleinen Hauses sich früh und radikal änderte, waren bekannt für aktives Gesundheitswesen (Abb. 67, 76, 92, 94). In anderen Städten waren konservative Kreise einflußreicher und möglicherweise auch durch die Bauspekulanten bestimmt, etwa in Leeds und Hull. Trotz allgemein geringer Reformfreudigkeit der Stadt Sheffield erhob die Stadt in einigen Details extreme Forderungen, wie z.B. die Festlegung der Entfernung der Toilette vom Haus. Planer und Gesundheitsexperten konnten sich, wie schon bei der Toilettentechnologie, nicht über die "günstigste" Form des kleinen Hauses einigen. Es war sicherlich vorteilhaft, den Zugang zur Toilette vor den Blicken anderer zu schützen, andererseits konnte die Reinigung der Toiletten leichter bewerkstelligt werden, wo es einen großen Hof gab. Bei den Back extensions der größeren Häuser gab es ein ähnliches Dilemma. Einzelne Anbauten schufen mehr private Abgeschlossenheit, kombinierte Höfe garantierten mehr Luft und Freiraum.

Bauunternehmer im Norden des Landes besaßen wohl größere Neigung zu Variationen. Nur so lassen sich Übertreibungen in Form von Grenzmauern, wie bei den Hinterhöfen in Newcastle, verstehen (Abb. 100). Auch war man sich der regionalen Unterschiede in gewissen Maße bewußt; denn auf der Grenze zwischen Lancashire und Cheshire – einer der schärferen Grenzlinien zwischen regionalen Plantypen, was die Rückseite der Häuser betrifft – wurde ein Kompromiß zwischen beiden Regionaltypen gefunden: Einige Häuser der Manchester Road in der Stadt Hyde hatten je einen abgeschlossenen Hinterhof, wie in Lancashire, die Toiletten legte man jedoch separat außerhalb der Mauern zu einer Gruppe zusammen, wie in Sheffield und den Northwest Midlands.

Wie sehr waren sich die Bewohner selbst der unterschiedlichen Haustypen bewußt? Der Lebensstandard hob sich stetig, wenigstens von den fünfziger Jahren an. Zum ersten Mal bestand für die Arbeiterschicht so etwas wie eine Wahlmöglichkeit für einen Haustyp. Die etwas besser gestellten Arbeiter konnten sich zum ersten mal ein Haus in der Vorstadt leisten, die ärmeren ungelernten Arbeiter blieben in den älteren und engeren Häusern zurück. Die Entstehung einer neuen Klasse innerhalb der Arbeiterschaft ging mit der Entwicklung vielfältiger Hausgrößen und Haustypen einher. Am Ende des Jahrhunderts scheint es in manchen Orten bei gleicher Miete die Wahl zwischen dem nationalen Standardtyp und einem Lokaltyp gegeben zu haben, vor allem in Leeds. Wie kann die Beliebtheit des späteren Back-to-Back und der Cottages in Sunderland verstanden werden? War es ein verbreitetes Festhalten an klassenspezifischen und regionalen Typen gegenüber dem national verordneten Einheitstyp, sozusagen als Fortsetzung einer älteren Arbeiterkultur?

Bisher ging man davon aus, daß diese Arbeiterkultur zu jener Zeit nicht mehr lebendig gewesen sei. Auf jeden Fall scheint es, daß einige Haustypen Merkmale aufwiesen, die über eine rein nützliche Funktion, über das Bedarfsminimum hinausgingen. Der neue Typ des kleinen Through-Hauses galt in Lancashire als ein Zeichen der höheren Stellung der dortigen Baumwollarbeiter. Auf die Fassadendekoration als Mittel, am kleinen Haus seinen Status zu dokumentieren, gehen wir unten ein.

Die großen Unterschiede an der Rückseite der Häuser können kaum auf die gleiche Weise erklärt werden. Es war wohl eher die böse Erinnerung der Bewohner an die Enge der Häuser, in alten Courts, die zu den offenen Höfen in Sheffield führte (vgl. Abb. 67); und es war die offene, ungepflegte Atmosphäre früherer Bergwerkshäuser auf dem Lande im Nordosten (Abb. 20), welche die geschlossenen Höfen in Newcastle und Sunderland nach sich zogen (Abb. 100).

13. Der stete Wandel in Anlage und Nutzung des Hauses

Die verschiedenen Hausformen sind ein komplexes Phänomen, die durch eine Erklärungsweise nicht erhellt werden können.

A. Rapoport[1]

Grundriß, Größe und Funktion eines Hauses sind Variablen, sie ändern sich mit unserer Betrachtungsweise. Nach den detaillierten Beschreibungen der vorigen Kapitel werden wir versuchen, gewissermaßen aus der Distanz die großen Trends einer Entwicklung der wichtigsten Hausgrößen und -Typen zusammenzufassen. Die regionalen Unterschiede in England und Wales verblassen, wenn man die Haustypen Englands mit den Etagenwohnungen Schottlands vergleicht.

Alle Haustypen vergrößerten sich ständig! Um die Mitte des 19. Jahrhunderts gab es Reihenhäuser mit mehr als 20 Räumen; einräumige Häuser wurden nicht mehr gebaut, um 1900 nur noch selten solche mit weniger als 4 oder 5 Räumen.

Überall läßt sich eine wachsende Differenzierung von Entwurf und Nutzung beobachten. Zunächst betraf sie das Äußere des Hauses. Die vornehmere Straße hob sich von der Rückseite, die der Versorgung diente, deutlich ab. Während der zweiten Hälfte des 19. Jahrhunderts wurde dieses Prinzip auch auf die einfachsten Arbeiterhäuser übertragen, wobei aber die Anordnung der Hofseite von Region zu Region unterschiedlich blieb (Abb. 37, 67, 90, 94).

Im Innern hatte man nun zwar mehr Zimmer, aber nicht unbedingt größere; in dieser Hinsicht unterschied sich England wesentlich von Schottland und von Teilen des Kontinents. Die Raumbezeichnungen und -funktionen schienen im 18. Jahrhundert noch recht vage, mit mehreren "parlours" und "drawing rooms" in den größten Häusern. Im 19. Jahrhundert schien alles geklärt. Es gab den Dining Room, Drawing Room, das Study oder die Bibliothek und das Boudoir. In den Häusern mittlerer Größe wurde klar unterschieden zwischen Küche, Frühstückszimmer, Eßzimmer und Drawing Room. Diesen Zimmern war meist eine bestimmte Lage innerhalb des Grundrisses zugewiesen. Am Ende des 19. Jahrhunderts verfügten viele Häuser unterer Klassen über eine gute Stube, jedenfalls im Süden und in den Midlands. Aber auch viele Back-to-Backs im Norden richteten einen Parlour ein, obwohl dies die Wohnlichkeit anderer Räume einschränkte. Je kleiner das Haus, desto größer erschien die Bemühung um differenzierte Nutzung der Räume.

Das soziale Gefälle vergrößerte sich, nicht nur im Haustyp, sondern auch in dessen Nutzung. Die Tätigkeiten einzelner Dienstboten wurde schärfer abgegrenzt; die Hierarchie in der Dienerschaft selbst wurde ausgeprägter und der Lohn der oberen Diener angehoben. Gleichzeitig stellte man vermehrt billigere Dienstboten auf Zeit ein. Die Familie hielt zum Personal größere Distanz, wobei der Lebensstandard beider Gruppen sich allgemein verbesserte.

Auch bei der Nutzung der Wirtschaftsräume brachte das 19. Jahrhundert klarere Abgrenzungen, wie auch großen materiellen und technischen Fortschritt. In größeren Häusern wurden Küche und Arbeitsräume in mehrere spezielle Räume und Kammern unterteilt. Vor allem die von der Hauptküche getrennte Scullery, wo alle schmutzigeren Küchen- und Wascharbeiten verrichtet wurden, fand die weiteste Verbreitung. Auch das kleinste um 1900 erbaute Haus hatte eigene Toilette, Aschenkasten, Kohlenbehälter und mehrere Einbauschränke im Innern.

Die Schaffung von Korridoren erlaubte private Zurückgezogenheit in den Räumen. Noch im späteren 18. Jahrhundert wurden Korridore in mittleren und größeren Häusern zur Selbstverständlichkeit. Die meisten kleinen Häuser des 19. Jahrhunderts erreichten das Ideal nicht, demzufolge jedes Zimmer separat zugänglich sein sollte (Abb. 50). Es gab keinen Eingangsraum ("hall entrance") und das dritte Schlafzimmer im hinteren Anbau war meist nur durch das hintere Schlafzimmer im Hauptbau zugänglich. Bei dem moderneren Typ der kleinen Häuser wurde im späteren 19. Jahrhundert die Treppe in die Mitte des Hauses gelegt, so daß man nicht mehr durch die Wohnküche gehen mußte, um nach oben zu gelangen. Außerdem unterschied man bei den Eingängen zwischen der Vordertür für weniger bekannte Besucher und der hinteren für Familie und Freunde.

Wie entwickelte sich der Grundriß und der Aufbau der Häuser im Einzelnen? Wie wirkten Planänderungen auf die allgemeine gesellschaftliche Entwicklung? Wie wurden die Errungenschaften der modernen Haustechnik untergebracht? Eine Vergrößerung des Grundstückes war grundsätzlich, mit Ausnahme einiger Back-to-Backs und der Tyneside Flats, nicht möglich. Im Gegenteil – man bebaute gedrängter, so daß die einzelne Straßenfront schmaler wurde. Dagegen erweiterte man die Häuser zur Rückseite, was zunächst, besonders in London, zulasten von Garten oder Freiraum hinter dem Haus geschah. Am einfachsten war es, in die Höhe auszubauen. Das innerstädtisch georgianisch große Reihenhaus hatte gewöhnlich drei Geschosse zuzüglich Basement und vielleicht ein Dachgeschoß; die größten viktorianischen Häuser waren fünfgeschossig, hinzu kamen wieder Basement und Dachgeschoß. Auch die kleineren Reihenhäuser in den neueren Londoner Vororten wurden bis in die 1870er Jahre fast immer mit einem Souterrain versehen. Viele der neuen Back-to-Backs in den am dichtesten bebauten Städten des Nordens umfaßten drei Geschosse zuzüglich Basement.

Die ersten Back extensions sind zeitlich kaum zu bestimmen. Wichtige Gesellschaftsräume großer Häuser des 18. Jahrhunderts befinden sich oft in diesem rückwärtigen Anbau, im 19. Jahrhundert aber bedeutete die Rückseite des Hauses "service". Um die Mitte des Jahrhunderts begann man, das Basement als gesundheitsschädlich abzulehnen und verlegte die Küche mit ihren Nebenräumen in den größer werdenden Rückanbau. Er ähnelte jetzt bei größeren Häusern dem Wirtschaftsflügel ("service wing") moderner Landhäuser. Hier konnten nun die meisten Dienstbotenunterkünfte sowie Bad und Toilette mit einfacher und leicht zugänglicher Installation untergebracht werden, die vordem im Hauptbau versteckt eingebaut waren. Der Grundriß und Aufbau der Back extension war leichter zu variieren als derjenige des Basements. In London zwängten sich meist alle Räume unter einem großen Dach in den Rückanbau. Der Anbau erreichte oft eine enorme Größe, so daß Licht und Luftzufuhr für die hinteren Räumen des Hauptbaus beeinträchtigt wurden, was natürlich dem eigentlichen Sinn dieser Planung widersprach. Anderswo zeigen die Back extensions in Höhe und Breite abgestufte, vielfältige Bauten, jeder Teil mit eigenem Dach. Sie demonstrierten – bewußt oder unbewußt – die Hierarchie der Funktionen mit der Außentoilette unter dem niedrigsten Dach (Abb. 51). In der Provinz, besonders in den Midlands und im Norden, wurden bei den kleineren Häusern die Toiletten meist vom Haus getrennt und in einiger Entfernung an die hintere Hofwand gesetzt. In Norwich zum Beispiel finden sich beide Arten dieser Anordnung. In den Fällen, wo sich die Toilette an die Rückseite des Anbaus lehnte, durfte das Fenster des hinteren Schlafzimmers nicht über der

Toilette liegen (Abb. 51, 52). So gaben die neuen Gesetze den Bewohnern der neuen kleineren Häuser Möglichkeiten der Hygiene, die denen der vielen größeren Häuser aus älterer Zeit fehlte. Der zunehmende hygienische Fortschritt in Ausstattung und Planung war in jener Zeit auch in anderen Bereichen des Bauwesens ein vertrautes Phänomen. So erregten moderne Hospitäler, Gefängnisse und sogar Armenhäuser Verwunderung, besonders bei den Mitgliedern der Mittelschicht, die diese Institutionen durch ihre Grundsteuern finanzierten. Für das Jahr 1857 findet sich ein Sarkasmus Papworth's, der besagt, daß man bei der Abschaffung des Basements in den besseren Häusern Londons wohl die kleinsten Häuser am Ort zum Vorbild genommen habe (vgl. Abb. 48, 53).

Daß das Reihenhaus eine Grundform des Wohnens in vielen Ländern von alters her war, haben wir bereits geklärt, warum es sich zum Haupttyp in England und Wales entwickelte, ist sehr viel schwieriger zu beantworten. Wir wissen zu wenig über die Funktion und Nutzung der Häuser in früheren Zeiten und über die sozialpsychologischen Bedeutungen. Die Untersuchung der Vielfalt des kleinen Reihenhauses im 19. Jahrhundert hat gezeigt, daß vielfach eine Einigung über die günstigste Hausform im Detail nicht zu erzielen war.

Bei den unteren Schichten hielt man aus unterschiedlichen Gründen am Einzelhaus fest. Wichtig war die hohe Wohndichte, die anfangs durch Kombinationen von mehreren Typen erreicht wurde. Nach der Mitte des 19. Jahrhunderts erwiesen sich hohe Wohnblöcke mit einer Vielzahl von Wohnungen als Alternative, doch lehnte man sie weitgehend ab. Das gemeinsame Wohnen verschiedener Schichten in einem Wohnblock, wie auf dem Kontinent oft üblich, war in England unbeliebt. Darum blieb es sowohl für die mittleren und meisten unteren Schichten beim Einzelhaus auf gesondertem Grund und Boden. Das galt aber nicht für die Ärmsten der Bevölkerung, etwa 10 bis 20%, die auf eine Überbelegung älterer Bauten angewiesen waren. Der Zustand solcher Häuser stand dem der schlimmsten kontinentalen Wohnblocks kaum nach.

Das Ideal des kleinen oder mittelgroßen Einfamilienhauses war kompakt und genau zugeschnitten auf die Bedürfnisse einer Kernfamilie mittlerer Größe und nur von dieser selbst bewohnt. Die Anlage insgesamt ist niedrig, leicht zu bewirtschaften ("manageable") und um die Halle mit Treppenhaus sowie den Hauptwohnraum konzentriert. Es ist umgeben von einem freundlichen Garten, vor allem nach hinten, der direkt von den Hauptwohnräumen aus zugänglich ist. Äußerlich spielte es zunächst keine Rolle, ob das Haus sich in einer Zeile stand, eine Doppelhaushälfte war oder gar frei stand – eine Individualität des Hauses ließ sich durch Giebel und Erker oder nur durch kleinere Dekorationsmotive immer schaffen.

Das Ideal des "family home" (Einfamilienhaus) ist verhältnismäßig jungen Datums. Die meisten Elemente dieses Hauses wurden, anscheinend aufgrund des Domestic Revival, im späteren 19. Jahrhundert eingeführt – das Einfamilienhaus bezeichnen wir heute als *den* "Haustyp des. 20. Jahrhunderts". Er wurde auch zum Ideal der Wohn-Reformer, der Gartenstadtplaner Europas und – im spekulativen Hausbau; er herrscht noch heute vor.

Die früheren Ideale strebten in vieler Hinsicht das Gegenteil an. Das typische größere Reihenhaus des 18. und späteren 19. Jahrhunderts – und auch andere Plantypen wie die meisten frühen Villen – waren hoch gebaut, nach hinten in die Länge gezogen, winklig, mit langen dunklen Korridoren und einer oft chaotischen Rückansicht. Es gab oft weder vorn noch hinten einen Garten. Der Herr des Hauses lebte mit seiner Familie meist hoch über der Erde – im räumlichen wie im soziologischen Sinn –, von der Straße war das Haus (jedenfalls in London) durch den Vorhof des Kellergeschosses, die "area" getrennt. Der Weg in den hinteren Hof war meist umständlich, es gab dort kaum etwas, was die "Herrschaft" selbst anging. Auch bei den späteren Reihenhäusern hatte der Hinterhof lediglich eine Bedeutung für Reinigungszwecke, nicht aber als freundliche Wohnsphäre oder als Ausblick. Hier ergeben sich Parallelen zu den traditionellen Wohnblöcken des Kontinents, ebenso wie mit der Einrichtung der "bel etage". Die wichtigsten Wohnideale bis in die zweite Hälfte des 19. Jahrhunderts waren Komfort und Bequemlichkeit im materiellen Sinne, d.h. der optimale Einsatz der Dienerschaft, die günstigste Unterbringung der sanitären Anlagen und auch die Schaffung privater Entfaltungsmöglichkeiten im Sinne der Funktion- und Klassentrennung. Später wurden diese Ideale zur Selbstverständlichkeit; das neue Ideal war die eben beschriebene Familien-Zurückgezogenheit.

Die Planung konzentrierte sich auf den Hauptwohnraum des Hauses — der jetzt öfter "living room" heißt und der mehr und mehr für die engere Familie genutzt wird, weniger für formelle Gesellschaften; leere Zimmer wurden als "freudlos" empfunden. Die Decken sollten niedriger sein,[2] weil diese Räume eher den Eindruck von "comfort" vermitteln. "Es gibt jetzt weniger "Morgen-Etiquette" schreibt die Zeitschrift *Houswife* 1890. Und für größere gesellschaftliche Anlässe wurden häufiger öffentliche Lokale benutzt.[3] Schon in den 1880ern wendet sich Stevenson vorsichtig gegen eine zu starke Differenzierung der Zweckbestimmung von Räumen, wie sie kurz zuvor noch in dem Buch zur Landhausplanung von Robert Kerr gefordert wurde. Ein Haus mit einer geringeren Zahl von Zimmern erleichtere das Management des Hauses, heißt es bei Stevenson. Zumindest in den besseren Kreisen betonte man bereits vor 1900 nicht mehr die Größe des Hauses, nach 1900 versuchte man auch die Zahl der Dienerschaft herunterzuspielen;[4] schließlich wurde es langsam schwieriger, genügend "zuverlässige" Dienstboten zu finden.

An den Fensterformen läßt sich der Wechsel der Anschauungen am deutlichsten ablesen. In den spätgeorgianischen und viktorianischen Häusern konnte es nicht genug große Fenster geben. Das neue Angebot der billigeren, größeren Scheiben wurde begierig aufgenommen. Aber das Domestic Revival bevorzugte sowohl kleine als auch weniger Fensteröffnungen. Schon vor 1900 wurden bereits bei vielen Fensterteilen die kleinen georgianischen Scheiben wieder eingeführt. — In einigen recht gewöhnlichen Vorstadtreihenhäusern mittlerer Größe in der Eaton- und der Waverley Road in Norwich aus dem Jahre 1907 lassen sich bereits viele der neuen Tendenzen feststellen: Obgleich im Ganzen der Grundriß der alte blieb, finden wir niedrige Decken, breit gelagerte Fenster und eine recht weite Eingangshalle. Es herrscht der Eindruck der Offenheit und der moderne "open plan"-Grundriß scheint nicht mehr weit entfernt.

Erstaunlicherweise treten nun wirtschaftliche Gründe für Veränderung hinter stilistischmodischen oder weltanschaulichen zurück. Weitere radikale Veränderungen betreffen formale Elemente. Die ältere und neuere Art des Hausbaus stellen diametrale Gegensätze dar (Abb. 161). Der ältere Stil bedeutete relative Größe und Einheit für eine Hausgruppe; der neue will ein kleineres Aussehen und die Betonung der Individualität des einzelnen Hauses. Des ersteren Elemente haben unseren Architekturtyp hervorgebracht, aber auch jene Veränderungen ausgelöst, die uns noch beschäftigen werden. Die Anlage des Hauses und die Lebensweise seiner Bewohner lassen nicht nur einen Typ des Reihenhauses zu. Das Wohnideal ändert sich oft und radikal — damals wie heute.

14. Die Fassade

Wegen der begrenzten Breite der Hausfronten... ist es außerordentlich schwierig, die Fassade praktisch und zugleich effektvoll zu gestalten.

The Surveyor, Engineer and Architect, 1841[1]

Die Fassaden der Reihenhäuser sind nicht unabhängig von der Planung der Häuser, sie selbst unterliegen jedoch wesentlich anderen Gesetzen, wodurch sich gelegentlich Probleme ergaben. Am wichtigsten war die Gestaltung der Hauszeilen-Front als einheitliche Gesamtanlage, die im Sinne der klassizistischen Tradition System und Variation im Aufriß zeigen mußte. Die Anordnung und Verteilung der Ornamente, der Simse, Tür- und Fenster-Laibungen, die Wahl von Baumaterialien und Farben richtete sich nach formalen Regeln. Zunächst geht es hier um die formale Anordnung im ganzen, das nächste Kapitel beschäftigt sich mit der Ornamentik im Detail.

Es gibt wohl kaum Parallelen zu dem architektonischen Reichtum vieler Terraces, die bis um die Mitte des 19. Jahrhunderts in England gebaut wurden. Viele öffentliche Gebäude in London und den Badeorten erscheinen von geringerer Bedeutung, wenn man sie mit den Fassaden der benachbarten Häuser vergleicht. In früheren Kapiteln wurde schon kurz versucht, die wesentlichen Gestaltungskriterien zu skizzieren. Das Streben nach palastartigem Gesamteindruck wurde aus der italienischen und französischen Renaissance übernommen sowie die soziale Exklusivität der größten Londoner Anwesen ("Estates") übertragen. Die gehobenen Schichten legten Wert darauf, in den bevorzugten Wohngegenden zu leben und nahmen dafür in Kauf, relativ eng nebeneinander zu wohnen. Der englische Lebensstil verlangte für jede Familie ein separates Haus; und da immer mehr Räume für Familie und Dienerschaft benötigt wurden, baute man die Häuser ständig höher. Nachdem man den wirtschaftlichen und sozialen Forderungen Genüge getan hatte, waren die Mehrkosten für die Fassadendekoration relativ gering. Rasch griffen Spekulanten, Architekten und Bauunternehmer bei der Verschönerung der Hausreihen zu rückwärts gewandten Formen wie Portiken und Gesimsen. Nach der Mitte des 19. Jahrhunderts änderten sich die Bedingungen. Die architektonischen Kunstgriffe wurden kleinteiliger. Die Wohlhabenderen bevorzugten jetzt kleinere und niedrigere Einzelhäuser, die weniger grandios aussahen; auch wollte man nicht mehr so eng zusammen wohnen, ferner veränderten sich die Baustile radikal. Wir werden diese Entwicklungen am Ende des Buches im Zusammenhang mit der gesellschaftlichen Bedeutung architektonischer Formen im Wohnhausbau gesondert untersuchen.

Ein weiteres Element in der Entwicklung der spätgeorgianischen und der Regency Terrace war die Einbeziehung der Landschaft. Das überrascht nicht, denn die revolutionären neuen Gestaltungsmethoden des Landschaftsgartens im England des 18. Jahrhunderts mit der damit verbundenen Ästhetik des Picturesque und des Sublime (des Malerischen und des Erhabenen) beeinflußte alle Bereiche der Architektur. Einzigartig war es in England, den Landschaftsgarten in die Stadt einzubeziehen. In der Stadtplanung der Renaissance und in der frühgeorgianischen Tradition sah man die vermeintliche Palastfassade einer Hausreihe in engem Zusammenhang mit dem rechtwinkligen Rastersystem von Straßen und Plätzen. Wenn man – an vielen Stellen – Grünflächen, "Stadtgrün", schuf, waren diese Anlagen ordentlich und säuberlich gegliedert. Vom späten 18. Jahrhundert an gestaltete man in England die Garten- und Parkanlagen in der Stadt jedoch malerisch unregelmäßig (Abb. 3, 4). Etwa zur gleichen Zeit gab man in London (Regent's Park) und Bath die strenge städtische Blockgruppierung auf. Die vornehmsten Hausreihen standen nun als individuelle Blöcke in losem Zusammenhang. Zu diesem Zeitpunkt entfaltete die Terrace ihre größte Pracht, erschien gar als selbständiger Baukörper.

Von Anfang an waren die großen "Terraces" eine Angelegenheit der Metropolen und ihrer Badeorte, anfangs des 18. Jahrhunderts außerhalb Londons nur Bath. Dort fand man bemerkenswerte Lösungen. Daneben zeigte lediglich Bristol eine größere Selbständigkeit mit wichtigen Beispielen. Als nächste folgen um die Wende vom 18. zum 19. Jahrhundert in der Rangliste Liverpool (Abb. 153) und Newcastle; weiter unten rangieren Exeter, Hull, York, Oxford, Shrewsbury, Leeds und noch weitere. Andere Städte wie Norwich, um 1800 noch immer die viert- oder fünftgrößte Stadt Englands, brachte fast keine größeren Terraces hervor. Selbst noch in der zweiten Hälfte des 19. Jahrhunderts gab es keine bemerkenswerten Entwicklungen außerhalb Londons sowie der Badeorte. Und sogar danach kamen entscheidende Anstöße zur Fassadendekoration fast immer aus London.

Die großen Terraces des Regency: Park und Seepromenade, Square und Crescent

Das höchste Ziel für den Gestalter eines Landschaftsgartens war zunächst, den genius loci zu entdecken und diesen dann so weit wie möglich in der Anlage und in den Bauten zu betonen. Die großen Terrace-Anlagen des Regency machten da keine Ausnahme. Jede von ihnen paßte sich der jeweiligen Landschaft an und führte daher zu unterschiedlicher Gestaltung. Die Kurorte des 19. Jahrhunderts waren ebenso Ausdruck der Gesundheits-Mode wie die Sanitärinstallationen, die wir in Kapitel 7 und 8 beschrieben haben. Die Kurorte waren sogar die erste Manifestation dieser Mode und insofern auch den gehobeneren Gesellschaftsschichten vorbehalten. In den Badeorten gingen die neuen Landschaftsprinzipien und der Gesundheitsaspekt zuerst eine enge Verbindung ein. Eine Öffnung des Stadtbildes und frische Luft waren die Hauptanliegen. Ein entschiedenes Qualitätsmerkmal für jedes Haus war eine Planung hinsichtlich "Aspekt und Prospect", d.h. auf Anblick und Ausblick, ohne gegenüberliegendes Bauwerk. Von dem berühmten Royal Crescent in Bath, von John Wood dem Jüngeren 1767 begonnen, hat man nicht nur einen ungehinderten Blick über den Rasen und das Tal, sondern auch der Bau selbst, die halbrunde Hausreihe, kann aus jeder Entfernung in Gänze eingesehen werden (Abb. 125). Wenig später ergriff Robert Adam in London die Gelegenheit zu einer szenischen Glanzleistung mit seiner Adelphi-Terrace an der Themse, die er auf einen sehr hohen Sockel aus Läden, Kontoren und Lagern setzte (Abb. 9). Nash baute mit seiner Carlton House Terrace von 1827 am Abhang über einer Ladenzeile etwas ähnliches. Nach vorne, zum St. James Park hin, legte er eine erhöhte Terrace an, die die Bewohner vor den Blicken der Öffentlichkeit schützte (Abb. 111); die Haupteingänge liegen an der Rückseite. Vor die eigentliche Häuserzeile setzte er an der Parkseite eine Kolossalordnung, mit der die Terrace nun an das Carlton House erinnerte, an den königlichen Palast, der ehemals genau an dieser Stelle stand und den der König, hauptsächlich aus finanziellen Gründen hatte abreißen lassen. Carlton House Terrace bildet den unteren Abschluß von Nash's großartigem Stadtteil, den er für die englische Krone baute. Sie liegt am Südende der Regent's Street, deren große Terraces alle Läden enthielten und heute völlig verschwunden sind. Am Nordende, wo Regent's Street in den Regent's Park einmündet, säumen die Hausreihen den größten Teil des Regent's Park

111. **London.** Carlton House Terrace, The Mall, 1827 von John Nash für das Königshaus gebaut. Es handelt sich um zwei große Reihen dieser Art. Hinter der Fassade verbergen sich Häuser von sehr unterschiedlicher Größe. Das Foto von 1898 zeigt den alle drei bis fünf Jahre notwendigen Neuanstrich.

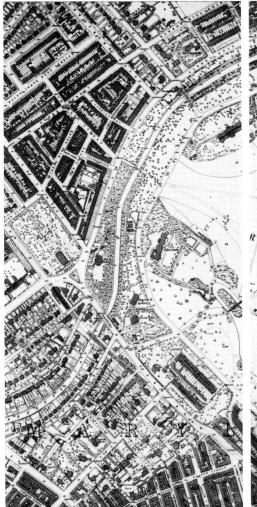

112. **London.** Regent's Park, von Nash für das Königshaus gebaut, 1811 entworfen. Die Karte ist von 1870. Die meisten Terraces wurden in den 1820er Jahren gebaut, sie umgeben den Park im Südwesten, Süden und Osten.

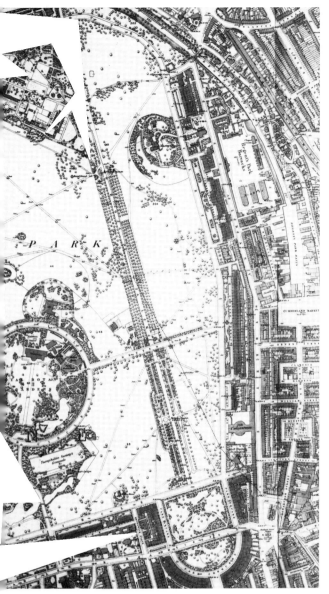

CUMBERLAND TERRACE, REGENT'S PARK.

CHESTER TERRACE, REGENT'S PARK.

CAMBRIDGE TERRACE AND THE COLLISEUM, REGENT'S PARK.

113. **London.** Regents Park, Chester Terrace 1825. Einer der Eingänge zu den privaten Zugangsstraßen nach dem Vorbild eines römischen Triumpfbogens.

115. (rechte Seite oben). **Brighton.** Die wichtigsten Squares, links Adelaide Crescent und Palmyra Square, Brunswick Square, flankiert von Brunswick Terrace (s. Farbtafel 2). Oben rechts: Lewes Crescent und Sussex Square, flankiert von Arundel und Chichester Terrace.

116. (rechte Seite unten). **Brighton.** Die Eckverbindung von Chichester Terrace zu Lewes Crescent, ca. 1823 von Wilds & Busby für T.R. Kemp.

114. **St. Leonards-on-Sea.** Sussex, Hastings. Der Ort wurde 1827 von James Burton, Architekt und Bauunternehmer gegründet. Die Lithographie von 1834 zeigt in der Mitte das St. Leonhards Hotel mit Badehaus und den dahinterliegenden "Public Rooms" (Clubräume) umgeben von Wohnhäusern.

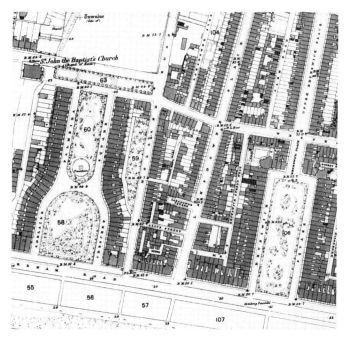
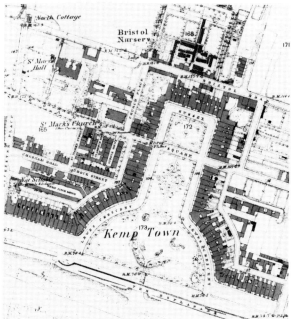

117. **Brighton.** Brunswick Square, begonnen ca. 1825 von Wilds & Busby für T.R. Kemp. Wegen der Steigung wurde die Horizontale an einigen Stellen durch eine wechselnd gestaltete Fassade durchbrochen.

119. (rechts). **Brighton.** Brunswick Square. Das Portal ist entsprechend der Auslucht, die die ganze Fassade einnimmt, in einen Bogen integriert.

118. (unten). **Brighton.** Adelaide Crescent, um 1830 von Decimus Burton für Sir I. Goldsmid begonnen. Die Fassaden sind glatt und betonen auf diese Weise die Bogenführung der Zeile. Die Gesimse wurden wegen der Steigung unterbrochen (vgl. Abb. 112, 116).

156 *Das englische Reihenhaus*

120. **Brighton.** Häuser östlich der Brunswick Terrace, um 1830. Eine Verbindung von "Area", Auslucht und Veranda.

121. **Leamington Spa.** Der Plan zeigt die charakteristischen halbprivaten Fahrwege vor den Reihen, um 1820 (s. Farbtafel 12, Abb. 217).

und stellen die großartigsten Beispiele szenischer Fassadenkompositionen dar, die jemals in England ausgeführt wurden. Ein früherer Plan für den Regents Park von T. Leverton aus dem Jahr 1811 zeigt noch die herkömmliche Art des rasterförmigen ("gridiron") Straßenschemas. In seinem letzten Entwurf reduzierte Nash dagegen die Straßenzeilen der Häuser zu einer Anzahl individualisierter Terraces an der Ost-, Süd- und Westseite des Parks, alle in eigenem Garten stehend und auf den Park ausgerichtet (Abb. 112, 136). Die Anlagen entstanden in rascher Folge. Zu nennen sind Sussex Place (1822) mit den gekurvten Endblöcken und Kuppelaufsätzen ("pepperpots"), dann die Cornwall-, Hanover- und York-Terraces (1821-22) mit ihren massiven Mittel- und Seitenakzenten; sowie eher flächigen Dekorationen á la John Soane, die heute nicht mehr existierende Cambridge Terrace (1875 wurde an dieser Stelle Cambridge Gate errichtet). Schließlich Chester Terrace, die längste Zeile, mit einer dorisch schweren, niedrigen Ordnung und mächtigem Gesims, flankiert von gewaltigen Triumphbögen (Abb. 113). Höhepunkt ist aber die Cumberland Terrace von 1826, die etwas erhöht über ihrem Park steht, deren Mittel- und Seitenakzente sehr weit vorspringen und an Piranesi erinnernde Diagonalansichten bietet. Ein Vergleich mit den Wandebenen des großen Park Crescent (1812-1822) zeigt, wie sehr sich Nash seiner kontrastierenden Mittel bewußt war. Die Hauptsache aber war für ihn die Verbindung zum Park, der Blick durch und über die Bäume. Nichts auch nur irgend Vergleichbares wurde je wieder in London gebaut. Erwähnt werden müssen noch riesige Terraces wie Hyde Park Gardens[2] und Lancaster Gate (1860er Jahre), mit Blick über den Hyde Park. Das Ladbroke Estate in London zeigt mit zahlreichen Kreis- und Halbkreisformen ("Crescents") mehr Parks und Gärten als üblich. Einige Häuser werden wir weiter unten noch behandeln (Abb. 135).

Die meisten großen Erschließungen finden sich in den Seebädern. Eines der ersten und wagemutigsten Projekte war St. Leonards-on-Sea an einem etwas entlegenen Küstenteil bei Hastings, einem Ort, den mit seinen rauhen Klippen wohl kaum jemand als besonders anziehend empfand bevor dort 1828 die Bautätigkeit begann (Abb. 114). Wie so viele andere Unternehmungen wurde es nie vollendet. Hier finden wir ebenfalls die neuartige Plazierung der Eingänge an der Rückseite der Terrace, um die Fassadengestaltung nicht zu stören, sowie die kraftvollen Mittel- und Eck-Akzente. Auch in anderen Hinsichten entsprechen die Bauten denen von Nash, mit dem die Architekten und Spekulanten James und Decimus Burton in Regent's Park zusammengearbeitet hatten.

Der größte Erfolg war Brighton.[3] Trotz ökonomisch oft schwieriger oder jedenfalls langsamer Entwicklung wurden mehrere hundert sehr große Häuser errichtet, die sich östlich und westlich der alten Stadt über jeweils eine Meile ausdehnten. In den zwei ersten Jahrzehnten des 19. Jahrhunderts entstanden einige kleinere Anlagen: Royal Crescent, Bedford Square, Regency Square und Marine Square,[4] alle Plätze wurden den Abhang hinaufgebaut und nur zur See hin geöffnet. Ab 1820 gab es ambitiöse Gestaltungen. Einige große Zeilen stehen parallel zur See-Promenade, an breiten Straßen und Promenaden, z.B. Brunswick Terrace. Ungewöhnlich sind vor allem die großen Anlagen, bei denen man noch intensiver versuchte, die Seeluft sozusagen landeinwärts zu saugen (Abb. 115-120, Farbtafel 2). Brunswick Square, 1825 von Wilds und Busby für T. Kemp begonnen, erstreckt sich weit den Hang hinauf, liegt dort an einer breiten Straße, Brunswick Place genannt, und hat einen unvergleichlichen Blick auf die See. Der Reiz dieses Platzes liegt auch in den Bow Windows, den gerundeten Erkern bzw. Ausluchten. Ihnen ist eine Kolossalordnung vorgesetzt aus alternierenden Pilastern und Säulen (Abb. 117, 119). Kemp Town, östlich von Brighton und etwa 1825 zur gleichen Zeit wie Brunswick Town von denselben Architekten (Wilds und Busby) begonnen, besteht aus zwei langen Zeilen am Ufer, der Chichester sowie der Arundel Terrace, und dem sehr großen Lewes Crescent, der sich den Hügel hinaufzieht und am Sussex Square endet.[5] Die gerundeten Ausluchten des Crescents geben dem Ganzen eine schwingende Form (Abb. 116). Die dritte große Anlage, etwa 1830 von Decimus Burton für Sir I.L. Goldsmith begonnen, ist Adelaide Crescent.[6] Burton kombinierte grö-

122. **Dover.** Wellington Crescent, von P. Hardwick. 1834. Die Zeile ist von zwei Straßen in einen langen Teil und zwei Eckteile unterbrochen.

123. **Newcastle-upon-Tyne.** Leazes Terrace von T. Oliver für R. Grainger, 1829-30. Die Eingänge dieser Häuser wurden verändert, um sie den Bedürfnissen eines Studentenwohnheims anzupassen.

124. **Bath.** Ein Plan aus dem späten 19. Jahrhundert mit einigen Hauptgebäuden des 18. Jahrhunderts. Unten rechts: Queen's Square und "The Circus" (1729-36, 1754-58 von John Wood), in der Mitte links: der Royal Crescent, darüber St. James Square und die losere Gruppierung der späteren Crescents.

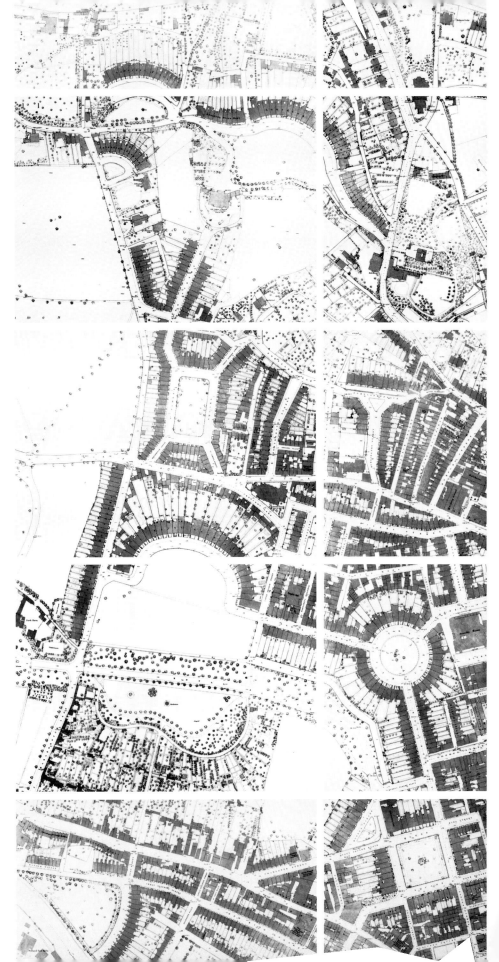

125. **Bath.** Royal Crescent, von John Wood d.J., 1767-1775, zur Zeit der Erbauung.

126. **Bath.** Cavendish Crescent (J. Pinch 1817-23) und Somerset Place im Hintergrund, kaum zu sehen, (um 1790 von J. Eveleigh), im Hintergrund rechts: der zweifache Bogen des Lansdown Crescent (J. Palmer 1789-93), vgl. den Plan links oben.

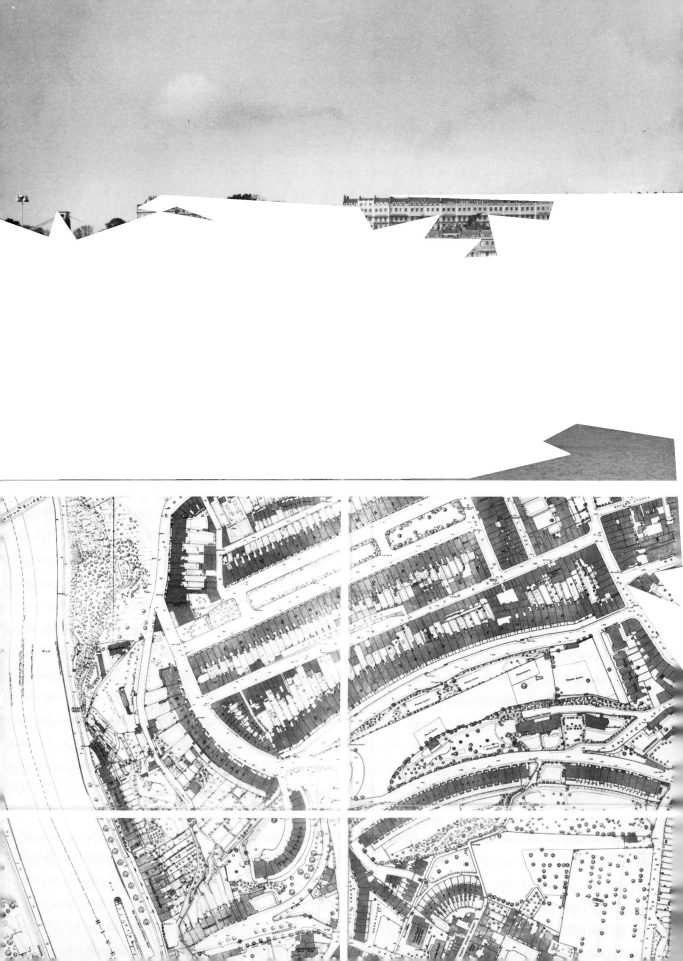

ßere Breite von Brunswick Square und mit ausgedehnterer Tiefe als Lewes Crescent. Er verzichtete auf eine Kolossalordnung aus Säulen oder Pilastern; die zweimal gekurvten Wände sind glatt gelassen. Doch mußte wegen des Geländeanstiegs das Hauptgesims gestuft werden, eine perfekte Komposition für eine hügelansteigende Terrace schien es nicht zu geben (Abb. 118). Dies spürt man auch beim Lewes Crescent, an dessen wenig überzeugenden Wechsel zwischen glatter Fassade und Kolossalordnung. An seinem oberen Ende geht der Adelaide Crescent in den Palmyra Square über, der um 1860 bereits mittelviktorianische Details zeigt, und öffnet sich dann weiter in einen langen Platz. Dieser ist eigentlich nur eine Verbindungsstraße zwischen Church Street und Weston Road, und setzt sich dann wiederum in einer weiter den Hügel hinaufführenden Straße fort. In einer Entfernung von etwa 500 Metern ist das Meer durch Bäume und Häuser kaum noch zu sehen; aber der Planungsgedanke, die Stadt zum Meer hin zu öffnen, bleibt erkennbar (Abb. 115, Farbtafel 2). Andere Seebäder versuchten mit Brighton Schritt zu halten. In St. Leonards baute man später (1853-64) den riesigen Warrior Square, größer als alle Squares in Brighton (vgl. Abb. 143). In Folkestone versuchte man den Seeblick zu ermöglichen, indem man die einzelnen Hausreihen im rechten Winkel zur Küste stellte und die Vorder- und Rückseiten der Terraces mit Ausluchten versah.[7]

Andere große Bäder, wie Eastbourne, Weymouth, Llandudno und auch die Hoe Esplanade in Plymouth, zeigen entlang der Seeseite in einfacher Anordnung Zeilen sehr großer Terraces, meist bereits mit Fassaden in viktorianischer Art.

Leamington Spa ist eine weitere Schöpfung der Regency Epoche. Die Stadt ist geschlossener mit einigen großen Plätzen angelegt, ähnlich der westlichen Vororte Londons zu jener Zeit. Die Häuser sind meist etwas kleiner als in London oder Brighton, besonders charakteristisch die Gartenstreifen zwischen Straße und zurückgesetzter Fassade sowie ein zusätzlicher halb-privater Fahrweg. Am Waterloo Place und der Warwick Street ordnete man gegenüberliegende Hausreihen auf die gleiche Weise an (Abb. 121, Farbtafel 12).

An besonders beherrschender Stelle ist der bedeutende Wellington Crescent in Dover gebaut (Abb. 122), der sachten Kurve des Hafens folgend und dem langen Crescent Victoria Park auf dem Hang "antwortend". Die Aufzählung könnte mit den Pennsylvania Buildings in Exeter, Alverstoke Crescent bei Gosport (Hampshire),[8] Hesketh Crescent in Torquay[9] und The Crescent in Scarborough[10] noch fortgesetzt werden, Newcastle-upon-Tyne ist die einzige Stadt außerhalb der Hauptstadt und der Badeorte, die bedeutende Entwicklungen aufwies. Bei den Leazes Terraces[11] des Bauspekulanten Richard Grainger handelt es sich z. B. um einen geschlossenen Block, der an drei Stellen von Parks umgeben ist. Mit seinen ausgeprägt-rechtwinklig flächengliedernden Gestaltungselementen und sorgfältiger Hausteinarbeit läßt der Bau eher an Schottland als an Nash denken (Abb. 123).

Die späteren Bauten in Bath, Clifton und Cheltenham können als Sondergruppe angesehen werden. Bath zog noch bis in die 1820er Jahre viele wohlhabende Besucher an. Besonders lebhafte Bauperioden gab es kurz vor 1800 und kurz nach 1815. Zwei Anlagentypen herrschten vor: die regelmäßig-geometrische in der Ebene, mit der prächtig breiten Great Pulteney Street von Thomas Baldwin (1788 begonnen) und die geschwungenen Individualzeilen, meist "Crescents" genannt, auf den Hügeln, etwa dem Lansdown Crescent von John Palmer (1789-93). Wieweit diese Serie von Zeilen auf einem einzigen Plan beruhen, müßte noch untersucht werden. Grandiose Giebel und Säulenstellungen, wie wenig später in London und Brighton, finden sich in Bath weniger zahlreich (Abb. 124-126).

Clifton war als Vorort von Bristol und zugleich Badeort einer der erfolgreichsten Orte (Abb. 127-128). Um die Terraces hervorzuheben, nutzte man die Lage am steilen Hang. Der Royal York Crescent, seit ca. 1790 von William Paty erbaut, ist der längste seiner Art. Im Gegensatz zu den meisten Teilen Londons versuchte man in Clifton kaum, die einzelnen Zeilen zu Plätzen zusammenzufassen. Jede Terrace steht, von viel Grün umgeben, im wesentlichen für sich: Royal Colonnade,[12] Lansdowne Place, Vyvyan Terrace[13] und Worcester Terrace[14] (Abb. 129). Die Fassadengliederung ist zwar reich, erzeugt aber mit flachen

129. **Bristol.** Worcester Terrace, Clifton (von C. Underwood, um 1850). Blick auf einen Teil des Mittelrisalits.

127. (linke Seite oben). **Bristol.** Blick auf die Crescents in Clifton. Oben rechts: der Royal York Crescent, er enthält in seiner Länge 45 Häuser; unterhalb davon Cornwallis Crescent, beide von W. Paty, begonnen 1790. Links: das Paragon, von J. Drew, 1809-13 und weiter links Windsor Terrace, vermutlich von J. Eveleigh in den 1790er Jahren. Die berühmte Clifton Suspension Bridge, in den 1820er Jahren vom Ingenieur I.K. Brunel erbaut, erscheint links hinten im Bild.

128. (linke Seite unten). **Bristol.** Der Plan zeigt etwa die gleiche Gegend. Die oben genannten Reihen befinden sich links um die horizontale weiße Linie.

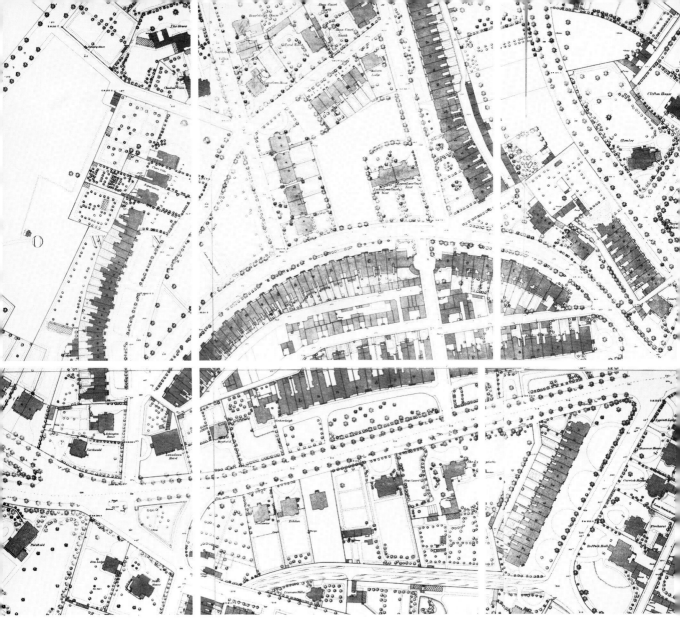

130. **Cheltenham.** Lansdown Estate, 1820-40er Jahre. Links: Lansdown Promenade. Oben: Lansdown Terrace, der konvexe Lansdown Crescent und der leicht konkave Lansdown Place. Unten rechts: Lypiatt Terrace.

131. **Cheltenham.** Lansdown Place, um 1830. Zwei Häuser werden zu einer Gruppe zusammengefaßt und die paarweisen Eingänge etwas zurückgestellt. Man könnte darum die Reihe auch als "quasi-semi-detached" beschreiben.

132. **Cheltenham.** Lansdown Terrace, um 1830.

133. **Cheltenham.** Lypiatt Terrace, vermutlich von R.W. Jearrad, ca. 1845 erbaut. Eine außergewöhnliche Reihe, die von vielen Seiten aus sichtbar ist. Mit den flankierenden Türmen ähnelt die Anlage einer langgezogenen "Italian Villa".

134. **Cheltenham.** Wellington Square, um 1840. Gotische Details an einem klassischen Bau.

135. **London Squares und Crescents.**

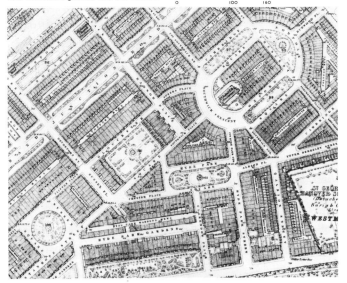

Bayswater, 1830-40 (Abb. 136).

Belgravia, 1820-40 (Abb. 36, 137-8).

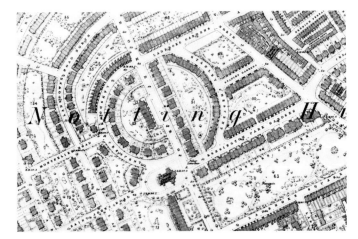

Das Ladbroke Estate, North-Kensington, 1840-50 (s. S. 156).

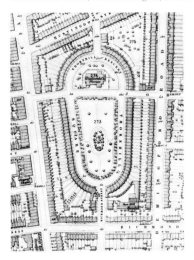

Islington, 1840-50.

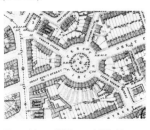

Percy Circus, WC1, ca. 1830-40

The Polygon, NW1, ca. 1820-30 (zerstört).

Paddington, um 1850 (zerstört).

Finsbury Circus, EC2, um 1820.

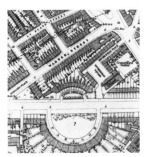

Walworth, SE1, spätes 18. Jhd. (zerstört).

Royal Crescent, North-Kensington, W11, 1842-48.

136. (rechte Seite). **London.** Bayswater, oben der Regents Park, Foto aus den 1930er Jahren (vgl. Abb. 135).

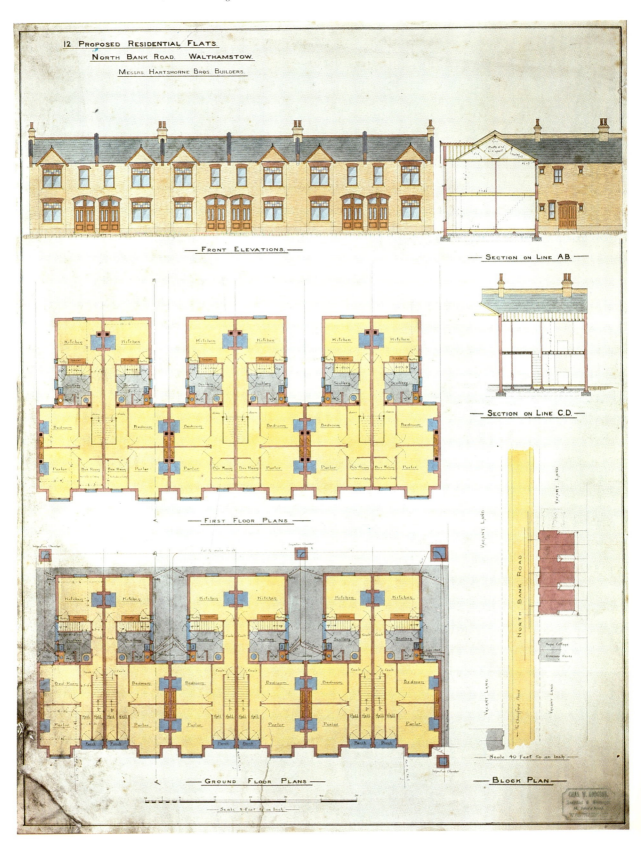

Farbtafel 11. **London.** Pläne für Cottage Flats, ca. 1905 (vgl. Abb. 106-10).

Pilastern einen eher ruhigen Charakter. Die später entstandenen, letzten beiden großen Terraces in Clifton, Royal Promenade und Victoria Square West mit ihren mittelviktorianischen Fassaden, werden unten noch behandelt.

In Cheltenham (Abb. 130-134) sind die Terraces-Anlagen lockerer. Die Entwicklung begann dort mit dem sehr großen, aber wenig dekorierten Royal Crescent (ca. 1806-10) und gab mit seinen schlanken Fenstern das Vorbild für Cheltenhams spätere mittelgroße Häuser. Später folgte die sehr große Anlage an der Promenade (heute Stadtverwaltung),[15] die mehr die dramatische Anordnung von Nash zeigt (Abb. 32). Die eigenartigste Gruppierung von Terraces hat das Lansdown Estate, begonnen 1824 von J.W. Papworth für Pearson Thompson und später von R.W. Jearrad weitergebaut. Hier gibt es keine herausragenden Landschaftselemente, keine Ausblicke, kein Wasser-, sondern nur Parkbezug. Zwischen den einzelnen Terraces besteht, möglicherweise absichtlich, kaum eine erkennbare Beziehung. Lansdown Crescent ist extrem lang und konvex – das einzige größere Beispiel dieser Art. Lansdown Place – der mit seinen zurückgesetzten, paarweise angeordneten Eingängen eine Reihe von "Quasi Semis" (vgl. Seite 249-251) genannt werden kann – und Lansdown Terrace zeigen weder eine gerade Flucht noch sind sie regelmäßig geschwungen angelegt. Auch zeigen die Terraces keine Mittel- und Eckakzentuierung. Mit ihren vielen Veranden und anderen Vorsprüngen zerfließen sie gleichsam, verschwinden hinter Bäumen oder tauchen zwischen ihnen wieder auf. Schließlich gibt es noch die etwas spätere Lypiatt-Terrace von 1845, vermutlich von den Brüdern Jearrad gebaut. Sie ist viel stärker gegliedert als die anderen und läßt mit Giebeln vorn und hinten, Ecktürmchen und vorspringenden Traufen den Klassizismus weit hinter sich. Es handelt sich eher um eine Reihe italienischer Villen als um eine Terrace. Dagegen überraschen die drei großen Häuser auf der Südseite des Suffolk Square mit ihrer extrem regelmäßigen konventionellen Anlage. In ihrer Individualität gehören die Cheltenhamer Terraces zu den schönsten Beispielen des Typs und doch zeigt sich hier das zeitliche Ende dieser Bauart. Die Einzelteile der Terrace, d.h. die einzelnen Häuser, werden jetzt wichtiger als die Terrace in ihrer Gesamtkomposition.

Auch im engen London versuchte man die teuersten Häuser stets auf Grünanlagen auszurichten. So gibt es in London sehr wenige Straßenzüge, die an beiden Seiten von wirklich großen Fassaden gesäumt werden. Eaton Place (Abb. 137)[16] und Stanley Gardens auf dem Ladbroke Estate (Abb. 135)[17] sind vielleicht die bedeutendsten Beispiele. Wo immer es möglich war, setzten die Bauherren die georgianische Tradition der Plätze und Crescents fort. Großartige Anlagen waren die in Tyburnia, Bayswater, zwischen Sussex Square und Hyde Park. Sie wurden um 1820 begonnen, hauptsächlich auf dem Estate des Bischofs von London (Abb. 135, 136)[18]: wenige sind erhalten geblieben. Belgrave Square (um 1825 von T. Cubitt und G. Basevi für Lord Grosvenor begonnen) ist vielleicht der größte aller Plätze (Abb. 138). Eaton Square[19] wurde deswegen so lang und relativ eng geplant, damit möglichst viele Häuser am Grün teilhätten. Ähnliche, spätere Squares in Pimlico, Warwick und Eccleston Square wurden ebenfalls von Cubitt gebaut. Jenseits von Tyburnia liegt Paddington Westbourne Terrace (1840er und 50er Jahre) – eine breite Parkstraße, die man andernorts als Boulevard bezeichnen würde.

In der Provinz hatten große Plätze im Vergleich zu London die zusätzliche Bedeutung als Stadtzentrum, wie der Hamilton Square in Birkenhead.[20] Eldon Square in Newcastle[21] zeigt eine Gesamtkomposition mit Kolossalordnung, die Häuser sind jedoch nur von mittlerer Größe. Die etwas früheren South Square und Johns Square in Wakefield halten sich eng an Londoner Vorbilder.[22] In bescheidenem Rahmen sind Southfield und Hanover Square in Bradford und der Trafalger Square in Scarborough ca. 1850, 1860) gehalten. Wegen ihrer Unregelmäßigkeit erscheinen sie heute besonders reizvoll.

Aber London zeigte noch ausgefallenere Anlagen (Abb. 135): der Platz als ein geschlossener Kreis, Percy Circle;[23] ein Oval, Finsbury Circus;[24] sogar ein fast kreisrundes "Polygon" in

137. **London.** Eaton Place, Belgravia, von T. Cubitt, um 1830-40. Bei der Dekoration verzichtete man hier auf eine Kolossalordnung.

138. **London.** Belgrave Square, Nordseite, um 1830, hauptsächlich von G. Basevi.

139. **London.** Northdown Street, N1, um 1840. Eingänge, Erdgeschoßfenster und Portikus stehen in einem symmetrischen Verhältnis zueinander

Farbtafel 12. (linke Seite oben). **Leamington Spa.** Lansdown Crescent, um 1830-40. Interessant ist hier die Gestaltung der Terrace mit Mittel- und Eckakzenten (vgl. Nash's Regents Park Crescent, Abb. 112).

Farbtafel 13. (linke Seite unten). **Cheltenham.** Back Albert Place, um 1840.

der Nähe von Euston.²⁵ Thornhill Crescent und Square in Barnsbury bestehen aus zwei Crescents mit dazwischenliegender trapezförmiger Fläche. Crescents gibt es in allen Größen und den verschiedensten Krümmungsformen (vgl. Abb. 31): z.B. der kurze, aber elegante Pelham Crescent in Hastings, der kaum gekrümmte Royal Crescent in Ramsgate, der hufeisenförmige Royal Crescent in Harrogate aus den 1870er Jahren, dessen Eckblöcke als halb freistehende Villen ausgeführt sind, oder der winzige Victoria Crescent in Dover von ca. 1840. Eine besondere Anordnung findet sich beim Royal Crescent, Holland Park (Abb. 135, rechts unten),²⁶ der in seiner Mitte durch eine Straße unterbrochen wird. Der Entwerfende versuchte, den Eckhäusern eine interessante Form zu geben, indem er komplizierte Kurven und Türme anbrachte, die sich an den Enden des Crescents wiederholen. In der Regel befaßten sich die Architekten nicht gern mit Ecklösungen. Cubitts Bauten in Pimlico sind eine seltene Ausnahme.

Fast alle der hier beschriebenen Fassaden setzten die spätgeorgianische Art der Akzentuierung von Mittel- und Seitenteilen fort. Sogar einige seltene Fassaden mit gotischen Details wurden auf diese Weise gegliedert (Abb. 134).²⁷ Gegen Ende des Jahrhunderts kamen die Säulenstellungen der Kolossalordnung aus der Mode und die Risalite der späteren Fassaden von Cubitt springen kaum noch vor, etwa beim Eccleston und Warwick Square. Später erhielten viele Endhäuser der Terrace Akzente durch Giebel; dies ist häufig in den nur von wenigen Grundeigentümern streng kontrollierten Städten wie Birkenhead und Cardiff (vgl. Abb. 134, 171) zu finden.

Bei den frühen Terraces umfaßte der Mittelteil einer Terrace ein einziges, größeres Haus, so daß der Giebel über der Tür in der Mitte plaziert werden konnte. Später waren die Häuser in der Mitte der Terrace von der gleicher Breite wie alle anderen, so daß sich ein Konflikt zwischen der Symmetrie des Portikus und der Asymmetrie eines Hauses mit zwei Fenstern und einer Tür ergab. Im Bedford Square liegen die Türen der mittleren Häuser nebeneinander, dies führte zu einem Mittelpilaster unter dem Giebel, der als "unklassisch" scharf kritisiert wurde (Abb. 1). Auch bei Nash können wir beobachten, wie er mit diesem Problem kämpft (Park Square East und West, Regent's Park), ebenso noch die Architekten der etwas späteren Northdown Street (Abb. 139, vgl. Abb. 6) und der Cambridge Terrace in der Grantbridge Road.²⁸

Fassadengestaltung vom Regency bis zur mittelviktorianischen Zeit

Die Häuser der 1820er bis 40er Jahre behielten die spätgeorgianischen Mittel der Fassadengestaltung weitgehend bei, das heißt u.a. die traditionellen Proportionen für Fenster und Türen sowie ein starkes Kaffgesims. Es war hauptsächlich die Forderung nach mehr Schlafräumen, welche die alte Ordnung zu stören begann. In einem eingehenden Artikel der Zeitschrift *Surveyor, Engineer and Architect* von 1841 finden wir eine zeitgenössische Analyse der Fassadengestaltung der großen Terraces, die einige kritische Fragen stellt.²⁹ Es gäbe kaum eine Möglichkeit, Breite oder Tiefe eines Hauses zu variieren; daher baue man in die Höhe. Vier Stockwerke würden zur Norm, manche Häuser hätten fünf oder sechs. Diese extreme Höhe begänne die klassischen Proportionen zu stören. Wie der Aufsatz dann weiter ausführte, bedürfe es einiger großer zusammenziehender Motive, um die Terrace auf ihrer ganzen Länge zusammenzubinden und das einzelne Haus nicht als einen schmalen Streifen erscheinen zu lassen. Kolossalordnungen aber bräuchten mehr Raum und Breite, um ihre volle Wirkung zu entfalten. Auch aus Gründen des Sozialstatus seien ausgeprägte Säulen- und Pfeilerformen beim normalen Wohnhaus nicht angebracht. Man begänne nun

Die Fassade 171

140. **London.** Lancaster Gate, nach Osten, 1863-66, von J. Kelk (Erbauer) für J. Johnson (Architekt), vgl. Abb. 43.

141. (unten links). **Bristol.** Victoria Square West, Clifton, von Foster und Wood, 1855.

142. (unten rechts). **Lowestoft.** Wellington Esplanade, 1850er Jahre. Die Dekoration ist hier in rotem und "weißem" Backstein ausgeführt.

143. (rechte Seite). **St. Leonards-Hastings.** Warrior Gardens, 1870er Jahre. Eine der spektakulärsten viktorianischen Terraces aus Backstein und Stuck. Die Formen stammen aus der Renaissance und dem Manierismus.

die meist flach ausgeführten Pfeiler und Pilaster zu verachten. Am besten sei es, nur jene Teile zu dekorieren, die aus der Konstruktion des Ganzen entsprängen, wie z.B. die Öffnungen. Dies entspräche einer rationalen Denkweise und einem ästhetisch-formalen Bedürfnis, die Fläche plastisch zu beleben. Nun gäbe es viele Arten von Fensterumrahmungen: Giebel, auch Aedikula genannt, in allen Größen (Abb. 43), Stichbögen ("segmental arches"), gestelzte Stichbögen (Abb. 143, 144), Rundbögen usw. Betont würde jetzt die Horizontale, nicht nur beim Hauptschlußgesims, auch bei den Zwischengesimsen sowie den Kämpferlinien der Fensteröffnungen. Die Zahl der Balustraden und Balkone näme zu und die Rustikabehandlung erstrecke sich nicht nur über das Erdgeschoß, sondern auch über die Ecken und Kanten der oberen Geschosse. So entwickele sich eine Menge kleiner Akzente anstelle von einigen wenigen großteiligen Dekorationsmotiven. Als Bezeichnung würde häufig "astylar" verwendet, d.h. die Pilaster oder Säulen fehlen.

Nash hatte bereits viele solcher Motive an den kleineren Fassaden in Regent's Park (Park Square East, Ulster Terrace) eingeführt. An Cubitts Fassaden von Belgrave Square verringert sich die Plastizität der "Großen Ordnung" während die kleineren Ornamentteile zahlreicher geworden waren. Der oben erwähnte Artikel lobte besonders die "astylar" Terrace am Lowndes Square von Lewis Cubitt von 1841-43 (vgl. Abb. 138, 149). Auch bei den meisten späteren Terraces hielt sich Cubitt an dieses Gestaltungsprinzip, wie auch John Dobson bei seinem Royal Crescent in Whitby von 1850. In Clifton zeigten die bereits erwähnten Vyvyan und Worcester Terrace (Abb. 129) zwar eine Kolossalordnung, die in ihrer flächigen Weise eng mit den horizontalen Gliederungselementen verknüpft ist. Die außergewöhnlichen Fassaden des Milner Square, Islington[30] von Roumieu und Gough um 1840 gaben über die ganze Fläche eine abgewandelte Kolossalordnung mit vertikalen Wandteilen zwischen den Fenstern, ohne jede Mittel- und Endakzentuierung.

Nach 1850 wurden zur Dekoration ganz entschieden festlichere Renaissanceformen bevorzugt. Der Architekt Johnston geht 1850 bei seinem Princes Gate[31] in eine andere Richtung, indem er vielfach drei Fenster als Einheit gruppiert und nur das mittlere mit einem Segmentbogen bekrönt. Man versuchte nun, die monotone Wiederholung gleicher Fensterformen zu vermeiden. An den großen, stuckverzierten Terraces in der Gegend um Queens Gate, vor allem bei den Albert Houses um die Cromwell Road (Abb. 143), bei vielen Zeilen in Paddington, etwa Lancaster Gate (Abb. 140), stand in den fünfziger und sechziger Jahren dieser Stil in voller Blüte. Elliot Terrace in Plymouth aus den 1860er Jahren und einige Zeilen am Warrior Square in St. Leonards (vgl. Abb. 143) sowie in Eastbourne (Abb. 45) versuchten, mit London mitzuhalten. In Clifton zeigten die Royal Promenade[32] und Victoria Square[33] (Abb. 141) die ganze Pracht, die mit unzähligen kleinen, aber reichen Dekorationsteilen zu erzielen war. Der festliche Charakter einer italienischen Neo-Renaissance löste die palladianische und klassizistische Strenge ab.

Eine Stufe bescheidener sind die rustizierten Terraces aus Backstein in Lowestoft um 1850 (Abb. 142) wie auch die etwas späteren in der Princes Road in Leicester (ca. 1860) und einige der großen Terraces in der Princes Road, Liverpool. Die Steinfassaden in Manningham, Bradford hingegen, etwa Blenheim Mount,[34] zeigen feinere kleinteilige Dekorationen. Der Unterschied liegt in dem Spiel mit den Baumaterialien worauf wir im nächsten Kapitel näher eingehen werden.

Erkerfenster, Ausluchten: "Bows" und "Bays"

Ein neues Fassadenmotiv für Häuser aller Größen war das Erker- bzw. Ausluchtfenster ("Baywindow"). Das Wort "Bay" (zu deutsch: Joch) bezeichnet die Zwischenräume zwischen zwei Stützen eines Baues, also zwischen Säulen, Balken oder Mauerzungen; es bezieht dabei vorspringende Fenster ein, eine traditionelle Form im Hausbau. Verschiedene Faktoren schränkten die Verwendung von Erkern und Ausluchten im 17. und 18. Jahrhundert ein: die Forderung der klassischen und neo-palladianischen Stile nach glatter Fläche, Solidität und Feinfühligkeit, die Erfordernisse gerader Baufluchtlinien sowie die erst in den 1850er Jahren aufgehobene Fenstersteuer und in London vor allem das Verbot von Holzteilen an der Fassade. Seit dem späten 18. Jahrhundert begannen die Neugotiker das Erker- bzw. Ausluchtfenster bei Landhäusern und Villen wiederzubeleben. Gelegentlich finden wir an klassischen Gebäuden einen "Bow", d.h. einen halbrunden Fensteranbau, sogar an Terraces, etwa Lansdown Crescent in Bath. Kleine "Bow-Windows" kamen an Schaufensterfronten in Mode. Fenstererker, also Erker nur in Fensterhöhe, finden sich an Terraces selten, so etwa in Brighton.

Die Wiederbelebung der Ausluchten entsprach der neuen Sehnsucht nach Licht und Luft, besonders an der Küste. Henry Hollands erster Bau des Brighton Pavillon am Ende des 18. Jahrhunderts zeigte Ausluchten und Veranden auch im ersten Stock. Die neuen größeren Terraces in Brighton, wie der Royal Crescent von 1799, hielten sich ziemlich genau an dieses Vorbild. Aber dieser Bau mit seinen etwas altmodischen Türen und spärlich verkleidetem Holzwerk wurde von den mächtigen Baumeistern in Brighton kaum ernst genommen. Nur am Brunswick Square (Abb. 117) und Brunswick Place nahm man die Idee der runden Auslucht auf, allerdings in außergewöhnlich schweren Formen. Auch bei kleineren und mittleren Häusern fehlt in Brighton die Auslucht nicht, denn diese verschafft erst den Blick auf die See, besonders wenn die Straße im rechten Winkel zur Küste verlief (Abb. 117, 158). Um 1840-50 wurde die Auslucht auch bei allen großen Terraces in Brighton ein absolutes "Muß". Meistens nahm sie die ganze Breite der Fassade ein, was oft zu kuriosen Lösungen der Portalvorhallen führte (Abb. 119). In anderen Orten waren die Bays und Bows meist schlanker, etwa bei der Liverpool Terrace in Worthing oder York Place in Scarborough und, in kleinerem Maßstab, in der Guilford Lawn in Ramsgate (vgl. Abb. 151-2). Llandudno behielt noch lange eine Vorliebe für Bows, London zögerte lange, Ausluchten in die Fassade einzuführen, obwohl es Bows bereits an der Rückseite der Häuser gab. Bemerkenswert sind die eigenartig mit dem Hauptgesims verbundenen Bows der Gloucester Terrace aus den 1840ern.[35] Seit den 1860er und 70er Jahren wurden fast alle Londoner Vorstadthäuser mit rechteckigen oder polygonalen Ausluchten ausgestattet (Abb. 160). Auch bedeuteten die Ausluchten einen Raumgewinn hinter der Hausfassade.

Veranden und Balkone gehören ebenfalls in diesen Zusammenhang (Abb. 32, 43, 45, 152, Farbtafel 12). In vielen georgianischen und Regency Terraces gab es lediglich große "French Windows" (Fenstertüren), eiserne Geländer dienten als Schutz. An der Südküste gab es früh aufwendigere, zum Teil um die Ausluchten herumführende Veranden und Balkone mit reichen Eisendächern. Seit den großen mittelviktorianischen Fassaden verachtete man dieses "fancy-work" des Regency, meist wurden nur Steinbalustraden erlaubt. Balkone wurden unmodern, denn der Blick auf die Straße verlor in den großen Städten an Bedeutung. Erst um 1900 erfuhren die Veranden, besonders in Kurorten, eine Wiederbelebung.

An den Portalvorhallen lassen sich ebenfalls die Auflockerungen der flachen georgianischen Fassaden ablesen. Bei größeren Zeilen des Regency errichtete man über der Brücke des Kellervorhofs ("area") am Vordereingang auf Pfeilern oder Säulen einen kleinen Portikus, mit oder ohne Giebel, aus Holz, Ziegelstein oder Stuck (Abb. 137). Später gab man das

144. (oben links). **Scarborough.** Avenue Victoria, um 1870. Sorgfältig ausgeführte mehrfarbige Backsteindekoration der spätviktorianischen Gotik.

145. (oben rechts). **London.** Sloane Gardens, SW1, ca. 1890. Vertikale gotische Verzierung kombiniert mit "Queen-Anne-Revival" und klassischen ("classical") Details, alles in rotem Backstein mit zahlreichen Formsteinen (vgl. Farbtafel 7).

146. (rechts). **Southend-on-Sea.** Essex, Palmeira Avenue, um 1902. "Quasi-detached"-Häuser (s. Abb. 149).

Basement und damit auch den Vorhof auf, die Portalhalle wurde zurückverlegt und schloß mit der Hausfront ab. Es entstand eine Vorhalle innerhalb der Vorderflucht (Abb. 118, 168, 170; Farbtafel 16). Um 1900 gab es eine Wiederbelebung der äußeren Vorhalle oder man brachte einfach vorkragende Dächer an, die aber nun in einem malerischen Cottage-Stil gehalten waren (Abb. 124).

Spätviktorianische Groß-Fassaden

Wir werden die rasch wechselnden Stile und Baumaterialien der spätviktorianischen Zeit noch in späteren Kapiteln behandeln: hier geht es mehr um einige Kompositionselemente. Charakteristisch für große Fassaden der Hauszeilen sind ab 1850 solide, polygonale, rustizierte Ausluchten, meist aus Backstein mit dickem Verputz, wie etwa in Brighton (Abb. 207), Eastbourne, Hastings oder Plymouth. Die Steinausluchten in Blackpool sind hingegen viel schlanker gehalten. In London folgen die riesigen Terraces in Grosvenor Gardens[36] in der Anlage denen von Kensington aus den 1860ern, führten aber auch neue Elemente ein. Die Proportionen sind noch schlanker und die Betonung der Höhe ist durch das neue Motiv des Mansardendaches und die ungewöhnlich hohen Schornsteine ausgeprägter. Jetzt gilt die Vertikale als Tugend, nicht mehr die Horizontale. Ähnliche Zeilen finden sich in Scarborough, aber mit High-victorian Farbenvielfalt im Detail (Abb. 144).[37] Etwa um die gleiche Zeit findet man Fassaden im Stil des Tudor Revival mit auffallenden Giebeln und großen Fenstern, mit steinernen Fensterkreuzen oder -Streben, etwa in Scarborough[38] und Harrogate. Aber schon um 1880 war dies nicht mehr die neueste Mode, denn das "Queen Anne Revival" oder "Pont Street Dutch" hatte West London (Abb. 145) bereits erobert. Auch hier zeigten die Reihenhäuser gotische Vertikalität, man dekorierte sie aber im Detail mit klassischen Motiven. Schließlich finden sich die Motive des "Domestic Revival" und des "Old English", wie Fachwerk und Schindelung, mit verschiedenen Materialien wie am alten Manor-house (Herrenhaus) gelegentlich an den großen Reihenhäuser-Fassaden (vgl. Farbtafel 15).[39] Nach 1900 markieren die Häuser der Palmeira Avenue (1902) in Southend-on-Sea (Abb. 146) mit ihren komplizierten, fast konfusen Vorsprüngen und Holz-Balkonen das Ende der geordneten Hauszeile. Die einheitliche, große Terrace war schon lange keine "fashionable"-elegante Wohnform mehr.

Von den frühen Häusern mittlerer Größe zu den Fassaden des späten Standardtyps

Ein Haus mittlerer Größe enthält gewöhnlich sechs bis elf Zimmer. Zu den hier beschriebenen Grundriß- und Fassadenformen gibt es für das Haus mittlerer Größe eine Reihe von Ausnahmen, z. B. das "Double Fronted" mit einer Tür zwischen zwei Fenstern (Abb. 47) oder das "Quasi-detached" (Quasi-Einzelhaus) und "Quasi-semi-detached" (Quasi-Doppelhaus). Bei beiden letzteren liegen die Nebenräume und die Korridore an den Seiten des Hauses. Äußerlich sind diese weniger reich geschmückt, so daß die Hauptteile des Hauses betont werden. Dadurch scheint es, als handele es sich um Einzelhäuser in einer Reihe (Abb. 147-149, vgl. Abb. 46).[40] Das Doppelhaus erweckte den Eindruck eines freistehenden Hauses und war ein entscheidendes Element in der Entwicklung des späten Reihenhauses.

Die Kriterien der großen Fassaden galten auch für mittlere Häuser, aber der Zusammenhang von Grundriß und Fassade war enger; nur selten konnten sich Bauherren Bauzier wie Säulen oder Portiken leisten. Es entstanden zunehmend Probleme an der schmaleren Fassade, z. B. mit dem "Alignment", der Achsialität der Fenster. Normalerweise gruppierten

Doppelhäuser und Quasi-Doppelhäuser (quasi-semis).

147. **Cheltenham.** Queen's Road, ein Doppelhaus (semi-detached), um 1840. Der Eingang liegt an der Seite (s. Abb. 47), die Fassade erscheint noch weitgehend als ein Stück traditioneller Terrace.

148. **London.** Wharton Street, 1840er Jahre, "Quasi-semidetached" (Quasi-Einzelhaus). Die Eingänge sind nach hinten versetzt, die Hauptteile zweier Häuser befinden sich unter einem gemeinsamen Giebel.

149. **London.** Altenburg Gardens, SW11, 1890er Jahre, "Quasi-detached". Die Wirtschaftsräume befinden sich zwischen den Haupthausteilen oberhalb eines ungewöhnlich weiten Ganges zur Rückseite des Hauses.

150. **Worthing.** Warwick Place, ca. 1820-30. Kleine Portale sind die einzige Dekoration.

152. (rechte Seite). **Ramsgate.** Augusta Road, um 1840. Bögen und Ausluchten (runde bzw. polygonale oder rechteckige Auslucht) finden sich nun auch an Häusern mittlerer Größe in den Seebädern, dann oft mit Balkonen kombiniert.

151. **Ramsgate.** Guildford Lawn, um 1840. Der Begriff "Lawn" für eine Terrace findet sich nur in Ramsgate.

153. **Liverpool.** Rochey Street, um 1800. Außer in London, Bath und Bristol finden sich nur noch in Liverpool größere Viertel mit spätgeorgianischen bis frühviktorianischen Zeilen mittlerer und größerer Kategorie.

154. **Newcastle-upon-Tyne.** St. Thomas Crescent, 1840er Jahre. Die Breite der Häuser erinnert an Schottland.

155. **Cheltenham.** Royal Parade, Bayshill Road, um 1840. Die Uneinheitlichkeit der oberen Fenster ist wahrscheinlich auf die veränderte Plazierung des "First-Floor-Drawing-Room" zurückzuführen.

sich die Öffnungen in den Fassaden regelmäßig und achsial aufeinander bezogen. Dies traf auch bei fast allen mittelgroßen Terraces in der Provinz zu. Im Norden sind zweistöckige Häuser auffallend breit angelegt (Abb. 154), was vielleicht auf schottische Anregungen zurückzuführen ist, zum Beispiel Leazes Crescent in Newcastle, Victoria Place in Carlisle und Northumberland Square in North Shields.[41] Auch die kleinsten Provinzhäuser haben ihre Fenster auf einer Achse, auch dann, wenn dadurch das Fenster im Inneren fast in der Ecke eines Raumes zu liegen kam.

Für die allgemein engeren Londoner Häuser herrschten andere Gegebenheiten. In den Handbüchern des 19. Jahrhunderts sind spezielle Londoner Fassadenschemata genau festgehalten, etwa bei Elsam und Simon (Abb. 2, 40, 41, 139). Die Fassaden der Häuser der Oberklasse hatte alle ihre Öffnungen achsial angeordnet, während dies bei den drei Klassen darunter nicht der Fall war: In den oberen Geschossen gab es meist zwei, oder bei kleineren Häusern nur ein Fenster je Stockwerk, die symmetrisch zur Mitte der Fassade lagen. Das Erdgeschoß besaß ein Fenster, welches in der Mitte des neben der Tür verbliebenen Platzes lag. Dieses Fenster brach daher aus dem Achssystem der oberen Fenster aus wie auch die Tür in keiner Weise achsial angeordnet war. Hätte man letztere unterhalb eines der oberen Fenster plaziert, so wäre der Eingangskorridor zulasten des Vorderzimmers viel zu breit geworden. Es gab einige Varianten dieses Londoner Schemas mit drei Fenstern in den oberen Geschossen und zweien im Erdgeschoß usw.[42] Nash experimentierte mit diesen Elementen an den mittelgroßen Fassaden von St. Andrew's Place in den 1820er Jahren, wo die Erdgeschoßfenster gänzlich aus der Ordnung herausfielen. In Park Square East hatte jedes Stockwerk drei Fenster bzw. Öffnungen jeweils achsial über denen des unteren Stockwerks. Wegen geringer Fassadenbreite wurden die Wandflächen zwischen den Öffnungen aber sehr schmal. Dieses System wurde in den 1830er und 40er Jahren für mittlere, dreistöckige Häuser mehrfach übernommen, z.B. im nahen Islington. Bald empfand man diese Anordnung jedoch als unschön.

Die Neigung zu größerem Detailreichtum, die wir in jenen Jahren bereits oben feststellten, gilt auch für mittelgroße Häuser. Der Sockel unter dem Piano Nobile, d.h. das Erdgeschoß, wurde oftmals betont, meist durch weiße Stuckverzierung und mit angedeutetem Rustika-Mauerwerk. Daher trat es als selbständiger Bauteil hervor, so daß die Divergenzen zu den oberen Geschossen nicht mehr so sehr ins Auge fielen (Abb. 173).

In Bristol waren die vielen mittleren und kleineren Häuser noch schmäler als in London. Auch dreistöckige Häuser hatten oft nur ein Fenster je Stockwerk, so daß sich die asymmetrische Position der Eingangstür krasser zeigte (Abb. 156-159, 177). Außerdem trennte man in Bristol die einzelnen Häuser einer Terrace oft durch Pilaster oder schmale Lisenen, einer noch aus dem Barock stammenden Tradition folgend. Weniger als in London zeigten sich hier über dem Erdgeschoß starke horizontale Trennungslinien. So befand sich die Tür an der Seite und die Fenster schwammen geradezu in der Wand (Abb. 157). In Bristol war das vereinheitlichende Element unverputztes Hausteinmauerwerk, das sich über die ganze Fassade zog, während man in London eher dazu neigte, die Fassade durch verschiedenartige Oberflächenbehandlung zu gliedern (Abb.157).

Eine Lösung dieser Probleme ergab sich erst mit der grundlegenden Änderung im Aufriß der Fassade, der wichtigsten Änderung in der Geschichte der Reihenhaus-Fassade überhaupt. Ein jedes Haus wurde nun an der Fassade in zwei Abschnitte aufgeteilt, in einen breiteren mit den Fenstern und in einen schmaleren mit dem Eingang. Es ist sehr wahrscheinlich, daß diese Gruppierung letztlich von dem neuen Typ des alleinstehenden Doppelhauses übernommen wurde (Abb. 47), an dem der Eingang gewöhnlich etwas zurückgesetzt an der Seite des Hauses lag. Der Erbauer der Häuser 99-103 Cotham Brow, Redland, in Bristol hatte offensichtlich einige Mühe, mit dem "Alignment" (der Achsialität) zurecht zu kommen. Bei den Eckhäusern gab es keine Probleme, weil die Tür seitlich plaziert ist und damit nicht in der Fassade liegt. An den mittleren Häusern dagegen orientieren sich die Öffnungen nicht an der Fassaden-Mittelachse (Abb. 159). In London sieht man bei einigen

156. **Bristol.** Granby Hill. 1790er Jahre. Häuser mittlerer Größe. Interessant die geringe Breite der Häuser und die willkürliche Plazierung der Fenster und Türen.

157. (rechts). **Bristol.** Byron Place, von Pope, Bindon & Clark, 1852. Viele Häuser mittlerer Größe in Bristol haben nur ein Fenster auf jeder Etage. Die Tür wirkt an die Seite gedrückt.

158. (ganz rechts). **Brighton.** Charles Street, frühes 19. Jahrhundert. Von Anfang an finden wir in Brighton Ausluchten an fast allen Häusern, fast immer aus Holz mit Stuck oder Ziegeln verkleidet.

159. **Bristol.** Cotham Brow, späte 1860er Jahre. Auch hier ist das Problem der Achsengliederung sichtbar (vgl. Abb. 2, 47).

Zeilen von etwa 1860 die neue Fassadenart in ihre Anfangszeit; dort springt der breitere Hausteil mit den Fenstern ganz leicht vor (Abb. 49). Die meisten Londoner dreistöckigen Fassaden zeigen seit etwa 1870-80 diese neue Form von "Alignment" (Abb. 160).

Zwei weitere wichtige neue Elemente, der Giebel und das Bay Window, kommen dieser neuen Gliederung entgegen. Charakteristisch für viele mittelgroße Bristoler Häuser der 70er Jahre in Clifton und Redland – oft handelt es sich allerdings um Doppelhäuser – sind die besonders großen, soliden polygonalen Ausluchten mit ihren meist abgewalmten Dächern. Viele Bay Windows mittelgroßer Häuser der Zeit vor 1860 waren dagegen nur schmächtige hölzerne Vorbauten. Jetzt aber wurden sie immer als Teile der ganzen Fassade, d.h. des Mauerwerks behandelt. Schon früher gab es Giebel an einigen gotisierenden Terraces, wie Wellington Park in Bristol,[44] aber hier erscheinen sie als künstlicher Aufsatz auf dem Kaffgesims. Später werden die Giebel immer als Fortsetzung der darunterliegenden Wand betrachtet. Viele der Giebel waren jetzt "bargeboarded", d.h. an ihrem Ortgang waren sehr breite und ornamental behandelte Windfedern angebracht (Abb. 193, Farbtafel 20). In Bristol waren die Häuser traditionell giebelständig, so daß die Giebel leicht vor den Dachraum gesetzt werden konnten. In London dagegen herrschte traufständige Bauweise vor, dort verband man die Giebel durch teilweise komplizierte Faltdachlösungen mit dem Satteldach.

Dies geht einher mit einer allgemeinen Wandlung der Traufbereiche. Nur in London, Bristol und Cheltenham setzte sich die klassische Methode, bei welcher der Dachfuß durch Gesimse und Balustraden versteckt wurde, noch lange fort (Abb. 29). Das bedeutete, daß eine Balustrade vor der Traufe den Blick von der Straße auf das Dach verstellte. Unter dem Einfluß des Cottage-Stils zeigte man aber in den siebziger und achtziger Jahren die immer mehr vorkragenden Traufüberstände und verkleidete diese oft mit horizontalen Brettern ("soffitboards"). In London erlaubte man eine ausladendere Traufe, anderswo wenn das Haus etwas weiter von der Straße zurücklag.[45] Je plastischer die Akzente der Fassaden, desto besser. In der Provinz neigte man in früheren Zeiten hingegen dazu, die Trauflinie sichtbar zu lassen, später bevorzugte man ein leichtes Vorkragen der Fassaden-Mauerkrone, auf welche man die Mauerlatte oder Fußpfette legte (Abb. 181).

Der Verzicht auf eine Fassaden-Symmetrie betonte zwangsläufig das Einzelhaus zulasten des altbewährten Konzepts der ganzen Terrace als einer Einheit. Bei der Beschreibung der Häuser dieser Zeit wird oft der Ausdruck "a terrace of villas" (eine Villenreihe) benutzt. Die optische Vereinzelung hatte bereits bei den großen Reihenhausanlagen in den 1830er Jahren in Cheltenham begonnen und breitete sich in den 1870er und 1880er Jahren auf alle Häuser mittlerer Größe aus. Freilich waren die Häuser einer Zeile aus wirtschaftlichen Gründen noch gleichförmig bzw. standardisiert.

Der Drawing Room, bzw. das Piano Nobile und dessen Akzentuierung in der Fassade bedurfte nun auch einer Lösung (vgl. Abb. 1, 41). Dieser Hauptraum befand sich in Häusern mit mehr als drei Geschossen meist im ersten Obergeschoss, das eine größere Geschoßhöhe aufwies und durch höhere Fenster in der Fassade gekennzeichnet wurde. In London war dies beim dreigeschossigen Haus mit Basement der Fall. Beim einfachen, zweigeschossigen Haus gab es normalerweise keine solchen Unterscheidungen. Bei dreigeschossigen Häusern ohne Basement, die in London kaum, aber in Bristol, z.B. Byron Place (Abb. 157), häufig vorkamen, war zuweilen unklar, welches Geschoß als Hauptgeschoß angesehen werden sollte, da alle Fenster gleich hoch waren. Problematisch wird es häufig bei Häusern mit zwei Geschossen und einem Basement, besonders Mitte des 19. Jahrhunderts. Zuweilen ist hier das Erdgeschoß mit großen Fenstern und einem Balkon ausgestattet, Elemente, die sonst dem Piano Nobile, als erstem Stock zukommen. Hier sind dann im Erdgeschoß die Hauptwohnräume zu finden, ob sie nun einen Drawing Room einschließen oder nicht. In der Etage darüber, dem obersten Geschoß, sind die Schlafzimmer untergebracht. Kurioserweise ist bei einigen wenigen Häusern das oberste Geschoß mit hohen Fenstern ausgestattet (Abb. 155).

160. **London.** Riversdale Road, N5, ca. 1880. Zwei typische Beispiele zeigen den Wandel der Fassadengestaltung um 1880.

161. **London.** Brecknock Road, N19. Links 1910-11; Mitte und rechts 1860-70er Jahre. Alle Häuser sind etwa gleich groß; aber der Stil der Anlage und das äußere Gewand haben sich radikal verändert.

162. (unten rechts). **London.** Coleman Road, SE5, 1880er Jahre. Ein frühes Beispiel des universalen Londoner und südostenglischen Standardtyps jener Jahrzehnte (vgl. Abb. 30, 55).

163. (ganz rechts). **Bristol.** Coronation Road, um 1890. Der Typ ist im wesentlichen der gleiche wie in London, nur die Details sind anders.

Farbtafel 14. (rechte Seite oben). **Liverpool.** Princes Avenue, späte 1880er Jahre. "Double fronted"-Häuser mit vielfältig geformten Backsteinen.

Farbtafel 15 (rechte Seite unten). **Bristol.** Downleaze, sehr eng gestaltete "semi-detached"-Häuser, von H. Dace Bryan, 1893, mit Elementen des "Old English".

164. **Plymouth.** Bedford Park, ca. 1890. Eine etwas ungewöhnliche Gliederung der Fassade, rechteckige Ausluchten und Erker im ersten Stock.

165. **Cardiff.** Tydfil Place, 1904. Häuser mit vier Schlafzimmern, die hohen Giebel markieren ein gehobeneres Niveau innerhalb des Standard Haustyps (vgl. Farbtafel 17).

166. (rechte Seite). **Portsmouth.** Laburnum Grove, um 1905-10. "Brass buttoned alley" genannt als Anspielung an die hier lebenden Unteroffiziere der Royal Navy. Die Dekoration entstammt dem Queen-Anne-Revival, z. B. die Türumrahmungen, oder dem Old English wie das Fachwerk, insgesamt ist sie aber noch streng geordnet. Eine Ausnahme bilden die weißen, glänzenden Fassadenbacksteine.

Eingänge um 1900
Farbtafel 16. **London.** Nansen Road, SW11 um 1890. Die grauen Backsteine werden "gault" genannt.

Farbtafel 17. **Cardiff.** Tydfil Place 1904 (vgl. Abb. 165).

Farbtafel 18. **Portsmouth.** Chichester Road, um 1900. Der Hausteindekor ist gewöhnlich bemalt.

Farbtafel 19. **Cardiff.** Albany Road, ca. 1905.

167. **Manchester.** Platt Lane, um 1910.

168. (oben rechts). **London.** Woodberry Crescent, N10, um 1907-11. Es gibt kaum noch präzise historische Stilmotive, nur noch Elemente des Cottage Design, wie Rauhputz, Kiesbewurf und Fachwerk. Der Eindruck der Fassade ist gedrückt und nicht mehr elegant hochstrebend.

169. (rechts). **Cardiff.** Albany Road, um 1900-05. Eine besonders sorgfältige Ausgestaltung des Aufgangs zur Haustür durch den Vorgarten.

170. **Worthing.** Stanley Road, ca. 1880. Auf ungewöhnliche Weise ist hier die "Auslucht" hinter die Fassade gezogen und mit den Eingängen kombiniert.

171. **Reading.** Liverpool Road, um 1900. Die regelmäßigen Giebel und die Ausführung der Gesamtanordnung ist für die Jahrhundertwende bei kleinen und mittleren Häusern wie hier sehr außergewöhnlich. (Für den farbigen Backstein vgl. Abb. 29, 30).

Handelte es sich hier um eine rein formale Reminiszenz an das Piano Nobile größerer Häuser? Im späten 19. Jahrhundert wurde das Problem eigentlich nicht gelöst, sondern eher vergessen. Im typischen späteren dreistöckigen Londoner Haus sind das Erdgeschoß und der erste Stock fast immer von gleicher Höhe, möglicherweise, weil diese Häuser oft von mehreren Familien bewohnt wurden (Abb. 160). Der spätviktorianische Standardtyp, dessen Grundriß wir eingehend beschrieben haben, hatte gewöhnlich nur zwei Stockwerke gleicher Höhe, aber zusätzliche Räume konnten ohne weiteres im Dachgeschoß untergebracht werden, das steile Dach spielte jetzt in der Fassadengestaltung eine wichtige Rolle. Mehrere Räume befanden sich, wie wir gesehen haben, auch in der Back extension. Im ganzen war jetzt sogar bei größeren Häusern die imponierende Fassade und Höhe des Hauses aus der Mode gekommen (Abb. 161).

Außerdem strebte man zu der Zeit bereits danach, den Garten direkt von den Haupträumen aus betreten zu können. Daher wurde der erste Stock als Hauptgeschoß endgültig aufgegeben. Diese Entwicklung, die bei Landhäusern bereits um 1800 stattgefunden hatte, galt jetzt für alle Hausgrößen und -typen, abgesehen von kleineren und kleinsten Häusern, bei denen es nie ein Piano Nobile gegeben hatte. Der direkte Zugang zum hinteren Garten belegt eine wichtige Änderung der Grundriß und Funktionszuweisung, zumindest für ein Haus mittlerer Größe in einem Londoner Vorort. Abgesehen von einigen spezielleren Entwicklungen und Veränderungen baute man nun zwei etwa gleich hohe Geschosse zuzüglich Dachgeschoß.

172. **Reading.** Pell Street, ca. 1890. Eine Gruppierung, die man gelegentlich in kurzen, gewundenen Straßen wählte. Die Häuser stehen versetzt und nicht wie üblich parallel zur Straße.

Zweistöckige Fassaden mit zweistöckigen, viereckig oder polygonalen Bay Windows, mit einfachen oder abgewalmtem Giebel waren die sich immer wiederholenden Variationen des spätviktorianischen Standardreihenhauses mittlerer Größe (Abb. 48, 55, 162-167). Die ersten Londoner Beispiele lassen sich bis in die späten siebziger und frühen achtziger Jahre zurückverfolgen, wie etwa Brook Road in Hackney (N16). In den 80er Jahren verbreitete sich der Typ in allen Londoner Vororten wie Peckham (Abb. 162), Brixton, Kilburn usw., ab 1890 in den Städten des Südens, Brighton, Portsmouth und Cardiff. Immer noch gab es Spielraum für regionale Varianten oder ortstypische Eigentümlichkeiten. Plymouth und Southend-on-Sea hielten sich mehr an die schweren, rechteckigen Ausluchten, im Gegensatz zu Bristol (Abb. 163) oder Portsmouth (Abb. 166),[46] wo ein feinerer Steindekor vorherrschte. Gelegentlich wurden zwei Bay Windows nebeneinander liegender Häuser mit einem großen Giebel zusammengezogen (Farbtafel 1, Abb. 148),[47] ein deutlicher Anklang an das Doppelhaus. Man trifft auch eine Verlängerung der über die Ausluchten vorspringenden Dächer, über der Eingangspartie der Fassade, oder eine bloße Fortsetzung der Dachrinne zwischen den Giebeln (vgl. Abb. 148).[48] Die eleganten Bows am Devonshire Place im nördlichen Newcastle erinnern an schottische Formen.

Nach 1900 wurden die dekorativen Elemente des voll entwickelten Domestic Revival auch bei Häusern mittlerer Größe übernommen, so die "Pargotting"(Putz)Stuckatur z.D. in Muswell Hill, London (Abb. 56) und der an Voysey erinnernde "Pebble Dash", der Kiesbewurf-Putz (Abb. 168),[49] oder partieller Fachwerkschmuck. Offensichtlich gab es einen unwiderstehlichen Zwang, Wiederholungen an den Fassaden zu vermeiden. Crawford Gardens in Cliftonville, Margate, von 1905 kann man schon nicht mehr als Terrace bezeichnen, da die Fassade jedes dieser vier Häuser völlig anders gestaltet ist. Regelmäßigkeit und elegante Proportionen sind vollends verschwunden.

Das englische Reihenhaus

173. **London.** Westport Street, E1, um 1840. Das kleine, gewöhnliche georgianische Londoner Haus (vgl. Abb. 41) wurde durch modischen Stuck dem Zeitgeschmack angepaßt.

174. (oben rechts). **Stafford.** Goal Road, Hausreihe um 1820-60. Klein, aber nicht winzig, mit einigen Proportionen und Dekorationselementen des englischen "classical" Stil (vgl. Abb. 5).

175. (rechts). **Cambridge.** Jesus Terrace und New Square, um 1830. Die Häuser sind kleiner als in Stafford, aber die Anstrengung eine "klassische" Fassade zu imitieren, noch deutlicher.

176. (rechte Seite). **Leamington.** Rugby Road, um 1830.

177. **Bristol.** Windsor Terrace, um 1870. Wie in London betonte man auch in Bristol die Klassenunterschiede der Fssade durch fehlende Ausrichtung der Öffnungen bei kleineren Häusern (vgl. Abb. 41).

178. **Aberaman** nahe **Aberdare.** Süd Wales, North View Terrace, Teil einer Industrielandschaft, um 1890-1900.

179. **Manchester.** Wren Street und Nut Street, 1880er Jahre (vgl. Abb. 27).

180. **Barrow Hill.** Derbyshire, um 1900-05.

181. (rechts). **Birmingham.** Walford Road, ca. 1900.

182. (ganz rechts). **Sunderland.** Wharncliffe Street, ca. 1850er Jahre. Die überwiegend einstöckigen Häuser dieser Stadt bilden eine Ausnahme in England (vgl. Abb. 63).

Die Fassade des kleinen Hauses

Hat das kleine Reihenhaus überhaupt eine "Fassade" im Sinne der bisher diskutierten Architektur? Da die meisten kleinen Häuser aus der Zeit vor der Mitte des 19. Jahrhunderts zerstört sind, ist die Entwicklung kaum zu überblicken. So können wir hier nicht – wie auch bei der Planung des kleinen Hauses – die Formen bis zu ihrem Ursprung in der traditionellen ländlichen Bauweise zurückverfolgen. Im Wesentlichen untersuchen wir die spätere Entwicklung sowie die Übernahme von Elementen aus der größeren Architektur am kleinen Haus (Abb. 173-83).

In der ersten Hälfte des 19. Jahrhunderts konnte man noch mehrfach neue kleine Häuser finden, die eher Hütten gleichkamen. Sie hatten ein breites, reetgedecktes Dach, kleine, oft unregelmäßig plazierte Fenster und ein niedriges Obergeschoß. Im städtischen und ländlichen Raum unterschieden sich die Häuser kaum. Nur bei den engeren Hauszeilen der neuen großen Städte schien es ein geordnetes Aussehen zu geben. Viele Häuser waren dort dreistöckig, das oberste Geschoß war dann gewöhnlich sehr viel niedriger als das vergleichbare Geschoß besserer Häuser. Die Dächer hatten meist nur eine flache Neigung. Die Fenster waren vorwiegend streng übereinander angeordnet, zumeist Schiebefenster und viele zeigten die üblichen georgianischen Proportionen (Abb. 61). Ihr Rahmen war gewöhnlich nach altmodischer Art mit der Fläche der Außenwand bündig (Abb. 69) im Gegensatz zu der nach innen versetzten Rahmung wie bei besseren Häusern. Dekoration gab es eigentlich nicht, höchstens einige Rustikaimitationen an den Fensterstürzen (vgl. Abb. 174) oder an einer hölzernen Türüberdachung. Diese Hausfronten sind Grenzfälle von "Fassaden" im traditionellen Wort.

Gelegentlich hielten sich noch bis in die zweite Hälfte des 19. Jahrhunderts eindeutig ländliche Techniken. Eine Hauszeile entlang einer steil bergab führenden Straße wurde nicht abgetreppt, um die Firste und Traufen jeweils horizontal verlaufen zu lassen, sondern beides folgte dem Gefälle der Straße. Vor allem in Rochdale und Oldham kann man das heute noch sehen. Dort ist die Neigung mitunter so stark, daß die Decke in den oberen Räumen abgeschrägt werden mußte (vgl. Abb. 62). Die Türen der Cottages waren breit und niedrig, heute noch vorhanden bei späten Häusern in Bury und Carlisle im Nordwesten des Landes aus der Mitte des 19. Jhds. (vgl. Farbtafel 5). Fensterstürze wurden recht primitiv mit Backsteinbögen oder Sturzsteinen konstruiert. Letzteres war besonders im Norden der Fall, etwa in Bradford, wo man die örtliche Steinsorte benutzte (Abb. 84).

Es gab kleinste Häuser für Landarbeiter, seltener für Industriearbeiter, die sehr sorgfältig von Architekten im Auftrag der jeweiligen "paternalistisch-philanthropischen" Grundbesitzer entworfen wurden und gelegentlich im Stil weit fortschrittlicher waren als zu gleicher Zeit entstandene größere Häuser. Sie sind aber die Ausnahme und interessieren uns hier weniger. Zwischen den Extremen herkömmlicher, einfacher Häuser und den von Architekten entworfenen fortschrittlichen Typen gab es zahlreiche Lösungen. In manchen Städten, in denen es eine systematische Planung gab, z.B. in Kurorten, wurden die Erbauer kleiner Häuser genau überwacht. Als Beispiel mag die Gestaltung der wohlgeordneten, weißen Reihen in Leamington (Abb. 176) und Cheltenham (z.B. Sandfort Street) dienen. In Cambridge erließen Colleges als Bauträger Auflagen zur Regelmäßigkeit sogar für einige der kleinsten Häuser, etwa am New Square um 1830 (Abb. 175). In London war die Bauweise vielfältiger als anderswo. In Straßen mit kleinen Häusern, die in der Nähe besserer Viertel lagen, wurden die Fassaden sorgfältiger gestaltet und gepflegt, etwa in der Kelly Street in Camden (vgl. Abb. 175, 176);[50] hier haben die Häusergruppen sogar zusammenfassende flache Giebel sowie elegant stuckierten Putz, was an größere Anlagen in Modellstädten erinnert. In den ärmeren Teilen Londons verwandte man bis in die 80er Jahre nur wenig Sorgfalt auf die Fassaden (Abb. 216), die widersinnigsten Lösungen wurden hier sogar bis in die 1860er Jahre gebaut.

183. **Norwich.** Wellington Road, 1880er Jahre.

Ein Element der Frontseite, die traditionelle Attika, hinter der das Dach versteckt wurde, war sowohl allen kleinen Häusern in London (Abb. 173, 216) und Bristol (Abb. 177) als auch den Fassaden der größeren Häuser bis gegen 1880 gemeinsam. Bei kleinen Häusern wurde die Funktion der Attika von einer einfachen Brüstung ("parapet") übernommen. In den anderen Städten herrschte bei kleineren Häusern fast durchweg das traditionelle Traufendach vor. Wiederum im Gegensatz zu den übrigen Städten folgten die kleinen Häuser in Bristol und London dem Schema nicht übereinander liegender Öffnungen in der Fassade. Selbst in den äußeren Vororten Londons, die damals noch nicht zur Stadt gehörten, findet man zuweilen kleine Häuser mit dem provinziellen Schema der achsialen Fassade und bei Traufständigkeit. Auf das Problem der Statushierarchie Londoner Fassaden ist im letzten Kapitel noch einmal zurückzukommen.

In der zweiten Hälfte des 19. Jahrhunderts setzte sich, wie wir sahen, der Standardgrundrißtyp mit vier oder fünf Räumen weitgehend durch. Man kann ab 1860/70 auch von bewußt gestalteten "Fassaden" sprechen, das gilt auch für jene Häuser, die nicht dem regulären Grundriß angehören, wie die Back-to-Backs. Es gab mehrere nicht von der Ästhetik betimmte Faktoren, die diese Entwicklung beeinflußten. Alle Häuser waren jetzt höher, da die Byelaws der 1850er Jahre, spätestens aber ab 1875 Raumhöhen unter 8 Fuß (2,44 m) im Hauptteil des Hauses verboten. Die Häuser erschienen auch deshalb höher, weil der Fußboden des Erdgeschosses nicht mehr direkt auf dem Erdreich aufliegen durfte, sondern ein Luftraum von mindestens 6 inch (0,15 m) zur Ventilation unter dem Fußboden Vorschrift wurde. Schließlich führten Standardisierung und Massenproduktion im ganzen Land zur Vereinheitlichung vieler Fassaden-Elemente, z.B. der Fenster. Aus rein ökonomischen Gründen einer Grundstücksausnutzung waren schmalere – und dadurch zwangsläufig höher wirkende – Häuser günstiger (vgl. Abb. 179).

Als Folge dieser Faktoren und des Bedürfnisses, die Fassaden besserer Häuser zu imitieren, breitete sich im späten 19. Jahrhundert eine umfassende Standardisierung der Fassade bei kleinen Häusern aus. Ein weiteres neues Element des kleinen Hauses war um 1900 das (gleich ob mit Schiefer oder Ziegel gedeckt) relativ steile Dach (Abb. 183). Dies gibt dem Bild der Häuserzeile einen eher mächtigen und ruhigen Charakter. Sonst sind die Proportionen jetzt meist schlank, die Türen klein und oft sehr eng (Abb. 175, Farbtafel 9). Die Fenster folgten immer noch den Standardproportionen der georgianisch-klassischen Epoche. Alle Öffnungen haben reguläre Stürze. Diese sind nicht dünn und flach, sondern von einer gewissen Stärke und damit Höhe, so daß sie an klassische Architrave erinnern. Nicht zu vergessen sind schließlich die ordentlichen, gepflasterten und mit Entwässerung versehenen Straßen mit sauberen Fußwegen, die das Bild einer "respektierlichen" Zeile oder Terrace vervollständigen.

Am meisten wünschte man sich am kleinen Haus das Bay Window, die Auslucht. Sie gab es in vielen Ausführungen angefangen bei dem vor die Fassade vorkragenden Fenstersturz für das Ergeschoßfenster über das dreiteilige Fenster im Erdgeschoß (Farbtafel 22), die kleinen hölzernen Ausluchten (vgl. Abb. 14, 183), z.B. in Birmingham (Abb. 181), bis zu dem größeren und solideren Bay Window aus Stein oder Terrakotta an den kleinen Häusern (Abb. 53), hier aber nur im Erdgeschoß. Die weitere Dekoration der Fassade, ihre Form und Farbe, war beim kleinen Haus mehr als bei größeren hauptsächlich durch die natürliche Beschaffenheit unterschiedlicher Baustoffe geprägt. Diesen werden wir uns im nächsten Kapitel zuwenden.

15. Dekoration: Baustoffe und Techniken

...achitecture is itself a real thing. / Architektur ist etwas Dingliches.

John Ruskin 1849[1]

Oft findet der Bauprozeß bei Architekturhistorikern nicht genügende Beachtung. Die Vorstellung von einem vollendeten Gebäude oder die Zeichnung des Architekten erscheinen wichtiger als die Ausführung selbst. Bei den meisten Durchschnittsbauten war hingegen die Konzeption des Architekten von geringerer Bedeutung, wenn es sie überhaupt gab. Da die Gesamtanlage meist bestimmten Konventionen und Traditionen folgte, konnte man eigentlich nur unter Baustoffen, Techniken und Details der Dekoration wählen. Die Auswahl trafen aber meist die am Bau Beschäftigten, die Handwerker und Baustoffhändler. Dies gilt nicht nur für Reihenhäuser, sondern auch für Doppelhäuser, kleinere Villen und sogar für die einfacheren Geschäftsbauten.

Rasch wechselten im 19. und 20. Jahrhundert die Vorlieben für bestimmte Materialien und Techniken und immer gab es unterschiedliche Urteile und architektonische Lehrmeinungen. Für jene, die Bauten unter dem Aspekt der "Arts and Crafts" beurteilten und alles mit den Augen von William Morris oder Ernest Gimson sahen, galten nur weiche Farben, leichter Verputz, unregelmäßiges Steinmauerwerk und rauher, handgefertigter Backstein. Die glatten, roten oder gelben, maschinengepreßten Backsteine des späten 19. Jahrhunderts waren ihnen zuwider. Die Neugotiker um Pugin beharrten auf unverkleidetem Mauerwerk und verurteilten jeden Verputz. Stuckdekoration war im 19. Jahrhundert um 1830-40 überall in England Mode, wurde dagegen in den Jahren 1870-90 fast völlig gemieden und um 1890-1900 in beschränktem Maß wieder genutzt. Wir müssen also unseren eigenen Geschmack beiseitelassen, wenn wir die Entwicklung der Baumaterialien in ihren zeitlichen Entwicklungsstadien untersuchen wollen.

Wir haben bereits die Veränderungen zahlreicher Bauprozesse behandelt, die sich in einigen Branchen aus der Entwicklung vom lokalen Handwerk hin zur nationalen Industrie ergaben. Eine zunehmende Mechanisierung der Produktion führte zur Standardisierung von verschiedenen Qualitäten und Preisen. Dazu kommt die Revolution in Transportwesen und Vertrieb. Wir werden Materialien und Techniken später gesondert behandeln. Für das spätere 19. Jahrhundert ist es typisch, verschiedene Baustoffe nebeneinander zu verwenden (Farbtafel 20). Schon seit 1850 standen Backstein und Haustein in scharfem Wettbewerb zueinander.[2] Am Ende des 19. Jahrhunderts konnten Bay Windows in Stein, Holz oder in Backstein geliefert werden, wobei sich die Kosten wesentlich unterschieden.

In Grantham, Doncaster und Leicester findet man Ausluchten verschiedenen Materials nebeneinander. Im frühen 19. Jahrhundert gab es nur wenige Gegenden, wo man Hau- und Backstein parallel nutzten konnte, wie in Leeds oder Sheffield, aber gestalterisch wurde diese Kontrastmöglichkeit kaum genutzt. Man hatte wenig Interesse an der Materialgerechtigkeit. Einige Baustoffe wurden dazu benutzt, um teurere zu imitieren: Stuck wurde so behandelt, daß er wie Haustein aussah, und Holz ersetzte an Veranden oft Guß- oder Schmiedeeisen (Abb. 215). Gelegentlich wurde sogar Metall verwandt, um Holz zu imitieren: Dünne Fensterkreuze des Regency führte man zuweilen in Metall aus und strich sie wie Holz an (vgl. Abb. 201). Erst im späten 19. Jahrhundert benutzte man verschiedene Baustoffe als Kontrast. In Folkestone wurde Kalk-, mit Back- oder auch Sandstein kombiniert, in Cardiff der örtliche Bruchstein mit rotem, glatten Ruabon-Backstein oder auch gelbem. In Plymouth zeigten im späten 19. Jahrhundert Häuser der Standardgröße zwei Backsteinsorten, den örtlichen, bläulichen Kalkstein, den glattgeflächten braunen Kalkstein, wie er in Bath verwendet wurde, sowie dazu Holz, Rauhputz und andere Materialien.[3] Sogar Fassaden der kleinsten Häuser, ob in Norwich, Manchester, Portsmouth oder Carlisle zeigten in Backstein eingefügte kräftige Tür- und Fensterstürze aus Stein. Man führte jetzt Baumaterialien aus größeren Entfernungen heran, nutzte aber auch die lokalen Vorkommen stärker aus.

Wie diese Entwicklung das Bauhandwerk beeinflußte, ist kaum bekannt. In früherer Zeit bewahrte jeder Handwerkszweig seine Unabhängigkeit. Auch wenn zuweilen ein Handwerk in das Arbeitsgebiet eines anderen eindrang, z.B. durch billige Imitationen. Eine Kombination von Baumaterialien kam jedoch selten vor. Später, als mehrere Gewerke unter einer Bauleitung gemeinsam tätig waren, zögerte man nicht, verschiedene Baustoffe an demselben Gebäude gemeinsam zu verwenden. So brauchte kein Handwerkszweig Material und Techniken eines anderen zu imitieren; nie wieder wurden so viele verschiedene Baustoffe nebeneinander verwandt wie von 1870 bis 1910.

Naturstein

Clifton-Taylor's Untersuchung englischer Steinvorkommen und ihrer Bearbeitungsmethoden gilt auch für das 19. und 20. Jahrhundert, diesbezügliche Veränderungen sind nur quantitativer Natur. Die Verwendung von Backstein für tragende Mauern auch in den traditionellen Natursteingegenden nahm wegen deren Regelmäßigkeit zu; zudem waren die Backsteine bautechnisch praktischer und billiger. Demgegenüber erschien Haustein für Fassaden-Ornamente und -Verblendungen nun häufiger auch bei Bauten billigerer Häuser und in Gegenden, wo Stein eine teure Seltenheit war. Der Grund dafür lag hauptsächlich in der neuen mechanischen Technik des Steinebrechens und ihrer Bearbeitung sowie im modernen Transportwesen. An englischen Fassaden wurde nie so ausgiebig Haustein benutzt wie zwischen 1860 und 1930. Stilmoden wie Sozialstatus taten dem Naturstein im Gegensatz zu anderen Baustoffen kaum Abbruch, nur Sorten und Bearbeitungen änderten sich, weil immer wieder andere Farben in Mode kamen. Um die Mitte des 19. Jahrhunderts, als man für die Architektur Farbenvielfalt und kräftigere Töne bevorzugte, wurde vom Weiß des im 18. und 19. Jahrhunderts beliebten Portland-Steins zum Gelb des Bath-Steins sowie Braun des Sandsteins gewechselt. Man hatte sich für die wenigsten Terraces den als ideal empfundenen Portland-Stein leisten können. Um 1900 wurde bei großen öffentlichen und Geschäftsgebäuden wieder auf das Weiß des Portland-Steins zurückgegriffen.

In England gab es außer in Bath und – vor allem – in Bristol nur in wenigen Städten gute Steinmetzbetriebe. London hatte nichts Vergleichbares zu bieten. Allerdings ist der (Kalk-)Stein aus Bath relativ leicht zu bearbeiten. Wegen regelmäßiger Quadertechnik mit schmalen, kaum wahrnehmbaren Fugen fallen die extrem glatten Flächen auf (vgl. Abb. 2, 125, 129, 141, 155, 157, 184, Farbtafel 21).[4] Mitte des 19. Jahrhunderts gab es Reihenhäuser mit völlig ebenen Fassaden, nur Türen und Fenster waren von flachplastischen Steinfaschen umgeben.[5] Hinzu kam die Tradition feinster skulpierter Ornamentierung,[6] an Simsen und Balkon-geländern. Man imitierte sogar dünne Eisenstäbe wie bei den Hausteinbalko-

184. **Bristol.** Lower Redland Road um 1870. In Bristol lebte die Tradition des glatten Quadersteins (Ashlar) noch lange fort, wenn auch vermischt mit klassizistischen und viktorianischen Motiven.

185. (oben rechts). **Bristol.** All Saints Road, Clifton 1872. Haustein und Bruchstein mit ungewöhnlich reicher gotischer Dekoration.

nen der Häuser am Buckingham Place um 1830. Später waren die Schmuckelemente häufig von der Neugotik oder von den abstrahierenden Pflanzendekorationen der South Kensington Schule beeinflußt (Abb. 184, 185).[7] Eine andere Oberflächenwirkung erzeugt der unbehauene Stein, das "rubble", Bruchsteinmauerwerk (Abb. 186). Seine Verbreitung hatte im 19. Jahrhundert verschiedene Ursachen. Erstens war Bruchstein billiger als Quaderstein, zweitens tat dann die Ästhetik des "Picturesque" (Malerischen) ein übriges zur Bevorzugung dieses Bruchsteinmauerwerks, weil man das Rauhe, Vielgestalte als "naturgemäß" ansah. Bei den meisten Bruchsteinhäusern des frühen und mittleren 19. Jahrhunderts ist nicht auszumachen, welcher der Gründe maßgeblich zu diesem Baustoff führte. Bruchsteine fanden sogar an den Fassaden der besten Häuser als Rustika besonders Verwendung am Erdgeschoß; wegen ihrer Größe waren die Steine hier sehr teuer und ihre Kanten häufig sorgfältig bearbeitet (Buckelquader). In den 1850er Jahren finden wir bei einigen vornehmen Villen in Clifton eine deutliche Wendung von Haustein und Stuck hin zum Bruchstein – ein Beispiel für eine Entscheidung nach ästhetischen, kaum nach finanziellen Erwägungen. Gegen 1800 war Nash wohl der erste, der Bruchsteinmauerwerk bei einem kleinen Landhaus in Luscombe/Devon einführte.[8] Später behauptete Pugin in den *"True Principles"* von 1841, daß die Bauweise mit kleinen, unregelmäßigen Steinen solider sei als jene mit glatten und großen. Stevenson fand Bruchsteinmauerwerk "more homely" (heimeliger) als Werk- bzw. Haustein.[9]

In Bristol wurde nahezu jede Mauer traditionell aus Bruchsteinen hergestellt, jedes dortige Haus besteht buchstäblich daraus. Seit 1850-60 wird das Baumaterial auch überall gezeigt. Es ist ein blaugrauer, grobkörniger Sandstein ("Pennant Stone"). Er stellt einen starken Kontrast zu den Quadern aus gelbem bis braunem Bath-Kalkstein dar, den man zur Einfassung der Gebäudeecken, Türen und Fenster benutzte. Dies gab dem Bau eine Art konstruktives Rahmenwerk, was der spätviktorianischen Akzentuierung der Fassadenkonturen und der Auslucht diente (Abb. 163, Farbtafel 15). Derartige Steindekoration finden wir auch bei vielen Villen und Reihenhäusern in Weston-super-Mare.

Auch Cardiff lehnte sich stark an Bristol an. Die meisten Bauten fallen hier noch reicher aus, da das spätviktorianische und edwardianische Cardiff im späten 19. Jahrhundert durch den sich rasch entwickelnden Hafen einen starken Aufschwung nahm. Früher verwandte man dort meist kaum klassifizierbaren Back- oder Bruchstein, der verputzt und übertüncht wurde. Auch in Cardiff gibt es den blaugrauen, grobkörnigen Pennant-

186. Bruchsteinmauerwerk wurde wieder populär (im späteren 19. Jahrhundert handelte es sich dabei oft um eine Art Verblendmauerwerk). Es kann hier nur eine ungefähre Übersetzung der komplizierten und oft inkonsequenten Terminologie gegeben werden.
(Von oben links nach rechts unten): Unregelmäßiges Bruchsteinmauerwerk, trocken und mit Mörtel; Rag Stone: grober, dunkelgrauer Kieselsandstein; Galleting: Fugen mit Steinsplittern; Flint: Feuerstein (mit Backstein- oder Ziegelschichten). Unregelmäßiges Bruchsteinmauerwerk in Schichten; Schichtmauerwerk mit bearbeiteter Oberfläche und Werksteinkanten; Rock faced: Bossenquader oder Rustika. Regular Coursed Rubble – an anderen Quellen heißt diese Mauerart auch "Block in Course", der Unterschied zu Ashlar (Werksteinmauerwerk) ist gering (Ashlar: die Fugen sind kleiner als ein Achtel Zoll (3,16 mm) breit und die Steine mehr als 12 Zoll tief (30,5 cm).

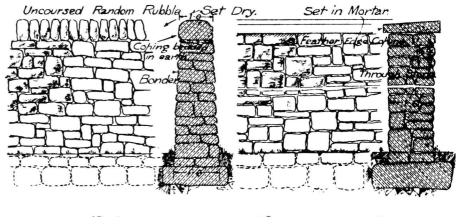

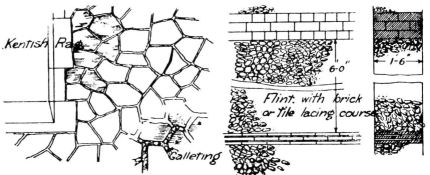

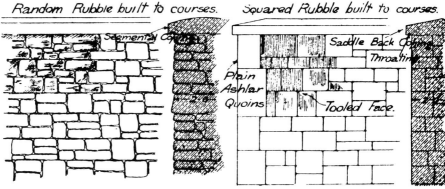

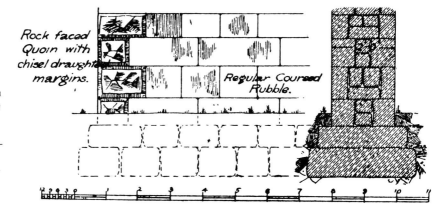

187. (rechte Seite oben). **Cardiff.** Cathedral Road, ca. 1890. Teil der Seitenwand einer großen Terrace.

188. (rechte Seite mitte). **Consett.** County Durham. Der rohe Sandstein an kleineren Häusern; man bemerke besonders die rohen Eckblöcke.

189. (rechte Seite unten). **Huddersfield.** Yorkshire. Schwer, aber doch noch zu erkennen, die subtilen Kontraste im Grad der Steinbehauung zwischen Fassade und Seitenwand.

Dekoration: Baustoffe und Techniken 203

Sandstein: Mit Platten aus solchem Material wurden hier Backsteinmauern verkleidet (Abb. 165, 187, Farbtafel 17, 22). Vorbild war Clifton. Außerdem übte die Neugotik von John Prichard und William Burges in Cardiff starken Einfluß aus, deren weitere Varianten Backstein und Bath-Kalkstein waren. Cardiff schwelgte noch mehr als Bristol in Kombinationen von Bruchstein, Backstein, poliertem Granit und anderen Materialien. Weitergehende Differenzierung des rohen Mauerwerks über den üblichen Bruchstein hinaus führte wohl E.W. Godwin an einem Haus in Rockleaze bei Bristol aus dem Jahre 1865 ein[10] und um 1890 bei großen Reihenhäusern der Cathedral Avenue und Wyndham Street in Cardiff (Abb. 187).

Ein anderer bedeutender Stein in England ist "York". Diese Herkunftsbezeichnung bezieht sich im allgemeinen auf die Sandsteinvorkommen des Berglandes von Nottinghamshire und Derbyshire, das sich über Lancashire und Yorkshire und weiter nach Norden zieht. Er ist härter und somit schwieriger zu bearbeiten als die "Bath-Sorte". Deshalb finden sich in diesen Gegenden weniger feine Steinmetzarbeiten, dafür aber mehr einfache, scharfkantig ausgeführte Profile (Abb. 123, Farbtafel 23). Andererseits scheint dieses Material größere Formenvielfalt und breitere Anwendungsmöglichkeiten der Fassadendekoration erlaubt zu haben. Bezüglich Vielfalt und Entwicklung der Bearbeitungstechniken des "York" stehen die Häuser von Harrogate an erster Stelle. Hier beeindrucken die schweren Fassaden mit ihren enormen, rechteckigen Bay Windows in Park View aus den 1870-80er Jahren. Rustika-Techniken wurden in unterschiedlichster Art angewandt, etwa in "vermicular" (geschlängelter Verzierung) und bei der Eckquaderung. Reichlich finden sich schwere, klassizistisch inspirierte Profile, aber auch gotisch orientierte, gleichmäßige Bruchsteinfassaden ("squared rubble") mit bündigen Fenster- und Tür-Faschen (Farbtafel 23).[11] Bei Häusern des späten 19. Jahrhunderts kann man auch hier schwer beurteilen, ob es sich um traditionell verwandten Bruchstein oder dessen Wiederentdeckung handelt. Vergleiche früherer mit späteren großen Häusern in Harrogate zeigen aber eine Zunahme des Bruchsteinmauerwerks, vor allem bei reicheren Bauten (vgl. Abb. 189).[12]

Auch bei kleinen Häusern des späten 19. Jahrhunderts in dieser Gegend verfeinerte sich die Bruchsteinbearbeitung und Hausteinteile kommen hinzu. Neue Cottages unterscheiden sich von alten durch Verwendung von Haustein für Tür- und Fensterumrahmungen. Aus dem flachen Sturzstein für Fenster und Türen wurde ein hochkant versetzter, nun an Architrave erinnernder Stein (Abb. 83, 84). In Newcastle haben alle späteren Häuser bei zweiteiligen Fenstern auch Fensterlaibungen aus Haustein. Schwellen und Fensterbrüstungen (Abb. 103) aus härterem York-Sandstein waren schon immer überall im Lande Merkmal des besseren Hauses. Im späten 19. Jahrhundert findet man eine sorgfältige Abstufung der Bruchsteinfläche zwischen Vorder- und Hinterhaus auch bei den kleinsten Häusern in Burnley (Farbtafel 10), Accrington, Huddersfield oder Consett (Abb. 188). In einigen Gegenden hielt sich die Bruchstein-Mauertechnik sehr lange, bevor sie vom Ziegelbau verdrängt wurde. Im *Tudor Walters Report* wird aus einigen Regionen ein Übermaß an Steinbearbeitung ("dressing") berichtet, wodurch kleine Häuser unnötig kostspielig würden.[13] Dies läßt sich vielleicht mit dem *Cost of Living Report* von 1908 in Verbindung bringen, wo es heißt, daß man in Huddersfield, wo York-Sandstein abgebaut wurde, die Qualität des billigeren Backsteins für Außenmauern als ungenügend ansah und daher die teurere Steinart bevorzugte (Abb. 77, 83, 189).[14] Die Hausteinindustrie versuchte, den Sieg des Backsteins aufzuhalten!

Zunehmend wurde die Arbeit im Steinbruch mechanisiert. Im 18. Jahrhundert führte man kleine Pferdebahnen ein, um 1900 benutzten die meisten großen Steinbrüche fahrbare Dampfkräne und nur wenig später wurden Preßlufthämmer eingeführt. Schon 1824 verwandte ein James Tulloch aus der Esher Street, Millbank, London, dampfbetriebene Steinsägen und Poliermaschinen.[15] Um 1857 sägte man Marmor mechanisch[16] und bald darauf bearbeitete man mit der "Stonemason"-Maschine die meisten Steinsorten.[17] Ab etwa 1880 wurden oft Granitsäulchen, zumeist aus Schottland, verwandt, aber nur selten für kleinere

Farbtafel 20. (rechte Seite oben). Eine Seite eines Musterbuches, E.L. Blackburn, *Suburban and Rural Achitecture*, 1869. Die Farbgebung ist etwas übertrieben; die Art des schweren Ornaments stammt aus der South-Kensingtons-Schule und der spätviktorianischen Gotik.

Farbtafel 21. (rechte Seite unten links). **Bristol.** Worcester Road, um 1860-70. Ein weiteres Beispiel glatter Hausteinfassade.

Farbtafel 22. (rechte Seite mitte). **Cap Coch** bei Mountain Ash, Süd Wales, um 1900. Bruchstein und Backstein.

Farbtafel 23. (rechte Seite rechts). **Harrogate.** Yorkshire, Villa in Leeds Road, um 1870. Der schwere, scharf behauene "York"-Standstein.

Häuser. In steinbruchfernen Regionen wie in London war Stein sehr teuer und nur für Fassaden der größten öffentlichen Gebäude erschwinglich. Im wesentlichen gab es hier nur die Sorten Bath, Portland und York. Nach 1850 jedoch wurde in London ebenso wie in anderen Regionen ohne eigene Steinbrüche der Haustein für viele Gebäudetypen eingeführt, zunächst für Geschäftsbauten und seit den 70er bis 80er Jahren auch für Teile von Fassaden der Wohnhäuser. In Leicester gibt es kleine Häuser aus dem Ende des 19. Jahrhunderts mit Tür- und Fensterstürzen aus "Bath", Fensterbänken aus Derbyshire-Sandstein und Türschwellen aus "York".[18] Die Türumrahmungen in Preston und Blackburn mußten Ende des 19. Jahrhunderts nach örtlicher Gewohnheit aus Stein sein (Abb. 212). Während des 19. Jahrhunderts wurde Stein, abgesehen von einem kurzen Auf und Ab in den 1870er Jahren, kaum billiger und die Entfernung vom Steinbruch spielte bei der Preisgestaltung kaum noch eine Rolle. Selbst im fernen Norwich, einer Backsteingegend, soll ein steinerner Sturz nur 2/3 eines Backsteinbogens gekostet haben. Sie wurden in Standardgrößen, in der Höhe von drei oder vier Backsteinlagen erstellt, so daß sie ohne Mühe in den Bau versetzt werden konnten.

Fallende Hausteinpreise verursachten die Bearbeitung des Steins bereits im Steinbruch selbst. An der sich verändernden Ornamentik kann man die Verbreitung dieser Praxis nicht feststellen, sie aber muß bei mittleren Häusern und kleineren Geschäftsbauten üblich gewesen sein, da Londoner Steinmetzen zuweilen dagegen protestierten.[19] Schon immer wurde in England mehr Stein in der Werkstatt bearbeitet als am Bau, im Unterschied zu Frankreich.[20] In ihrem Prospekt empfahlen Randall & Saunders (Bath) bereits 1849 "machine made mouldings" (Maschinenprofile) zu mäßigen Preisen und 1856 lesen wir "patent facing sawn and dressed ready for fixing"[21] - Patent-Verblendung, gesägt und geputzt, einbaufertig. Die "Bath Stone Firms" von 1887, eine sehr große Werkstätte, aus der 1911 die "Bath and Portland Stone Co." entstand, machte es zu ihrer Spezialität, den Stein in ihren Brüchen bzw. Werkstätten zu bearbeiten.[22] Bath Stone ist leichter zu bearbeiten, wenn er, direkt aus dem Steinbruch kommend, noch feucht ist. Die Löhne dort waren auch niedriger als in den großen Städten. Man sparte zudem Transportgewicht und die Abfälle konnten zu Steinmehl oder -gries vermahlen werden. Der bearbeitete Stein wurde dann direkt auf der Baustelle angeliefert. Nur gelegentlich finden wir lokale Schulen mit phantasiereicher Steinmetzarbeit auch außerhalb der Steingegenden, wie etwa in Church Road, Moseley in Birmingham.

Wahrscheinlich den größten Erfolg hatte "importierter" Haustein in Portsmouth. Er muß fertig bearbeitet mit der Eisenbahn aus Bath gekommen sein, da entlang der Bahnroute es einige Häuser in Winchester und Southampton gibt, die das gleiche Dekor aufweisen.[23] "Bath" wurde lediglich für mittlere und kleinere Wohnhäuser und kleinere Geschäftsbauten verwandt. Bei den Häusern vom späten ein- oder zweigeschossigen Standardtyp wurden nicht, wie üblich, nur Fensterstürze der Ausluchten oder Erker in Stein ausgeführt, sondern auch Pfeiler und sogar Brüstungen der oberen Stockwerke. Über der Tür findet man gewöhnlich auch einen reich ornamentierten Steinsturz. Es ist kaum feststellbar, von wem und wo diese Dekore im Detail entworfen und ausgeführt wurden. Der Ursprung des Designs, das nur wenig variiert, liegt vielleicht bei den schlanken, gotischen Bay Windows von Villen der siebziger Jahre (Waverly Road), die mit dem "bracketed" Stil, dem mittelviktorianischen Cottage Stil des örtlichen Architekten T.E. Owen kombiniert wurden. "Bracketing" war eine letztlich von den holzgeschnitzten, tragenden Teilen der Cottages abgeleitete, oft übertriebene Ornamentierung. Die ersten ausgereiften Beispiele dieser neuen Mode gab es um 1880.[24] So entstanden als Folge der Gewinne beim Aufbau der viktorianischen Flotte straßenweise recht großartige zweigeschossige Häuser, die in ihrer Gesamtheit kaum weniger eindrucksvoll wirkten als diejenigen früherer Seebäder (Abb. 116, Farbtafel 18).

Pair of seven roomed Villas Italian Pl. 5 Details

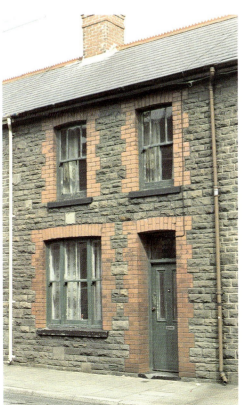

Farbtafel 24. Eine Mitgliedsurkunde der Backsteinleger Gewerkschaft, wie sie seit den 1860er Jahren verwendet wurde. Die Szenen oben links und Mitte illustrieren die Konstruktion des "gauged"-Bogens.

Backstein

Die Verwendung des Backsteins führte zu ständigen Veränderungen in Technologie, Baugesetzen, Verfügbarkeit von Farben und jeweiliger Stilmoden. Mehr als bei jedem anderen Material ergab schon eine Veränderung des Herstellungsprozesses zahlreiche Qualitätsunterschiede. Im 17. und 18. Jahrhundert war Backstein ein beliebter Baustoff und selbst in Bristol wurde an einigen der vornehmsten Terraces der "Rubble" mit rotem Backstein verblendet.[25] In einigen Städten des Südens verkleidete man um 1800 ältere Fachwerkbauten mit dünnen "Backsteinen", die wie Backsteinmauerwerk wirken sollten und "mathematical tiles" genannt wurden.[26] Danach, von etwa 1820 bis 1850, schwand der Reiz des Backsteins, so daß er mit Steinersatz (Stuck) verkleidet wurde. Das "Gothic Revival" mit seiner Neigung zu mehr Farbigkeit entwickelte sich ab 1850 (Farbtafel 20, 24). In den 70er Jahren wurde durch das "Queen Anne Revival" vor allem der rote Backstein des frühen 17. und 18. Jahrhunderts wieder modern. Wir werden im folgenden versuchen, die Entwicklung regional und chronologisch zu betrachten.

Die Größe des Backsteins wurde bereits im 17. und 18. Jahrhundert gesetzlich festgelegt und betrug 9 x 4,5 x 2,5 Zoll (23 x 11,5 x 6 cm); es gab natürlich Abweichungen von diesen Maßen; grundsätzlich waren die Steine in den Nordregionen höher. Wegen seiner Regelmäßigkeit wurde der Gotische oder Polnische Verband ("Flemish Bond") bevorzugt, besonders seit der Zeit des Georgian, hierbei liegt symmetrisch ein Binder mittig über einem Läufer und umgekehrt. An Ecken, Fenster- und Türgewänden usw. wurde ein "closer", ein Viertelstein eingeschoben. Anders war es im Norden, wo bei kleineren Häusern gewöhnlich etwa vier Lagen von Läufern von einer Binderlage überdeckt wurden (Abb. 68).

Besondere Sorgfalt verwandte man auf die Backsteinbögen. Mit Bogen wird ein sich selbst tragendes Konstruktionsteil bezeichnet, das nicht von unten, etwa durch den Rahmen eines Fensters, wie es bei den einfachen Häusern üblich war, abgestützt werden muß (Abb. 60, Farbtafel 5). Der einfachste und häufigste Backsteinbogen war der "Flat Arch", auch "Skewback Arch" genannt, der sogenannte scheitrechte Bogen mit horizontaler Unter- und Oberseite (Abb. 40, 41, 190). Der deutsche "Flach- oder Korbbogen" wird in England hingegen "Segmental Arch" oder "Camber Arch" genannt. Türen wurden fast immer mit einem Rundbogen abgeschlossen. Außer für einfachste Bauten wurden diese Bögen gewöhnlich aus besonderen Backsteinen gefertigt, die Schneidsteine ("gauged") genannt wurden (Abb. 190, Farbtafel 24). Sie waren weicher als die übrigen, da sie aus besonders feinem Lehm bei niedriger Temperatur gebrannt wurden. So konnten sie leichter in ihre Keilform zugeschnitten und -geschliffen werden, daher der Name des aus ihnen gefügten Bogens "Rubbed Arch".

In der Regel legte man die Backsteine vor dem Schneidevorgang in Bogenform auf dem Boden aus und maß ab. Die Steine wurden so gesägt, daß nur eine sehr schmale Fuge übrig blieb, die meist mit Gips und nicht mit Mörtel gefüllt wurde. Die Qualität der Bögen wurde nach der Feinheit ihrer Fugen bemessen; diese Technik hatte ihren Ursprung im Hausteinmauerwerk. Die meisten Beispiele solcher Bögen finden sich im Südosten Englands; auf Norfolk gehen wir unten ein. Während des Regency geriet diese Technik um die Mitte des 19. Jahrhunderts, in London schon etwas früher (Abb. 216, Farbtafel 25), wegen ihrer hohen Kosten, der zunehmenden Konkurrenz durch Stuckdekorationen und fertig dekorierte Sandsteinversatzstücke sowie ornamentierte Backsteine in Vergessenheit. Begrenzt auf den feinen Londoner Westen im "Queen Anne Revival", wurde sie dann um 1870 wiederentdeckt (Abb. 145).

Die Wiege des neuzeitlichen englischen Backsteinbaus lag in London. Allerdings blieb die Londoner Backsteinherstellung des 19. Jahrhunderts bemerkenswert konservativ. Der

Lehm wurde mit viel Wasser in einer Lehm-Mühle gemischt. Diese wurde anfangs als Göpel durch Menschenkraft oder von Pferden und später von Maschinen angetrieben. Die Masse strich man anschließend per Hand Stück für Stück in eine Holzform (Farbtafel 24). Nach einer Trocknungszeit und anschließendem Brennen zwischen Kohlen und Asche in sogenannten offenen "Clamps"(Feldbrand) wurden die fertigen Backsteine im Freien gestapelt. Dem Lehm mengte man etwas Asche bei, das gefleckte Aussehen der Londoner Ziegel ist auf Schlacke und verkohlte Holzpartikel zurückzuführen, die ebenfalls beigemischt waren. "Brickmakers" stellten die Steine an der Baustelle her, nach Fertigstellung des Baus zogen sie weiter. Aufgrund der unangenehmen Begleiterscheinungen wurde die Backsteinherstellung in London verboten und so entstand sie außerhalb Londons z.B. bei Sittingbourne in Kent und Shoeburyness in Essex. Die Steine wurden auf Lastkähnen nach London transportiert, auf dem Rückweg nahm man für den Brennvorgang benötigte Asche und Müll für den Heizprozess mit. Erst um 1900 versuchte man in London die maschinelle Herstellung, aber die Konkurrenz der billigeren Flettons (siehe unten) setzte bereits ein. Der Niedergang dieses Londoner Industriezweiges war besiegelt. (Die heute größte Backsteinfirma Englands, die "London Brick Co.", hat keinerlei Verbindung mit der damaligen Produktion).

Wegen der primitiven Herstellungsweise und der wechselnden Farbmoden gab es eine große Vielfalt von Backsteinen und deren Bezeichnungen, vor allem im Londoner Raum. Der billigste und roheste Backstein, der nur für Mauerkerne verwendet wurde, war rot und hieß "place"-brick. Die Steine zum Verblenden von Außenmauern waren in London die "stocks" — so genannt nach dem Tisch, auf dem sie gestrichen wurden. Das Wort wurde zum gebräuchlichsten Namen für alle Londoner Backsteine. Im 18. Jahrhundert gab es dazu die "red stocks", unter denen man die "rubbed", die geglätteten und teuren Steine für Fassaden und Bögen verstand. Daneben gab es noch die "grey stocks"; ihre Farbe variierte zwischen gelb oder ocker bzw. braun oder grau. Im späten 18. Jahrhundert machte sich im Londoner Hausbau, von der vornehmen Architektur herkommend, die palladianische Vorliebe für helle und homogene Farben bemerkbar. Das Ideal war der fast weiße Portland-Kalkstein. Rote Backsteine kamen aus der Mode; um 1800 verschwanden die "red stocks". Das "Grau" erreichte man durch Verwendung eines sehr kalkhaltigen Tons (Malm, Mergelton) und wahlweisem Hinzufügen eines besonderen Themse-Sandes aus Woolwich, der die Oxydation des Eisens verhinderte. Als diese Zugaben sich erschöpften und dadurch im Preis stiegen, erreichte man ein ähnliches "Grau" durch Beigabe von Kalk zu gewöhnlichem Ton. Die Hierarchie Londoner Backsteine wurde neu definiert: Als beste Steine galten die "Malms", die "grauen" oder "ockerfarbenen" Spezialsteine für Bögen usw. Die mittlere Preislage nahmen die nun "grauen" Stocks ein, die für Außenmauern benutzt wurden, die einfachsten waren die "place bricks" für die Binnenwände – sie behielten das Rot bei. "Grey stocks" wurden in verschiedene Qualitäten eingeteilt. Während die Londoner Backsteinherstellung im Gegensatz zur Provinz altmodisch blieb, galt die Manipulation der Farben und die Breite der Güteklassen als "modern" — in der Provinz blieb man meist beim rot.

Um die Mitte des 19. Jahrhunderts kam ein noch etwas teurerer Backstein, der "gault" auf; er ist grau-blau. Er findet sich in den 1860er Jahren am Queen's Gate Place und wurde später häufig auch für kleinere Häuser verwandt (Farbtafel 16). Der "gault" wurde u.a. von Thomas Cubitt in einer Brennerei in Aylesford/Kent [29] und von R. Beard in Arlesey/Bedfordshire hergestellt. Auf den noch teureren und in London nur selten genutzten "Suffolk White" werden wir später noch kommen.

Die Haltung der Londoner Backsteinindustrie hatte ihre Ursache in der heftigen Konkurrenz durch hellfarbige Stuck-Verkleidung der Fassaden von 1830 bis 1870 und danach mit Stein und Terrakotta. Erst im Queen Anne Revival der 1870er und 80er Jahre gab es, zunächst bei vornehmeren Häusern, eine Renaissance des roten Backsteins (vgl. Farbtafel 1, 7), bei späteren, kleinen Häusern wurden oft die Ecken rot betont. Die meisten roten

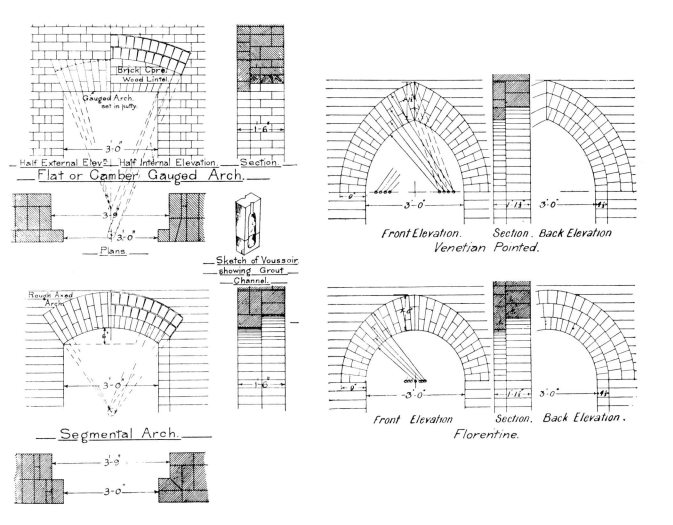

190. **Die Konstruktion der Bögen.** Links die beiden häufigsten Arten. Rechts: die für den Hausbau weniger gebräuchlichen Bögen.

Steine kamen jetzt von außerhalb, aus Essex, Hampshire – etwa die "Fareham Reds" – oder aus Berkshire, so die "TLB Rubbers" von Lawrence in Bracknell.[30] Die Farbhierarchie wurde erneut umgekehrt: Als vornehm galten die roten Backsteine, gelb-graue als ordinär.

Die Entwicklung von Backsteinherstellung und -Verwendung in der Provinz verlief anders als in London – dies gilt vor allem für die Farben. Das Brennen war meist fortschrittlicher als in und um London, speziell gebaute Öfen ("kilns"), ersetzten den offenen Ziegelbrand. Zunächst handelte es sich um "clamp kilns", später um oben offene, gemauerte Öfen ("updraught oder Scotch kilns"). Verglichen mit Londoner Backsteinen war die Oberfläche der meisten Steine regelmäßiger und reiner, die Farbe ein gleichmäßiges Rot. East Anglia, der Südosten Englands, bildete eine Ausnahme. Hier überwog zwischen etwa 1820 und 1890 ein dem Londoner Backstein verwandter "White", in neuem Zustand von beiger Farbe.[31] Die meisten Häuser in Cambridge (Abb. 175), Ipswich, Lowestoft und Peterborough wurden damit gebaut. In Cambridge preßte man nach ca. 1870 einen solchen Backstein, "Cambridge Gault" oder "Burwell White" genannt. Rosher & Co. in Ipswich und C.T. Lucas in Somerleyton (für H.M. Peto) waren in Suffolk wohl die bedeutendsten Firmen; in Norwich gab es seit etwa 1830 Gunton's in Costessey ("Cossey"). In Norfolk wurde "weißer" Backstein nur für Fassaden benutzt. Bis nach der Mitte des Jahrhunderts war eine weitere Besonderheit East Anglias, vor allem Norfolks, die ungebrochene "Gauged"-Tradition, d. h. die schon erwähnten kunstvollen Backsteinbögen in Kombination mit Backsteinen. Vielleicht diente Sir John Soanes Landschloß Shottesham Park von 1785 als

191. **Norwich.** Gladstone Street, 1865. Typische "gauged"-Bögen und die Dekorationsform Schichten einen Backstein vorspringen zu lassen ("reveal", Lisenen).

Vorbild. In Norwich gab es nur geringe Konkurrenz seitens des Stuckgewerbes; Haustein war hier besonders schwierig zu beschaffen. Dekorationen aus Holz gab es um 1840 nur an kleineren Häusern. Vielleicht begründete sich die nachfolgende Blüte dieser Backsteintechnik dadurch, daß man 1850 die Backstein-Steuer insbesondere für größere Steine abschaffte. Neben vornehmen Häusern in der Newmarket Road baute man ab 1850 auch kleine Häuser ohne Eingangshalle (Abb. 183, 191). Außer den Bögen sind hier halbsteinige Wandvorlagen und Blendfenster ("reveals") charakteristisch. In Farbe, Oberfläche und Qualität unterscheiden sich die Keilsteine kaum von den anderen Backsteinen der Fassade. Oft sind die Steine der äußeren Mauerschale etwas größer als diejenigen des Mauerkerns, so daß die Außenfugen schmaler ausfallen als die Binnenfugen, was zuweilen die Festigkeit des Gesamtverbandes beeinträchtigte. Möglicherweise müssen einige der "gauged"-Steine bereits zu "Formsteinen", den "moulded bricks" gerechnet werden, die schon vor dem Brennen in die endgültige Form gebracht wurden. Dies weist auf eine neue Praxis, die bereits um 1850 im benachbarten Lowestoft und andernorts mit komplizierten Dekorationsformen aus gegossenen ("moulded") Backsteinen begonnen hatte. In Profilen von Fenstergewänden, in sogenannten "Quoins", wurde mit Hilfe der "moulds" das gesamte Vokabular klassischer Details wieder aufgenommen. Außerhalb von East Anglia wurde der "weiße" Backstein mit seinen Formsteinen um 1860-80 auch an großen Häusern eines Teils von Hove verwendet, wohl auch als Protest gegen den Stuck im benachbarten Brighton.

Durch die Vielfalt von Formen und Farben, Herstellungsarten, Preisen und Materialverfügbarkeiten kam es zu unterschiedlichen Entwicklungen in allen Landesteilen. In London benutzte man roten Backstein zunächst nur für Binnenmauern; in Norwich nahm man diese Farbe für die Rückseite und für Seitenwände als Kontrast zur "weißen" Fassade, während in Ipswich, Lowestoft, um 1850 die Farbkontrastierung in der Fassade beginnt (Abb. 142). Die Anregung dazu kam hauptsächlich von den mittelviktorianischen Kirchenbauten um 1850/60. In den letzten Jahrzehnten des 19. Jahrhunderts wurde die Idee auch für viele kleinere Häuser aufgenommen, vor allem um London in Berkshire, Bedfordshire und Hampshire.

In Bedford finden sich rote und gelbe Backsteine, hinzu kam am Ende des Jahrhunderts der Flettontyp mit seinen in Hellrot, Gelb und Grau gefleckten Steinen. In Luton gab es eine Besonderheit, den dunkelgrau-purpur oder hellgrau-purpur "Purple", ein Backstein, dessen Farbe hauptsächlich aus einer höher dosierten Beigabe von Eisenoxyd resultierte. Die meisten Mauern der Wohnhäuser und weniger bedeutender öffentlicher Gebäude sind in der zweiten Hälfte des Jahrhunderts damit verkleidet. Das trifft auch für die Rückseiten zu, wo die Farb- und Formqualität der Steine aber weniger gut war. Die Bögen sind meist aus rotem Backstein; man findet jedoch kaum die komplizierten "gauged"-Bögen East Anglias (Farbtafel 31-32).

In Reading war der "Silver Grey" der Stolz des Gewerbes, früher bereits als "Sussex Grey" bekannt. Nur die im Verband sichtbare Seite des Steins ist von einheitlich silbrig-grauer Farbe, die anfangs durch Beigabe von Asche des zum Brennen verwendeten Holzes und später durch Beimengen von Steinsalz erreicht wurde.[32] Zu Anfang dieses Jahrhunderts nannte die Firma S. & E. Collier ihre Steine stolz "Waterloo Silver Grey" (Abb. 171/2, Farbtafel 29-30). Auch in Maidstone (Kent) trifft man großen Farbreichtum, Kombinationen aus Londoner Backsteinen, sowie Mauerwerk aus grauen "Gauts" mit rot-gelben Dekorationen. Der Wunsch nach Farbenvielfalt hielt sich, besonders in Luton und Reading bis in unser Jahrhundert, ungeachtet der neuen eben erwähnten Vorliebe für einfarbig-rote Ziegel bei vornehmen Londoner Häusern.

Im Westen und Südwesten Englands spielte dieses Material eine geringere Rolle, abgesehen von den roten und gelben Backsteinen aus Bridgewater und Cattybrook in Backstein-Städten wie Newport in Monmouthshire im späten 19. Jahrhundert. Die Steine blieben fast immer rot. "Auf dem Lande" war es schwierig, graue Backsteine zu bekommen, wie Nichol-

192. (oben links). **Birkenhead.** Wycliffe Street, um 1890. Eine Eingangsgliederung wie man sie häufig in Manchester und Birkenhead findet mit glatten Backsteinen.

193. (oben rechts). **Liverpool.** Briar Street, um 1880. Roter und "gelber" Backstein mit Form- bzw. Profilsteinen kombiniert.

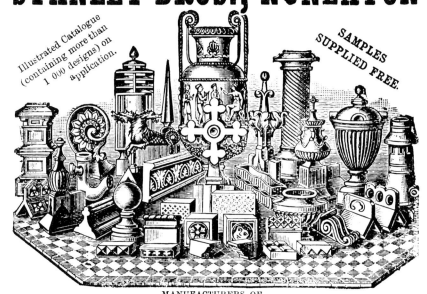

194. Eine Reklame von 1894. "Muster werden gratis zugesandt". Farbiger Katalog (enthält mehr als 1 000 Entwürfe). Klinker, Gesimse, Bordsteine, besondere Qualitäten in roten, blauen, gelben, schwarzen und "schokoladenfarbenen" Backsteinen. Rote, braune und blaue Dach- und Firstziegel; glasierte Rohre. Firste und Fialen; rotes und gelbes Terrakotta. Rote und gelbe Essen; Kaminsteine; glasierte Steine, Abwaschbecken; Vasen und Statuen. Spezial-Backsteine und -Fliesen.

son anmerkte.³³ In den südlichen Midlands waren Zierverbände aus hell oder dunkel gebrannten Bindern Mode (vgl. Abb. 201). Um die Mitte des Jahrhunderts (1840-1880) traten in Birmingham feine "Gauged"-Bögen auf, ³⁴ während sich im Flachland Yorkshires einige Parallelen zu den Farbkonstrasten East Anglias finden lassen, allerdings nicht wie dort so vielfältig in Form und Farbe.

Die Erörterung zum englischen Backstein stößt auf geologisch-geographische Grenzen. In vielen westlichen und nördlichen Regionen hatte es in früheren Zeiten keine Backsteinherstellung gegeben. Hier wurden geologisch ältere und fettere Tone abgebaut. Deren Lagerstätten befanden sich oftmals nahe der Kohlebergwerke, so daß die Ziegeleien vorhandene Eisenbahnstrecken zum Transport nutzen konnten. Die Bearbeitung dieser Tone erforderte mehr mechanische Kraft, sie konnten aber schneller und wirtschaftlicher gebrannt werden. Die frühe Entwicklung fand zum Teil im Zusammenhang mit Neuerungen der Steingutfabrikation in den "Potteries" von Staffordshire statt, einer Region im Zentrum.

Hier, in den frühen englischen Industrierevieren kam es ab 1820 auch zur Mechanisierung der Produktion, die ab 1840 systematisch verfolgt wurde. Verbreitet waren die "wire cuts": Der aus der Knet-, Misch- und Preßmaschine kommende Tonstrang wurde mittels Draht zu Rohlingen geschnitten, die man nach dem Brand für Innenwände zu verwenden pflegte. Eine andere Methode war, den aus dem Mischer kommenden Ton in die Formen auf einer rotierenden Scheibe zu pressen.³⁵ Ebenso wichtig wurden neue Verfahren des Trocknens und Brennens. Der dauerbrennende Hoffmannsche Ziegelofen (Ring-Ofen) österreichischer Herkunft wurde 1859 durch H. Chamberlain in Wakefield eingeführt, und die Steine waren von gleichmäßigerer Qualität.

Fassaden-Backsteine mußten eine glatte Oberfläche und scharfe Kanten ("arris") aufweisen, Hausteinen ähnlich wurden sie früher einzeln an ihrer Schauseite geglättet, noch glatter erhielt man sie später durch Pressen. Im Jahre 1831 stellte R.S. Bakewell aus Manchester erstmals einen im halbtrockenen Zustand, mit zwei Tonnen Druck gepreßten Rohling her ("pressed brick", oder auch "repressed"), der mit fortschreitender Mechanisierung recht preiswert wurde. Viel ist über die ersten Firmen mit den neuen Verfahren nicht bekannt. Hole erwähnt "pressed bricks" für die Fassaden der neuen Langham Street Model Cottages in Leeds 1866. Ferner gab es 1867 den "E.-Gripper-Patent"-Backstein aus Nottingham, der gepreßt war. Weiterhin gab es beispielsweise noch die "Leicestershire Reds" aus Counthesthorpe von der Firma Heather & Co. In Birmingham nutzte man seit etwa 1880 gepreßte Backsteine für alle Fassaden (Abb. 181). Wohl die bekanntesten harten, schweren Steine waren die gepreßten "Staffordshire Blues", welche für Sockelgeschosse verwendet wurden. Sie dienten aber auch der farbkräftigeren Gestaltung. Um 1900 waren die bedeutendsten Hersteller gepreßter Fassaden-Backsteine Firmen in Ruabon bei Wroxham in Nord Wales ansässig (z. B. Edwards sowie H. Dennis). Sie waren berühmt für ihre scharlachroten und auch gelben "buff"-Fassadensteine. Diese findet man in Reading, Cardiff (Farbtafel 33), Newcastle usw. In Lancashire gab es die teureren "Accrington bricks". Hier wurde um 1860 auch erstmalig fast völlig trockener Ton gepreßt ("stiff plastic", "semi plastic" oder "semi dry"). Diese Methode wurde seit den 80er Jahren mit dem ölhaltigen Ton der Region zwischen Peterborough und Bedford sehr erfolgreich angewandt, auch weil dieser Ton billiger gebrannt werden konnte. Noch heute sind hier angeblich die größten Ziegeleien der Welt zu finden.

Die meisten billigen Backsteine aus dem Norden, den Midlands sowie die Flettons waren wegen ihrer ungleichmäßigen Farbe nicht für äußere Mauerschalen auf Sicht geeignet. Die gepreßten, scharfkantigen und gleichmäßig rot gefärbten Fassadensteine hatten deshalb in diesen Gegenden eine formal gewichtigere Funktion als im Süden und Osten, wo die Steine homogener und deswegen farbeinheitlicher waren (Abb. 91, 192; Farbtafel 9, vgl. Abb. 28). Seit den 1860er und 70er Jahren sind die meisten besseren Häuser in Liverpool und Man-

Backstein und Haustein kombiniert.

196. (oben links). **Nottingham.** Noel Street, um 1885. Kräftiger und scharf gesetztes Dekor.

197. (oben mitte). **Leicester.** St. Peters Road 1880. Ein extremes Beispiel von bündig gelegten Streifen; dies hat zwei Gründe: das Wasser läuft besser ab (die Reihe ist nach Norden gerichtet) und die Vorliebe der Neugotiker für glattes Mauerwerk, an dem die Farben scharf kontrastierten, wurde befriedigt.

198. (oben rechts). **Leicester.** Guildford Street, um 1890. Das gleiche gilt für die unzähligen Tür- und Fensterstürze in dieser Zeit, hier mit Ornamenten der South Kensington Schule.

195. (linke Seite). **Birmingham.** Trafalger Road, Moseley, 1870er Jahre. Es gibt nur wenige viktorianische Straßen mit einer noch größeren Vielfalt der Fassadengestaltung.

chester mit diesen Steinen dekoriert. Seit 1880/90 haben auch die kleinsten Häuser Fassaden aus gepreßten Steinen. Um 1900 hat in Liverpool das Two-up-two-Down-Haus eine Fassade aus "glatten, gelben "buff"-Backsteinen, mit Zwischenlagen zweiter Qualität aus "Ruabon" (Abb. 92). Die deutsche Sitte jener Zeit, der Fassade eine Backstein-Scheinschicht vorzublenden, war in England kaum bekannt. Am Ende des 19. Jahrhunderts machten Ziegeleien im Süden nicht nur Reklame für Maschinen-Ziegel, sondern auch für "hand made bricks"[37] - das ist Teil einer allgemeinen Reaktion auf die Mechanisierung; handgestrichene Steine werden zuweilen als "sandfaced" bezeichnet.[38] In Cambridge finden sich bessere Häuser aus der Zeit um 1900 mit glatten, gepreßen Steinen an der Rückseite und Fassaden mit der älteren Art der Steine mit rauherer Oberfläche.

Stuck

Von allen Dekorationsmaterialien des 19. Jahrhunderts unterlag das "Stucco" am meisten dem Wechsel der Moden. Der Stuck erreichte seinen Verwendungshöhepunkt in den 1830er Jahren, war dann in den 1870er Jahren fast verschwunden, um kurz vor 1900 eine mäßige Wiederbelebung zu erfahren.[39] Der Gebrauch des Wortes "Stucco" für Dekorationen am Außenbau ist auf dem Kontinent ebenso ungewöhnlich wie der Begriff "plastering", er beschreibt aber den Ursprung dieser Technik in der Innendekoration: Stuck für dekorative Arbeiten, "plastering" (Verputz) für das Glätten der Oberflächen. Auch "cement" als Materialbezeichnung war üblich. "Composition" oder "compo" beschreibt hingegen den handwerklichen Prozeß, später wird dieser Ausdruck auch für Rauhputz ("roughcasting") benutzt. Einige der vielen Sorten- und Firmenbezeichnungen beschreiben wir unten.

Hier interessiert uns nicht der wandschützende Verputz, sondern die ausgiebige Schmuckverwendung an Fassaden. Ein wesentlicher Grund seiner Verwendung war, billigen Stein oder Backstein zu kaschieren, vor allem dort, wo guter Haustein teuer war. Stuck war zwischen zwei Drittel und einem Viertel billiger als Stein und sogar preiswerter als Holz; es gab allerdings große Qualitätsunterschiede. Auch das Verbot des Building Act in

London, aus Feuerschutzgründen sichtbare Holzdekorationen an Fassaden zu verwenden, förderte vom späten 18. Jahrhundert an den Gebrauch von Stuck. 1837 beschrieb Nicholson die Situation wie folgt: "... die einfache Anwendung und die geringen Kosten ... haben "the art of design" stark gefördert und eine Vielfalt an Architekturdekorationen hervorgebracht, die man vorher nicht erträumen konnte, wie ein Blick auf Regent's Street und Regent's Park beweist (Abb. 39, 41, 111, 137, 150, 173; Farbtafel 2, 12).[40]

Im Gegensatz zu Backstein wird Stuck nach der Formung nicht gebrannt. Auf dem Land bestand die einfachste Zusammensetzung aus gelöschtem Kalk und Sand, und Walsh beschreibt, daß auch kleine Gesimse mit dieser Mischung ausgeführt werden können.[41] Für größere Dekorationsteile aber wurden im experimentierfreudigen Klima dieser Zeit neue Herstellungsverfahren entwickelt. In den 1770er Jahren fand ein Patent-Prozeß zwischen Robert Adam und zwei seiner Konkurrenten, einem Schweizer Kleriker namens Liardet und John Johnson statt (vgl. Abb. 9). Als erste wirklich erfolgreiche Methode "Stuck" für den Außenbau herzustellen, galt ein Patent Joseph Parkers aus Northfleet in Kent (in Zusammenarbeit mit dem Architekten Charles Wyatt):[42] "Parkers", "Roman", "London" und wahrscheinlich auch "Stourbridge" bezeichnen den gleichen Zement, der im Vergleich zu den meisten Kalkmischungen hydraulischere Qualitäten aufweist (vgl. Kap. 9). Zement wird im wesentlichen wie die meisten Mörtel aus Septaria oder Kalkmergel ("ground clay balls – septaria") gewonnen, der gebrannt und mit drei Teilen von klarem scharfen Sand gemischt wird. Als verstärkendes Bindemittel können Haare hinzugefügt werden. "Roman" Zement galt als sehr hart und schnelltrocknend, aber seine braune Farbe wurde als unschön empfunden und mußte übermalt werden. Die Produktionszentren waren Harwich in Essex und die Sheppey-Insel in Kent. Um 1800 führte William Atkinson in Withby einen teureren Zement ein, er war hydraulischer und heller. Nash benutzte anfangs "Parkers"-Zement, ab etwa 1820 meist Hamelin & Dehls "Mastic".[43] Es gab noch zahlreiche mehr oder weniger ernstzunehmende Patente. Die Charakterisierung der verschiedensten Stucco-Arten als "piecrust" (Kuchenkruste) war oft mehr als nur spöttisch gemeint. Alle Arten wurden bald durch den Portland-Zement verdrängt, der 1824 für Joseph Aspdin aus Yorkshire patentiert wurde. Es war die bedeutendste Entdeckung auf diesem Gebiet: Er wurde durch Brennen einer Ton- und Kalkmischung bei sehr hoher Temperatur gewonnen, war fester und dennoch hydraulischer; er war ziemlich teuer, konnte aber mit mehr Sand

199. **London.** Cumberland Street, Pimlico, um 1860. Die Anatomie des Stuck-Dekors: Backsteine und Eisenbänder liegen darunter.

200. **Swansea.** Vivian Street, um 1900. Ein spätes Beispiel völlig bedeckt mit Stuck, der Kiesbewurf ist wahrscheinlich später aufgetragen.

gemischt werden. Der Name wurde gewählt, weil die Farbe dem damals gerade modischen weiß-grauen Portland Stone ähnelte. Anfangs wurde er auch benutzt, um den braunen "Parkers"-Zement zu überdecken.[44]

Stuck wurde, wie Nicholson 1837 schrieb, dazu verwandt, eine glatte Mauer zu überziehen ("to finish a plain face"), um mittels Fugenritzungen Hausteinmauerwerk zu imitieren und Ornamente aller Art zu formen.[45] Beim Verputzen einer Mauer wurde diese zunächst mit Wasser genetzt, bevor man eine 3/4 Zoll (1,91 cm) dicke Stuckschicht schnell anwarf. Zur gleichen Zeit formte man die kleinteiligen Dekorationen oder prägte sie ein. Größere und kompliziertere Ornamente wurden wie bei Innendekorationen vorher gegossen oder modelliert. Für weiter vorkragende Teile ließ man Backsteine und Dachziegel in die Wand ein, bei Pforten und Balkonen wurden oft versteckte (manchmal auch freiliegende) Eisenteile verwandt (Abb. 199). Durch das Vorsatzblatt in Pugins Buch *Contrasts* von 1836 und aus vielen Katalogen kennen wir einen riesigen Formenschatz vorgefertigter Teile. Die Firma George Jackson and Sons bietet um die gleiche Zeit in ihrem Katalog an: "Ornament-Entwurf und Herstellung von verbesserter Papiermaché, Modelleure, Schnitzer und Bearbeiter von "Roman Cement" und "Plaster of Paris"(Gips)".

Die Hauptregionen der Stuckverwendung waren London und die Südküste. Erst um die Jahrhundertmitte finden wir eine gewisse Verbreitung im ganzen Land, vor allem bei den besseren Häusern, wohl um sich den Anstrich des Großstädtischen zu geben. Sogar in Bristol trifft man auf Stuck.[46] Nash's und Kemp's Terraces in London und Brighton sind bereits beschrieben worden. Cubitt zögerte anfangs, Stuck zu verwenden, so bei den dünnen Pilastern im Stile Robert Adams in Bloomsbury, wo die übrige Wand noch den Backstein zeigt.[47] Später bedeckt auch Cubitt die Fassaden fast aller Häuser in Belgravia und Pimlico vollständig mit Stuck. In Cheltenham benutzte man für weiter vorstehende Teile Haustein, während Stuckdekorationen oft sehr kleinteilige Ornamentik zeigten. (z.B. um die Türen der "Montpelier Spa Buildings", einer Reihenhausanlage um 1820). Kräftige Belebung und Massigkeit waren um und nach der Mitte des Jahrhunderts wieder wichtig, etwa im mittelviktorianischen Plymouth (Abb. 47, 231),[48] in Eastbourne oder in Hastings. Warrior Gardens in St. Leonards mit seinen unendlich vielen stuckierten Balkonen, Giebeln, Konsolen usw. ist vielleicht die auffälligste aller viktorianischen Reihenhausfassaden (Abb. 143).

Es gab auch viele bescheidenere Stuckdekorationen, z.B. die Rustika, meist flach und mit einfacher Fugenritzung; wenn diese nur horizontale "Lagerfugen" zeigte, wurde sie "Channeling" (Kehlung) genannt (Abb. 39, 173). Später, als man Stuck abzulehnen begann, finden sich häufig auf den Backstein aufgelegte horizontale Stuckornamentbänder[49] - eine Methode, die vor allem in Holland beliebt wurde und aus der Renaissance entlehnt war. Eine andere Art der Rustika, besonders an Ecken und Schlußsteinen, war "Vermiculation" (wurmlinige Verzierung), ein altes Motiv. Es war seit der Jahrhundertmitte häufig bei Häusern mittlerer Größe in Brighton zu finden, wie auch bei kleineren Häusern in Medway, Chatham und in der überraschend späten Blüte des Stuck in Südwales, vor allem in Swansea (Abb. 200). Sehr häufig sind auch kleine Stuckteile an Backsteinfassaden, etwa die Adikuladachung über Türen und Fenstern in Birmingham.[50] Die Adikuladachung der Tür war vom 17. Jahrhundert bis zum Ende des 19. Jahrhunderts eines der beliebtesten Motive. Für die kleineren Häuser bedeutete dies im 19. Jahrhundert eine Aufwertung gegenüber den meist primitiven Holzvordächern. Die einfachste Form und wohl auch das häufigste Motiv war die Imitation eines flachen Steinsturzes aus fünf oder sieben Stuckteilen, die keilsteinförmig ausgeschrägt sind und einen mittigen "Schlußstein", der höher und plastischer angelegt ist, flankieren. Auch diese Dekoration lehnt sich an die Hausteinrustika an (Abb. 201). Gelegentlich sieht man noch einfachere Formen, wie etwa die aus einer dünnen Stuckleiste über plumpem Türsturz aufgesetzte Giebellinie in der Weir Street, Todmorden, um 1850-70.

Zuweilen findet man figurativen Stuck-Dekor; es könnte sich aber auch um gebrannten Ton handeln. Brighton ist besonders reich an diesen Arbeiten, so etwa die Hermen bzw.

201. **Macclesfield.** High Street, um 1850. Fensterstürze, meist aus Stuck als Steinimitation. In Macclesfield sind sie gewöhnlich aus Haustein, oft wurden sie aber mit Stuck verdeckt und bemalt, vermutlich um die Konturen schärfer hervorzuheben. Der Bogen über der Tür ist meist aus Stuck, ein häufiges Motiv in Nord-Staffordshire.

Büsten an 3-5 Lansdowne Place, die Löwen des Hanover Crescent[51] und die kuriosen "Ammoniten"-Kapitelle, eine Anspielung des Architekten Amon A. Wilds auf das ionische Kapitell, alle aus den 1830er Jahren.[52] Später gab es solche Dekore seltener: Zu erwähnen wären z. B. die kleinen, sich rapportierenden Hundeköpfe der Park Street, Dover, oder die eindrucksvollen Neptunköpfe der Derby Road in Southampton (Abb. 203).

Nach 1850 wandte man sich neuen Formen zu. Die groben, billigen Stuckdekorationen wurden heftig kritisiert und man zog jetzt eine Flächigkeit mit scharf ausgestochenen, abstrahierten Ornamenten vor.[53] An James Knowle's Terraces in Clapham Common, London, aus den 60er Jahren[54] und an Zeilen in St. Helen's Road in Hastings und Connaught Avenue in Plymouth (1880er Jahre) finden sich gute Beispiele. Eine Vorliebe für Sichtzement-Oberflächen aus grauem Portland kam in den siebziger Jahren auf.[55] Das Queen Anne und die anderen historisierenden Stile des späten 19. Jahrhunderts entsprangen einer neuen Auffassung, nämlich der Wiederbelebung älterer, ausgeklügelter, einheimischer Techniken und Motive: z. B. des "pargetting", des flächendeckenden Reliefschmucks etwa in Muswell Hill nach 1900 (Abb. 56), und des Rauhputzes ("roughcasting") für Seiten- und Rückansichten. Es wird mit einer Mischung aus Zement und grobem Sand ausgeführt, oder – im Fall von "pebble-dash" – aus kleinen Kieseln mit Zement. "Pebble-dash" kommt schon in den 90er Jahren in Verbindung mit imitiertem Fachwerk an den Giebeln mittlerer Häuser vor, u. a. in Brighton und Southend (Abb. 166). Pebble-dash wurde ab 1908/10 wichtigster Verputz zur Oberflächengestaltung an Fassaden (Abb. 168)[56] und hielt sich noch bis in die 60er Jahre unseres Jahrhunderts.

Ornamentziegel und Terrakotta

Mit "baked earth", "gebrannte Erde" gibt es unzählige Dekorationsmöglichkeiten, schon durch verschiedene Verbände aus Backsteinen sind zahlreiche Muster zu erzielen (Abb. 142, 192). Die Anwendungsgebiete des Tons erstrecken sich von Tonröhren über Schamottsteine für Kamine, Schornsteine bis zu Firstkammziegeln (Abb. 194). Nach 1850 durfte man an den Fassaden wieder alle Arten von Backstein zeigen, Stuck wurde verpönt und die Ablehnung der Farbe Rot hatte sich gelegt. Es entwickelte sich eine große Industrie zur Herstellung härterer und präziser geformter Steine, sie verdrängten die georgianische Tradition des "gauged work".[57] Die Dekorationen durften sich nun von der Wand abheben, da größere Plastizität durchaus erwünscht war. Prosser in Birmingham, einige Suffolk-White-Ziegeleien (Abb. 142), Beart in Arlesey und Cubitt in Aylesford gehörten in den 1850er Jahren zu den ersten Produzenten ornamentierter "Formsteine". In Leicester sehen wir seit den 60er Jahren einen Vielzahl dekorativer Backsteinmotive an den besseren Häusern und von 1870 bis 1880 zeigten auch die kleineren Häuser in Birmingham (Abb. 181), Nottingham und andernorts feinteiligen Backsteindekor. Um 1900 gab es bei James Brown in Whitechapel 300 Wahlmöglichkeiten allein für Gesimsprofile. In Liverpool wurden besonders viele Ornamentsteine verwandt (Abb. 193, Farbtafel 14), die überwiegend aus Ruabon kamen, wo später sogar die Liverpooler Firma Monk & Newell Ziegeleien besaß. Ornamentsteine spielten auch im Queen-Anne-Revival-Stil eine wichtige Rolle. Die Wiederbelebung der weichen, roten "rubbed", der geschnittenen und polierten Backsteine sowie der bildhauerisch bearbeiteten Backsteine im Stil des 17. Jahrhunderts beschränkte sich allerdings auf den Kreis um Norman Shaw in West London seit den 1880er Jahren.

Einer der interessantesten Bau- und Dekorationswerkstoffe des 19. Jahrhunderts war Terrakotta. Was man mit diesem Begriff meinte, war keineswegs einheitlich. Manchmal bezeichnete man damit mit Terrakotta jegliche Form gebrannten Tones. Ein frühes Beispiel von Terrakotta im engeren Sinne bildete der "Coade Stone".[58] Die Herstellerfirma wurde von Frau Elanor Coade in Lambeth 1769 gegründet und lieferte eine große Auswahl von

202. (ganz links). **Newark-on-Trent.** Mitte des 19. Jahrhunderts. Stuck wird hier verwendet um einen Backstein-"Bogen" zu imitieren: der rohe Backsteinsturz ist etwa einen Zentimeter zurückgesetzt, dann wird eine Schicht Mörtel aufgetragen, dessen Oberfläche rot gefärbt und mit Einritzungen versehen wird, als Imitation des "gauged brick arch" (im Bild allerdings kaum mehr zu sehen).

203. (links). **Southampton.** Derby Road, um 1870. Dieser Neptunskopf aus Stuck oder Ton kommt viele Male vor.

220 *Das englische Reihenhaus*

Ornamentsteinen, von den kleinen Rustikaquadern an Eingängen von Bedford Square, London (Abb. 1), bis zu großen freistehenden Skulpturen. Es handelte sich keineswegs um billiges Ersatzornament, wie es später zuweilen behauptet wurde. Die Firma wurde um die Mitte des 19. Jahrhunderts von Blanchard übernommen. Andere bedeutende Manufakturen waren "Edwards-Terrakotta" in Ruabon, "Blashfields" in Stamford/Lincolnshire, die von der "Parker-Wyatts"-Zementfabrik weiterbetrieben wurde, und "Doulton's", wohl die berühmteste aller Tonwaren-Firmen Englands.[59]

Erst um 1860 entwickelte sich die Terrakotta-Manufaktur zu einem selbständigen Zweig der Bauzuliefer-Industrie. Sie bearbeitete sorgfältig ausgewählte und sehr gut gemischte Tone, die bei sehr hohen Temperaturen gebrannt werden. Das Produkt galt als stabiler und fester als Backstein und Haustein, außerdem war es oft hohl und damit leichter. Da die Manufaktur frei modellierte Skulpturen produzierte, bot sich eine vollständige Palette von Bau- und Dekorationsmaterialien. Terrakotta wurde besonders am Außenbau unverputzt belassen, "ihre Künstlichkeit ehrlich bekennend", wie Stevenson schrieb.[60] Als Materialfarbe konnte von hellem Gelb bis Rot variiert werden und sie hatte eine sehr wetterbeständige Oberfläche. Ein Nachteil der Terrakotta war das starke, unregelmäßige Schrumpfen während des Trocknungsprozzess. Das bedingte eine unregelmäßige, breite Versatzfuge; einmal zerbrochene Stücke waren nur teuer und umständlich zu ersetzen. Terrakotta wurde daher bei einfachen Häusern selten verwandt (Farbtafel 26). Bedeutendes Beispiel für Terrakotten sind die Fassaden der Manilla Road in Bristol (1888); weitere Terrakotta-Fassaden gibt es in Ruabon und die Glasscote Terrace in Tamworth, nahe den Werkstätten von Gibbs & Canning, einem anderen wichtigen Terrakotta-Hersteller.[61] Billigere Tonwarendekorationen wurden an Fassaden kleinerer Häuser für Erker und Auslüchten oder Türen verwandt. Wir finden sie im Südosten Englands an Häusern des späten Standardtyps. Sie sind heute derart mit Farbe überstrichen, daß man meist nicht erkennen kann, ob sich darunter billiger Haustein, Stuck oder Terrakotta befindet (Abb. 109).

Andere Arten künstlichen Steins, wie der "Victoria Stone", wurden meist als Ersatz für den harten Yorkstone bei Schwellen, Treppen usw. benutzt, "Coke breeze" haben wir schon erwähnt. Ornamentierte Fußbodenkacheln ("encaustic tiles") wurden zuweilen als Flächendekor am Außenbau verwandt.[62] Stärker ornamentierende Kombinationen aus glasierten Kacheln finden sich vielfach in den Laibungen der überdachten Eingänge edwardianischer Häuser in London und besonders in Cardiff (Farbtafel 19). Schließlich gibt es auch Beispiele von zinnglasierten und daher wirklich weißen Backsteinen, sie wurden im edwardianischen Laburnum Grove in Portsmouth genutzt (Abb. 166).

Anstrich und Ausfugung

Obgleich in England im Gegensatz zu anderen Ländern die Baumaterialien eher unverputzt blieben, wurden sie doch häufiger angestrichen, als man gemeinhin annimmt. Es gab auch die mehr praktischen als ästhetischen Bedürnissen dienende Tünche ("rendering"), Rauhputz ("roughcasting"), Weißen ("limewhiting") oder auch Kalktünche ("lime wash"). Jeder plastische Stuck sowie die Stuckflächen und darüber hinaus viele dekorative Backsteine wurden gestrichen, oft sogar der Haustein. Für die großen Terraces des Regency-Stils in London und Brighton waren in den Bauverträgen die Häufigkeit, in der Regel alle drei Jahre, und die Farben des Anstrichs, festgelegt (Abb. 111). Zur Mitte des 19. Jahrhunderts wurde reines Weiß allmählich unbeliebt; "Personen mit Geschmack erscheint es unangenehm" heißt es bei Webster, und: "... haben die Anstreicher jetzt viel Geschick und ein gutes Auge für Farben" entwickelt.[63] Farben wurden meist noch vor Ort gemischt, als populär galten Ocker und "stone color", in London "Bath" genannt. Früher dekorierte man die Fassaden häufig in Freskotechnik.[64] Seit etwa 1830 benutzte man hauptsächlich Leinöl

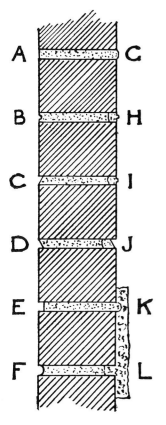

204. Verfugungen um 1900:
A. Flat oder Flush Joint.
B. Flat Joint Jointed.
C.D. Struck Joint.
E. Recessed Joint.
F. Keyed Joint.
G. Mason's V Joint.
H. Tuck Pointing.
I. Bastard tuck Pointing.
J. Pointed Weather Struck Joint.
K.L. Keying for Plastering.
Deutsche Entsprechungen lassen sich kaum finden.

und Bleiweiß. Zusätzlich konnte man Steinfugen aufmalen, um "die genaue Imitation eines gewünschten Steines zu erzeugen".[65] Erst dann war eine Regency Fassade fertiggestellt.

Holz war am Außenbau früher angestrichen, nun war es oft "grained", d. h. man malte eine Maserung auf, meiste eine Imitation englischer Eiche. Ebenso wurden Kaminumrahmungen mit Marmoräderung bemalt.

Über die Entwicklung der Farbgebung am Außenbau in der spät-viktorianischen Zeit wissen wir nur wenig. Allein der Südwesten Englands gibt uns heute mit seinen lebhaften Farben einen kleinen Eindruck von der früher im ganzen Lande herrschenden Farbigkeit. Um 1900 zeigte man offenbar an den Holz- und Eisenteilen kräftigere Farben, da Raymond Unwin spottete: "leuchtendes Grün neben Schokoladenbraun"[66] usw. (vgl. Farbtafel 8). Sogar homogen gefärbte Backsteinimitation wurde aufgemalt, da Steine von tatsächlich gleichmäßiger Farbe und Form teuer waren und schon eine dünne Farbschicht diesen Fassadeneindruck wesentlich billiger erreichte.[67] Vor allem im Norden finden sich noch heute solche Anstriche, oft in dem beliebten "Ruabon Red" oder auch Karmin (Farbtafel 27).

Das Anstreichen wurde früher gleichzeitig mit dem Ausfugen durchgeführt. Dieser Vorgang war das "pointing", nicht zu verwechseln mit dem "jointing", das allgemein die Füllung zwischen den Steinen, den "joints" bezeichnete. Zur äußeren Füllung der Fugen, Elsam erwähnt den "Roman Cement", benutzte man feine Lehmmörtel. Bei teureren Bauten wurden die Fugen oft ca. 1 cm stark ausgekratzt und mit einer speziellen Füllung ("stopping") versehen. Noch teurer und noch heute gelegentlich anzutreffen, war "tuck pointing", bei dem auf die Mitte der Fuge eine 1/4 Zoll (0,63 cm) breite und 1/16 Zoll (0,16 cm) tiefe weiße, schwarze oder rote Gipsleiste aufgebracht wird; laut Elsam war es schon in den 1820er Jahren "sehr modern".[68] In Luton, wo purpurfarbener Backstein weit verbreitet war, legte man eine weiße Leiste auf die Fuge: Zwischen roten Backsteinen war die Fuge rot und oft strich man diese Farbe auch ganz über die Steine. Man mag dies für ein unnötiges Detail halten, aber man darf dabei nicht außer Acht lassen, wie sehr die Fugenvarianten (Abb. 204) das Aussehen des Backsteinmauerwerks verändern, indem sie die Verbände betonen (Farbtafel 31).

Dachziegel und Schiefer

Ein weiteres Tonprodukt sind schließlich die Dachziegel. Sie wurden fast immer von den "brickmakers" hergestellt und von den "bricklayers" verlegt. Man wählte aber den Ton sorgfältiger aus. Im Vergleich mit Dachschiefer hatten Flachziegel ("plain tiles") mehrere Nachteile: Sie waren trotz ihrer geringen Herstellkosten deswegen unpopulär, weil sie ein aus ästhetischen Gründen unbeliebtes steiles Dach erforderten, das wegen des größeren Holzverbrauchs viel teurer war. Anders die viel größere Ziegelpfanne, welche von Holländern übernommen wurde: Ihre Größe normte man bereits 1725; sie waren leichter und benötigten nur eine flache Dachneigung. In den 1820er Jahren kosteten sie etwas mehr als die Hälfte des billigsten Schiefers und sie wurden bei einfachen Häusern noch lange verwandt. Ihre Farbe "verbesserte" man mit "blauer Anti-Korrosions-Farbe".[69] Im späteren 19. Jahrhundert stieg der Preis dieser Ziegel in London und man trifft sie dort danach nur noch gelegentlich an.[70] Die gleiche Entwicklung setzte sich auch in der Provinz durch. Nach der Mitte des Jahrhunderts wurde in Norwich die Rückseite der Dächer kleinerer Häuser mit gelblich-roten und die Vorderseite mit bläulich-schwarzen, glasierten Ziegelpfannen gedeckt (Farbtafel 28).

Seit der Jahrhundertmitte produzierte man in Shropshire und Staffordshire "pressed tiles" (das bekannteste Fabrikat war "Broseley", Firmenname und zugleich Gattungsbezeichnung). Sie waren dünner, leichter und stärker Wasser abweisend als die älteren Ziegelpfannen. Hinzu kamen Firstziegel und Giebelbekrönungen, die nun als üppige Verzierung von allen größeren Backstein- und Terrakottafirmen hergestellt wurden. Die Anfänge ihrer Verwendung liegen im mittelviktorianischen "Gothic Revival". Um 1880 waren diese Ornamentziegel auch für Häuser der Mittelklasse erschwinglich; besonders beliebt waren sie an Ausluchten. Da die Schieferindustrie nichts Vergleichbares zu bieten hatte, wurden sie auch bei schiefergedeckten Dächern genutzt und trugen zur Vielfalt der Werkstoffe bei (Abb. 166, 194, Farbtafel 14). Wie schon erwähnt, widmete man gegen Ende des Jahrhunderts der Gestaltung des Daches wieder mehr Aufmerksamkeit: Die steilere Dachneigung setzte sich durch, ganz gleich, womit gedeckt wurde.

Über vermehrte Verwendung von Schiefer aus Nord-Wales vom späten 18. Jahrhundert an berichtete Clifton-Taylor. Vor allem Robert Adam schätzte ihn. Dachschiefer kamen auf dem Seeweg nach London, waren von geringem Gewicht, glatt, stark wasserabweisend und vor allem entsprach seine graue Farbe der Mode, obwohl er wegen der oft geringen Dachneigung vom Betrachter kaum wahrnehmbar war. Er wurde in drei Qualitätsstufen und etwa 12 genormten Größen gehandelt: "Duchesses", "Countesses" und "Ladies" waren die gebräuchlichsten Größen (24 x 12; 20 x 10; 16 x 8; Zoll bzw. 61 x 30; 50 x 25; 40 x 20 cm). Schiefer setzte sich während des 19. Jahrhunderts fast im ganzen Land durch, um 1900 sogar in Ziegelgegenden wie etwa Hull.

Am Schluß unserer Betrachtungen interessieren uns Schiefer und Ziegel noch als Wandverkleidung. Meistens verschindelt man Wände zum Wasserabweisen, besonders an der Rückseite des Hauses, so in Portsmouth. Nach 1850 verschwand diese Sitte wieder. Ornamentale Schieferverkleidung, wie wir sie aus Deutschland kennen, hat es in England kaum gegeben. Im späten 19. Jahrhundert beklagte sich der deutsche Neugotiker Carl Schäfer, den man in England den "Arts and Crafts"-Architekten zurechnen müßte, über die billigen englischen Importe langweiliger, großer Dachschiefer, welche die deutsche Tradition zerstörten. In der Tat: Auch die englischen "Arts and Crafts"-Architekten lehnten um 1900 die "Welsh Slates" ab; sie zogen kleinere und gröbere Schiefer vor, etwa die grünen "Westmoreland Slates", die wesentlich teurer waren. Von Architekten des Domestic Revival, etwa von Philip Webb, wurden hingegen Biberschwänze für Wandverkleidungen ab den 1860er Jahren wieder eingeführt. Seit den 90er Jahren finden wir sie an den Frontseiten mittelgroßer Häuser, speziell an den Giebeln (Farbtafel 15).[71]

Eisen

In englischen Häusern sind konstruktive Eisenteile recht selten. Im späteren 18. Jahrhundert begann die Mode der größeren Drawing-Room-Fenster. Es ist Robert Adam, dem die Einführung von Gußeisen für die Sicherheitsgeländer von Fenstern in London zugeschrieben wird, aus den 1770 Jahren heute noch sichtbar in 7 Adam Street, Adelphi. Das "heart and honeysuckle"-Motiv (Geißblatt / Anthemia) wurde von der Carron Company in Falkirk gegossen, an der Adam's Bruder John Aktien besaß. Daraufhin hatte Carron in England einen sehr hohen Marktanteil.

Die bei weitem bedeutendste Stadt für die Verwendung von Regency-Eisen ist Cheltenham. Die Teile wurden durch Werkstätten wie R.E. & C. Marshall & Co. meist am Ort selbst hergestellt.[72] Deren Material und Technik war zunächst das alte Schmiedeeisen. An Feinheit und Eleganz wurde es kaum übertroffen. Zu sehen ist solches an den großen Veranden von Lansdown Place (Abb. 205), an dem hängenden Gitterwerk der Balkone in Priory Parade, London Road oder sogar an den überdachten Eingängen der sehr kleinen Häuser in der Sandford Road. Gußeisen setzte sich ab etwa 1840 rasch durch, nicht nur, weil es billiger als geschmiedetes Eisen war, sondern weil sich der Geschmack der 1840er Jahre kräfti-

205. **Cheltenham.** Lansdown Place, Balkongitter um 1830 (vgl. Abb. 131). Schmiedeeisen in den oberen Teilen, sowie die populären Anthemion oder "Heart and Honeysuckle"-Motive aus Gußeisen, meist von der schottischen Carron Company geliefert.

206. (unten links). **Hastings.** Sussex, Pelham Crescent, von J. Kay 1824-28. Die Dächer sind typisch für Balkone der Südküste.

207. (unten rechts). **Brighton.** St. Michael's Place, 1870er Jahre. Das solidere Gußeisen ist typisch für die späteren Jahre.

This Tariff is issued as a reflex of what goods are kept in stock and can be despatched on receipt of order.

YOUNG & MARTEN, Ltd., Merchants and Manufacturers,

Ornamental Verandahs.

No. C4728.—**VERANDAH**.

No. C4823.

Set of Ironwork for Verandah, 12 ft. wide × 3 ft. to 4 ft. projection, as shown, fitted ready for re-erection, prepared to receive wood beam and wood astragals for glass.

No. C4728.

VERANDAH SET.

Comprises:—

3 Verandah Columns, 8 ft. 6 in. high; with Entablatures.

3 pairs Brackets for same.

1 pair Brackets for wall.

Frieze, 4½ in. × 3 in. Moulded Gutter, and Cresting for front and returns.

2 Terminals.

£11 5s. per set.

No. C5728.—**VERANDAH**.

No. C5728. Set of Ironwork for Verandah, 23 ft. wide overall by 2 ft. projection, as shown, or similar arrangement, fitted ready for re-erection, with Ironwork for Roof, ready for Glazing, comprising:—

3 Verandah Columns, 8 ft. 9 in. high; with Entablatures, Brackets, Frieze, Gutter, and Pediments.

£21 per Set.

STRATFORD, Walthamstow, Leytonstone, Millwall, & Brentford. [167

Where a number of sizes of an individual article are described, the sizes kept in stock are priced in larger letterpress.

208. Aus dem Katalog eines Baustoffhändlers um 1907. Hier werden Veranda-Verkleidungen aus Gußeisen angeboten.

geren Formen zuwandte. Die Musterbücher von L.N. Cottingham und Henry Shaw, die Firmenkataloge von Carron Co. und der Gießerei Coalbrookdale halfen der schnellen Verbreitung gleicher Motive über das ganze Land. Die Eisenindustrie florierte von den 1820er bis in die 1840er Jahre in Brighton, Leamington, Scarborough, Cheltenham und, vergleichsweise seltener, in London (Abb. 41, 43, 117, 152, 206, Farbtafel 2, 12). Das Motiv- und Stilangebot wurde erweitert, trotz der standardisierten Produktion: es gab kleinteilige Blumenformen des Neurokoko, solide spätklassizistisch-rechteckige Muster sowie gelegentlich sogar gotische Formen. Um die Jahrhundertmitte aber nahm die Vorliebe für Eisen ab: "Die häßlichen Eisengeländer – im traditionellen Londoner Haus", schreibt der *Builder* 1854.[73] An den besten Londoner Häusern werden die Balkon- und manchmal auch die Area-Geländer in Stein (bzw. Backstein mit Stuck) ausgeführt. Eisen nutzte man später noch für die Zäune der immer häufigeren Vorgärten mittlerer und kleinerer Häuser. Die meisten dieser Arbeiten wurden jedoch im 2. Weltkrieg eingeschmolzen,[74] so daß sich nur wenige Beispiele erhalten haben, z. B. in Lincoln. In Plymouth verarbeitete man Gußeisen zu Wetterpforten an Haustüren und gelegentlich finden sich Eisensäulen als Pfosten von Ausluchtfenstern.[75] Der Einfluß des mittelviktorianischen gotischen Stils setzte sich durch: Die früher oft verschwommenen Formen verändern sich zugunsten schärferer Umrisse und naturalistischer Pflanzenmotive, wie aus dem Katalog von Walter Macfarlane in Glasgow, einer der bedeutendsten Eisenfirmen im späteren Jahrhundert, hervorgeht. Gußeisen ersetzte das Blei bei Dachrinnen und Abflußrohren, die nun als Dekor betont und nicht wie früher versteckt wurden (vgl. Abb. 86). Blei wurde aber weiterhin als Werkstoff verwandt, hauptsächlich für ornamentale Bleiruten von Verglasungen in Eingangstüren (Farbtafel 19).[76]

Holz

An den Holzkonstruktionen ändert sich innerhalb des Hauses nur wenig. An der Fassade war die Verwendung von Holz seit dem 17. Jahrhundert rückläufig; das Verbot in London im 18. und in Newcastle im 19. Jahrhundert verdrängte das Holz dann völlig. In der Provinz benutzte man Holz bis zum Anfang des 19. Jahrhunderts für reich verzierte Türvorbauten an besseren Häusern (Abb. 6, 153). Gelegentlich fanden sich auch später noch, sogar bis zum Ende des 19. Jahrhunderts, kleinere konstruktive Elemente in Holz am Außenbau. Hölzerne Tür- und Fensterstürze waren bei kleineren Häusern in Ipswich bis nach 1850 allgemein üblich. Aus Holz baute man auch die meisten Bay Windows in Brighton, darauf wurde dann noch die Stuckverkleidung aufgebracht. Für Veranden benutzte man oft Holz anstelle von Eisen. Niedrigere Holzpreise und die Fortschritte bei der maschinellen Verarbeitung im späten 19. Jahrhundert konnten gegen schwindende Beliebtheit nichts ausrichten. Ausschließlich hölzerne Bay Windows waren in Leicester und Birmingham bei Häusern kleiner und mittlerer Größe noch weit verbreitet, denn sie konnten montagefertig gekauft werden.[77] Gelegentlich trifft man auf reiche Türzargen entsprechend dem üppig gegliederten Türblatt,[78] wie in Oldham (Abb. 210) und in St. Helens. Nur an den kleinsten Häusern hielten sich Holzdekorationen, wie die etwas wackligen Holzdächer über den Türen, die durch primitive Holzkonsolen gestützt wurden. Um 1850 gab man auch dies auf und verwandte, wenn man beim Holz blieb, schlanke Pilaster mit nur angedeuteten Basen und Kapitellen, aber einem ziemlich starken Architrav (Abb. 174). Außer dem Backsteinbogen und einigen der bescheidensten Stuckmotive war dies die häufigste Dekoration an den Fassaden des kleinen und mittelgroßen Hauses.

Bemerkenswerterweise hielt man in zwei Regionen dem Holz die Treue, nämlich im östlichen Yorkshire mit York, Grimsby und besonders in Hull. Wegen des Schiffbaus war hier die Tradition der Schnitzerei besonders verbreitet. Es gibt Häufungen von klassizistischen Holz-Dekorationen.[79] Um 1850-60 wandelte sich der Stil von klassizistischer Strenge zur mittelviktorianischen Üppigkeit, etwa an den Häusern um Spring Bank (Abb. 209) oder etwas später in Eldon Grove. Auch überdachte Eingänge und Ausluchten bzw. Erker waren

Farbtafel 25 (oben links). **London.** Martham Grove, SE22, um 1880. Londoner "stock bricks", die Bögen in "Malms".

Farbtafel 26. (oben mitte). **Great Yarmouth.** Palgrave Road, um 1905. Terracotta im edwardianischen Barock (vermutlich von der Hathern Station Brick and Terracotta Company, Leicestershire).

Farbtafel 27. (oben rechts). **Manchester.** Lynn Street, 1880er Jahre. Die gepressten Backsteine der Fassade werden hier "Stock" genannt. Die rote Bemalung ist traditionell, das Blei auf den Scheiben neueren Datums.

Farbtafel 28. **Norwich.** Earlham Road, ca. 1894. An der Fassade und einem Teil der Seitenwand finden wir "weiße" Backsteine, an dem weniger wichtigen Rückanbau rote; dem entspricht die Teilung des Daches in Schiefer und Pfannenziegel.

Farbtafel 29. (oben links). **Reading.** Alexandra Road, "Semi-detached"-Villen um 1870. Rote, gelbe und "blaue" Backsteine (vermutlich Staffordshire Blues bzw. Klinker) und auch der besondere "Reading Silver Grey" (vgl. Abb. 171, 172).

Farbtafel 30 (oben mitte). **Reading.** River Road, um 1900. Ein sehr besonderes Motiv am Seitengiebel einer Zeile.

Farbtafel 31. (oben rechts). **Luton.** North Road, späte 1880er Jahre. Die meisten Häuser in Luton zeigen "purple"-Backsteinwände mit roten Verzierungen, wie in Farbtafel 32, einige wenige benutzen die Farben umgekehrt.

Farbtafel 32. **Luton.** Albert Road, 1890er Jahre.

209. (ganz links). **Hull.** Spring Back, ca. 1870. Geschnitztes Holz und gußeiserne Bekrönung.

210. (links). **Oldham.** Pitt Street, ca. 1870-80. Ein ungewöhnlicher Türrahmen.

211. (unten). **Sunderland.** Acacia Terrace, um 1870. Mittelalterliche Wehrmotive, ungewöhnlich als Holzausführung und ungewöhnlich auch am Reihenhaus.

in diese Dekorationsart mit einbezogen (Farbtafel 8). In manchen Fällen wurde die Schnitzerei durch eine Art Papiermaché ersetzt, die aus gemahlenem Holz mit Leim bestand und zuerst im späten 18. Jahrhundert bei Innendekorationen genutzt wurde. Gelegentlich brannte man in das Holz auch Muster ein,[80] und Holzteile wurden maschinell vorgeformt. Die andere Region mit ähnlicher Tradition der Holzbearbeitung lag um die Hafenstadt Sunderland, wo wohl die gleichen Bedingungen herrschten wie in Hull. Auch hier kann man die Entwicklung von klassizistischer Ausgewogenheit der Massen (Grange Crescent) zur Überschwenglichkeit des mittelviktorianisch-floralen Dekors beobachten (Abb. 211). Reich geschmückte Eingänge gibt es auch in Darlington, Hartlepool und South Shields (Abb. 105).

Die Dekorations-Motive in Hull und Sunderland waren zu jener Zeit schon altmodisch, denn es begann eine neue Stilrichtung. Wir haben bereits die Entwicklung zum hölzernen Giebel und zur hölzernen Dachtraufe beschrieben, besonders in der Hauptstadt. Um 1870-80 waren die schwer-geplankten Ziergiebel des modischen "Cottage Ornée" (Farbtafel 20) der Villa oder des Doppelhauses allmählich auch an den mittleren Terraces aufgenommen worden, wie in vielen Häusern in Harrogate, Sheffield,[81] Bristol und anderswo (Abb. 164). Vor allem in den Badeorten genoß Holz wieder größeres Ansehen, wo es u. a. an Veranden und überdachten Eingängen verwandt wurde. Ein frühes Beispiel, wohl aus den 1880er Jahren, ist die neugotische Terrace in der Egbert Road, Westgate-on-Sea. Vor allem vom Domestic Revival angeregt, finden sich um 1900 viele größere Häuser mit außerordentlich lebhaftem Holzwerk — oft in Verbindung mit Fachwerk, so in Ramsgate, Brighton, Bournemouth, Southend (Abb. 146) usw. Endlich ist Leichtigkeit wieder ein positives Element und wir fühlen uns an den Fernen Osten erinnert oder wenigstens an die ostasiatische Stimmung in Scheveningen.

16. Die wechselnden Stile der Fassade

Durch die Anwendung eines Stils an einem Gebäude gewinnt der Architekt sofort positive Schönheit, denn Tausende von Architekturbetrachtern in Europa und Amerika haben einige grobe Vorstellungen davon, was gotisch oder was griechisch ist – diejenigen Architekten, die allgemeine Anerkennung erlangen möchten, tun gut daran, den Stil nicht zu vernachlässigen.

J.C. Loudon 1833[1]

Bisher haben wir die Reihenhaus-Fassade nach ihrer allgemeinen Gliederung, dem Aufriß, ihren Dekorationsdetails und deren Techniken untersucht. Die besondere Verbindung von Gliederung und Dekoration einer Fassade, das Gemeinsame im Ganzen, im Detail und in der Materialwahl könnte man "Stil" nennen. Jede Zeilenfassade kann so einem Stil oder einer Stilmischung zugeordnet werden. Wir wollen versuchen, die Fülle der Stilbezeichnungen kurz zu beschreiben. Es gibt zwei Arten von Stilordnungen im 19. Jahrhundert, zum einen die Perioden des 18. bis 20. Jahrhunderts wie spätgeorgianisch, Regency, frühviktorianisch, edwardianisch usw. und zum anderen die historischen Stilbezeichnungen, welche sich Gestaltungsprinzipien der Vergangenheit beziehen wie Klassizismus, Neugotik oder Queen-Anne-Revival – bei der Verwendung des Begriffes "Stil" sollte man sich der sehr breiten Bedeutung und Widersprüchlichkeit bewußt sein.

Was Loudon wohl verdeutlichen wollte, ist die grundlegende Veränderung eines Hauses durch die Applikation einiger kleinerer Dekorationsmotive, ohne daß sich das Gebäude als Ganzes veränderte. Die Betonung eines einfachen, historischen Motivs mit einer möglicherweise symbolischen Bedeutung rief beim Betrachter ganz neue Assoziationen hervor, so beschwörte z. B. ein Spitzbogen über der Tür das Mittelalter – dergleichen war besonders beliebt an mittelgroßen Villen und Cottages.

"Classical", klassizistisch, Regency, Neo-Renaissance, "Italian"

Für unseren Haus- und Fassadentyp empfiehlt sich eine sorgfältigere Definition von "Stil", die sowohl Form und Anlage des Gebäudes im Ganzen oder zumindest der Fassade als auch die Details des Dekors in Betracht zieht. Das erstere gilt besonders für die "klassischen" Fassaden (siehe Anhang Zeittafel der Stilepochen). Die Palazzo-Fassaden der Terraces der georgianischen Zeit und des Regency basieren auf dem Prinzip der Säulenordnung, wie wir sie bereits im 2. Kapitel besprochen haben. Die normale georgianische Fassade, an der es keine Säulen gibt, ist ein gutes Beispiel dafür, was wir mit der allgemeinen Gliederung meinen. Das niedrige rustizierte Erdgeschoß entspricht in Charakter und Proportion der Säulenbasis bzw. dem Tempelboden, das Piano Nobile und ein weiteres kleines Geschoß der eigentlichen Säule. Es folgt das Hauptgesims als Architrav, ein wichtiges klassisches Motiv, darüber das Traufgesims oder ein weiteres, andeutungsweise dem Fries oder Giebel entsprechend. Zusätzliche Dekorationsteile, wie etwa Tür- und Fensterrahmungen konnten nach Belieben hinzugefügt werden (vgl. Abb. 1, 2).

Die Bezeichnung "klassisch" wird in England, beeinflußt von Italien und Frankreich, sehr allgemein und häufiger als in Deutschland benutzt. Es ist schwierig, die verschiedenen Epochen und ihre Einflüsse zu unterscheiden. Einen großen Teil der Architektur vom 17. bis ins 20. Jahrhundert muß man überhaupt als unreflektierte klassische Tradition bezeichnen. Wenn es in einem Lehrbuch für das Bauhandwerk wie in Charles F. Mitchell's *Building Construction and Drawing*, in der Ausgabe von 1902 zum Thema Profile heißt: "Die meisten Tischler-Profile ("mouldings") bestehen aus einer Mischung einiger griechischer und acht römischer Vorbilder ...",[2] kann man hier einen Teil der Tradition greifen, die sich im Möbelhandwerk bis in die 1940er Jahre hielt (Abb. 210). Vor allem die Proportionen der Fenster und Türen und die Rustikaverwendung an den Fassaden fußen auf der gleichen Tradition. Man bemühte sich um regelmäßige Gestaltung der Gesamtanlage. Noch im Jahre 1881 mahnte ein Surveyor im Londoner Norfolk Estate zur Regelmäßigkeit in einer Hauszeile.[3] Vor der Mitte des 18. Jahrhunderts forderte der englische Palladianismus (gleichzusetzen mit dem mittleren und späteren "Georgian-Style") eine Bereinigung des klassischen Vokabulars. Es ging ihm um eine noch strengere Ordnung des Ganzen und um die Unter- und Überordnung der Bauteile, so sollten die Mittel- und Endpartien einer Häuserreihe besonders dekoriert sein, an den übrigen Teilen wurde zu reiche Dekoration als störend empfunden. Man bevorzugte große Flächen wohlgegliederten Quadermauerwerks mit scharf eingeschnittenen Öffnungen. Weil weiß-grauer Portland Stone zu teuer war, begnügte man sich mit Bath Stone (Abb. 2). Aber auch die sorgfältig komponierten "weißen" Backsteinfassaden, besonders in East Anglia (Abb. 191), und die unzähligen glatten Stuckfassaden des Regency (vgl. Abb. 176) sowie der frühen viktorianischen Epoche sind noch aus den englisch-palladianischen Formvorstellungen zu verstehen.

Andererseits verlangte man im späten 18. Jahrhundert nach mehr Abwechslung. Robert Adam verurteilte die stete Wiederholung gleicher klassischer Elemente (Abb. 9). "Neo-Classicism", wie die Engländer den Klassizismus nennen, bedeutete ein genaues Studium antiker Monumente und führte zu größerer Vielfalt. Architekten und Kritiker zitierten gern Vorbilder, so spricht Elmes von "Paestum Dorisch"[4] angesichts Nash's Ulster Terrace in Regents Park (Abb. 112). Die massive dorische Säule war eine beliebte Form des "Greek Revival".

Die vage Bezeichnung "Regency" für diese Epoche (Prince Regent, 1820-30) bezeichnet die Aufnahme des Klassizismus, ähnlich wie zuvor der Begriff "georgian" für die Übernahme von Palladianismen. Das Regency dauerte von etwa 1800 bis 1840. Neo-Classicism bedeutete meist kräftigere Massen, plastisch kräftiger gestaltete bzw. akzentuierte Fassaden: "Bewegung" darzustellen, war offenbar das Ziel von Nash und von Kemp wie z.B. am Brunswick Square in Brighton oder in Cheltenham. Dies darf aber nicht mit "Klassizismus" gleichgesetzt werden, sondern geht auch zurück auf die neue englische Ästhetik des 18. Jahrhunderts, das "Picturesque and Sublime"(das Malerische und das Erhaben), mit seinem Streben nach Kleinteiligkeit "(picturesque)" und einfach-monumentaler Masse ("sublime") (Abb. 111, 117, 120, 132). Diese ästhetischen Prinzipien – Vielfalt und Monumentalität vereinfacht gesagt – sind nicht nur Merkmale des Klassizismus, sondern aller Stile jener Zeit bis hin in die Neugotik.

Ab 1830 entwickelte sich der frühe Viktorianismus. Elmes erwähnt häufig "Italian"; das bedeutete die Aufgabe der Kolossal-Ordnung Palladio zugunsten kleinerer klassizistischer Dekorationselemente und die Betonung der horizontalen Gliederung (vgl. Abb. 137). Das "Italian" war unbestimmter als "klassizistisch" und empfahl sich schon wegen der Zunahme der Geschosse, die nur schwerlich in das alte klassische Palazzo-Schema einzuordnen waren; das gleiche Problem hatten die Gestalter großer kommerzieller Gebäude oder Hotels. Das Vorbild für diese auch "Astylar" genannte Richtung, war der "Reform Club" von Charles Barry von 1837. Man berief sich auf die italienische Renaissance des 16. Jahrhunderts. Wie die Gegner der reinen gräzisierenden Architektur im 19. Jahrhundert immer wieder behaupteten, war der Stil der großen Säulen und Portiken nur für Tempel und öffentliche Gebäude geeignet. Durch ein oder mehrere Gesimse wurde nun bei allen Wohnhäusern die neue Art der Dekoration verwandt.(Abb. 43, 140). Außerdem schmückte man Fenster und Türöffnungen reichlich und der obere Fassadenabschluß wurde mit Balustern bekrönt. Glatte Oberflächen und klare Linien, "georgian" und meist auch "Regency" waren nun verpönt. Stuck und zahllose neue Baumaterialien wie Zement sowie Terrakotta waren außerordentlich förderlich. Dieselbe Farbgebung vereinheitlichte die Fassaden, erst um 1850 zeigte man wieder Backstein oder Ornamente daraus. Durch die neue, freiere Richtung erhielt der Typ der "Italian Villa" eine leichte Asymmetrie, während die meisten klassischen Dekorationsmotive beibehalten wurden.

Dabei sind wir schon im Mittelviktorianismus. Die Vielfalt wächst ständig. Manierismen, italienische, nordeuropäische oder beide zugleich drängen nach vorn. Zügellos präsentieren sich klassizistische Motive – die meisten bleiben namenlos – in den 1860er und 1870er Jahren wie an der Zeile Warrior Gardens in Hastings (Abb. 143). Die Merkmale der Renaissance waren aber an den Reihenhäusern bescheiden, verglichen mit Villen oder Landhäusern. An der Nordseite von Regent's Park (Prince Albert Road) sowie in der Regent Street in Nottingham finden wir elisabethanische oder jakobinische Details, wie z. B. Rollwerk (1840er Jahre). Die Royal Promenade in Bristol erinnert dagegen eher an das Quattrocento oder zuweilen an die Romanik (die Engländer gebrauchten auch das deutsche Wort "Rundbogenstil"). Ein weiteres häufiges Motiv war der "flämische" oder gekurvte Giebel (Abb. 145).[5] Erst später ab 1860 treffen wir das "Second Empire" des Napoleon III, den französischen Neubarock mit Mansarddach an Reihenhäusern und Villen sowie lebhaften Renaissance-Fassadendekorationen (Abb. 143).[6] Die Dekorationen des im Innern so populären Neu-Rokoko kann man nur gelegentlich an Fassaden finden (Abb. 43). Schließlich ist noch das rustikale Element des "Italian" der Renaissance zu erwähnen, das bereits für die "Italian Villa" von Bedeutung war, welches auf Vereinfachung abzielte, wie James Hole 1866 schrieb, auf den Charakter des Einfachen, Kühnen, Massiven.[7] Ein Beispiel hierfür ist John Knowle's Häuserzeile in Clapham Common von 1860. Die Stuckdekoration wird vielfach reduziert oder sogar aufgegeben und Eisen war verpönt, weil es so dünn und dürftig aussah.

Neugotik

Die wichtigste Herausforderung gegen die Vorherrschaft des Klassizismus entstand mit der Neugotik, dem "Gothic Revival": Dieser Stil war nach Meinung der meisten frühen Kritiker darauf gerichtet, "Emotionen hervorzurufen".[8] Bei den Reihenhäusern hielt die Neugotik zunächst kaum Einzug. Man findet nur vereinzelt kleine gotische Details, wie etwa an den standardisierten und im übrigen georgianischen Fassaden der Byrom Street in Manchester vom Anfang des 19. Jahrhunderts , die eher niedlich als dramatisch zu nennen sind. Zwischen 1820 – 1860 gab es nur wenige, aber bedeutende gotische Terraces: St. Mary's Place in Newcastle, 1827 von dem bedeutendsten Architekten der Stadt, John Dobson, neben seiner einfallsreichen neugotischen Kirche St. Thomas erbaut. Bei der Queen's Terrace in Exeter aus etwas späterer Zeit besteht das Gotische hauptsächlich in flachen Tudorbögen, das häufigste als "gotisch" empfundene Element jener Zeit. Man findet sie auch an den Clarence und Wellington-Squares in Cheltenham der 1840er Jahre (Abb. 134). Lonsdale Square in Islington (London) wurde 1838 für die Draper's Company von dem später durch streng neugotische Kirchen bekannt gewordenen H.L. Carpenter entworfen. Seine Hauptgestaltungselemente sind massive Bay Windows mit großen Tudorfenstern.

Weitere gotische Zeilen finden sich in Tunbridge Wells und Herne Bay. Doch stets handelt es sich um gotischen Dekor in prinzipiell georgianisch-klassizistischen Strukturen. Wohl alle diese Häuser müssen als besondere Leistungen von ungewöhnlich individuell eingestellten Architekten angesehen werden. Origineller ist Chartham Terrace (1850), direkt neben der Kirche St. Augustine in Ramsgate von Pugin, so daß man dessen Hand vermuten darf. Sein Sohn Edward könnte vielleicht etwas mit der spektakulären gotischen Terrace in Albert Road im selben Ort aus den 1860er Jahren zu tun haben. Gotik bedeutete mehr als nur Spitzbögen, Giebel, Profile nämlich Vielfalt und Bewegung. Das Bay Window und der Giebel galten als notwendiger Bestandteil malerischer Fassaden.

Gegen 1860 gab es verschiedene, aus der Gotik abgeleitete Dekorationselemente, vor allem den gestelzten Segmentbogen (Korbbogen) sowie dessen gespitzte Variante (flacher Eselsrücken), besonders in Birkenhead (vgl. Abb. 106, Abb. 144). Den eigentlichen gotischen Spitzbogen findet man selten. Es gibt in Cardiff einige späte Beispiele; auch im Süden Londons um den Kristallpalast oder die Straßen in Upper Tollington Park (London N4) aus den 1880er Jahren zeigen etwas mehr gotische Details als üblich. (vgl. Farbtafel 23). Ab etwa 1860 wurden die Pfeiler oder Säulen schlanker, bleiben aber solide, da sie als tragendes Gerüst erscheinen (Abb. 145, 160), auch die Solidität einer geschlossenen Wandfläche wurde betont. Hinzu kommt eine recht naturalistisch gehaltene Ornamentierung der Kapitelle. Die Forderungen der Gotiker nach Einfachheit und Materialgerechtigkeit waren vorher schon von den Verfechtern der "Italian Villa" oder der üblichen rustikalen Stile zu hören gewesen. In Gegenden mit reichem Haustein-Vorkommen wandte man sich dem schwerer wirkenden Bruchsteinmauerwerk wieder zu, und zwar auch bei anspruchsvolleren Häusern, bei denen man früher die Mehrkosten einer Quaderstein-Verblendung nicht gescheut hätte (vgl. Farbtafel 15). Diese Vorliebe für "das Natürliche" – ein weiteres Beispiel ist die Bloßlegung unverputzten Backsteinmauerwerks – kennzeichnet auch den italianisierenden "Rustika"-Stil. Dekorative Elemente werden jetzt bündig mit der Oberfläche in die Fassade eingelassen (vgl. Abb. 160, 197). Das hatte praktische wie wirtschaftliche Vorteile und stimmte außerdem mit der Vorliebe des Hochviktorianismus für Flachornamente überein, wie sie zuerst in den Schriften von John Ruskin und den Bauten von Butterfield entwickelt wurde. Der Drang, den Kontrast von Farben und Textur verschiedener Materialien auszuspielen, der sich in den 1880er Jahren auch an gewöhnlichen Häusern bemerkbar machte, wurzelte in den Theorien von Pugin und Ruskin sowie im Werk der hochviktorianischen neugotischen Kirchenarchitekten (Farbtafel 20). Kleinteilige Dekorationselemente wie Friese und Kapitelle, Bogensegmente u. a. unterlagen ebenfalls der Tendenz zur Abstraktion, sie zeigen stilisierte Ranken, Blüten, Blätter usw. (Abb. 185). Man stützte sich auf klassizistische, gräzisierende Flachornament-Entwürfe á la John Soane oder Thomas Hope, später auf die Gotik eines Pugin oder Henry Shaw wie auch auf die Flachornament-Theorien von Dekorations-Designern der South Kensington-Schule wie Owen Jones, Robert Redgrave, Christopher Dresser (Abb. 184, 198, Farbtafel 20).

Spätviktorianische Mischstile

Für die Zeit nach den 1870er Jahren ist es schwierig, historische Anlehnungen genau zu bezeichnen. Auch unsere anfängliche Unterscheidung zwischen Stilbezeichnungen für Details oder/und Gesamtanlagen haben nun kaum noch Sinn. Bei Landschlössern, Villen und auch bei größeren Geschäftsbauten gab es keine verbindliche Stilwahl mehr. Stile wurden innerhalb einer Fassade gemischt oder Häuser unterschiedlicher Stile nebeneinander gestellt, z. B. in East Park Parade in Northampton. Die meisten kleinen Villen und Reihenhäuser folgten in der Provinz aber noch bis in die 1890er Jahre weitgehend der klassizistischen Tradition früh- oder mittelviktorianischer Ausprägung.

Die Neugotik war noch nicht überholt und wurde mit "Elisabethan"-Formen sowie solchen der, meist niederländisch-flandrischen Renaissance vermischt. Vor allem griff man vermehrt zu den Elementen des "Cottagy" oder "Cottage ornée", d.h zur Verwendung von Holz, besonders an Giebeln und kleinen Vordächern über den Eingängen. Weniger bedeutungsvoll sind die weiteren Stile des späteren 19. Jahrhunderts: "Neo-Adam" betrifft vor allem die Inneneinrichtung, ebenso der japanische Stil; einige hölzerne Verandatypen könnten durch Japan angeregt gewesen sein. Art Nouveau – wie der Jugendstil in England meist genannt wird – kommt hin und wieder um 1900 bei Bleiverglasungen der Türen oder auf Kacheln vor. Die meisten Engländer, das gilt für Künstler und Designer ebenso wie für den Handel, lehnten den kontinentalen Jugendstil der späteren 1890er Jahre als zu überschwenglich ab (obgleich er zum Teil auf der englischen "Arts-and-Crafts"-Forderung nach Materialgerechtigkeit und den englischen Pflanzendekorationen basierte).

Im Gegensatz zur vorausgehenden Zeit gab es nun wieder eine klare Hierarchie der Stile, von streng klassischen öffentlichen Gebäuden bis zu absichtlich bescheiden gestalteten Hausfassaden. Entsprechend dem viktorianischen Stil enthält die Bezeichnung "Edwardian" (etwa 1900-1914) viele Möglichkeiten, wobei der "Edwardian Baroque" etwas überwiegt. Hin und wieder finden sich Elemente dieses Stils bei gewöhnlichen Häusern, etwa ovale Fenster (Okuli) oder stärker schwellende Säulen und Pilaster (Farbtafel 26).[9]

Es gab zwei neue Stile der Hausarchitektur, die hier besonders genannt werden sollten. Das "Queen-Anne-Revival" begann in den 1860er Jahren und breitete sich in den 70er und 80er Jahren aus. Vereinfacht gesagt, handelte es sich um eine Verbindung gotischer Vertikalität mit klassizistischen Details. Außerdem wurden die älteren Varianten roter Backsteinfassaden wieder reizvoll. Holzteile des Baues strich man in lebhaftem Kontrast zum Stein blendend weiß. Aber das Queen-Anne verband auch auf eigene Weise Eleganz, Geradlinigkeit und Genauigkeit der Imitation der Vergangenheit mit Elementen naiver Formgebung aus dem Anfang des 18. Jahrhunderts. Der Stil war vage und flexibel, brachte aber eine ganz neue Vorstellung des "Volkstümlichen" hervor. Das Queen-Anne blieb den modernen Londoner Architekten und wenigen in der Provinz vorbehalten. Es wurde an einigen der bedeutendsten spekulativen Projekte im Londoner Westen eingesetzt (Abb. 145, Farbtafel 7), aber an kleinen und mittleren Häusern kaum angewandt (vgl. Abb. 56).[10]

Als Gegensatz zum städtischen Queen-Anne-Stil kam auf dem Lande das "Old English" auf: "half timbering", d.h. Fachwerkbauteile und "tile-hung", Wandverkleidungen mit einfachem Ziegelbehang, ferner grobes Bruchsteinmauerwerk. Die Grundrisse wurden verschachtelt, es dominierte das weit heruntergezogene und kompliziert gewinkelte Dach. Wie beim Queen Anne war nicht die große Architektur Vorbild, sondern die mittleren und kleineren Bauten der Tudorzeit oder des 17. Jahrhunderts. Queen-Anne und Old-English werden auch "Vernacular Revival" genannt, das entspricht dem Begriff "Mundart" bzw. "Dialekt" und dem deutschen "Heimatstil". Beides läßt sich mit der Arts-and-Crafts-Bewegung in Verbindung bringen, welche die (für damals relativ rohe) Handwerklichkeit zur Geltung bringen will. Es hatte schon vorher, seit etwa 1800, eine Wiederbelebung von einfachen Cottage-Elementen wie Fachwerk und steile Dächer gegeben. Neu war jetzt die Anwendung dieser Motive auch bei den größten und vornehmsten Häusern. Schließlich hingen beide Stile eng mit dem Domestic Revival zusammen, auf das im nächsten Kapitel noch einmal eingegangen wird.

Die Aufnahmefähigkeit der normalen Reihenhausfassaden für die neuen Ideen des Old-English war begrenzt. Es gibt nur wenige große Terraces mit sehr komplizierten Fassaden dieses Stils, mit Balkonen, überdachten Eingängen und vielfältigen Erkern, etwa in Bristol (Farbtafel 15), Scarborough und Brighton.[11] Kleinere Versionen kann man in Muswell Hill in Nord-London finden (Abb. 168). Einige Elemente des spätviktorianischen "Picturesque"-Stil haben außerdem normalen, mittelgroßen Häusern ihre Individualität verliehen. Die meisten Giebel wurden jetzt nicht mehr nur in Back- oder Bruchstein ausgeführt, sondern in Fachwerk, mit Verkleidungen aus Dachziegeln oder mit Rauhputzdeckung. Ab 1880 erscheinen zunehmend an spekulativ gebauten Häusern Fachwerk-Giebel,[12] sie setzten sich um 1900 durch (Abb. 165). Rauhputz findet man vorwiegend in Fachwerk-Füllungen. Es ist kaum zu beurteilen, ob diese Einflüsse dem Old-English entstammen oder dem früheren Cottage- Ornée. Unübersehbar ist, daß diese Ideen der Architekten mittlerer Spekulationsobjekte auch von den Entwerfern modischer Vorstadt-Häuser wie Norman Shaw aufgegriffen wurden. Der Weg bis zu den "Semis" (Doppelhäusern) der 1920er und 1930er Jahren war dennoch weit. Ab 1905 finden wir oft den von Voysey beeinflußten Kiesel-Rauhputz und Fachwerkpartien (Abb. 168). Mindestens 60 Jahre lang wurde der "Georgian Style" als monoton abgelehnt, aber 1910 kehrt man zu jenem Stil zurück, mit dem wir begannen. Das "Neo-Georgian" wendet sich wieder den Regeln der Wiederholung, Schlichtheit und der Waagerechten zu.[13] Bezeichnenderweise wurde das spekulative Bauen davon nicht beeinflußt.

Ohne Zweifel würde genaueres Hinsehen mehr Beispiele für alle Stilimitationen des 19. Jahrhunderts in den Terraces erbringen. Aber in der Mehrzahl der Fälle hielten sich die Architekten und Bauunternehmer an die gängigsten, d. h. klassischen Stilarten oder Mischungen und vermieden es, sich auf eine bestimmte Stilsymbolik festzulegen. Es gibt nur wenige eigentlich gotische Reihenhäuser, denn ein Haus sollte nicht an eine Kirche erinnern. Man hatte keine Zeit für einen langen "Krieg der Stile", wie ihn etwa Robert Kerr in seinem Buch über das Landhaus vorführte. Dennoch waren die Grundideen des "Picturesque" und viele der Neogotik gleichermaßen bedeutsam für die Mehrzahl der Vorstadthäuser wie für alle anderen Bauten in England. Wir werden im letzten Kapitel noch einmal auf sie zurückkommen.

17. Soziale und architektonische Hierarchie

Für die genaue Unterscheidung und Definition der verschiedenen Hausklassen kann man keine Regeln festlegen; dennoch gibt es oder sollte es ein Gefühl geben für die Angemessenheit des Charakters eines jeden Hauses.

T. Webster & Mrs. W. Parkes, 1844[1]

Der architektonische Geschmack wie die guten Sitten finden sich zuerst bei den oberen Klassen und werden dann von den unteren Klassen aufgenommen.

H.J. Dyos, 1961[2]

Die Kunst an unseren Häusern ist so hilflos und hoffnungslos... Unser Wohlstand, anstatt uns zu unterstützen, könnte der Grund für unser Versagen sein... Wir meinen, daß unsere Stellung in der Gesellschaft ein gewisses Maß an Zurschaustellung verlangt... Die Vielfalt unserer Kenntnisse verwirrt uns.

J.J. Stevenson, 1880[3]

Klassen-Akzentuierung: Ornament und Stil.

In allen Kapiteln dieses Buches haben wir uns indirekt mit der hierarchischen Struktur der Gesellschaft befaßt. Es waren meist wirtschaftliche Überlegungen, wie die Größe der Häuser und ihre sorgfältig berechneten Mieten. Wir wenden uns nun den sozialgeschichtlichen Elementen der Klassen-Strukturen zu. Der Abstand zwischen arm und reich wurde im 19. Jahrhundert immer größer. Immer mehr Untergruppen wollten sich als Folge von den nächstniedrigeren Stufen abheben, wie z.B. die "mittlere" Mittelschicht von den kleinen Angestellten, die besser bezahlten Handwerker bzw. Mechaniker von den ärmeren, ungelernten Arbeitern. Unterschiedliche Löhne ersetzten die alten Gruppenzugehörigkeiten, die sich nach dem ausgeübten Beruf gerichtet hatten.[4] Hier interessiert uns, wie die Architektur, z. B. die Fassadengestaltung mit ihrer Dekoration und der Haustyp selbst, als Ausdruck einer sozialen Hierarchie zu bewerten ist und ob sie Veränderungen innerhalb dieser Schichtung anzeigt. Zunächst müssen wir unterscheiden: Einerseits gab es einen wirtschaftlichen Zusammenhang zwischen dem Einkommen des Bewohners und der Größe seines Hauses, andererseits einen variablen Zusammenhang von Stil und Status. Dieses Kapitel handelt von den Details am Außenbau, wobei versucht wird, den Wandel dieser Details durch den Wandel der Sozialvorstellungen zu erklären.

Die mehrheitliche Meinung war, daß jede soziale Schicht weitestmöglich unter sich bleiben sollte. Das System vieler kontinentaleuropäischer Städte, wo verschiedene Gesellschaftsschichten buchstäblich in einem Hause übereinander lebten, wurde verachtet und als Ursache für "Unglück und Beschämung" betrachtet.⁵ Früher gab es in großen Londoner Estates Quartiere, sogenannte "pockets", für die Unterschicht, Händler oder Handwerker. Im 19. Jahrhundert versuchten die Planer, diesen Bewohnern ihren eigenen Bereich in bestimmten Straßenzügen zuzuweisen, z. B. in dem großen, nicht ausgeführten Projekt von Charles Barry für Brighton (Hove) in den 1820er Jahren.⁶ Am liebsten gliederte man sie aus den besseren Wohnbereichen aus, indem durch sorgfältigste Formulierung von Land- und Bauverordnungen fast alle "niederen" beruflichen Tätigkeiten verboten wurden. Mit der Einführung des verbilligten Vorortverkehrs baute man dort bessere Häuser für alle, wobei die höheren Schichten abgeschirmte und zurückliegende Häuser bezogen. Wo das nicht möglich war, wurde die Straßenführung so angelegt, daß die Oberschichten zu ihren Häusern gelangten, ohne die Straßen der unteren Schicht benutzen zu müssen.⁷ In England waren die Straßen bei weitem nicht so angelegt, daß jeder auf dem einfachsten Weg überall hingelangen konnte. Gelegentlich gab es Mauern, die den Weg durch die Hintergassen zu den größeren Häusern plötzlich unterbrachen.⁸

Wie bereits erwähnt, baute man gegen Ende des 19. Jahrhunderts seltener verschiedene Hausgrößen innerhalb derselben Zeile oder einer Gegend. Dies hätte zwar den Verkauf der Häuser begünstigen können, andererseits war aber die Klassenhomogenität einer Straße die beste Empfehlung. Sozialer Aufstieg bedeutete stets Umzug. Die Mobilität in jener Zeit war recht groß, man wechselte das Haus "as soon as the brass handle was tarnished", sobald der Messingtürgriff angelaufen war,⁹ d.h. sobald man sich einer höheren Gesellschaftsschicht zugehörig fühlte. Dies schloß aber auch einen Umzug ein, sobald die Umgebung Anzeichen des sozialen Niedergangs zeigte.

Es interessiert uns hier, wie sich die Häuser verschiedener Gesellschaftsschichten voneinander abhoben, wenn sie dicht beieinander standen. Alles drehte sich um Anstand und Etikette. Wie Mark Girouard schrieb,¹⁰ wurden die Regeln der "guten Gesellschaft" mit steigender Klassenmobilität strenger. Mitte des 19. Jahrhunderts enthielten einige Verträge über Mittelklasse-Häuser mehr Vorschriften als die über die besten Häuser, man sicherte sich doppelt, um die "Standards" der Hierarchie festzuschreiben; entsprechend eindringlich waren Versuche, die verschiedenen Nutzungszwecke der Räume festzulegen. Hierarchische Regeln gab es für Wohnkultur, Vergnügungen, Sprache, Kleidung, sogar für Kochgeräte, auch diese spielten für den gesellschaftlichen Ehrgeiz eine besondere Rolle, so Alison Ravetz.¹¹ Gesellschaftliche Unterschiede wurden stark übertrieben. Die Straße, in der der Autor in Norwich wohnt, wurde z. B. für "decidedly superior", d. h. entschieden vornehmer als die Nebenstraße gehalten, obwohl der Unterschied der Jahresmiete verschwindend gering war, ein weiterer Unterschied lag nur darin, daß es in der teureren Straße mehr "Tunnels" zur Rückseite der Häuser gab (Abb. 37), so daß etwas mehr Privatleben möglich war. Wegen des wachsenden Wohlstands verfielen zwar die "Standards", war man aber einmal "oben", hielt man an ihnen fest ("kept up").

Der Haustyp selbst gab kaum Status-Symbole ab, es gab eine Unzahl anderer Möglichkeiten, z. B. durch die Straßengestaltung und ihrer Namensgebung. "Road" war besser als "street"; "place" und "crescent" waren anfangs für die besten Lagen reserviert. Die Größe des Grundstücks und des Hauses waren selbstverständlich auch Indikatoren des Reichtums, wogegen die Höhe des Hauses einem Wandel in der Wertschätzung unterlag.

Die Menge der Dekoration und deren hierarchische Funktion einzuhalten, war offensichtlich etwas Selbstverständliches, so daß die Forderungen der Renaissance-Theoretiker nur selten bekräftigt werden brauchten. Webster zitierten wir bereits, Hole äußert sich in seinem Glauben an das System mit folgender Bemerkung zu einem neuen "Model Lodging House for the Poor" (Armenasyl) in Leeds: "...man versuchte sich nicht in Architektureffekten, da solche schon am Eingang diejenigen abschrecken würden, denen das Haus dienen soll."¹² Webster versucht in seinem Buch festzulegen, was als "hoch" und was als "niedrig" zu verstehen sei. Eine Möglichkeit, hierarchische Unterschiede deutlich zu machen, gab

212. **Preston.** Eingänge. Verschiedene Bearbeitungsformen englischer "classical"-Motive. Von links nach rechts: Ribbblesdale Place, ca. 1840; Chaddock Street, ca. 1850; Kingswood Street, späteres 19. Jahrhundert; Avenham Road, um 1860-80.

z. B. das Holzwerk mit seinen unendlichen ornamentalen Variationen besonders der Profile. In den steinernen Türumrahmungen des späten 19. Jahrhunderts in Preston, Ribblesdale Place, findet sich eine voll ausgebildete Hierarchie, von sorgfältig ausgearbeiteten klassizistischen Lösungen bis zu den formelhaften Imitationen an den kleinsten Häusern (Abb. 212). Viele Kostenvoranschläge benutzen Ausdrücke wie "best", "good" und übliche ("common") Arbeit, was der aktuellen Preisskala entsprach. Außerdem markierten unterschiedliche Bautechniken die Klassenunterschiede. Webster zufolge sind Ziegel-Flachbögen (Segmentbögen) "ordinary", also gewöhnlich, "flat camber arches" (flache Segmentbögen) am besten (Abb. 190). Kurze, quadratische gelbe Schornsteinaufsätze werden den altmodisch runden, langen, roten vorgezogen. In London und Bristol gab es eine strenge Hierarchie in der Fassadengliederung (Abb. 40, 41), in London bis gegen Ende des 19. Jahrhunderts strikt beachtet.

Dort kam noch eine minutiöse Unterscheidung der Backsteinqualitäten hinzu. Simon zufolge mußten die erstklassigen Häuser den streng ausgesuchten grauen Stock-Backstein zeigen und alle Bögen hatten mit "malm bricks and gaged" ausgeführt zu sein. Bei der Klasse II hieß es lediglich "die besten grauen Stock-Backsteine", die Bögen "gaged"; Klasse III ebenso, jedoch mit Unterschieden in der Fugung; Klasse IV nur: "beste, harte Stock-Backsteine". Ab 1870 klang auch dies nicht mehr zeitgemäß und in den 80er Jahren differenzierte das große Noel Park Estate im Norden Londons die Häuser durch die Farbe der Backsteine: die ganze Fassade rot; die Fassade teils rot, teils grauer Stock-Backstein; die Fassade durchgehend grauer Stock-Backstein, aber mit roten Umrahmungen usw. Es war schwierig, diese Entsprechungen zwischen Sozialstatus und Dekoration über weite Gegenden konsequent durchzuhalten. Am ehesten findet man in den größten geschlossenen Anlagen, wie Noel Park, und den frühen Arbeitersiedlungen, wie Saltaire, noch eine genaue Übereinstimmung der Fassaden mit der dazugehörigen gesellschaftlichen Gruppe. In Cardiff gab es zum Beispiel durchgängig strenge Bebauungspläne. Eine Reihe "vollständiger" Beispiele findet sich dort in einem Viertel aus dem späten 19. Jahrhundert um die Cathedral Road: Die größten Häuser zeigen an der Fassade sorgfältige Haustein- und Bruchsteinverblendungen an der Seite. Die mittelgroßen Häuser der Seitenstraßen weisen an der Fassade die gleiche Behandlung auf, während die Seiten nur mit guten Backsteinen verkleidet sind. Die kleinsten Häuser in Nebengassen der Seitenstraßen zeigen ähnlich gute Backsteine nur an der Vorderseite.

Eine weitere Klassifizierung bot die unterschiedliche Tiefe des Vorgartens, eine allmähliche Verkleinerung kann man gut beobachten, wenn man von den besten Lagen in Princes Road, Liverpool, südwärts bis in die ärmere Gegend von Park Road geht. Aber auch die Bewohner selbst leisteten einen Beitrag, ihre Häuser schmucker und respektabler zu machen: Das Säubern der Treppenstufen, Weißeln der Fensterbänke, Polieren des Messingbeschlages oder der Farbanstrich des Türknaufs, falls er aus Gußeisen war sowie die Fenster-Dekorationen im Innern trugen dazu bei.

Der deutlichste "Klassen"-Kontrast eines Hauses vollzog sich im Gegensatz von straßenwärtigen zu hinteren Zimmern: jenem Teil, der den Gästen offenstand und den Räumen, die dem Personal dienten. "Queen Anne"-Fassade und "Mary Anne"-Rückseite war lange eine Redensart und der Gegensatz steigerte sich in viktorianischer Zeit (Abb. 6, 7, 44, 45, 117). Man empfand es als verwirrend und traditionslos, wenn, wie in Bolton (Abb. 6), viele Steinstürze über den Fenstern der Vorder- und Rückseite in der gleichen Weise bemalt waren. Bei vielen Zeilen der Spätzeit finden sich sorgfältige Abstufungen zwischen der Gestaltung von Vorderseite, Seitenansicht und Rückseite des Hauses, etwa in Form von drei verschiedenen Materialqualitäten.[13]

Es gab viele Möglichkeiten, Unterschiede darzustellen. Zwischen 1830 und 1880 baute man in vielen kleineren Zeilen in Norwich vorne moderne, große Schiebefenster ein, behielt aber hinten die einfacheren, alten, kleinen Flügelfenster bei. In Norwich wurden die lokal üblichen Dachpfannen nie ganz vom Schiefer verdrängt. So deckte man mit ihnen die Rückseiten der kleineren Häuser, die Vorderseite zeigte entsprechend den Baubestimmungen aber eine Schieferdeckung (vgl. Abb. 28). Noch kleinere, vollständig pfannengedeckte Häuser waren vorne schwarz-blau, hinten dagegen rot. Auch beim Bruchsteinmauerwerk gab es viele Differenzierungsmöglichkeiten, nicht nur bei den besseren Häusern z. B. in Harrogate, sondern später auch bei kleineren Häusern in Burnley, Accrington oder Huddersfield (Abb. 188, 189, Farbtafel 10).

Die effektvollsten Kontraste ergaben sich durch breite Qualitäts- und Preisskalen des Backsteins, die im 19. Jahrhundert noch zusätzlich durch die verschiedenen Farbvarianten bereichert wurden. In East Anglia war der "weiße" Backstein zwischen 1830 und 1890 Mode. Er war etwas teurer als roter Ziegel und wurde daher nur für Vorderseiten verwandt. Es gibt Beispiele (Connaught Road, Norwich, ca. 1880), wo ein Schornstein vorne mit "weißem" Backstein, hinten aber mit dem billigeren roten aufgemauert war, wie für die Rückseiten aller Häuser üblich. Später, als der rote Backstein wieder für die Vorderfront in Mode kam, bestand zwischen beiden Ansichten kein wesentlicher Unterschied mehr (Farbtafel 28). Im nahen Lowestoft, wie auch in Cambridge, gab es, anders als in Norwich, zwischen rotem und weißem Backstein kaum einen Preisunterschied – daher finden wir dort viele Häuser, deren Vorderseite nun in gutem rotem Backstein ausgeführt ist, die Rückseite in weiß, d. h. genau umgekehrt, als wir es oben für in Norwich feststellten. In Cambridge blieb der "weiße" Backstein für Vorder- und Rückseite üblich, eine modernere Entwicklung bestand allerdings in der Verwendung gepreßter "weißer" Steine für die Vorderfront der Häuser.

Die Situation in London war anders. Alle besseren Häuser der späteren Zeit haben rote Backsteinfassaden, kleinere Häuser rot umrandete Fenster und Ecken (Backstein-Faschen). Die Rückseiten zeigen grau-gelbe Backsteine. Das Schema in Luton entspricht dem Londoner insofern, als der Fassaden-Backstein eine bessere Sorte als der sonstige Mauerstein ist, es wurde violetter "Purple"-Backstein verschiedener Qualitäten verwandt. Dazu kamen weitere Dekorationen aus gelben und roten Steinen. Bei den Häusern im Norden findet sich fast immer eine Verkleidung der Front mit meist von weit her beschafften besseren roten oder gelben Steinen. Das kleine Liverpooler Haus mit "erstklassigen glasierten" Ruabon-Backsteinen an der Vorder- und derbem Normalbackstein an der Rückseite kostete aus diesem Grund etwa 1% der Gesamtbaukosten mehr; die Dekoration war allgemein billiger geworden (Abb. 92, Farbtafel 27).

Bei der äußeren Gestaltung zumindest im Falle der kleineren Häuser war der Kontrast zwischen Vorder- und Rückseite die wichtigste Überlegung. Das wachsende Bedürfnis, gesellschaftliche Unterschiede zu betonen und die zunehmende Verfügbarkeit verschiedenartigster Baustoffe kamen sich hier entgegen. Wenn aber der Kontrast zwischen Vorder- und Rückseite früher in der Wahl eines unterschiedlichwertigen Materials bestand, wurde dieser später allein eine Frage der Farbe und schließlich zeigten die Vorderseiten verschiedene Farben um dieser selbst willen (vgl. z. B. Farbtafel 29). So verschwand allmählich der

Gegensatz von Vorder- und Rückseite, im späten 19. Jahrhundert unterlag auch der Grundriß einem Wandel. Vor allem in London war das Haus zunehmend auf den rückwärtigen Garten ausgerichtet. Der Hof als praktischer und nicht unbedingt schöner Teil der Anlage verschwand.

Die Beziehung zwischen einer bestimmten sozialen Schicht und der zugehörigen architektonischen Gestaltung komplizierte sich zusehends und wurde bisweilen sogar widersprüchlich. Traditionsgemäß gab es eine "natürliche" Größenhierarchie der Häuser, der Quantität von dekorativen Elementen, von Qualitäten der Baustoffe sowie der jeweiligen Kompetenz von Architekten und Baufirmen. Als diese Hierarchien durch allerlei wirtschaftliche Veränderungen bedroht schienen, erfand man neue Methoden der Abgrenzung untereinander. Vermutlich ist das Kontrastieren der Fassade mit der Rückseite Ergebnis dieser Entwicklung. Vor allem in London war die Abgrenzung um jeden Preis auch bei den untersten sozialen Schichten und ihrer Häuser deshalb so deutlich, weil hier die Gefahr des Verwischens sozialer Grenzen größer schien als in der Provinz.

Andererseits gab es auch den gegenläufigen Trend, die Unterschiede aufzuheben. Wir haben das für die untersten Schichten anhand von Grundriß und sanitärer Ausstattung der Standardtypen des späten 19. Jahrhunderts behandelt. Um 1900 zeigten auch die kleinsten und der Planung nach rückständigsten Häuser, wie die Back-to-Backs, eine relativ wohlproportionierte Fassade im klassischen Sinn. Einmütig wurde nun die Schäbigkeit älterer Arbeiterviertel kritisiert. Der *Cost of Living Report* schrieb, daß diese kleinen älteren Häuser von "zu ärmlicher Art" seien, um als typische Arbeiterhäuser zu gelten (vgl. Abb. 201).[14] Ornamente an den großen Wohnblöcken der unteren Klassen erschienen als "eine, insgesamt gesehen, kluge Ausgabe".[15] Im Jahre 1886 befand C.B. Allen, der Autor eines billigen kleinen Anleitungs-Buches, *Cottage Building*, er müsse der Neuauflage ein Kapitel über die künstlerische Gestaltung des Arbeiterhauses beigeben.

Die Wertschätzung der kleinen Behausung datiert aber weiter zurück. Schon 1871 beschäftigte sich Banister Fletcher in seinem Buch *Model Houses for the Industrial Classes* nicht nur mit Hygiene und billiger Bauweise, sondern er meinte, daß auch den Arbeiterklassen eine Privatatmosphäre und die Beachtung anderer psychologischer Gesichtspunkte in der Hausplanung zuständen. Wie der Bauunternehmer Dudley, den wir bereits zitierten, plädierte Fletcher für Etagenwohnungen, die in gewöhnliche Reihenhäuser statt in Mietsblöcke und Hinterhöfe eingebaut werden sollten. Während bei den späten Londoner Standardtypen des Kleinhauses immer noch einige Trennungsmerkmale sozialer Schichtung bestehen blieben, wie z. B. das Fehlen einer formalen Koordination von Fenstern bei Häusern mit einstöckigen Bay Windows, so glich die Fassade der Londoner Cottage Flats genau denen der mittelgroßen Standard-Vororthäuser mit zweistöckigen Bay-Windows (Farbtafel 1, 11). Fletcher schrieb, daß die von ihm vorgeschlagenen Häuser mit Wohnungen für die Arbeiterschicht genauso aussähen wie "das Haus eines respektablen Mitglieds der unteren Mittelschicht..., ein Eindruck, der noch durch eine kleine Mauer an der Vorderseite mit Steingesims und einfachen Eisengittern und Pfosten verstärkt wird" (Abb. 110).[16] Ähnlich war die Situation beim Londoner "Cottage Flat" (zwei kleine Wohnungen innerhalb eines Hauses): Die Menge der Dekoration und ihre Größe ergab den Eindruck eines Hauses der unteren Mittelklasse (Abb. 108f, Farbtafel 11).

Zuweilen findet man ältere Häuser, die an ihrer Fassade lediglich eine partielle Wiederholung von Dekorationen größerer Häuser zeigen: etwa die kuriosen Einzelpilaster in der Tidy Street, Brighton, oder der Banbow Street, Plymouth (Abb. 213). Ziemlich selten sind hinter reichen und großen Fassadenverblendungen kleine Häuser versteckt, wie in der Somerset Road, Southsea (Abb. 214). Akroyd berichtete, daß in seiner Modellsiedlung in Halifax die Arbeiter um 1860 sich gegen Giebel an ihren Häusern wehrten, weil sie diese als "Paternalismus", als Imitation des Dekors größerer Häuser empfanden. Bei allen neueren, kleinen Häusern des späteren 19. Jahrhunderts können wir eine zunehmende Integration der Dekorationselemente in die Gesamtkonstruktion der Fassade beobachten. Der Wandel im Dekor

Soziale und architektonische Hierarchie 241

213. **Plymouth.** Benbow Street, Devonport, um 1870. Häuser mittlerer Größe mit vereinzelten Pilastern, die wohl an größere Terraces erinnern sollen.

214. **Portsmouth.** Somerset Road, Southsea. Die Fassaden wurden um 1850 erneuert, vermutlich gleichzeitig als in der Nebenstraße (Beach Road) einige größere und elegantere, reich stuckierte Häuser errichtet wurden.

ging mit einem Stilwandel einher.   Der Stil eines Hauses beeinflußte den wirtschaftlichen Erfolg eines Bauunternehmens. Z. B. verkauften sich im Westen Londons in den 1880er Jahren die Häuser in Qeens Gate, gebaut im modernen Queen Anne Revival-Stil, schneller als diejenigen mit jetzt "altmodischen" Renaissance-Stuckfassaden,[17] so daß letztere nachträglich zu moderneren Fassaden umgebaut wurden. Die meisten Landschlösser hatten die klassischen Fassaden-Elemente schon lange abgelegt. Etwas größere Reihenhäuser in den äußeren Vororten Londons, wie in Seven Kings oder Ilford, trugen um 1900 "moderne", cottageartige, unregelmäßig verschindelte Fassaden, während für die kleineren Häuser noch immer Backsteinfarben vorgezogen wurden. Bei dem Durchschnitts-Haus mittlerer Größe experimentierte man selten mit Stilvarianten. Dort änderte sich Fassade und Grundriß aber insofern, als man mehr den grundlegenden Theorien der neuen Richtung folgte als ihren dekorativen Details.

Die Umkehrung der Dekorations-Hierarchie

Um 1900 zeigte das einfachste neue Arbeiterhaus mindestens ebensoviel Dekoration wie ein Haus der Mittelschicht um 1800. Im Prinzip hatte sich dieses in einem Jahrhundert nicht wesentlich verändert – nur die soziale Stellung seiner Bewohner. Die bauwirtschaftliche Entwicklung und die damit verbundenen niedrigeren Preise erlaubten manches Extra am Haus. Mit dem Verschwinden der einfachsten Häuser blieb die Frage, wie man nun die Darstellung materiellen Wohlstands am Haus ausdrücken solle, das System von "oben" und "unten" schien gestört. Nun wurde Schlichtheit zum Begriff des Vornehmen mit dem damit verbundenen Ausdruck größtmöglicher Solidität.

Die Schlichtheit der englischen palladianischen und klassizistischen Architektur hatte ihre Wurzeln in der Ablehnung reicher Dekoration. Die barocke Art des Ornaments ließ Ordnung und Seriosität vermissen. Es trifft aber nicht zu, – heute oftmals behauptet – das georgianische Haus sei von besonderer Schlichtheit geprägt gewesen: Die Fassade des Hauses war Teil des Ganzen einer stattlichen Gesamtanlage, deren Regelmäßigkeit das Resultat eines wohlorganisierten und teuren Bauprozesses war. Der verstärkte Wettbewerb unter den Spekulanten begünstigte die Dekorationsleidenschaft und führte zu mehr "Reklame" durch die Fassade. Doch bald setzte die Kritik ein. Nash hatte bereits auf Häuser des Portland Estate in der Nähe der Regent's Street hingewiesen, wo sich doch schlechte Verarbeitung hinter Stuck und Tapeten verbarg,[18] eine Kritik, die bald auch auf seine Häuser und die seiner Kollgen nach ihm angewandt wurde. In dem bereits zitierten Artikel des *Surveyor, Engineer and Architect* von 1841 überschüttete man Nash mit schärfsten Angriffen. "Trumpery" (Plunder) wurde zum Modewort. Bald verband man Begriffe wie Geschmack, Schönheit, Ansehen und Vornehmheit mit den Tugenden der Reinheit, Einfachheit und Wahrhaftigkeit ("truth"). Die große klassische Dekoration mit Säulen und Pilastern stand nur den öffentlichen Gebäuden zu, an privaten Häusern galt sie als protzig und vulgär. Wie viele andere bedauerte Stevenson, daß die Hierarchie des Dekors gestört sei: "... das dumme Verlangen, größer erscheinen zu wollen als wir sind."[19] Drastisches Resultat war der fast völlige Verzicht auf Stuckdekorationen an den Fassaden im London der 1870er Jahre und in Brighton um 1890. Die vielen gelben Backsteinhäuser ohne jeglichen Stuckdekor des Cliftonville-Viertels in Hove bei Brighton oder die riesige neue Terrace aus Bath-Stein in Cambridge Gate von 1875, welche die stuckierten Häuser von Nash in Regents Park unterbricht, machen den Protest deutlich. Walsh schrieb schon 1857 für sein Modell-Wohnhaus eine Backsteinfassade "im soliden italienischen Stil" vor. Diese sogenannte "Echtheit" der Fassade war zunächst den besseren Häusern vorbehalten. Webster schien sich damals noch nicht festlegen zu wollen, er empfahl noch den billigen Ersatz wie "graining" (minderes Holz erhielt durch Bemalen das Aussehen von englischer Eiche); doch "alle gute Arbeit solle echt sein."[20] In einem Artikel über Täuschung am Bau heißt es im

Builder 1869, daß Stuckdekorationen an kleinen Häusern "nicht völlig verachtet werden sollten", aber "in allen Bauten der höheren Klasse – den Regeln der Zehn Gebote entsprechen sollten: Du sollst nicht...".[21] Doch auch dieser Entwicklung schlossen sich die niedrigeren Schichten bald an. Jennie Calder zitiert das *Ladies Cabinet* von 1844, in dem es hieß: "Das bescheidenere Haus soll Einfachheit und guten Geschmack bewahren, über törichten Ehrgeiz erhaben sein."

Diesem moralischen Grundsatz folgten die Neugotiker mit Pugin und die Lehrer der South Kensington Schulen (O. Jones, W. Dyce, R. Redgrave). Sie forderten, daß die Ornamentik den Hauptlinien der Konstruktion, z. B. bei Kapitellen oder bei flächigen Motiven einer Tapete, zu folgen habe und daß die Ornamentik die Konstruktion nach Möglichkeit nicht verkleide. Für Pugin und Butterfield war diese neue Art des Rationalismus eng mit dem älteren Konzept der Schicklichkeit – eben einer Hierarchie von Dekorationen – verbunden, was sie durch genaueste Statusdifferenzierung bei ihren Kirchen, Schulen und Häusern demonstrierten. Zwischen Pugin und Webster, die immer noch die Hauptwortführer waren, gab es jedoch einen großen Unterschied. Für Pugin hatten auch die kleinsten und einfachsten Bauten, die Hütten und sogar Ställe, einen Anspruch auf Ästhetik und "Wahrheit" hinsichtlich ihrer Farben und Oberflächen. Sie hätten aus einfachem, oft auch rohem, aber eben "wahrem" Material zu bestehen. Die meisten paternalistischen Arbeiterhäuser betonen um die Mitte des Jahrhunderts das Einfache, aber Solide. Man kann die Architektur des kleinen Arbeiterhauses des späten 19. Jahrhunderts kaum als "einfach" bezeichnen, dennoch erschienen die Dekorationen nicht mehr bloß aufgesetzt, wie paternalistische Krümel vom Tisch der Reichen, etwa ein einzelner Pilaster oder ein gelegentliches Konsolenpaar (vgl. Abb. 213). Konstruktion und Ornament, d.h. "Konstruktionswahrheit" ("truth to construction") fand sich mehr oder weniger für alle Klassen. Ernst Gombrich erklärt in seinem Buch *The Sense of Order* (vorher hatte das schon Thorstein Veblen angedeutet), wie die unteren sozialen Schichten, aber auch manchmal Neureiche, Ornamente der Oberklassen billig imitierten und übertrieben, um dann sofort als unsolide und geschmacklos verurteilt zu werden. Das änderte sich nun im späten 19. Jahrhundert, denn es gab nichts mehr zu verstecken und zu verkleiden (vg. Abb. 214). Der wichtigste Grundsatz der englischen "Society", der Begriff "respectability" (Ansehen) war jetzt erweitert: Das *Oxford Dictionary* drückte es so aus: "...von gutem oder mittlerem Sozialstatus mit diesem angemessenen moralischen Qualitäten." Daraus folgte später: "...im Charakter und Lebenswandel ehrlich und anständig, ohne Bezug auf die soziale Stellung bzw. trotz ärmlicher Verhältnisse." Solcherlei Rationalismus zählte ebenso zu den neuen klassenlosen Tugenden wie die Hygiene – niemand konnte es sich leisten, sie nicht zu beachten.

Dies heißt freilich nicht, daß jetzt die alte Klassenhierarchie ganz beseitigt worden wäre. Im Möbeldesign z. B. unterschied man noch immer einfache, aber solide und deshalb teure Stücke von reich verzierten, aber minderwertigen und billigen. Dennoch wurde gelegentlich schlecht gebaut, und Wände, die größeren Querschnitt hatten als die Baugesetze vorschrieben, waren nicht unbedingt besser, denn oft war das solide Aussehen einer Durchschnittskonstruktion nur vorgeblendet.

Was Mark Girouard zu dem sich ändernden Verhältnis zwischen den "Upper Classes" und der Mittelschicht schrieb, gilt nun auch für das Verhältnis der mittleren zu den unteren Klassen: Herausgefordert durch die Erfolge, welche die neue Mittelschicht durch Fleiß und Intelligenz errungen hatte, konnte es sich die Oberschicht nicht länger leisten, nur ein Bild von Faulheit und Verschwendung darzubieten.[22] Außerdem gab es, besonders in den 1840er Jahren, die "Bedrohung" aus den untersten Klassen, so daß sich die "Upper Classes" "herabließen", den Ehrenkodex der Mittelschicht zu übernehmen und ihnen gleichzeitig einige der älteren Elemente der Noblesse abzutreten, sei es durch Heirat oder durch reich ausgestattete Häuser. In ähnlicher Weise übernahmen in der 2. Hälfte des 19. Jahrhunderts Mitglieder der Mittelklasse einige der für die untersten gesellschaftlichen Grup-

215. **Ramsgate.** Spencer Square, um 1820-30. Die Mehrzahl der Reihenhäuser vor der Mitte des 19. Jahrhunderts wiesen sehr viel weniger Regelmäßigkeit auf als spätere Anlagen. Es fehlte an Geld, Initiative und Kontrolle.

pen als charakteristisch angesehenen Tugenden wie Wirtschaftlichkeit, Gediegenheit und vor allem Einfachheit, während die Unterschichten ihrerseits Wohlstandsinsignien der Mittelklasse übernahmen.

Eine andere Werteordnung wurde bei öffentlichen Gebäuden, die von den unteren Schichten besucht wurden, deutlich, wie den Pubs und Varietétheatern ("Music Halls"). Hier ging es um Unterhaltung und Festlichkeit, daher fällt an solchen Bauten reiche figürliche Dekoration auf, während in den Straßen der kleinen Häuser noch bis nach 1900 die georgianisch-klassischen Prinzipien klarer Proportionen und Regelmäßigkeit üblich waren, letztlich abgeleitet aus der Idealstadt der Renaissance. Die Straße, ein öffentlicher Raum, den sich die unteren Schichten erst neu erobert hatten, schien derlei Ordnung zu fordern.

Der vorherrschende Fassadenschmuck an kleinen Häusern um 1900, siehe die Eingangsbereiche in Preston und die Stuckdekorationen in Swansea, läßt sich einige Jahrhunderte in den Klassizismus bzw. in die Renaissance zurückverfolgen (vgl. Kap. 16). Die Polychromie der Fassaden in Reading und Luton aus der Zeit bis nach 1900 geht stilistisch bis etwa zur Mitte des 19. Jahrhunderts zurück. Können wir diese Elemente als "volkstümlich" bezeichnen, wenn die Mittelklassen sie schon nicht mehr benutzten? Oder handelte es sich um Elemente, die Bauindustrie und Spekulanten den unteren Schichten gar aufzwang?

Die Stile und Moden änderten sich unerbittlich. Bald gab es Unterschiede zwischen dem betuchten und dem intellektuellen Teil der Mittelklasse, dem Dandy und dem Snob. Schriftstellerinnen wie J.E. Panton und Mrs. Haweis aus dem "Aesthetic Movement", dem Kreis der "Ästheten" forderten seit den 1870er Jahren verstärkt Individualität und besonderen Geschmack. Der Begriff "vulgär" erhielt eine erweiterte Bedeutung und meinte nicht nur das Angebertum des Regency mit seinen reichen Stuckfassaden, sondern auch die mittelviktorianische Gediegenheit und "Muffigkeit". Auch über die "Respektabilität" wurde die Nase gerümpft. G.B. Shaw charakterisierte in einer Szenenangabe für *Candida*, das in einem der neuen Londoner Vororte im Jahre 1894 spielt, den neuen Blickwinkel: "…saubere, aber monotone Häuserreihen, ohne Reize, bevölkert mit altmodischem Mittelklasseleben, 'respectably ill-dressed people', schlecht gekleideten Leute." Vor allem in den fortschrittlicheren Künstlerkreisen der Ästheten-Bewegung um O. Wilde und J. McNeill Whistler kämpfte man mit dem Schlachtruf "Art for Art's sake" gegen die Wahrheitssucher und Moralapostel der viktorianischen Epoche. Folglich wurden die üppigen und beschwingten Dekorationen des 17. Jahrhunderts in Backstein, Holz oder Stuck wiederbelebt, die den strengen Regeln von Gediegenheit und Wahrhaftigkeit der Neugotiker ziemlich windig erschienen waren (vgl. Abb. 156). In vielen der frühen Häuser des Domestic Revival wurden elegante Proportionen und Anpassung an die Umgebung verachtet zugunsten starker Unregelmäßigkeit und gedrückter Proportionen, z. B. bei der Türgestaltung. Dies geschah exakt zu jenem Zeitpunkt, als die rückständigsten Provinz-Bauunternehmer eben erst das Einmaleins der klassischen Proportionen und Ordnungen für sich entdeckt hatten.

Ein Heimatstil ("Vernacular Revival") wurde wiederentdeckt, als die letzten echten Vertreter dieses Stils ausstarben. Eine neue Begeisterung für das Bescheidene, das Kleine, das Wunderliche ("quaint"), das Intime, ausgedrückt durch Ziegelverkleidung (Farbtafel 15) anstelle von Steinmetzarbeit. Wir erwähnten schon, wie die neue "Heim"-Ideologie des Domestic Revival mit ihrer Verherrlichung des familiären Zusammenlebens Werte von Abgeschiedenheit im Sinne der Privatatmosphäre und Sauberkeit ablöste. Nun wurden die angenehmen und eindeutigen Symbole des Landlebens, das "Cottage" und das kauzige alte englische Gutshaus betont (Farbtafel 15). Sie ersetzten die nationale Reinheits-Doktrin der Gotiker der Jahrhundertmitte (Abb. 144). Einfachheit verlor die Bedeutung kahler Oberflächen und scharfer Konturen, man liebte wieder altmodische Flachziegel (Biberschwänze), rohes Misch-Mauerwerk oder kleinteilige Sprossenfenster.

Man kann dies auch als Versuch der modebewußten Welt werten, eine neue architektonische Klassenhierarchie in Kraft zu setzen, die allerdings alles auf den Kopf stellte. Das Einfache, schlecht proportionierte, das Komische gelangte an die Spitze des feinen Geschmacks

216. **London.** Chandos Road, Stratford E15, frühe 1860er Jahre. Typisch für die heute selten noch existierenden ärmeren Londoner Viertel der Zeit; 10 oder gar 20 Jahre später wurden diese unregelmäßigen Fassaden nicht mehr gebaut.

Farbtafel 33. **Cardiff.** Paget Street, 1890er Jahre. Drei Farben von gepreßten Backsteinen.

und die alten klassischen Werte einer regelmäßigen Gliederung waren nun den unteren Schichten vorbehalten. In Bath, wo traditionsgemäß an allen Seiten des Hauses der feine "Ashlar"-Haustein gezeigt wurde, gibt es um 1900 Häuser, deren Vorderfront eine Mixtur kleinerer und großer, roher und glatter Steine trägt. In Cambridge verbannte man zur gleichen Zeit die glatten, gepreßten Backsteine an die Rückseiten und Seitenwände der besseren Häuser und betonte die Fassade mit gröberem Backstein. Indessen schenkte man bald solcher optischen Klassifizierung von Häusern keinerlei Beachtung mehr, da die Ausbreitung der Vororte zur Folge hatte, daß immer seltener Häuser für Bewohner unterschiedlicher Schichten im selben Viertel entstanden. Dadurch wurde eine "Fassade" in altem Sinne tatsächlich überflüssig.

Das Domestic Revival und das Ende der "Terrace" als Architekturtyp

Für viele Abschnitte dieses Buches bedeutete das Domestic Revival das zeitliche Ende der besprochenen Entwicklung. Was verstehen wir unter "Domestic Rivival"? Seinen Architekturstil haben wir oben skizziert. Im Kapitel 13 wurde verfolgt, wie die Anfänge des "open plan"-Grundrisses und niedriger Raumproportionen die gestelzten Proportionen und häufigen Raumunterteilungen der georgianisch-viktorianischen Tradition ablösten. In späteren Abschnitten ging es um die Art, wie Dekorationsweisen des Domestic Revival nicht nur Details viktorianischer Stile verdrängten, sondern die bisherigen Prinzipien einer Verwendung historischer Stile in der Architektur veränderten. Im weitesten Sinn beginnt das "Domestic Revival" gegen 1800 mit dem "Cottage Ornée", entsprechend den Vorlieben für gelegentliche Zurückgezogenheit, Natur, Kleinheit und Individualität. Die moralisch-religiösen Bewegungen, wie z. B. der "Evangelicalism" und der Rationalismus, lehnten die – wie man meinte – unnötige, protzige und übertriebene klassizistische Architektur ab. Pugin fügte die Idee vom gemütlichen Leben im Mittelalter hinzu; für ihn bedeutete diese Zeit die wahre Menschlichkeit, im Gegensatz zum mechanischen Nützlichkeitsdenken der modernen, industriellen Welt. Ähnlich suchte auch Ruskin Poesie und Individualität in fernen Ländern und Zeiten. Obwohl sich beide für den Hausbau wenig interessierten, waren ihre anti-viktorianischen Ideen doch sehr einflußreich. In einigen gotisierenden Zeichnungen und Aquarellen der Präraffeliten um 1850, besonders bei Rossetti und Burne-Jones, finden wir neue Varianten eines mystischen und emotionsgeladenen Symbolismus privater Innenräume; viele dieser Motive wurden bald in den Werkstätten von William Morris in häusliche Innendekorationen umgesetzt. Primitivismen der Innenarchitektur von Charles L. Eastlake und seiner Nachfolger seit den 1860iger Jahren basierten mehr auf den rationalistischen und moralistischen Forderungen von Pugin, Street und den anderen Gotikern. In Philip Webb's und Norman Shaws Landschlössern und Villen wurden Aspekte häuslichen Lebens neu betont. Die große Halle galt als Familientreffpunkt und als Kontrast dazu gab es die kleine gemütliche Kaminecke um den wieder modernen großen, alten, offenen (und unwirtschaftlichen) Kamin. Inzwischen war das Domestic Revival voll entwickelt, obwohl es nie in einem Lehrbuch kodifiziert worden war. In den 70er Jahren bekämpfte das Aesthetic Movement in Verbindung mit der Gesundheitsbewegung und dem Kult der japanischen Mode immer heftiger die als unnötig empfundene Innendekoration. Farben und Farbkontraste hatten den applizierten Dekor abgelöst. Ein weiterer Beleg für das Ideal vom kauzigen einfachen "Leben auf dem Lande" und der absichtsvoll-unabsichtlichen Einfachheit des Aesthetic Movement sind uns die Kinderbuch-Illustrationen der Kate Greenaway, deren naiv-glückliche Kinder einen anderen Aspekt dieser Sehnsucht nach der "heilen Welt" beleuchten. Das ideale Haus war nun in seinem Gesamteindruck eher klein, niedrig und im Grünen versteckt. So gab es im berühmten Londoner Vorort Bedford Park, der Modell-Siedlung jener Kreise aus den siebziger Jahren, entworfen von E.W. Godwin und Shaw, keine "Terraces" im konventionellen Sinn mehr, ebensowenig eingezwängte unterkellerte Villen oder Doppelhäuser ("Semis"). Auch für die Häuser der untersten Schichten wurde der einfache Landstil gefordert etwa von (R. Unwin), und vor allem wurden jene erwähnten Versuche B. Fletchers aus den 1870ern abgelehnt, die Häuser mit Elementen der "Mittelschicht" auszustatten.

Die "Arts-and-Crafts" (Kunst und Handwerk)-Bewegung um 1900 brachte mit den individualistischen Villen im Bauernhaus-Stil von Voysey und Baillie Scott einen neuen Typ hervor, der unserem klassischen Reihenhaus als Antithese gegenüberstand. Viele dieser Ideen und Ideale scheinen außerhalb dessen zu liegen, was für ein gewöhnliches Haus denkbar und praktisch ist, dennoch war ihr Einfluß bereits die soziale Leiter sozusagen "hinuntergesickert". Solchermaßen leiteten neue Moden fundamentale Veränderungen im gesamten Wohnungsbau ein. Voysey und Baillie Scott, die um 1900 als Exponenten des nichtspekulativen, nicht-kapitalistischen Hausbaus galten, lieferten unbewußt die Motive für den typisch spekulativen Hausbau der Zwischenkriegszeit.

Unser ganzes Buch, nämlich die gesamte Geschichte des allgemeinen Wohnungsbaus handelt immer von der Entwicklung des Vorstadtgedankens. Vom angehenden Mittelalter bis nahezu in unsere Gegenwart veränderte die Ausbreitung der Vorstädte ständig die Entwicklung aller Haustypen in England. Der Typ des Reihenhauses wurde eingangs unserer Ausführungen als unabhängig von einer bestimmten Umgebung wie Stadt oder Land, Stadt oder Vorstadt beschrieben. Etwas später hieß es dann, die große georgianische Terrace sei spezifisch städtisch, obwohl die neuen Londoner Viertel wegen der Trennung von Arbeit und Wohnen vorstädtisch genannt werden müßten. Die Beurteilung der Fassade und der architektonischen Details trug hier zur Klärung bei, weil gezeigt werden konnte, wie sich im Verlauf des 19. Jahrhunderts eine spezifisch vorstädtische Symbolsprache anhand der Erscheinungsformen des Wohnhauses entwickelte. So galten die kleine Villa oder das Cottage Ornée zunächst als rein ländliche Haustypen. Ihre Formen wurden erst allmählich, und gegen Ende des 19. Jahrhunderts immer rascher zur Gestaltung der Vorstädte benutzt. Klassische Regelmäßigkeit zog nicht mehr; Individualität und eher Unregelmäßigkeit waren gefragt. Das klassische Haus konnte unterschiedliche Grundrisse erhalten, aber sein architektonisches Gesicht und seine symbolische Bedeutung blieben gleich, sowohl auf dem Lande als auch in den Städten und Vorstädten. Die Bauten des Domestic Revival paßten nur aufs Land oder in eine Vorstadt.

Wichtig für die Entwicklung der Vorstädte war die Vorliebe, im Grünen zu wohnen. Auch in den größten Städten hielt man einen Garten hinter dem Haus oder wenigstens einen kleinen Vorgarten für selbstverständlich. Das moderne Haus durfte klein sein, wenn nur der Garten verschwenderisch aussah. Das Bedürfnis nach Einfamilienhäusern war zu einer Vorliebe für Abgeschiedenheit geworden. In allen Siedlungen war durchgehendes Element nicht mehr die architektonische Einheit der Häuser, sondern deren Begrünung. Von 1860 bis 1910 stellte das Einfamilienhaus oder das Doppelhaus *den* Haustyp der Vorstadt bzw. der äußeren Vororte dar, die Terrace denjenigen der zentralen Vororte.

Die großen Terraces begannen bereits um 1840 altmodisch zu werden. Wie oft zitiert, stellte 1841 der *Surveyor, Engineer and Architect* unüberwindliche Schwierigkeiten bei der Anordnung und Dekoration der Fassade fest und empfahl eine Teilung in einzelne Häuser. Die allmähliche Individualisierung der Fassadengestaltung ab 1850 haben wir beschrieben. Namenstafeln für eine ganze Terrace hatten als Bezeichnung des Gesamtkomplexes keinen Sinn mehr, wenn man Anfang und Ende der Terrace kaum ausmachen konnte. Es handelte sich nun einfach um Reihenhäuser (Abb. 37). In der Konsequenz gaben im späten 19. Jahrhundert viele Zeilen den gemeinsamen Namen auf und die Hausbewohner benannten ihr Haus nach ihrem persönlichem Geschmack (Farbtafel 18). Die Umgangssprache bezeichnet daher heute mit "Terrace" gewöhnliche Reihenhäuser, die eindeutig keine freistehenden Einzel- oder Doppelhäuser sind. Der Bruch geschah bereits um 1850. Im Jahre 1857 kommentierte der Dichter Nathaniel Hawthorne einige Terraces in Leamington: "großartig ... aber unwirklicher Prunk". Um die gleiche Zeit schrieb der Politiker, Architekturkritiker sowie Mäzen und Freund der Neugotiker, A.J. Beresford-Hope etwas drastisch: "Wir wollen Häuser anstelle von Terraces."[23] In einem Buch, das sich an Spekulanten wandte, Maitlands *Building Estates* von 1883, wurde bereits scharf zwischen Terraces an geraden Straßen für die unteren Schichten und Villen an gewundenen Straßen für die besseren Leute unterschieden.

Es kam vor, daß Architekten des Domestic Revival ihren Geist versprühten, um ein schmales Reihenhaus in eine Terrace einzugliedern, was N. Shaw 1874 auf individuelle Weise mit dem Haus Queens Gate Nr. 196 in South Kensington, London, gelang.[24] Wenn irgend möglich, zog man jetzt ein Einzelhaus vor. Selbst in dicht besiedelten Vorstädten, wie z. B. in der Grand Avenue in Hove, Brighton, versuchte man um 1900 mit niedrigen, breit gelagerten Häusern — zu allem Überfluß auch noch mit rotem Backstein versehen — der schlanken, hohen, mit gelbem Backstein verkleideten viktorianischen Terrace sozusagen den Kampf anzusagen (vgl. Abb. 161). Könnte man die Mobilität der Familien höherer Gesellschaftsschichten nachvollziehen, stellte man sicher viele Umzüge aus aufwendigen und großen viktorianischen Reihenhäusern in kleinere Einzelhäuser fest.

Oft erschienen Villen wirtschaftlich vorteilhafter als Reihenhäuser. Eine Villa war eher verkäuflich als ein Haus in einer vielleicht teilweise unbewohnten oder unvollendeten Terrace. Clarendon Place in Leamington kann hier als Beispiel für die sich ändernden Auffassungen dienen: An beiden Enden dieser kurzen "Terrace" stehen Häuser mit Stuck des Regency, während der mittlere Teil später mit soliden, eng stehenden Villen ergänzt wurde (Abb. 217). McGovern schreibt, daß der Wert eines Einzelhauses und damit sein Mietwert, schwerer zu erkennen sei als der eines Hauses in einer Terrace.[25] 1834 wurde bei einer Erschließung in Leamington festgelegt, daß Häuser einer Terrace nicht unter einem Wert von 1000 Pfund, Villen nicht unter 800 Pfund gebaut werden sollten.[26]

Villen und Doppelhäuser wurden immer beliebter. Das Londoner Eyre Estate, nordwestlich von Regent's Park, war laut Summerson das erste, das 1794 in größerer Zahl Doppelhäuser aufwies. Die Badeorte folgten dieser Entwicklung ab 1840. Einige danach entstandene Kurorte kannten überhaupt keine Terraces: Bournemouth und Southport wurden vollständig mit Doppelhäusern errichtet. In Lowestoft schmückte eine große und sehr regelmäßige Zeile freistehender Villen, die mit Doppelhäusern abwechselten, die Seepromenade der 1840er und 1850er Jahre; Terrace-Reihen lagen dahinter. Die neuen vornehmen Vorort-Gegenden größerer Provinzstädte lehnten den Terrace-Typ vollkommen ab.

Verschiedene Haustypen beeinflußten sich auch wechselseitig. Bei den meisten frühen Doppelhäusern spürt man deutlich das Vorbild der großen Terraces, etwa in der Weise, wie das Doppelhaus Queens Road Nr. 6-7 in Cheltenham (ca. 1830-40) gleichsam mit einem geraden Stück Terracefassade versehen ist (Abb. 147). Nur gelegentlich wurden Terraces gebaut, wo zuvor Villen geplant waren, wie im Lansdown Estate in Cheltenham (Lansdown Parade).[27] In Schottland und Irland kombinierte man zahlreiche Bungalows und Reihenhäuser. Von den "terraced flats" oder "cottage flats", den Etagenwohnungen in Bauten, die wie gewöhnliche Reihenhäuser aussehen, ist schon die Rede gewesen (Abb. 106). Ein Beispiel der vornehmen Klasse sind die Belgrave Mansions des Grosvenor Gardens Estate nahe Victoria Station in London (etwa 1870).

Auch die neuen Haustypen unterlagen dem Wandel der Mode. Die Spekulanten hatten sich schnell des Domestic Revival bemächtigt, welches vor 1900 noch als antispekulativ galt. Nach 1900 lehnte man die typische "Victorian Villa" ab; nach dem Boom des spekulativen Doppelhauses in der Zwischenkriegszeit wurde auch dieser Typ belächelt; das gleiche

217. **Leamington.** Clarendon Place (vgl. Abb. 121). Wie es scheint, wurde diese Reihe als ein "Crescent" geplant und begonnen, um 1820-30, aber nur die Häuser an den Enden wurden im Regency-Stil ausgeführt; vermutlich erst nach 1870 entstanden dazwischen die schmalen Reihenhäuser.

geschah mit dem Bungalow und schließlich verlor auch der Begriff "Estate", im Sinne der Vorstadtsiedlung weit draußen, an inhaltlicher Würde. In den letzten Jahren wurde das Reihenhaus als "Town House" wieder modern.

Bauunternehmer und Architekten

Nachdem wir uns eingehend mit der Statushierarchie von "bricks and mortar" beschäftigt haben, müssen wir uns noch einmal der Rangordnung von Architekten und Bauunternehmern zuwenden. Äußerst selten werden im vorliegenden Bande die Namen der Entwerfenden genannt, und wo wir einen Namen finden, ist nicht eindeutig, ob es sich um Architekten, Bauunternehmer oder Finanziers bzw. Spekulanten handelt. Der Grund liegt auch darin, daß wir nur einen bestimmten Bautyp behandelten und auch bei eingehenden Recherchen die Namen der Architekten nur selten ausfindig zu machen sind; außerdem ist dieses Feld noch wenig bearbeitet worden.

Die besten Architekten zogen sich, besonders in London ab 1830/40, zunehmend aus dem Geschäft mit großen Terraces und anderen spekulativen Projekten zurück. Vielfach entwarf der Architekt die Gesamtanlage und die Fassade; die Wohnung selbst wurde als Aufgabe für Architekten erst im Domestic Revival reizvoll.

In England begann die Trennung von Architekt und Bauherr, Handwerker und Unternehmer erst im 18. Jahrhundert. Die Brüder Adam übten sich noch in allen Tätigkeiten. Im frühen 19. Jahrhundert, als man z. B. Nash's Beteiligung an den Spekulationen des Königs scharf kritisierte, verstärkte sich diese Bewegung. Der Architekt strebte nach hohem gesellschaftlichen Ansehen und "professioneller" Redlichkeit. Vor allem sollte sein Werk aber Kunst sein, ihn dazu als Historiker und eventuell Wissenschaftler ausweisen. Finanzen und Bauwirtschaft waren seine Sache nicht. Dafür gab es die Bausachverständigen ("quantity Surveyor") und Bauleiter ("clerks of works"), sowie Vorarbeiter, die den Bau beaufsichtigten. Freilich hat die Mehrheit der Architekten dieses Ziel nicht immer erreicht. Schließlich konnte sich bis 1930 jedermann "Architekt" nennen. Wie in den anderen Berufen auch, entwickelte sich unter den Architekten eine mehrfach abgestufte Hierarchie: Nur die Spitzenkräfte durften Kirchen, öffentliche Gebäude und große Landhäuser entwerfen, die Mittelschicht wurde für bessere Geschäftsbauten und mittlere Wohnhäuser herangezogen. Hinzu kam die hergebrachte Einrichtung des langfristig angestellten Inspektors und Architekten bei größeren öffentlichen oder halböffentlichen Körperschaften und Siedlungsgesellschaften, etwa die Familie Cundy für Lord Grosvenor (bzw. den Herzog von Westminster). Zur untersten Klasse der Architekten zählten jene, die ab und zu für Bauunternehmer zeichneten. Ihre Hauptaufgabe bestand aber im weiteren Verlauf des Jahrhunderts darin, die Kanalisation durch die Behörden genehmigen zu lassen. Größere Bauunternehmer erstellten die Pläne mit Hilfe ihrer Zeichner selbst. In den mittleren und kleineren Städten gab es kaum Architekten am Ort, so daß kaum eine Hierarchie bestand. Bristol bildete eine Ausnahme, hier entwarfen Praktiker, wie R. S. Pope und die Familie Foster, in der Mitte des 19. Jahrhunderts öffentliche Gebäude von nationaler Bedeutung und Terraces (Abb. 141, 157). Die Fosters waren auch immer noch als Maurer und Steinmetzen tätig.[28]

Der Bauunternehmer unterlag, wie andere Berufszweige, auch wachsender Spezialisierung und Professionalisierung. Deren beste genossen bereits im georgianischen London des 18. Jahrhunderts hohes Ansehen und waren, wie Summerson schrieb 1945, mit beträchtlichen Sachkenntnissen ausgestattet. Im frühen 19. Jahrhundert entstand eine neue Oberklasse von Großunternehmern, die "contractors" oder "master builders". Cubitt bewies, daß sich auch der mutige spekulative Bauunternehmer einen hervorragenden Ruf für solide Professionalität erwerben konnte. Als er aber in den Adelsstand erhoben werden sollte, wies er den Titel zurück und blieb einfach "Mr. Cubitt". Die Führungskräfte solcher Unternehmen kamen meist aus anderen Großbauunternehmen und nicht mehr, wie früher, aus den verschiedenen Handwerkszweigen. Parallel zu dieser Entwicklung entstanden zahlreiche Innenausbau-Firmen, später folgten sehr geachtete Spezialunternehmen für Sanitärinstallation und Elektrik. In diesen Kreisen galt der Architekt oft nur als unnötiges und teures "Extra".[29] Auch Stevenson, der erfolgreiche Bauunternehmer beneidete, kam nicht umhin zuzugeben, daß sie im allgemeinen effizient arbeiteten, und die *Building News* schätzt 1895, daß ein Bauunternehmer ein Haus um die Hälfte günstiger erstellen könne als ein Architekt.[30]

Unser Buch erweckt den Eindruck, daß der Sachverstand und die beruflichen Fähigkeiten aller Bauunternehmer durch ständigen Fortschritt gekennzeichnet gewesen sei. Dies läßt sich allerdings kaum begründen, wenn man die Geschichte des Berufsstandes betrachtet. Die Dauer der Ausbildung der Handwerker schwankte beträchtlich. Bei Schreinern und Zimmerleuten, später bei Installateuren, dauerte sie länger, bei anderen Handwerkszweigen fiel sie kürzer aus. In London konnten Bauunternehmer es sich weniger leisten, Lehrlinge anzustellen, man holte sich junge Arbeiter aus der Provinz hinzu. Die Ausbildung fand direkt auf der Baustelle oder in den Werkstätten statt. Feste Ausbildungsvorschriften fehlten. Daher konnten die Unternehmer die Arbeitskräfte recht flexibel einsetzen und den Bauprozeß leichter organisieren. Auch die Ausbildung der Architekten stak in England noch bis zum Beginn des 20. Jahrhunderts in den Kinderschuhen. Mit der Einführung öffentlicher Schulen gab es nach 1870 für die meisten Jugendlichen eine Art elementaren Kunstunterricht; aber weiterführende Schulen und eine spezialisierte Ausbildung entwickelten sich, abgesehen von einigen Abendschulen, nur langsam. Ab 1890 orientierten sich Lehrbücher zur Baukonstruktion, wie die von Rivington und Mitchell, an den Lehrplänen der South Kensington Kunstschule; die Examensstufen spiegeln hier die Hierarchie der Bauunternehmer und Architekten wider.

Bücher spielten eine wichtige Rolle und das breite Angebot galt den verschiedensten Käuferschichten. Es gab die großen archäologisch-historischen Publikationen für den reichen Kenner, den Auftraggeber und seinen Architekten. Eine Art von enzyklopädischer Nachschlagewerke über Architektur und Bauen, die viel über rationale Hauswirtschaft und sogar Landwirtschaft enthielten, etwa von Webster oder Loudon, wandte sich vor allem an die mittleren Auftraggeber und Spekulanten. Wegen der steigenden Nachfrage nach Kostenvoranschlägen erschienen viele Bücher mit detaillierten Hinweisen zur Kostenplanung. Die zunehmend kompliziertere Baugesetzgebung erforderte ebenfalls Erläuterungen. Für die Oberschicht der Handwerker gab es voluminöse, mit wissenschaftlichem Anstrich versehene Walzer, wie z. B. von Nicholson über die Holzkonstruktionen. Seit ca. 1840 kam eine Reihe sehr preiswerter Bücher auf den Markt, z. B. Dobsons Buch über Backsteine. A. Hamond möchte in seinem Buch *Bricklaying* (1885), eine "einfache Sprache" verwenden. Banister Fletchers monumentale und immer wieder aufgelegte *History and Architecture"* wurde als nützlich für den "Studenten, Touristen und Liebhaber" angepriesen und kostete 21 Shillinge.[31] Um jene Zeit beschäftigten sich die meisten Bücher zum Hausbau mit den Themen Hygiene und Sanitär-Installationen.

Die Musterbücher unterlagen starken Veränderungen. Noch 1824 konnte Cottingham in seinem Gußeisen-Musterbuch schreiben, daß es eine gute Übung für den "Mechaniker" sei, die Ornamente viermal größer als das Werkstück zu zeichnen. Diese Empfehlung überholte sich bald, denn einfache Fassaden und Ornamente entwarfen die Bauunternehmer zunehmend selbst. Gelegentlich gab es Bücher mittlerer Preislage, die gewöhnliche Häuser und ihre Details abbildeten, z. B. *The Builders Practical Director* von etwa 1855 und die Bücher von Blackburne um 1860. Aber bei dem sich rasch ändernden Geschmack konnte man sich schon bald nicht mehr auf diese Bücher verlassen. Bei manchen von ihnen machte man Gebrauch von der neuen Abbildungstechnik der Chromolithographie, wie schon bei vielen der sehr einflußreichen South Kensington-Handbücher zur Ornamentik. Einen Ersatz für Musterbücher bildeten die Kataloge der Baustoffhandlungen. Schließlich gab es seit den 1860er und 1870er Jahren neuartige Bücher über Wohnungseinrichtungen, wie das von C. Eastlake *Hints on Household Taste* (Tips für den geschmackvollen Haushalt) von 1868. Sie wandten sich mehr an die Bewohner, insbesondere die Hausfrauen. Um die Jahrhundertmitte wurden die Bücher von Zeitschriften verdrängt, die schneller auf den jeweiligen Zeitgeist reagieren konnten. Auch die Zeitschriften-Typen spiegelten die bekannte gesellschaftliche Hierarchie.

Die wachsende Kompetenz der Bauunternehmer ist nicht nur an den Bauten, sondern auch an den Bauzeichnungen, auf die man anfangs verzichtete, ablesbar. Seit ca. 1850, definitiv ab 1870, mußten für jedes kleine Haus und jeden Umbau Pläne, d. h. Grundrisse, den städtischen Behörden eingereicht werden. Sehr oft wurde ein Querschnitt beigefügt und zunehmend die Fassadenansicht. Man gestaltete sie immer aufwendiger mit Wasserfarben und Schattierungen (Abb. 50, Farbtafel 11). Alle Planverfasser hatten bestimmte Farbsymbole zu verwenden, und es gab Handbücher für die richtige Beschriftung von Plänen samt Zierbuchstaben. Ab 1870 wurden billige Reproduktionsmethoden für Zeichnungen entwickelt, zuvor verwandte man für größere Projekte gelegentlich die Lithographie.

Über die Entwicklung der Bezeichnungen Design und Handwerk wissen wir noch viel zu wenig. Am Anfang unserer Epoche erweiterten Männer wie Robert Adam den Einfluß des Architekten als Designer für die Arbeiten einzelner Handwerker, etwa bezüglich der Materialien Stuck oder Schmiedeeisen. Im späten 19. Jahrhundert befand Hermann Muthesius hinsichtlich der Ornamentik-Produzenten : "Alle Fabriken haben ihren Bestand an Profilen neuerdings in einer Weise vervollkommnet, die den entwerfenden Architekten geradezu in

Verlegenheit bringen kann" (Abb. 194).³² Die Zeiten individueller Baudekoration waren vorbei, sie wurde nun meist in Fabriken entworfen, sei es von bedeutenden Architekten wie Adam oder, wie später häufig, durch namenlose "Designer", die vielleicht nach den Prinzipien der Schule von South Kensington ausgebildet waren. Daneben nahm in einzelnen Fällen individuelles Handwerk am Bau wieder zu, wie die unzähligen Steinkapitelle an Haustüren oder Erkern belegen. Die größere Baustoff-Vielfalt ermöglichte mehr Kombinationsmöglichkeiten.

Die sich ausbreitende Standardisierung erfaßte im Prinzip aber alle Gebiete und bezog sich auf die ökonomischen, technischen und gesetzlichen Entwicklungen ebenso wie auf die gestalterischen, z. B. die Pläne und ihre genau definierten und genormten Bauteile. Die Typen des "späten Standard-Mittelklasse"-Hauses wurden einander immer ähnlicher. Der Zwang zu detaillierten Bauplänen muß die Standardisierung gewaltig gefördert haben. Konstruktive Teile wie genormte "scantlings" (Kanthölzer) für vorgefertigte Holzteile trugen zur uniformen Gestalt bei. Vom künstlerischen und moralischen Standpunkt aus bestand ein Gegensatz zwischen der klassischen Tugend von Regel und Einheitlichkeit zu dem späteren romantischen Blickwinkel, wo ebendies eine Sünde bedeutete. Die meisten Historiker scheiterten bei dem Versuch, den typischen Baustil eines bekannten Bauunternehmers zu definieren,³³ während es leichter war, die gleiche Frage bei einem nur wenig bekannten viktorianischen Kirchenarchitekten zu beantworten. Das überrascht nicht, da die Entwürfe unter sehr unterschiedlichen Bedingungen entstanden. Zwei Beispiele müssen hier genügen: Die Bauvorschriften für die kleinen Häuser der Napier Street in Norwich schrieben 1856 vor, daß alle Vordertüren mit Bögen zu versehen sowie Vorbauten, Vordächer und andere Vorsprünge verboten seien. Der Grund für diese einschneidende Maßnahme war der damalige Zwang, die Baufluchtlinie einzuhalten und den Bauten ein solideres Aussehen zu verleihen. Möglicherweise steckten Konkurrenzkämpfe zwischen Backsteinarbeitern und Zimmerleuten dahinter. Urheber dieser Bestimmung war sehr wahrscheinlich der uns schon bekannte S.H. Meachen, ein Bauunternehmer aus bescheidenen Verhältnissen, dem wir bei anderen Spekulationen der 1860er Jahre begegnet sind. Er brachte es wohl nicht besonders weit, wenn man das aus den Häusern schließen darf, die er bewohnte. Ein Beispiel sei mit der kleinen Bemerkung in den Bauakten einer längst abgerissenen Häuserzeile gegeben, welche die Erscheinung der kleinen Straßen in Norwich besonders stark veränderte: Sie verbot die althergebrachten hölzernen Vordächer und Holzstreben und schrieb gute, profilierte Backsteinbögen für alle Häuser verbindlich vor (vgl. Abb. 191).

Die Geschichte der "Albert Houses", Nr. 44-52 Queens Gate (Abb. 43), über deren Entstehung wir bereits ausführlich berichteten, wird im *Survey of London* beschrieben. Im Jahre 1859 war James Aldin, ein als umsichtig und mächtig bekannter Bauunternehmer, in finanzielle Schwierigkeiten geraten und mußte die unvollendeten Häuser an einen "client", einen spekulierenden Bauherrn verkaufen. Es war James Whatman, ein ehemaliges Mitglied des Unterhauses, und sein Architekt, der nicht so bekannte C.J. Richardson. Im Hintergrund fungierte als eine Art Reklame der von jedermann hofierte Prince Albert. Die Fassadengestaltung schien der Schlüssel zum schnellen Erfolg. Laut *Survey of London* hatten Architekt und Auftraggeber sich auf die Spekulation geeinigt: je schneller der Verkauf, desto höher der Gewinn für den Architekten. Wem der Gesamtentwurf zu verdanken war, ist nicht genau festzustellen. Wie der *Builder* berichtete,³⁴ war es aber Whatman, der auf ausgiebiger Verwendung von Gußeisen-Verzierungen bestand, obwohl Eisen in dieser Zeit nicht besonders beliebt war. Es sollte wohl als eine spezielle Reklame für dieses Material dienen und die Erbauer priesen den "französischen" Charakter. Später geriet der Verkauf ins Stocken und Architekt und Bauherr gingen vor Gericht. Vorher war der Bauherr allerdings derart begeistert gewesen, daß er sich die Entwürfe hatte patentieren lassen wollen. Die Ganzheitlichkeit des Entwurfs oder die Identität eines Architekten zählten bei kleinen wie bei großen Häusern kaum. Viele Kritiker behaupteten in dieser Zeit, diese Häuser seien keine Produkte der Kunst, sondern des Kommerz.

In diesen Jahren nahm die etablierte viktorianische Gesellschaft erfolgreiche Geschäftsleute zögerlich in ihre Kreise auf. Das Ansehen der Bauspekulanten erfuhr jedoch einen Niedergang. Seit etwa 1850-60 lehnten Architekturkritiker Häuser von spekulierenden Bauunternehmern aus sozialen und künstlerischen Gründen ab. Frühere Beschwerden über schlechte Bauqualität und Hygiene wurden verbunden mit einer Verurteilung von Stil und Grundriß des Haustyps überhaupt. Olsen zitiert in seinem Buch über das viktorianische London eine Menge solcher Urteile, ausgerechnet vornehmlich aus den Zeitschriften, die sich *Builder* und *Building News* nannten. Der Architekt Stevenson beklagte sich z. B. über moderne, große Glasscheiben, die nach seiner Meinung die Wandfläche zu stark aufriß. Er bevorzugte gotische und georgianische Sprossenfenster und behauptet, es sei "Sache der Architekten, mit diesen Fenstern umzugehen" und "...sie werden niemals populär werden."[35] Für Stevenson verstand nur der künstlerisch ausgebildete Architekt diese formalen Zusammenhänge, während der Bauunternehmer nur den praktischen Nutzen sah. Aber Stevenson irrte. Schon zwischen 1890 und 1900 breitete sich allgemein die romantische Rückkehr zu den kleinen Sprossenfenstern aus; man findet sie nach 1900 auch bei kleinen Häusern. Der Snobismus von Stevensons Bemerkung ist für die damalige Zeit charakteristisch. Um 1900 hieß es sogar bei Booth, dem empirischen Soziologen des Londoner Handwerks, der Architekt sei "in erster Linie ein Künstler, verantwortlich für die Einheit der Konzeption und Vollständigkeit der Durchbildung des Designs."[36] Der Architekt bestimmte den Geschmack, der Bauunternehmer folgte ihm. Heute wird in England die merkwürdige Bezeichnung "architect-designed" für teurere Häuser benutzt. Schon 1898 hieß es in Komentaren zu besseren Häusern: "no stock mouldings", d. h. keine standardisierten Profile.[37] Die gesellschaftliche Hierarchie der am Bauwesen Beteiligten war nirgends so ausgeprägt wie in England.

Erst das Domestic Revival wandte sich wieder der Kunst zu, nämlich durch Beiziehen der Architekten. Die Bewegung des "Art Movement" bzw. des "Aesthetic Movement" seit den 70er Jahren forderte, daß sich Auftraggeber und zukünftiger Bewohner persönlich mit der Kunst und der Wahl des "Designers" beschäftigten sollten. Dies bedeutete eine entscheidende Veränderung der sozialen Stellung des Künstlers. In dieser Zeit wurden Architekten, wie z. B. E.W. Godwin, und Vertreter anderer künstlerischer Berufe in die sogenannte bessere Gesellschaft aufgenommen. Sicher gab es schon vorher Ausnahmen; aber allgemein galten Architekten und Bauunternehmer wie Ärzte und Rechtsanwälte als "Professionals". Man bediente sich ihrer Fähigkeiten. R. Kerr's detaillierte Planungsanweisungen entsprangen seiner fundierten Sachkenntnis als "Professional". Er garantierte für das mittelviktorianische Empfinden optimalen Wohnkomfort. Stevenson wandte sich in seiner Kritik an Kerr mehr den emotionalen Werten eines "Heimes" zu. Der Handel lieferte die neuesten technischen Entwicklungen, das Domestic Revival nahm sie auf. Die Bauindustrie lieferte eine wachsende Auswahl an Innen- und Außen-Dekorationen. Nach Stevenson setzte Kunst nicht technisches Wissen voraus und die "Arts and Crafts"-Bewegung hielt durch einfaches, oft altertümlich-rohes Handwerk moderne Vielfalt am Bau in Grenzen. Der Handel demonstrierte gesunde Finanzen und geschäftlichen Erfolg, der Kunde bzw. der Bewohner sicherte sich diese Kompetenz, indem kein Haus einer Zeile schlechter aussehen durfte als die anderen. Das ist der eigentliche Grund für die Gleichheit der Häuser einer Terrace; das Domestic Revival betonte demgegenüber das Individuelle.

Die Gegensätze von "Architektur" und "Bauen", Handel und Handwerk, gegenüber "Kunst" und "volkstümlicher Architektur" können hier nicht weiterverfolgt werden. Angesichts der traditionellen Maßstäbe klassizistischer Architektur, wie "gute" Proportion, "Eleganz", Oberflächenbehandlung ("finish") und der Ornamentik, bieten viele gewöhnliche Terraces diese Qualitäten. Wenn wir aber die komplizierten ästhetischen Maßstäbe des "Picturesque" und des "Sublime" sowie die romantischen Theorien über die Kreativität seit dem frühen 18. Jahrhundert anlegen, wird die Beurteilung der Bauunternehmer des

Soziale und architektonische Hierarchie 255

19. Jahrhunderts schwierig. Die Art, wie die Erbauer kleinerer Häuser die Anregungen führender städtischer Architekten im Detail aufnahmen und reproduzierten, z. B. in Cardiff und Portsmouth, war völlig legitim angesichts der älteren Maßstäbe, aber zweifelhaft im Sinne der neueren. Wenn wir diese Maßstäbe wiederum auf die gerade beschriebenen Terraces in Norwich und London anwenden, kommen bezüglich der künstlerischen Einheit und der Identität des Architekten Zweifel auf. Nach überkommenen Maßstäben haben die Spekulanten wie die Handwerker zumindest kompetente Arbeit geleistet.

Eine alternative Beurteilung der Architektur entwickelte sich nach 1800, das "Vernacular" (Heimatstil). Sogar das fast verfallene Cottage wurde als reizvoll empfunden, weil seine Formen der klassischen Ordnung widersprachen. Uvedale Price, Pugin, Butterfield und Norman Shaw lehrten uns die Schönheit der "malerischen" Formen solcher Bauten zu sehen. Ruskin, Morris und Unwin zufolge erschien schließlich *alles* ländliche Design und Handwerk als wertvoll, welches an der unteren Schwelle zur "höheren Architektur" entstanden ist, wie die Historiker des Vernacular sagten. Gleichzeitig verdammten Morris und Unwin Millionen Häuser mit zahllosen Elementen einwandfreier Gestaltung. Denn diese Häuser erreichten die Schwelle der neuen romantisierenden und idealisierenden Kunst nicht. Man muß annehmen, daß viele Bauten des 19. Jahrhunderts in den 1950er und 60er Jahren mit der fadenscheinigen Begründung abgerissen wurden, sie seien aus praktischen Erwägungen nicht mehr zeitgemäß, während der wahre Grund eine simple Geschmacksänderung war. Widersprüche zwischen Kreativität und Nostalgie scheinen in der Architektur unauflösbar. Heute hat sich das Blatt gewandt. Wir beklagen die Zerstörung jener Häuser, deren Bau William Morris bedauerte. Die heutige Mittelschicht betrachtet sogar kleinere Häuser des 19. Jahrhunderts als Antiquitäten. Allerdings ist die untere Mittelschicht größtenteils noch in der Modernisierungswelle befangen und zerstört den Charakter ihrer alten Häuser durch moderne Um- und Anbauten, um ihren neu gewonnenen Status zum Ausdruck zu bringen.

218. **Norwich.** Rückseitige Eingänge um 1900. Besonders schwierig ist es bei den Reihenhäusern des 19. Jahrhunderts zu beurteilen, ob sie zur "hohen" (polite) Architektur oder zur ländlich volkstümlichen (vernacular) Architektur gehören. Man muß dazu jede Reihe einzeln untersuchen. Meist ist ein Urteil schwierig. Die Gesamtanlage großer Terraces von John Nash (Abb. 111-113) gehört sicherlich zur ersten Kategorie, bezüglich der rohen Detailausführung darf man sie aber durchaus zur letzten zählen. Bei späteren, kleinen Häuserzeilen können einzelne Elemente vielleicht als "polite" eingestuft werden, jedoch nicht ihre Gesamtanlagen, sie enthalten viel Amateurhaftes.

Ein Haus bezeichnet den Wandel in Kunst und Handwerk sowie sein gesellschaftliches Umfeld. In früheren Zeiten standen Paläste wie selbstverständlich neben den armseligen Hütten und niemand nahm daran Anstoß! Im 19. Jahrhundert verbesserte sich die allgemeine wirtschaftliche Lage, die Häuser aller Schichten gewannen durch Baugesetze und technische Neuerungen. Dies führte zu einer demonstrativen, künstlichen Abgrenzung zu jeweils anderen Gesellschaftsschichten, und sei es mit Hilfe von Details wie einem Toilettensitz aus Mahagoni oder aus gewöhnlicher Kiefer. Später verzichtete man auf derlei Statussymbole, weil die unterschiedlichen sozialen Gruppen in den Vorstädten weit voneinander getrennt lebten. Heute wohnt die Ober- und Mittelschicht im Einfamilienhaus und die untere Schicht in verschiedenhohen Wohnblöcken (wir erlauben uns einmal diese grobe Einteilung). Mehr denn je symbolisieren Mehr- und Einfamilienhaus in Großbritannien auch den Status-Unterschied zwischen Mieter und Eigentümer.

Schon im 19. Jahrhundert gab es Stimmen gegen eine Trennung gesellschaftlicher Schichten durch Haustypen und Stadtteile. Bekannt sind die Äußerungen von James Hobrecht, dem Stadtplaner des rasch expandierenden Berlin um 1860. Er kannte die Entwicklung in England gut und plädierte für eine soziale Mischung in Mietshausblöcken mit unterschiedlich großen Wohnungen, so daß die verschiedenen Klassen sich gegenseitig wahrnehmen könnten.[38] Bald wandten sich die Wohnkultur-Reformer wegen der mit hoher Wohndichte verbundenen schlechten Hygiene gegen jenes System. Und doch lobte der Reformer Thomas Horsfall in England um 1900 mit denselben Argumenten die deutsche Entwicklung: "Arm und Reich sollten sich besser kennenlernen und gegenseitig respektieren."[39] Dies ist eine Form der Bevormundung, die wir aber heute ablehnen. Die Wohnbau-Reformer der Gartenstadt-Philosophie folgten ihr auch nicht, wenn sie möglichst niedrige Bebauungsdichte und großflächige Gesamtplanung sowie einen typischen Charakter der Siedlung vorschrieben. Die moderne Siedlung, die sich ab 1900 mit geradliniger Konsequenz entwickelte, bewirkte meist dieselbe soziale Ausdifferenzierung wie auch schon im 19. Jahrhundert.

Wir wollten mit unserem Buch die Grundmuster vergangener Wohnkultur nicht nostalgisch zu neuem Leben erwecken, sondern im Gegenteil zeigen, daß es auch in der Vergangenheit eine Menge Probleme zu bewältigen gab. Die Klassen-Einteilung und ihre Trennung verstärkte sich im 19. Jahrhundert und trat um 1900 sehr krass zutage, als die weit draußen liegenden Vorstädte aus dem Boden gestampft wurden. Diesen Trennungsprozeß glaubte niemand aufhalten zu können; und der in diesem Buch behandelte Haustyp schien dieser Entwicklung am besten gerecht zu werden. Man sollte sich aber hüten, die Entwicklung der Vorstädte insgesamt zu verurteilen, da nicht bekannt ist, inwiefern ein Haus oder ein Haustyp in Wechselwirkung zu sozialen Strukturveränderungen steht. In Glasgow können wir neuerdings beobachten, daß jüngste historische Studien von Worsdall und anderen eine nostalgische Rückkehr zum dort traditionellen vier- bis sechsstöckigen Wohnblock fordern. Im Bereich des städtischen englischen Reihenhauses können wir in den letzten Jahren neue Tendenzen feststellen, die den Typ insgesamt in einem neuen Licht erscheinen lassen. Größere, ältere Terraces sind jetzt in der Art kontinentaler Wohnblöcke in Wohnungen unterteilt. In den vorstädtischen Straßen mit kleineren Reihenhäusern finden wir heute eine Mischung sozialer Gruppen wie nie zuvor. Vielleicht kann die Erhaltung der Reihenhäuser des 19. Jahrhunderts dazu beitragen, die Gegensätze sozialer Schichten aufzubrechen und den gesamten modernen Hausbau in diese Richtung beeinflussen.

219. **London.** Clapton Passage, Hackney, E5, 1885. Michael Hunter zufolge handelt es sich bei dem Herrn im Mantel um den Bauunternehmer Christopher Ruthven, die anderen sind seine Mitarbeiter.

Anmerkungen

1. Das englische Universal Reihenhaus
1. Eberstadt, *Bodenparzellierung*, S. 57
2. wohl wenige Sprachen zeigen eine solche Vielfalt der Ausdrücke für Haustypen und Wohnungen wie das Englische. Neben dem Begriff "Terrace" wird zuweilen "row" für eine Hausreihe benutzt, der Begriff "row house" ist aber nur in Amerika geläufig. Das Wort "house" wird sehr vielfältig benutzt. In Schottland meint man damit meist das "flat", also die Etagenwohnung; in Leeds hingegen kann das Wort für den Hauptwohnraum des Hauses gebraucht werden (auch "house.place"). Das Wort "cottage" wird für alte, kleine Häuser auf dem Lande gebraucht, in Rochdale und Leeds benutzt man das Wort auch für den kleinsten städtischen Haustyp im Unterschied zum "house", das größer ist. Es gab Versuche, "cottage" generell für die kleinsten Haustypen zu gebrauchen, für jene, die nur eine Wohnküche und keinen Wohnraum (parlour) besaßen, aber diese Unterscheidung bürgerte sich kaum ein. Man beschreibt oft sogar Reihenhäuser mit sechs und mehr Räumen als "cottages". In Schottland sagt man "cottage" zu allen Reihen- und Einzelhäusern. Ein weiteres Wort ist "tenement". Dies betont die Tatsache, daß die Bewohner zur Miete wohnen und bezieht sich auf Gruppen von kleinen Reihenhäusern, meist aber auf größere Reihenhäuser, die in kleine Wohnungen unterteilt sind (tenemented). Ein spezieller Gebrauch des Wortes findet sich im Südwesten, wo "tenement" für die Rückanbauten eines Hauses gebraucht wird. Für Statistiker und Baugesetzgeber des 19. Jahrhunderts wurde dann das völlig neutrale Wort "dwelling" wichtig, das der deutschen "Wohneinheit" entspricht.
3. siehe jedoch Sutcliffe, Worsdall, Eberstadt, Wagner-Rieger & Reisberger
4. *Builder*, 1883, Vol. I, S. 880
5. Aug. D. Webb, *The new Dictionary of Statistics of the World to the Year 1911*, London, 1911, S. 301
6. Bright, S. 252
7. White, S. 48, 60
8. S. Wagner-Rieger & Reissberger
9. Report of the Royal Commmission on the Housing of the Working Classes, 1884-5, Minute 13141

2. Die georgianische Terrace und ihre klassischen Ursprünge
1. Rasmussen, S. 202
2. Elmes, S. 19

3. Angebot und Nachfrage
1. Eberstadt, *Bodenparzellierung*, S. 56
2. Dobraszczyc
3. White, S. 29
4. Daunton, S. 112f
5. Dearle, S. 37
6. Dyos, *Victorian Suburb*, S. 219
7. Zum Beispiel, Lewis and Daunton
8. S. Dale, *Fashionable Brighton*
9. S. Summerson, *Life and Work of John Nash*
10. S. Hobhouse
11. S. Chalklin
12. Norfolk and Norwich Archives, Norwich
13. Vestry Museum Archives, Walthamstow, London

4. Bauwesen: Vom Handwerk zur Industrie
1. Hole, S. 57
2. White, S. 33ff
3. *Architectural Magazine*, 1834, S. 14
4. Hobhause, S. 287 usw.
5. *Builder*, 1854, S. 2
6. Cox, S. 37
7. Kelly, 1874 und 1902
8. Laxton, 1886, S. 41; s. G.T. Jones
9. Kelly, 1898, S. 98
10. Kelly, 1886
11. H. Muthesius, Vol. III, S. 130
12. *Builder*, 1857, S. 220
13. Maitland, s. 65

5. Verträge und Gesetze
1. Hole, S. 26
2. Olsen, *Town Planing*, S. 101
3. Laxton, 1886, S. 88
4. Dyos, *Victorian Suburb*, s. 212
5. *Eastern Evening News*, 17. Januar 1980
6. Marr, s. 72f
7. Summerson, *Georgian London*, S. 126; vgl. auch Pitt und Knowles
8. *Punch*, 11 Okt. 1890
9. Quoted in Ashworth, S. 91
10. See *Manchester Building Byelaws*...

6. Das Haus und seine Bewohner
1. Beeton, 1859-61, S. 1
2. Beispiele gab es in Hillfields und Kingfields, aus den 1850er Jahren. S. J. Prest. *The Industrial Revolution in Coventry*, 1960
3. Stevenson, Vol. II, S. 154
4. Stevenson, Vol. II, S. 152
5. *Clari, The Maid of Milan*, 1823, Der Komponist der Musik war H.R. Bishop
6. Zitiert in Rubinstein, S. 117
7. Hamilton, S. 75
8. S. Burnett; G. Best *Mid-Victorian Britain 1851-75*. London 1971: und andere
9. *Report on the Royal commission on the Housing of the Working Classes*, 1884-5, Minute 5282
10. Stacpoole, S. 45ff
11. S. Hasluck, S. 9
12. Für Pläne s. *Builder* 1883, 30 June; Tarn, *5 Per Cent Philanthropy*; Abb. 57
13. Marr, S. 38
14. Hole, S. 11
15. *Cost of Living Report*, s. 191

7. Komfort
1. Webster & Parkes, S. 45
2. Laxton, 1886, S. 307
3. Simon, S. 168
4. Walsh, S. 115
5. H. Muthesius, Vol.II, S. 233

6 Fletcher, *Architectural Hygiene* S. 168, 145
7 Webster & Parkes, 89
8 Stevenson, Vol.II, S. 213
9 *Building News,* 1888, Vol.I, S. 65
10 Walsh, S. 111
11 Middleton, Vol.III, S. 137
12 S. Ravetz 13 Simon

8. Sanitäre Einrichtungen
1 *Builder,* 1904, *Vol.II,* S. 514
2 Hellyer, S. 1
3 S. Morton
4 Humber, S. 229
5 *Plumber and Journal of Heating,* Januar 1908
6 Hole, S. 152
7 Quoted in Dixon, *et al., Changing Kibblesworth*
8 S. *Tudor Walters Report,* Kapitel 169
9 Webster and Parkes, S. 1, 216
10 *Builder,* 1879, S. 1217
P.S. Andrew Saints schulde ich Dank für Informationen

9. Die Verbesserung der Bausubstanz
1 Barry and Smith, S. 22
2 H. Muthesius, *Vol.II,* S. 178
3 *Tudor Walters Report,* Kapitel 173f
4 Webster and Parkes, S. 33
5 Vequeray Street, Coventry, ca. 1900
6 Walsh, S. 27
7 Z.B. Medway Street, SW 1, frühes 19. Jhdt.
8 Hasluck, *Cheap Dwellings,* S. 24
9 Webster and Parkes, S. 41
10 Sexton Street, Gillingham, ca. 1850-60
P.S. Hinweise verdanke ich auch Andrew Saint

10. Die Umgebung des Hauses
1 Z.B. Railway Cottages in Tilbury, Essex
2 Lowe, S. 50f
3 Maslen, S. 216
4 Marr, S. 72f
5 Rubinstein, S. 135
6 Maitland, S. 35
7 *Builder,* 1857, S. 221
8 Dueckershoff, S. 59
9 Laxton, 1886, S. 19 (Reklame)
10 White, S. 47
11 Stevenson, Vol.II, S. 153
12 Silwood Road, Brighton, ca. 1840
13 Ca. 1836 von J. Forster Jun.(?)
14 Maitland, S. 33
15 Fletcher, *Model houses,* s. S.249 unten
16 White, S. 52, s. a. *Builder,* 1857, S. 221
17 S. Toplis
18 *Building News,* 1858, S. 606
19 S. auch Abb. 146

11. Grund- und Aufriß: Der reguläre Typ
1 Hooper
2 1863-6 von J. Kelk für J.Johnson. Architekt; Hyde Park Gardens, früher Hyde Park Terrace, c. 1840
3 "Albert Houses", Queens Gate; Bedford Square, Brighton
4 Zu Norman Shaw, s. S. 249; zu 27 Grosvenor Square von Wimperis, S. *Survey of London, The Grosvenor Estate,* Teil I und II.
5 Radstock Road, Reading

6 Aylsham Road, Norwich, 1872
7 Auch Sandringham Road, Norwich, ca. 1880
8 Gibraltar Place, Chatham, 1791, oder High Street, Dover
9 Auch Wellington Crescent, Ramsgate, 1819
10 Calverley Crescent, Tunbridge Wells, 1830 (als Ladenzeile geplant)
11 Wenmot Cottage, Shrubland Road, London E8, 1855
12 Balfe Street, früher Albion Street, London N1, ca. 1840
13 Royal Crescent, Cheltenham, ca. 1806-10; Lewes Crescent, Brighton
14 The Crescent, Norwich, 1820er Jahre; East Terrace, Gravesend, ca. 1830; Royal Crescent, Harrogate, 1870er Jahre
15 "Semis" in South Park Road, Harrogate
16 Aber auch Toward Road, Sunderland
17 Z. B. Stepney Green, E1; s. a. *Builder,* 1857, S. 220
18 London, N10, vgl. Church Crescent, ca. 1900
19 S. a. Abb. 146
20 Z. B. Nassau Road, Barnes, SW13, ca. 1908
21 Laburnum Grove, Portsmouth, nach 1900; Leicester, Raymond Road, ca. 1900
22 *Building News,* 1895, Vol. I. S. 577
23 Z. B. Dangan Road, Wanstead, E11
24 Es gab auch größere Versionen mit einem Bad im ersten Stock und einem Zimmer für das Personal, eigentlich ein "Double fronted" Haus. Seven Kings Road, Ilford, Essex, ca. 1905-10
25 S. 86f
26 *Building News,* 1881, Vol. I, S. 639
27 Zitiert in Dale, *Fashionable Brighton,* S. 98

12. Grund- und Aufriß des kleinen Reihenhauses und seiner Varianten
1 Bowmaker, S. 115
2 *Cost of Living Report*
3 Z. B. Eastbourne Road, Darlington
4 S. S. 11 oben
5 Ripon Street, Sunderland
6 S. a. *Architectural Magazine,* 1834, S. 38
7 Hole, S. 11
8 Apollo Buildings, Gloucester Street, London SW1
9 Etwa Sneiton Market, Nottingham; St. Stephen's Street, Manchester
10 Godwin Street, Aston
11 Kensington Place, Birmingham
12 129-43 Whitham road und Upper Hanover Street, Sheffield, ca. 1860-70er Jahre
13 Upper Hanover Street, Sheffield; Peach Street, Derby; Ripon Street, Lincoln
14 Hole, S. 71
15 Greenhill Road und White Abbey Road, Bradford, vor 1850
16 East Park Mount, Leeds, vgl. Abb. 56
17 In Chapman, *Working Class Housing*
18 Östlich von Mars Lane, Burmantofts, Leeds, vor 1821
19 *Journal of the (Royal) Statistical Society,* Vol.II, 1839
20 Zitiert in Boysen, S. 119
21 Pläne in Hole und Tarn
22 Portland Street, Silver Street, Ashton Street und Bank Top, Manchester
23 Z. B. Hodson und Ravald Street, Salford
24 Singleton Row, Preston
25 S. J.G. Jenkins
26 Z. B. zwischen Raby Street und Great Western Street, Stretford
27 Vgl. bei Newcastle: Frenchmen's Row, Hetton-on-the-Wall, 1796 erbaut als Bergarbeiterhäuser, die dann bald als Häuser für französische Kriegsgefangene dienten; heute durch neue Häuser ersetzt.
28 St. Aidan's Street, South Shields
29 Z. B. Coniston Avenue, Jesmond, Newcastle upon Tyne

30 S. o. S. 11
31 Früher Pelham und Albert Street
32 Crownfield Road Estate, Stratford; *Builder,* 1881, Vol.I, S. 165
33 Z. B. Francis Road, Leyton E10, begonnen 1894
34 Z. B. Goldsborough Road, SW8, ca. 1885
35 S. W. Thompson
36 Buckton, S. 3
37 Dueckershoff, S. 47

13. Der stete Wandel in der Anlage des gewöhnlichen Hauses
1 Rapoport, S. 46
2 Stevenson, Vol.II, S.55, 145-6
3 The Housewife, 1890, S. 363; s.a. McGovern, S. 8
4 Franklin, S. 90

14. Die Fassade
1 *The Surveyor, Engineer and Achitect,* 1841, S. 198
2 Früher Hyde Park Terrace, begonnen 1837, s. Toplis
3 S. Dale, *Fashionable Brighton*
4 Royal Crescent, 1797-1807; Bedford Square, 1807-18; Regency Square, 1818-28; Marine Square, 1824
5 "Brunswick Town" und "Kemp Town" for T.R. Kemp, developer, s. S. 22
6 Für Sir I.L. Goldsmit
7 1850-60s, entworfen von Sidney Smirke
8 Bei Gosport, Hampshire, ca. 1826
9 W. & J.T. Harvey, 1846
10 R.H. & S. Sharp, 1832-57
11 Von T. Oliver, 1829-34
12 Am Victoria Square, ca. 1835
13 Von R.S. Pope, ca. 1840
14 Von C. Underwood, ca. 1851-3
15 Begonnen ca. 1825
16 Früher New Street, ca. 1825-40
17 W11, 1840er bis 1850er Jahre
18 Cambridge Square, Hyde Park Crescent, Norfolk Crescent, begonnen ca. 1825
19 Früher Eaton Place
20 Von J.G. Graham of Edingburgh
21 Von J. Dobson für R. Grainger, 1825, jetzt fast ganz zerstört
22 South Parade und Johns Square, von ca. 1790 an gebaut
23 Bei King's Cross, WC1, ca. 1828-53
24 EC2, 1819
25 NW1, ca. 1820-30, zerstört
26 Früher Norland Crescent, W11, 1842-8
27 Siehe unten
28 Von T. Cubitt, ca. 1840
29 *Surveyor, Engineer and Architect,* 1841, S. 169ff
30 N1; s. Pevsner, *Building of England,* London, Vol.II, 1952, Abb. 51
31 London SW7
32 Von Thomas Foster and Son, ca. 1845
33 Von Foster and Wood, ca. 1855
34 von S. Jackson, ca. 1865
35 London WC2
36 Entworfen von der Cundy Familie für Lord Grosvenor
37 Esplanade und Avenue Victoria, ca. 1870er Jahre
38 Nr. 60 etc., Esplanade, Scarborough, ca. 1880er Jahre
39 Z. B. Scarborough, Belvedere Road, ca. 1900; Brighton, Hove, Fourth Avenue und weiter westlich
40 Z. B. Park Crescent, Brighton, 1829; Gloucester Crescent, bei Regent's Park, London NW1, ca. 1840
41 Auch Victoria Place, Carlisle
42 S. Cruickshank and Wyld

43 S. *Surveyor, Engineer and Architect,* 1841, S. 198
44 Wellington Park, Bristol, von S.B. Gabriel 1857
45 Vergleiche 11 und 13 Victoria Park Road, Hackney, E9
46 S. S. 204
47 Frome Road, Wood Green, London N22
48 Grosvenor Street, Cardiff
49 Woodberry Crescent, London N10, ca. 1907
50 London, NW1, ca. 1840

15. Dekoration: Baustoffe und Techniken
1 Ruskin, *The Seven Lamps of Architecture,* 1849. "*The Lamp of Beauty",* Kapitel XXXV
2 G.G. Scott, S. 97
3 Victoria Terrace, Plymouth
4 S. auch früher Buckingham Place, ca. 1830
5 Lansdown Road, Redland, Bristol 6, ca. 1860
6 Z. B. Hanbury Road, Bristol, ca. 1870
7 Nr. 9 und 11 All Saints'Road, ca. 1870er Jahre, und gegenüber
8 Devon, ca. 1800
9 Stevenson, Vol.II, s. 170
10 Nr. 10-11, Rockleaze, Bristol, 1865
11 West End Avenue, Harrogate
12 Z. B. das Haus an der Ecke von Victoria und Lancaster Road
13 *Tudor Walters Report,* Kapitel 224
14 *Cost of Living Report,* S. 224
15 Bale, *Stone Working Machinery,* S. 27
16 Walsh, S. 24
17 Von Coulters of Batley, Reklame in Kelly, 1886
18 Hasluck, *Cheap Dwellings,* s. 28
19 Booth, S. 132
20 White, S. 37
21 Zitiert in Hudson, *Fashionable Stone,* S. 85
22 *The Quarry,* Juni 1896, S. 101ff
23 50 – 70 Fairfield Road, Winchester; St. Edmund's Road, Southampton
24 Margate Road, Portsmouth
25 Berkeley Crescent, Bristol, 1787
26 Z. B. Royal Crescent, Brighton
27 Elsam, S. 106
28 S. unten
29 Hobhouse, S. 310
30 Z. B. "TLB Rubbers", von Lawrence & Co., Bracknell
31 Z. B. Rosher & Co., Ipswich; G.T. Lucas, Somerleyton, anfänglich für S.M. Peto; Gunton of Costessy ("Cossey") bei Norwich
32 Information von Jane Wight
33 Nicholson, 1823, S. 346
34 Z. B. Trafalgar Road, Moseley und Park Hill, beide in Birmingham
35 R. Bradley und W. Craven, 1853 etc.; s. Woodforde, *Bricks,* S. 122
36 Adderley Park Co. und andere
37 Wallgrange, Longsdon; s. Kelly, 1898
38 *Building News,* 1905, Vol.II, S. 207
39 S. Booth, S. 77. Eine Menge Informationen schulde ich ungedruckten Beiträgen von Frank Kelsall vom Greater London Historic Buildings Department. S. a. Clifton-Taylor, *Pattern of English Building*
40 Nicholson, 1837, S. 184
41 Elsam, S. 137
42 S. Colvin
43 Derselbe wie "Hamelin"?; Webster and Parkes, S. 26
44 *Builder,* 1845, S. 169
45 Nicholson, 1837, S. 184
46 Oakfield und Pembroke Roads, Bristol, ca. 1850
47 Z. B. Tavistock Square, London WC 1, 1820er Jahre
48 Z. B. Ford Park, Plymouth

49 Z. B. Bolton Gardens, London NW10, ca. 1870-80
50 Z. B. Lozell's Street, Birmingham
51 1820er bis 1830er Jahre
52 Montpelier Crescent, Brighton, 1840er Jahre; auch Rotherfield Street, London N1
53 *Builder,* 1869, S. 497; 1854, S. 388; 1871, S. 485
54 SW4; s. P. Metcalf, *James Knowles, Victorian Editor and Architect,* Oxford 1980
55 Z. B. St. Helen's Crescent, Hastings
56 Z. B. Vera Road, London SW6, ca. 1908-10
57 *Builder,* 1861, S. 252
58 S. Ruch and A. Kelly
59 S. Atterbury and Irvine
60 Stevenson, Vol.II, S. 179
61 Information von Michael Stratton
62 Z. B. Beresford Road, Stoke on Trent, 1870er Jahre; Tollington Park, London N4, ca. 1870; Shirley Road, Southampton
63 Webster and Parkes, S. 37, 53
64 Elsam, S. 137
65 Nicholson, 1837, S. 185
66 R. Unwin, *The Art of Building a Home,* London, 1901, S. 107
67 Laxton, 1886, S. 16
68 Elsam, S. 118
69 Elsam, S. 119, 144
70 In der Nähe von Victoria Park kann man noch einige Beispiele sehen
71 Z. B. in Shirley Road, Cardiff
72 S. Chatwin
73 *Builder,* 1864, S. 742
74 Z. B. Arboretum Avenue
75 Z. B. Swete Street, London E13
76 s. auch oben S. 50
77 John Brown, Grimsby; Kelly, 1886
78 Beispiele auch in St. Helen's Lancs
79 S. Hall und Hall
80 Webster and Parkes erwähnen eine Methode von Braithwaite, S. 59
81 Z. B. Moor Oaks Road, Sheffield

16. Die wechselnden Stile der Fassade
1 Loudon, S. 1122
2 Mitchell, S. 259
3 Olsen, *Town Planning,* S. 17
4 Elmes, S. 80
5 Z. B. Lansdowne Road, North Kensington, 1852-64
6 Grosvenor Gardens, London SW1, ca. 1870
7 Hole, S. 66
8 Loudon, S. 1123
9 Z. B. Kimberley Road, Cardiff, ca. 1910
10 Z. B. Stapleton Hall Road, London N4, 1881
11 S. S. 261 note 39
12 Z. B. die "quasi-semis" in Park Crescent, Northampton, 1884
13 Z. B. S.P. Adshead's Kennington Estate, Cardigan Street, SE11, 1913, für Duchy of Cornwall

17. Die Hierarchie in Architektur und Gesellschaft
1 Webster and Parkes, S. 5
2 Dyos, *Victorian Suburb,* S. 83
3 Stevenson, Vol.I, S. 21ff
4 Daunton, *Coal Metropolis,* S. 133
5 Zitiert in Olsen, *Victorian London,* S. 116
6 Drawings Collection of Royal Institute of British Architects, London
7 Z. B. Thorn Grove und Cedar Grove, Manchester; College Road und Denbigh Road, Norwich
8 Coltard Road und Handel Street, Liverpool
9 Booth, S. 177
10 *Life in the English Country House,* s. 268
11 Ravetz, S. 459
12 Hole, S. 52ff
13 Z. B. Heywood, Lancs, Häuser an der Straße nach Bury
14 *Cost of Living Report,* s. 430
15 *Report of the Royal Commission on the Housing of the Working Classes,* 1884-5, Minute 7068
16 Fletcher, *Model Houses,* S. 9
17 *Survey of London, South Kensington,* S. 305
18 Elmes, S. 18
19 Stevenson, Vol.II, S. 180
20 Webster and Parkes, S. 49, 53
21 *Builder,* 1869, S. 498
22 Girouard, *Life in the English Country House,* S. 270
23 Simpson and Lloyd, S. 115; *Builder,* 1861, S. 315
24 S. Saint
25 McGovern, S. 8
26 Simpson and Lloyd, S. 139
27 Ca. 1840, vgl. H.S. Merrett's Plan von Cheltenham, 1834
28 S. Gomme u. a.
29 *Building News,* 1878, Vol.II, S. 283
30 *Building News,* 1895, Vol.I, S. 577
31 Reklame, Fletcher, *Specifications,* London, 1903
32 H. Muthesius, 1898, S. 622
33 Gomme u. a. S. 276; Hobhouse, S. 66, 116, 269
34 *Builder,* 1861, S. 109-11
35 Stevenson, Vol.II, S. 196
36 Booth, S. 47
37 Macey, 1898, S. 9
38 Für Hobrecht siehe W. Hegemann, *Das steinerne Berlin,* Berlin 1963
39 C.T. Horsfall, *The Improvement of the Dwellings and Surroundings of the People: the Example of Germany,* Manchester, 1904

Bibliographie

Einige Hinweise für weitere Forschungen

Die wichtigsten Quellen für ein Haus, eine Terrace oder eine Siedlung ergeben sich in den Verträgen, die beim Eigentumswechsel eines Hauses verfasst werden (Deeds). In einigen Fällen sind alte Verträge heute in örtlichen Archiven oder Bibliotheken aufgehoben, dort wo die meisten anderen Dokumente ebenfalls archiviert sind: Fotos von zerstörten Objekten, Stadtpläne und Landkarten, siehe Bibliographie unter Ordnance Survey; Adreßbücher, Statistiken, Kopien aus Ergebnissen von Volkszählungen; Pläne für die örtliche Baukontrolle, Abwasserpläne der älteren Teile Londons; örtliche Tageszeitungen mit Anzeigen; örtliche Bauvorschriften; Reklamen des Baugewerbes; Versicherungsdokumente.

Zur bibliographischen Auffindung von Orten oder Subjekten benutzen Sie das Register; Zahlen größer als Seite 262 verweisen auf Titel der Bibliographie.

Zeitschriften

Builder
Builder's Journal and Architectural Review
Building News
Building World
Country Life
Housewife
Illustratet Carpenter and Builder
Illustratet Journal of Patented Inventions
Industrial Archaeology
Local Historian
Nineteenth Century
Public Health
Surveyor, Engineer and Architect
Urban History Yearbook
Urbi
Victorian Studies

vide Willing's *Press Guide* for specialist trade journals

Amtliche Publikationen

Cd., C.   = Command Number
HL   = House of Lords
Rep.   = Report
R. Com.   = Royal Commission
Sel.Cttee Rep. = Select Committee Report

Manufactures, Commerce and Shipping. Sel.Cttee Rep.; 1833 (690) vi
Health of Towns. Sel. Cttee Rep.; 1840 (384)xi
Regulation of Buildings and the Improvement of Boroughs. Sel. Cttee Rep.; 1842 (372) x
Sanitary Condition of the Labouring Population. Poor Law Commissioners. England and Wales. Local Reps.; 1842 HL xxvii
Sanitary Condition of the Labouring Population. Poor Law Commissioners. Rep. (E. Chadwick); 1842 HL xxvi (Reprint. Edinburgh University Press, 1965)
State of Large Towns and Populous Districts. R. Com. 1st Rep. 1844 [572] xvii; 2nd Rep. 1845 [602][610] xviii
Local Government Act 1858, 21 and 23 Victoria Chap. 98 Sec. 34

Model Byelaws issued by the Local Government Board for the Use of Sanitary Authorities, IV, New Streets and Buildings, 1877
Artizans" and Labourers" Dwellings and other Acts. Sel. Cttee. Rep. 1881 (358) vii; Further Rep. 1882 (235) vii (Cross Committee)
Housing of the Working Classes. R. Com. 1st-3rd Rep.; 1884-5 C.4402; C.4409; C.4547 xxx; xxxi
Town Holdings. Sel. Cttee Reps.; 1886 Sess. I (213) xii; 1887 (260) xiii; 1888 (313) xxii; 1889 (251) xv
Working Class Rents, Housing, Retail Prices and Standard Rate of Wages in the United Kingdom. Rep. of an Inquiry by the Board of Trade; 1908 Cd.3864 cvii (*Cost of Living Report*)
Report on Back-to-Back Houses, by Dr.L.W. Darra Mair...; 1910 Cd.5314 xxxviii
Working Class Rents, Housing, Retail Prices and Standard Rate of Wages in the United Kingdom. Rep. of an Inquiry by the Board of Trade; 1913 Cd.6955 lxvi
Questions of Building Construction in connection with the Provision of Dwellings for the Working Classes in England and Wales, and Scotland. Cttee. Rep.; 1918 Cd.9191 vii (*Tudor Walters Report*)

Allgemeine Bibliographie

Actes du Collque 1979 à l"Abbaye de Royaumont; typologie opérationelle de l"habitat ancien 1850-1948, Paris (Ministère de l"environement et du cadre de vie) 1979
H. Adams, *Building Construction* (24 Weekly Parts, Cassells"), London 1907 und später
R. Adam, *Works in Achitecture,* London 1778
G. Adamson, *Machines at Home,* Guildford 1969
S.O. Addy, *The Evolution of the English House,* London 1933
E. Akroyd, *On Improved Dwellings for the Working Classes,* London 1862
C.B. Allen, *Cottage Building, or Hints for Improving the Dwellings of the Labouring Classes,* London 1849-50, 1854, 1867, 1873, 1886
R. Altick, *Victorian People and Ideas,* London 1974
M. Anderson, *Family Structure in Nineteenth Century Lancashire,* Cambridge 1971
W. Ashworth, *The Genesis of Modern British Town Planning,* London 1954
P.J. Aspinell, "The Building applications and the buidling industry in 19th century towns, the scope for statistical analysis", *Research Memorandum 68,* Centre for Urban and Regional Studies, University of Birmingham 1978
P.J. Aspinell, "Speculative-Builders and the Development of Cleethorpes, 1850-1900", *Lincolnshire History and Archaeology,* Vol.II, 1976, pp 43-52
P.J. Aspinell and J.W.R. Whitehand, "Building Plans: a major source for urban studies", *Area,* XII, 1980, pp 199-203
E. Asmus, *Wie Europa baut und wohnt, Typen Eingebauter Wohnhäuser,* Hamburg 1883
P. Atterbury and L. Irvine, *The Doulton Story,* London (Victoria and Albert Museum) 1979
J. and B. Austwick, *The Decorated Tile,* London 1980
R. Bailey, *The Homeless and the Empty Houses,* Harmondsworth 1977
J.M. Baines, *Burton"s St. Leonards,* Hastings Museum 1956
M. Powis Bale, "On Brickmakers and Brickmaking Machines", *Building News,* Vol. 58, 1890, pp 533 etc.
M. Powis Bale, *Stone Working Machinery,* London 1898

R. Banham, *The Architecture of the Well-Tempered Environment*, London 1969
M.W. Barley, *The House and Home, A Review of 900 Years of House Planning and Furnishing in Britain*, London 1963
H. Barret & J. Phillips, Suburban Style, *The British Home 1840-1960*, London 1987
Barry and P.G. Smith, *Joint Report by Dr. Barry and Mr. P. Gordon Smith, on Back to Back Houses*, Local Government Board (Reports of Medical Inspectors after Local Inquiries) 1888
G. Beard, *Decorative Plasterwork in Great Britain*, London 1975
I.M. Beeton, *The Book of Household Management*, London 1859-61, 1868, 1879-80, 1906, 1892, 1915
C. and R. Bell, *City Fathers, The Early History of Town Planning in Britain*, Harmondsworth 1969
Benwell Community Project, Final Report Series, No. 3: Private Housing and the Working Classes, Birmingham 1978
J.L. Berbiers, "Back to Back Housing in Halifax", *Official Architecture and Planning*, December 1968
James Bishop, *New and Popular Abstract of the English Laws respecting Landlords, Tenants and Lodgers*, ca. 1845-72
E.L. Blackburne, *the Mason's, Bricklayer's, Plasterer's and Decorator''s Practical Guide*, London 1859-62
E.L. Blackburne, *Suburban and Rural Architecture*, London 1869
Charles Booth, *Life and Labour of the People in London. 2nd Series; Industries, Vol.I: The Building Trades*, London 1902-4 (reprint)
H.P. Boulnois, *Housing of Labouring Classes and Back to Back Houses*, London 1896
P. Bourdieu, *La distinction critique et social du jugement*, Paris 1979
M. Bowley, *The British Building Industry*, Cambridge 1966
M. Bowley, *Innovations in Building Materials*, London 1960
E. Bowmaker, *The Housing of the Working Classes*, London 1895
J. Bowyer, *Guide to Domestic Building Surveys*, London 1971
R. Boysen, *The Ashworth Cotton Enterprise*, Oxford 1970
T. Bright, *The Development of Building Estates*, London 1910
S.H. Brooks, *Rudimentary Treatise on the Erection of Dwelling Houses*, London 1860
Brown (The Rev.), "The Domestic Character of Englishmen", *Evangelical Magazine*, Vol. 10, 1868, pp 583-7
R.W. Brunskill, *Houses*, London 1982
R.W. Brunskill, *Illustrated Handbook of Vernacular Architecture*, London and Bosten 1971
R.W. Brunskill and A. Clifton-Taylor, *English Brickwork*, London 1977
C.M. Buckton, *Our Dwellings, Healthy and Unhealthy*, London 1885
The Builder's Practical Director, for Buildings of all Classes, Leipzig and Dresden (H.H. Payne) and London (J. Hagger) c. 1855
Building News, "How to Estimate" (series), 1901
"Building Trades Journal Centenary" (i.e. extracts from *Illustrated Carpenter and Builder* from 1877 onwards), *Building Trades Journal*, 15 July 1977, pp 5-108
N. Bullock and J. Read. *The Movements for Housing Reform in Germany and France, 1840-1914*, Cambridge (forthcoming)
J. Burnett, *A Social History of Housing*, Newton Abbott 1978
Business Archives Council, London, Various lists of firms'records
J. Calder, *The Victorian and Edwardian Home from Old Photographs*, London 1979
J. Calder, *The Victorian Home*, London 1977
E. Camesasca, *Storia della Casa*, Milan 1968
D. Cannadine, *Lords and Landlords, The Aristocracy and the Towns 1774-1967*, Leicester 1980
D. Cannadine, *Patricians, Power and Politics in the 19th Century Towns*, Leicester 1982
Cassell's Building Construction, see Adams
*Cassell's Carpentry and Joinery (*ed. Paul N. Hasluck), London c. 1900

Cassell's Household Guide, London 1869-71 (and later editions)
C.W. Chalklin, *The Provincial Towns of Georgian England, A Study of the Building Process 1740-1820*, London 1974
E.B. Chancellor, *The History of the Squares of London, Topographical and Historical*, London 1907
D. Chapman, *The Home and Social Status*, London 1955
S.D. Chapman, *The History of Working Class Housing, A. Symposium*, Newton Abbot 1971 (A.S. Wohl, London; J. Butt, Glasgow; W.M. Beresford, Leeds; S.D. Chapman, Nottingham; J.H. Treble, Liverpool; S.D. Chapman and J.N. Bartlett, Birmingham; W.J. Smith, Lancashire; F.J. Ball, Ebbw Vale)
A. Chatwin, *Cheltenham's Ornamental Ironwork*, Cheltenham 1975
F. Choay, *The Modern City, Planning in the 19th Century*, London 1969
J.J. Clarke, *The Housing Problem, its History, Growth, Legislation and Procedure*, London 1920
A. Clifton-Taylor, *The Pattern of English Building*, London 1972
A. Clifton-Taylor, see also R.W. Brunskill
L.J. Collier, "Development and Location of the Clay Brickmaking Industry in the South East Midlands of England", PhD Thesis, University of London 1966
H. Colvin, *A Biographical Dictionary of British Architects, 1600-1840*, London 1978
E.W. Co oney, "The Building Industry", in Ed. R. Church, *the Dynamics of Victorian Business*, London 1980
K. Cooper, "A Consideration of some aspects ot the construction and use of minders" dwellings and related domestic buildings in County Durham 1840-70" 1975, MS in Beamish Museum, Stanley, County Durham
W.H.Corfield, *Dwelling Houses, their Sanitary Construction and Arrangements*, London 1885
W. Cowburn, "Popular Housing", *Arena, Journal of the Architectural Association*, Vol.82, Sept.-Oct. 1966, pp 76-81
A. Cox, *Survey of Bedfordshire Brickmaking, a History and Gazetteer* (Bedfordhire County Council and Royal Commission on Historical Monuments) 1979
S.W. Cranfield and H.I. Potter, *Houses for the Working Classes in Urban Districts*, London 1900
W. Creese, *The Search for Enviroment, the Garden City Before and After*, New Haven and London 1966
J. Crook, *the Dilemma of Style, Architectural Ideas from the Picturesques to the Post Modern*, London 1987
G. Crossick, *An Artisan Elite in Victorian Society, Kentish London 1840-80*, London 1978
G. Crossick, ed., *The Lower Middle Class in Britain 1870-1914*, London 1977
D. Cruickshank and P. Wyld, *London: The Art of Georgian Building*, London 1975
H. Cubitt, *Building in London*, London 1911
F.G. D"Aeth. "Present Tendencies of Class Differentiation", *The Sociological Review*, III, 1910, pp 267-76
A. Dale, *Fashionable Brighton*, 1820-60, London 1947
A. Dale, *The History and Architecture of Brighton*, Brighton 1950
G. Darley, *Villages of Vision*, London 1975 (for the development of model agriculture and industrial colonies)
M.J. Daunton, "The Building Cycle and the Urban Fringe in Victorian Cities", *Journal of Historical Geography*, Vol.4, 1978, pp 175-81
M.J. Daunton, *Coal Metropolis, Cardiff 1870-1914*, Leicester 1977
M.J. Daunton, "Miners" Houses: South Wales and the Great Northern Coalfield 1880-1914", *International Review of Social History*, XXV 1980, pp 143-75
M.J. Daunton, *House and Home in the Victorian City; Working class Housing 1840-1914*, London 1983
M.J. Daunton, *Residence and Revenue, Working-Class Housing in the City, 1850-1914*, forthcoming

N. Davey *Building in Britain,* London 1964
N. Davey, *A History of Building Materials,* London 1961
L. Davidoff, *The Best Circles, Society, Etiquette and the Season,* London 1973
G.J. Crosbie Dawson, "Street Pavements", *Journal of The Liverpool Polytechnic Society,* 28 Feb. 1876
N.B. Dearle, *Problems of Unemployment in the London Building Trades,* London 1908
O. Delisle, "Studien über Bauweisen an englischen Einfamilienhäusern", *Centralblatt der Bauverwaltung,* 1900, pp 549-52
E.R. Dewsnup, *The Housing Problem in England,* Manchester 1907
R. Dixon, E. McMillan and L. Turnbull, *Changing Kibblesworth,* Gateshead M.B.C. Department of Education, Local Studies Series No. 5, c. 1978
R. Dixon and S. Muthesius, *Victorian Architecture,* London 1978
J. Dobai, *Die Kunstliteratur des Klassizismus und der Romantik in England 1700-1840,* Berne 1974-7
A. Dobraszczyc, "The Ownership and Management of Working Class Housing in England and Wales, 1780-1914", Cardiff and Swansea Conference of Urban Historians, 1978
E. Dobson, *A Rudimentary Treatise on Brick and Tiles,* 4th ed., London 1864
L. Duckworth, *Consumers" Handbook, Gas, Water, Electric,* London 1899
E. Duerckershoff, *How the English Workman Lives,* London 1899 (*Wie der englische Arbeiter lebt,* Dresden 1898)
R. Dutton, *The Victorian Home,* London 1954
H.J. Dyos, "The Speculative Builders and Developers of Victorian London", *Victorian Studies,* XI, 1968, pp 640-90
H.J. Dyos, ed., *The Study of Urban History,* London 1968
H.J. Dyos, *Victorian Suburb, A Study of the Growth of Camberwell,* Leicester 1961
H.J. Dyos and M. Wolff, eds., *The Victorian City,* London 1973
R. Eberstadt, *Handbuch des Wohnungswesens und der Wohnungsfrage,* Jena 1909
R. Eberstadt, *Die Kleinwohnungen und das städtebauliche System in Brüssel und Antwerpen,* Jena 1919
R. Eberstadt, *Städtebau und Wohnungswesen in Holland,* Jena 1914
R. Eberstadt, *Die städtische Bodenparzellierung in England,* Berlin 1908 (for the practice of suburban development in London, Ipswich and Felixstowe)
P. Eden, *Small Houses in England 1520-1820,* The Historical Association, H. 75, 1969
Arthur M. Edwards, *The Design of Suburbia,* London 1981
A. Trystan Edwards, *Modern Terrace Houses,* London 1946
J. Elmes, *Metropolitan Improvements of London in the Nineteenth Century,* London 1827
R. Elsam, *The Practical Builder's Perpetual Price Book,* London 1825 (this is usually bound with Nicholson's *Practical Builder* (see below) and variously cited as Elsam or Nicholson)
A. Emden, *The Law Relating to Building Leases and Building Contracts,* London 1882 and later editions
F. Engels, *Die Lage der arbeitenden Klasse in England,* Leipzig 1845 (*The Condition of the Working Classes in England,* London 1968)
G.E. Engerts, *Nederlandse en Amsterdamse Bouwactiviteiten 1850-1914,* Deventer 1977
K.A. Esdaile, "The Small House and its Amenities in the architectural Handbooks 1749-1847", *Transactions of the Bibliographical Society,* XV, 1917-19
S. Everard, *The History of the Gas Ligth and Coke Company,* London 1949
G. Fehl & C. Vierneisel, "Wohnungsbau in England", *Bauwelt* 1976, No. 3
R. Field, *Byelaws and Regulations with reference to House Drainage,* London 1877

B. Fletcher, *Architectural Hygiene or Sanitary Science as applied to buildings,* London 1899
B. Fletcher, *The London Building Act 1849 and the Amendment Act 1898,* London 1901
B. Fletcher, *Model Houses for the Industrial Classes,* London 1871
C.A. Forster, *Court Housing in Kingston upon Hull,* University of Hull Occasional Papers in Geography, No. 19, Hull 1972
C.A. Forster, "The historical development and present day signficance of byelaw housing morphology, with particular refence to Hull, York and Middlesbrough", PhD Thesis, University of Hull 1969
J. Franklin, *The Gentleman's Country House and its Plan, 1835-1914,* London 1981
M. Gallet, *Paris Domestic Architecture of the 18th Century,* London 1972
S.M. Gaskell, *vide* Crossick, *The Lower Middle Class in Britain 1870-1914*
E. Gauldie, *Cruel Habitations, a History of Working Class Housing,* London 1974
M. Girouard, *Life in the English Country House,* New Haven and London 1978
M. Girouard, *Sweetness and Light, The Queen Anne Movement 1860-1900,* Oxford 1977
M. Girouard, *The Victorian Country House,* Oxford 1971
M. Girouard, *Victorian Pubs,* London 1975
J. Gloag, *Victorian Comfort, A Social History of Design from 1830-1900,* London 1961
Glossarium Artis, Deutsch-Französisch-englisches Definitionswörterbuch zur Kunst, eds. R. Huber and R. Rieth, Tübingen 1973, in progress
W. Goldstraw, *A Manual of Building Regulations in Force in the City of Liverpool,* Liverpool 1902
E. Gombrich, *The Sense of Order, A Study in the Psychology of Decorative Art,* London 1979
A. Gomme, M. Jenner and B. Little, *Bristol, an Architectural History,* London 1979
A.G. Granville, *The Spas of England, and Principal Sea-Bathing places,* London 1841 (reprinted Bath 1971)
G. and W. Grossmith, *Diary of a Nobody,* London 1894
J. Gwynn, *London and Westminster Improved,* London 1766 (reprint Farnborough 1969)
I. and E. Hall, *Georgian Hull,* York 1978/9
H.L. Hamilton, *Household Management for the Labouring Classes,* London 1882
A. Hammond, *Bricklaying,* London 1885
D. Handlin, *The American Home, Architecture and society 1815-1915,* Boston 1979
H.J. Hanham, *Bibliography of British History 1851-1914,* Oxford 1976
P.N. Hasluck, *Cassell's House Decoration,* London 1908
P.N. Hasluck, *Cheap Dwellings, …plan selected from Building World,* London 1905
W. Hazelwood, *House Journals,* London 1963
G. Heller, *Popre en ordre, Habitation et vie domestique 1850-1930: l"example vaudois,* Lausanne 1979
S.S. Hellyer, *The Plumber and Sanitary Houses,* London 1877 and later editons
G.L. Hersey, *High Victorian Gothic, a Study in Associationism,* Balitmore and London 1972
A. Hickmott, *Houses for the People,* London 1897
H.R. Hitchcock, *Early Victorian Architecture in Britain,* New Haven and London 1954
H. Hobhouse, *Thomas Cubitt, Master Builder,* London 1971
R. Hoggart, *the Use of Literacy, Aspects of Working Class Life,* London 1957
J. Hole, *The Homes of the Working Classes,* London 1866
F. Hooper, *The Planning of Town Houses,* Architectural Association Lecture, 1887

R. Huber and R. Rieth, eds., vide Glossarium Artis
K. Hudson, *The Fashionable Stone,* Bath 1971, (on Bath stone)
F.E. Huggett, *Life Below Stairs, Domestic Servants in England from Victorian times,* London 1977
W. Humber, *A Comprehensive Treatise on the Water Supply of Cities and Towns,* London 1876
M. Hunter, *The Victorian Villas of Hackney,* London (The Hackney Society) 1981
D. Iredale, *Discovering This Old House, A Pocket Guide to the History of Your Home,* Tring 1968
W. Ison, *The Georgian Buildings of Bath,* London 1948
A. Jackson, *Semidetached London, Suburban Development, Life and Transport 1900-39,* London 1973
J.T. Jackson, "19th Century Housing in Wigan and St. Helens", *Transactions of the Historical Societies of Lancashire and Cheshire,* Vol. 129, 1979
J.T. Jackson, *Working Class Housing in the 19th Century Great Britain, A Bibliographie,* Vance Bibliographies, Post Office Box 229, Monticello Ill., USA, 1979
K. Jackson, "Working Class Housing and Building in the 19th Century", PhD Thesis, University of Kent 1979
N. Jackson, "The Speculative House in 19th Century London", PhD Thesis, Polytechnic of the South Bank, London 1982
J.G. Jenkins, *A History of the County of Stafford (Victorian County History,* VIII), Oxford 1963
S. Jenkins, *Landlords to London,* London 1975
G.T. Jones, "The London Building Industry 1845-1913", in ed. C. Clark, *Increasing Return,* Cambridge 1933
J.R. Jones, *The Welsh Builders on Merseyside,* Liverpool 1946
P.N. Jones, *Colliery Settlements in the South Wales Coalfield 1850-1926,* University of Hull Occasional Papers in Geography, No. 14, Hull 1969
Karlsruhe, Universität, Fakultät für Architektur, *Die Wohnungsfrage in London, 1840-1970. Materialien zur Entwicklung des sozialen Wohnungsbaus in Engalnd,* 1982
J.R. Kellett, *The Impact of Railways on Victorian Cities,* London 1969
D. Kelsall, "London House Plans", *Post-Medieval Archaeology,* VIII, 1974, pp80-91
Kelly"s/Post Office, *Directory of the Building Trades,* 1870 and subsequent editions
A. Kelly, "A Camouflage Queen by the River. Mrs. Coade at Greenwich", *Country Live,* CLXV, 25. Jan, 1979, pp 244-5
R. Kerr, *The Gentleman"s House,* London 1864 (reprint 1970)
R. Kerr, "Observations on the plan of Dwelling Houses in Towns", *Journal of the Royal Institute of British Architects,* 3rd Series, I, 1894, pp 201-31
A. King, ed., *Buildings and Society, Essays on the Social Development of the Built Environment,* London 1980
F.W. Kingsford, *Building and Building Workers,* London 1973
(Charles) Knight, *Annotated Model Byelaws,* 7th ed., London 1905
H.A.J. Lamb, "Sanitation, An Historical Survey", *The Architect's Journal,* 4 March, 1937
S. Lasdun, *Victorians at Home,* London 1981
H. Laxton, *The Builder's Price Book,* 1826 and later editions
J.P. Lewis, *Building Cycles and Britain's Growth,* London 1965
D. Lindstrum, *West Yorkshire Architects and Architecture,* London 1979
T.H. Lloyd, see Simpson and Lloyd
C. Lockwood, *Bricks and Brownstone, the New York Row House, 1785-1929,* New York 1972
London County Council, *London Housing,* London 1937
J.C. Loudon, *An Encyclopedia of Cottage, Farm and Villa Architecture,* London 1833, and later editions
J.B. Lowe, *Welsh Industrial Workers" Housing 1775-1875,* Cardiff (National Museum of Wales) 1977
R. Lowe, *How our Working People Live,* London c. 1882

J. Lowerson, *Cliftonville, Hove, A Victorian Suburb,* University of Sussex (Centre for Continuing Education) 1977
F.M. Lupton, *Housing Improvement,* Leeds 1906
F.W. Macey, *Specifications in Detail,* 3rd ed. London 1899
F. Maitland, *Building Estates, A Rudimentary Treatise on the development, sale and general management of building land,* London 1883 and later editions
L.W.D. Mair, see official publications
K. Maiwald, "An Index of Building Costs in the UK 1845-1938", *Economic History Review,* 2nd Series, Vol.VII, 1954
Manchester and Salford Sanitary Association; Manchester Society of Architects, *Papers on the Manchester Building Byelaws,* Manchester 1887
Maps, see Ordnance Survey
P.L. Marks, *The Principles of Planning,* London 1901
T.R. Marr, *Housing Conditions in Manchester and Salford,* Manchester and London 1904
J. Marshall & I. Willcox, *The Victorian House,* London 1986
T.J. Maslen, *Suggestions for the Improvement of our Towns and Houses,* London 1843
Mass Observation: "Report by Mass Observation for the Advertising Service Guild", *An Enquiry into People's Homes,* London 1943
H.P. Massey, "Colliery Housing in North West Durham, 1850-1930", BA Architectural Thesis, University of Newcastle, 1976
J.D. Mathews, "The Model Byelaws as a basis of a general building act", *Sess. Papers of the Royal Institute of British Architects,* 1877-8, pp 277-96
W.H. Maxwell, *The Construction of Roads and Streets,* London 1899
J.H. McGovern, *Suggestions for... Laying out Building Estates,* Liverpool 1885
P. Metcalf, *The Park Town Estate and the Battersea Triangel; A Peculiar Piece of Victorian London Property Development and Its Background,* London Topographical Society 1978
G.A.T. Middleton, *Modern Buildings, their Planning, Construction and Equipment,* 6 vols, London c. 1905
Charles F. Mitchell, *Building Construction and Drawing,* 6th ed. London 1902
E.C.S. Moore, *Sanitary Engineering,* London 1901
M. Morton, *Historical Sources in Geography,* London 1979
H.C. Morton, "A Technical Study of Housing in Liverpool, 1760-1938", MA Thesis University of Liverpool, Department of Architecture, 1967 (3 vols).
Michael Müller, *Die Verdrängung des Ornaments; zum Verhältnis von Architektur und Lebenspraxis,* Frankfurt 1977
S.F. Murphy, *Our Homes and How to Make them Healthy,* London 1883
H. Muthesius, *Das englische Haus,* Berlin 1904-5 (*The English House,* London 1979)
H. Muthesius, "Die neuzeitliche Ziegelbauweise in England", *Centralblatt der Bauverwaltung,* 1898, pp 581-3, 593-5, 605-7, 622-3
S. Muthesius, *Das englische Vorbild, Eine Studie zu den deutschen Reformbewegungen in Architektur, Wohnbau und Kunstgewerbe im späteren 19. Jahrhundert,* München 1974
S. Muthesius, *The High Victorian Movement in Architecture 1850-70,* London 1972
S. Muthesius, "Progress Terrace, A re-appraisal of late Victorian and Edwardian Housing", *Architectural Review,* CLXVI, 1979, pp 93-7
S. Muthesius, siehe auch Dixon
R.S. Neale, *Bath 1680-1850, a Social History,* London 1981
R.S. Neale, *Class in English History,* Oxford 1981
J.S. Nettlefold, *Practical Housing,* Letchworth 1908
Newcastle Weekly Chronicle, Extracts, "Our Colliery Villages", 1873 (Newcastle Public Library)
A New System of Domestic Economy founded on modern Discoveries and the private communications of persons of experience, London c. 1820, 1823, 1824, 1825

R.B. Nichol, "Colliery Housing in Ashington and South East Northumberland, 1848-1926", BA Architectural Thesis, University of Newcastle, 1980
P. Nicholson, *Architectural Dictionary,* London 1819 and later editions
P. Nicholson, *The New and Improved Practical Builder and Workman's Companion,* London 1823
L. Niethammer, ed., *Wohnen im Wandel, Beiträge zur Geschichte des Alltages in der bürgerlichen Gesellschaft,* Wuppertal 1979
Notes on Building Construction (Rivington's Series), 3rd ed., London 1896
P. Oliver, I. Davis and I. Bentley, *Dunroamin, the Suburban Semi and its Enemies,* London 1981
D. Olsen, *The Growth of Victorian London,* London 1976
D. Olsen, *Town Planning in London, the 18th and 19th Centuries,* New Haven and London 1964
J. Orbach, *Victorian Architecture in Britain,* London 1988
Ordnance Survey Maps, Die für dieses Buch benutzten Landkarten und Stadtpläne beginnen um 1840 mit "6 inch maps", vor allem im Norden. Für jene Zeit gibt es auch "5 foot plans"für die meisten Städte des Nordens. die ersten Augaben der "25 inch maps"datieren aus den 1870er Jahren und 80er Jahren. Die meisten "10 foot town plans"datieren aus den späten 80er Jahren. Londoner Stadtpläne gibt es: 6 inches, 25 inches und 5 foot.
6 inches to the mile: 1 km = 9.47 cm oder 1 cm = 105.59 m (c. 1:10,000)
25 inches to the mile: 1 km = 39.46 cm oder 1 cm = 25.34 m (c. 1:2,500)
5 feet to the mile: 1 km = 94.70 cm oder 1 cm = 10.55 m (c. 1: 1,000)
10 feet to the mile: 1 km = 189.40 cm oder 1 cm = 5.28 m (c. 1:500)
See J.B. Harley and C.W. Philips, *The Historian's Guide to Ordnance Survey Maps,* London 1964
W. Pain, *The British Palladio; or, Builder's General Assistant,* London 1786
R. Palmer, *The Water Closet, A New History,* Newton Abbot 1973
J.E. Panton, *From Kitchen to Garrett, Hints for young householders,* London 1890
J.W. Papworth, "On Houses as they were, they are and they ought to be", *Journal of the Royal Society of Arts,* 1857, p 317; *The Builder,* 1857, p 220
Vanessa Parker, *The English House in the Nineteenth Century,* Historical Association H.78, 1970
J. Parsons, *Housing by Voluntary Enterprise,* London 1903
M. Pawley, *Home Ownership,* London 1978
Penguin Dictionary of Building (J.S. Scott), Harmondsworth 1964
S. Pepper, *Housing Improvement,* London 1971
J.W. Perkins, A.T. Brooks, A.E. McR. Pearce, *Bath Stone, a Quarry History,* Bath 1979
N. Pevsner, *Europäische Architektur von den Anfängen bis zur Gegenwart,* München 4/ 1978
S. Perks, *Residential Flats of all Classes,* London 1905
P. Peters, *Häuser in Reihen,* München 1973
J. Petsch, *Eigenheim und gute Stube, zur Geschichte des bürgerlichen Wohnens.* Städtebau, Architektur, Einrichtungsstil, Köln 1989
N. Pevsner, *Buildings of England Series,* Harmondsworth, from 1951
W.F. Pickering, "The West Brighton Estate, Hove, A Study in Victorian Urban Development", *Sussex Industrial History,* V, 1972
D. Pilcher, *The Regency Style,* London 1947
G.V. Poore, *The Dwelling House,* London 1897
C.G. Powell, *An Economic History of the British Building Industry, 1815-1979,* London 1980
R.B. Powell, *Housekeeping in the 18th Century,* London 1956
H.E. Priestley, *The English Home,* London 1970
J. Prizeman, *Your House, the Outside View,* London 1975
M. and C.H.B. Quennell, *A History of Everyday Things in England,* London 1959
A. Rapoport, *House Form and Culture,* Englewood Cliffs, N.J. 1969
S. E. Rasmussen, *London, The Unique City,* London 1934

J.R. Ravensdale, *History on your Doorstep,* BBC, London 1982
A. Ravetz, "The Victorian Coal Kitchen and its Reformers", *Victorian Studies,* XI, 1968, pp 435-60
D.A. Reeder, "The politics of urban leaseholds in late Victorian England", *International Review of Social History,* Vol.VI, 1961, pp 413-30
W.G. Rimmer, "Working Men's Cottages in Leeds 1770-1840", *Thoresby Society,* XLVI, 1960, pp 165-99
Rivington's Series, siehe *Notes on Building Construction*
R. Roberts, *The Classic Slum, Salford Life in the first quarter of the century,* Harmondsworth 1971
E.G. Robertson and J. Robertson, *Cast Iron Decoration, A World Survey,* London 1977
W. Robertson and C. Porter, *Sanitary Law and Practice,* London 1905
J.M Robinson, *The Wyatts, An Architectural Dynasty,* Oxford 1979
R. Rodger, *Housing In Urban Britain 1780 1914, Glus Capitalism and Construction,* London 1989
M. Rose, "Dwelling and Ornament in the East End", *Architectural Review,* CIII, 1948, pp 241-6
Royal commission on Historic Monuments, *England. The City of York,* Vol.III, Vol.IV, HMSO, London 1972, 1975
D. Rubinstein, ed., *Victorian Homes,* Newton Abbot 1974 (extracts from nineteenth-century writings)
J.E. Ruch, "Regency Coade", *Architectural History,* 1968, pp 34-56
A. Saint, *Richard Norman Shaw,* New Haven and London 1976
S.B. Saul, "House Building in England 1890-1914", *Economic History Review,* Second Series, XV, 1962-3, pp 119-37
A. Saunders, *Regent's Park,* Newton Abbot 1969
A. Sayle, *The House of the Workers,* London 1924
Science Museum, London: Domestic Appliances Gallery, *Catalogue,* n.d..
G.G. Scott, *Remarks on Secular and Domestic Architecture,* London 1858
J.S. Scott, siehe *Penguin Dictionary of Building*
J. Seabrook, *The Unprivileged, A hundred years of family life and tradition in a working class street,* London 1967
A.R. Sennett, *Garden Cities in Theory and Practice,* London 1905
A. Service, *Edwardian Architecture,* London 1967
F.H.W. Sheppard, siehe *Survey of London*
S.M. Sigsworth, "The Home Boom of the 1890s", *Yorkshire Bulletin,* XVII (I), 1965
J.D. Simon, *The House-Owner's Estimator, or "What will it cost to build, alter, or repair?",* London 1875
M.A. Simpson and T.H. Lloyd, *Middle Class Housing in Britain,* Newton Abbot 1977 (R. Newton, Exeter; M.A. Simpson Glasgow; F.M.L. Thompson, Hamstead; T.H. Lloyd, Leamington; K.C. Edwards, Nottingham; J.N. Tarn, Sheffield)
M. Smets, *L'avènement de la cité jardin en Belgique,* Liège c. 1976
G.L. Soliday, *History of Family and Kinship, an International Bibliography,* New York 1980
Spon's *Household Manual,* London 1891
F. Stacpoole, *Handbook of Housekeeping for small Incomes,* London 1898
D. Stephenson. "Balcony Railings in Kent", *Archeologia Cantiana,* LXXXVI, 1971, pp 173-91
J.J. Stevenson, *House Architecture,* 2 vols., London 1880
D. Stroud, *The South Kensington Estate of Henry Smith's Charity,* London (The Trustees of Henry Smith's Charity) 1975
J. Stübben, *Der Städtebau,* 3rd ed., Leipzig 1924 (*Handbuch der Architektur,* IV, 9)
J. Summerson, *Architecture in Britain 1530-1830,* Harmondsworth 1953
J. Summerson, *The Classical Language of Architecture,* new ed. London 1980
J. Summerson, *Georgian London,* London 1945
J. Summerson, *The Life and Work of John Nash,* London 1980
J. Summerson, *The London Building World of the Eighteen-Sixties,* London 1973

Survey of London, General Editor F.H.W. Sheppard: XXXVII, *Northern Kensington*, London 1973; XXXVIII, *The Museum Area of South Kensington and Westminster*, London 1975; XXXIX, XL, *The Grosvenor Estate in Mayfair*, London 1980

*The Surveyor, Engineer and Architect (*article on Lowndes Square*), 2nd Series*, 1841, pp 154-5, 169-70, 198-201

A. Sutcliffe, *Multistorey Living, the British Working Class Experience*, London 1974

A. Sutcliffe, "Working-Class Housing in Nineteenth Century Britain: A Review of Recent Research", *Bulletin, Society for the Study of Labour History*, 1972, No. 24, pp 40-51

G.L. Sutcliffe, *Modern Plumbing and Sanitary Engineering*, London 1907

G.L. Sutcliffe, *Principles and Practice of Modern House Construction*, London 1899

E.L. Tarbuck, *Encyclopedia of Practical Carpentry and Joinery*, Leipzig and London c. 1860

J.N. Tarn, *5 per cent Philanthropy, An Account of Houses in Urban Areas 1840-1914*, Cambridge 1975

J.N. Tarn, "Some Pioneering Suburban Housing Estates (London)", *Architectural Review*, Vol. 143, 1968, pp 367-70

J.N. Tarn, *Working Class Housing in 19th Century Britain*, London 1971

I.C. Taylor, "The Court and Cellar Dwelling, 18th Century Origins of the Liverpool Slum", *Transactions of the Historical Societies of Lancashire and Cheshire*, Vol. 122, 1970, pp 67-91

I. and J. Taylor, *Builders" Price Book*, London editions 1776, 1787, 1794, 1810, 1813

N. Taylor, *The Village in the City*, London 1973

T.P. Teale, *Dangers to Health, A Pictorial Guide to Domestic Sanitary Defects*, London 1879

T.P. Teale, *A Discourse on the Principles of Domestic Fireplace Construction*, Lecture delivered to the Royal Institution, London 1886

F.M.L. Thompson, *Hampstead, Building a Borough, 1650-1964*, London 1974

F.M.L. Thompson, (Hg.), *The Rise of Suburbia*, Leicester 1982

P. Thompson, *The Edwardians*, London 1977

W. Thompson, *The Housing Handbook*, London 1903

J.G. Timmins, *Handloom Weavers" Cottages in Central Lancashire*, Centre for North West Regional Studies, University of Lancaster, Occasional Papers No. 3, 1977

G. Toplis, "Urban Classicism in Decline"(on Tyburnia, London), *Country Life*, 15, 22 Nov. 1973, pp 1526-8, 1708-10

T. Tredgold, *Elementary Principles of Carpentry*, London 1840 and later editions

L. Turnbull and S. Womack, *Home Sweet Home, A Look at Housing in the North East from 1800 to 1977*, Gateshead Metropolitan Borough Council Department of Education Local Studies Series (ed. L. Turnbull), c. 1978

A. Ure, *A Dictionary of Arts, Manufactures and Mines*, London 1839

T.B. Veblen, *The Theory of the Leisure Class*, New York 1899

Victorian County History, Staffordshire, siehe Jenkins

M.C. Wadhams, "Witham Housing 1550-1880", *Post-Medieval Archeology*, VI, 1972

R. Wagner-Rieger and M. Reissberger, *Theophil von Hansen*, Wiesbaden 1980

J.H. Walsh, *A Manual of Domestic Economy, suited to Families spending from £ 100-, 1,000 p.a.*, London 1857, 1889

I. Ware, *A Complete Body of Architecture*, London 1756

M. Ware, *A Handy Book of Sanitary Law*, London (Society of Arts and Manufactures) 1866

E. Warren, *A young Wife's perplexities with Hints on the training and instruction of young servants*, London 1886

B. Weber, "A New Index of Residential Construction and Long Cycles in House Building in Great Britain 1838-1950" *Scottish Journal of Political Economy*, II, 1955, pp 104-32

T. Webster and Mrs. W. Parkes, *An Encyclopedia of Domestic Economy*, London 1844

B. Weinreb Architectural Books Ltd, *The Small English House, A Catalogue of Books*, London 1977

J. White, *Rothschild Buildings: Life in an East End Tenement Block 1887-1920*, London 1980

W.H. White, "Middle Class Houses in Paris and Central London", *Sessional Papers of the Royal Institute of British Architects*, 1877-8, pp 21-65

J.W.R. Whitehand, "Building Activity and intensity of development at the urban fringe: London Suburbs in the 19th Century", *Journal of Historical Geography*, I, 1975, pp 211-24

J.W.R. Whitehand (ed.), *The Urban Landscape, Historical Development and Management* (Papers by M.R.G. Conzen), London 1981

N. Whittaker, *The House and Cottage Handbook*, Durham (Civic Trust for the North East) 1977

L. Wilkes, *John Dobson*, London 1980

L. Wilkes and G. Dodds, *Tynside Classical*, London 1964

J.A. Williams, *Building and Builders*, London 1968

F.G. Wilmott, *Bricks and Brickies*, Rainham (Kent) 1972 (on brick making in Kent)

John Wood the Younger, *A Series of Plans for Habitations for the Labourer, adapted as well to towns as to the country*, 1781

J. Woodforde, *Bricks to Build a House*, London 1976

J. Woodforde, *Georgian Houses for All*, London 1978

H. Woolmer, "Low-rise or High-rise, A 19th Century Argument renewed", *Town and Country Planning*, Vol. 37, 1969, pp 567-71

S. Worden, "Furniture for the Living Room. An Investigation of the Interaction between Society, Industry and Design in Britain from 1919 to 1939". PhD Thesis, Brighton Polytechnic 1980

F. Worsdall, *The Tenement, A Way of Life, A social, historical and architectural study of housing in Glasgow*, London 1979

T.L. Worthington, *The Dwellings of the Poor and Weekly Wage Earners in and around Towns*, London 1893

L. Wright, "Dublin", *Architectural Review*, CLVI, 1974, pp 325-30

L. Wright, *Clean and Decent, the Fascinating History of the Bathroom and the WC*, London 1960

L. Wright, *Home Fires Burning, the History of Domestic Heating and Cooking*, London 1964

L. Wright, *Warm and Snug, A History of the Bed*, London 1962

P. Wyld, siehe Cruickshank and Wyld

D. Yarwood, *The British Kitchen*, London 1981

Register

Aberaman, *194*
Abfall, *57*, 57, 71
Accrington, 203, 213, 239
Adam, J., 222, 250
Adam, R. *15*, 45, 86, 148, 216, 222, 231, 252
Adderley Park Co., 260
Aesthetic Movement, s. Stil
Akroyd, Colonel, 117, 242
Akroydon, 56, 123
Aldin, C., 22, 253
Allen, C. B., 240
Alverstoke, 161
Amerika, 29, 55, 259, 264
Anbau, rückwärtiger, s. Back extension
Angestellte, s. Personal
Anstrich, s. Farbe
Arbeiten und Wohnen, 1, 15, 32, 38f, 45, 68, 104, 139f, 248
Arbeiter, -häuser, -klasse, 3f, 11, 21f, 34, 36f, 42ff, 51, 56, 60f, 101, 104, 107f, 139, 142, 196f, 236, 240
Area,(Fläche zwischen Fassade und Straße), 34, 88ff, 145, *156*, 174, 225
Arlesey, 208, 219
Arts and Crafts Movement, s. Stil
Ascheimer, Mülleimer, Aschenbehälter 57, 97, 127, 144
Ashington, 130, 266
Ashlar, *202*
Ashton under Lyne, 19, 115
Ashworth, H. und E., 56, 123, *128*, 264
Aspdin, J., 216
Aspect und Prospect, 49f, 148
Astylar, s. Stil
Atkinson, W., 216
Attika, s. Balustrade
Auslucht, Erker (Fenster), s. a. Bay und Bow, 76, 89, 174ff
Avenues, 98, 112 s.a. Straße
Aylesford, 208

Back extension, rückwärtiger Anbau, 6, 48, 78, 81, 86f, 89f, *90*, *93*, *95f*, 97, 137ff, 141, 144
Back-to-Back (Rücken-an-Rücken-Haus), 3, 5, 36, 45, 48, 60, 63, 76, 101, 106ff, 112f, *116ff*, 123, 130, 139ff, 262f
Backstein, 4, 28f, 64, 65, *83*, *188*, *190*, 204ff, *207*, *209*, 221, 226f, 238f, 244f, 263, 264, 267
    Clamp bricks, 208, 209
    Staffordshire, 73, 213, 221, 265
    Dutch clinker, 213
    Fireclay/Schamott, 219
    Fletton, 28f, 208, 210f, 213, 263
    Gauged, gaged, guaged, 65, 206, 209f, 213, 238, 253
    Gault, *188*, 208f
    Gepreßter B., *212*, 213, 221, *246*, 247
    Hoffmann Ziegelofen, 28, 213
    Kiln (Brennofen), 209
    Malm, 208, *226*, 238
    Purple, 210, 239
    Ruabon, 213, 215, 219ff, 239
    Schneidstein, s. gauged
    Steuer, 30, 210
    Stocks, 208, *226*, 238
    Suffolk White, 208f
    Verband, 65, 206
    Wire-cut, 213
Bad, 55f, *60f*, 62, 100, 137
Bakewell, R. S., 213
Baldwin, T., 161
Balkon, 73, 172f, *176*, s. a. Veranda
Balustrade, Brüstung, Attika, 60, 183, 197
Barbon, N., 22
Barrow Hill, 115, *195*
Barrow in Furness, 19, 57, 61, 71, *129*, 130, 138
Barry und Smith, 35, 63, 122
Barry, Sir C., 231, 236
Basement (Souterrain), 6, 44, 46, *53*, 76f, 88ff, 109, 117, 130, 138, 183
Basevi, G., 167
Bath, *6*, 12, 13f, 19, 29, 148, *158f*, 161, 174, 200, 244, 265
Baudichte, 3f, 145
Baufluchtlinie, 5, 11, 32, 71, 253
Baufinanzierung, 18
Bauhandwerk, 27f, 252
Baukosten, 4, 18, 21, 28, 30, 33, *94*, 135, 239,
    -Voranschlag, 27, 31, 33
Bauland, 4, 20, 23f, 198
Baustoff, 199ff, *224*, -händler, 30, 252
Bausubstanz, 32, 63f
Bauunternehmer (builders), 5, 27ff, 251ff
Bauvorschriften, 5, 22, 31ff, 53, 58f, 63f, 71, 74, 101, 104, 112, 115, 122, 126f, 130, 135f, 141, 197, 252, 262f, 264f, s. a. Byelaw
Bay und Bow, Auslucht, bzw. Erker (fenster), *46*, 49, 156, 174ff, 183, 198ff, 204, 225, 232f
Beamish, *61*, *102*, 103
Beard, R., 208, 219
Bedford, 213
Bedford, Dukes und Earls of, 5, 12, 19, 32f
Bedfordshire, 29, 210, 263
Bedlington, *56*, 71, *105*
Beeton, Mrs., *38ff*
Bel e'tage, s. Repräsentationsräume
Belfast, 48
Belgien, 65, 264
Beresford, W. M., 117
Beresford-Hope, A. J., 249
Bergarbeiterhäuser, 7, 17, *56*, 62, 71, *102f*, 142, 265f
Berkshire, 209
Berlin, 4, 122, 256
Bevölkerungsstatistik, s. Statistik
Birkenhead, 19, 109, 167, *212*, 233
Birmingham, 3, 18, 21, 34, 38, 71, 76, 88, 102, 107ff, *110*, 112ff, 123, 139, *195*, 198, 204, 213, *214*, 217, 219, 225, 260, 263
Black Hill, 103
Blackburn, 140, 204
Blackburne, E. L., *205*, 252
Blackpool, 176
Blake, C. H., 21
Blanchards, 220
Blashfields, 220
Blei, 50, 67, 225
Boldon Colliery, 106
Bolton, 56, 108, 123, *126*, 138, 239, s. a. Egerton
Booth, C., 63, 254
Bostel, D. T. 58
Boswell, J., 55
Bournemouth, 229, 249
Bowmaker, 101
Bracknell, 209
Bradford, 73, 76, 115, 117, *120*, 122, 167, 172, 196
Bradley, R., 260
Bramah, J., 57
Braithwaite, 261
Brandmauer, s. Party Wall
Bremen, 14
Bricklayers-Union, *207*
Bridgewater, 213
Brighton, 18f, 21f, *25*, 33f, 39, 44, *47*, 51, 73, 76, 85ff, 100, *153ff*, 156, 161, 174, 176, *182*, 191, 210, 217, 219, *223*, 225, 229, 231, 234, 237, 242f, 249, 259f, 263, 268f
Bristol, 12, 16, 19, 44, 66, 71, 79, 86f, 89, 97, 106, 148, *160*, 161, 172, 181f, 191, 197, 200f, 206, 213, 217, 229, 235, 238, 264
    All Saints Road, *201*
    Back extension, 89
    Baufluchtlinie, 181
    Byron Place, *182*, 183
    Cornwallis Crescent, *160*
    Coronation Road, *184*
    Cotham Brow, 181, *182*
    Downleaze, *185*
    Granby Hill, *182*
    Lansdowne Place, 160
    Lansdowne Road, 261
    Lower Redland Road, *201*
    Manilla Road, 220
    Rockleaze, 203, 260

Royal Colonnade, 161
Royal Promenade, 167, 172, 232
Royal York Crescent, *160*, 161
Stein, 200f
Victoria Square West, 167, *171*, 172
Vyvyan Terrace, 161, 172
Wellington Park, 260
Windsor Terrace, *194* Windsor Terrace, *160*
Woodbury Lane, 86
Worcester Road, *205*
Worcester Terrace, *161*, 172
British Land Company (London), 24
Britton, J., 78
Broadbent, 30
Brown, J., 219
Brown, J., of Grimsby, 261
Bruchstein, s. Stein
Brummel, Beau 55
Brüssel, 14
Bryan, D., 184
Buckton, Mrs., 58, 137
Burges, W., 203, 247
Burne-Jones, E., 247
Burnley, 18, 61, *131*, 138, 203, 239
Burton on Trent, 99
Burton, D., 156, 161
Burton, J., 156
Bury, Lancashire, 123, 196
Butler, 44, 54, s. a. Personal
Butterfield, W., 233, 243, 255
Buxton, 13
Byelaw -Haus, -Straße, 35f, 71, 97, 104, 112, 197

Cadbury, G., 76
Calder, J., 243
Cambridge, *192*, 196, 205, 209, 215, 239, 247
Cannadine, D., 26
Cap Coch, *205*
Cardiff, 29, 30, 76, 97, 99, 170, *186*, *188f*, 191, 200ff, *203*, 213, 220, 233, 238, *246*, 255, 260, 264
Carlisle, 130, 176, 181, 196, 200, 260
Carpenter, H.L., 232
Carr, J., 13
Carron, Co., 222f
Cattybrook, 210
Chamberlain, H., 213
Charles I, 12
Chatham, 14, 64, 217, 259
Cheltenham, 22, 70, 74, 161, *162f*, 167, 168, *177*, *180*, 183, 196, 217, 222, *223*, 231f, 250, 259, 263
Cheshire, 123, 141
Cleethorpes, 262
Clifton, s. Bristol
Clifton-Taylor, 222
Cliftonville, s. Brighton, Margate
Coade (-Stein), 29, 219, 265
Coalbrookdale Co., 225
Cobbett, W., 52

Colchester, 74
Collier, S. und E., 210
Combinded-front-entrance Haus, *102*, 115
Consett, 106, 203, *203*
Copley, 117
Cost of Living Report, 17, 48, 56, 99, 104, 123, 203, 240
Cottage flats, 11, 99, *134f*, 135f, *166*, 203, 240, 249
Cottage Stil,(– Ornée), 176, 229, 234, 242, 247f
Cottage, 48, *77*, 99, 103f, 106, 140, 203, 244, 258
Cottingham, L. N., 225, 252
Coulter of Batley, 260
Courts, s. Hofanlagen
Coventry, 38, 109, 259f
Craven, W., 260
Cromer, *23*
Cubitt, L., 172
Cubitt, T., 21f, 27ff, 56, 167, *169*, 170, 172, 208, 217, 219, 251, 264
Cummings, A., 57
Cundy Familie, 251, 260
D'Aeth, F. G., 43
D'Aviler, A. C., 68
Dach, 12, 64f, 89f, 229
 -geschoß, 107
Konstruktion, 65f, *91*, 100, 176
M-roof, 66, 91
Ornamentik, 221f
Regenrinne, 66, 225
Schiefer, 29, 65, 222, 239
First, 52, 183
Traufe, *66*, 66f, 183, 229
 -ziegel, 221f, 239
Darlington, 57, *57*, 104, 130, 229
Derby, 115
Derbyshire, 203
Deutschland, 1, 5, 20, 55, 63, 122, 222
Developer, (Spekulant, Bauunternehmer), 5, 19, 56, 71, s. a. Estates
Devonshire, Dukes of, 19, 100
Dickens, C, 42
Distrikt Surveyor, 34
Dobson, J., 172, 232, 252, 260, 267
Domestic Revival, s. Stil
Doncaster, 200
Doppelhaus, s. Semi-detached-Haus
Double-fronted-Haus 79ff, *87*, 104, 106, 176, *185*
Doulton Col, 57f, 220
Dover, *157*, 161, 170, 219, 259
Drainage, 35, *57*, 58, *59*, 71
Drawing room, 12, 45f, *47*, 78, 143, 183
Dresser, C., 233
Dublin, 267
Dudley, J., 240
Dückershoff, 73
Durham, County, s. Bergarbeiterhäuser
Dyce, W., 243
Dyos, H., 19, 236

Victorian, s. Stil
Easington, *103*
East Anglia, 18, 74, 213, 239
Eastbourne, *85*, 86, 161, 172, 176, 217
Eastlake, C. L., 247, 252
Ebbw Vale, 263
Eberstadt, R., 1, 17, 34, 122
Edwardian, s. Stil
Egerton, 123, *128*
Eingang(-stür) 11, 70f, 74, 78, 86, 107, 115, 137, 144, *188*, *228*, *255*; Hintereingang, 56, 72f, 115; äußere Anlage, Vorbau, 174, *178*, *188f*, *224*, 234
Elizabethan s. Stil
Elmes, J., 13, 231
Elsam, R., 29, 58, 181, 221, s. a. Nicholson
Energie, 51, 57
Erker (Oriel), 174f, *186*, s. a Auslucht
Essex, 64
Estate agent, s. Makler
Estate, Land- Gutsbesitz, städtische Häuser oder Siedlungen Bauentwicklung, 1, 3f, 14, 17, 19ff, *23*, 38, 68f, 236
Etagenwohnung, s. Wohnung
Europa (ohne GB), 1, 3, 5, 52f, 59, 73, 143, 145, 234, 236, 262
Evangelical Movement, 42, 247
Exeter, 148, 161, 232, 267

Fachwerk, s. Holz
Familie, 39ff, 139, 141, 145, 262, 266
Farbe, Anstrich, 29, 32, 149, 200, 208, 210, 220, 238, 240, 244, 266
Fareham, 209
Fassade, 7, 12ff, 147ff, 170ff, 196ff, 247, 249
Felixstowe, 264
Fenster, 49ff, 100, 146, 181, 231, 238f, 254, s. a. Bay, Bow
 Anordnung in der Fassade, 176f, 238, 245
 Fenster-, bzw. Glassteuer, 49, 174
 Schiebefenster, 49, 196, 239
 Fensterladen, 50, 247
Feuersicherheit, 49, 66f, 216
Flat, s. Wohnung
Fletcher, B., 51, 76, 137, *136*, 240, 248, 252
Fliesen, s. Ziegel
Flur, s. Korridor
Fokestone, 161, 200
Formteile, serienmäßige, 231, 238
Foster, Familie, *171*, 251, 260
Foster, C.A., 112
Franklin, 45
Frankreich, 12ff, 27, 65, 204, 231f, 253, 262
Freake, C.J., 22
Freehold Movement, 18
Freehold (Übereignung), 4, 21, 31
Frühstückszimmer, 45f, 97
Fugen, 220ff

Gaged, s. Backstein
Garten, 7, 72, 74f, *77*, 78, 109, 191, 248, Vorgarten, 32, 76, 161, s.a. Area
Gartenstadt, 145, 256

Gas, 48, 51, *53*, 72, 264
Gasthaus, s. Pub
Gateshead, 48, 106, 130, *133*, 135
Gauged, s. Backstein
Genius loci, 148, s. a. Aspect und Prospect
Georgian Revival, s. Stil
Georgian, s. Stil
Gesellschaft, s. Klassenhierarchie
Gesims, 12f, 230, 232
Gesundheit, 34f, 49ff, 62f, 71, 135, 145, 148, s. a. Sanitärtechnik
Giant Order, s. Kolossalordnung
Gibbs und Canning, 220
Giebel, s. Dach
Gillingham, 33
Gimson, E., 199
Girouard, M., 45, 237, 243
Glas, 49, 254
Glasgow, 256
Godwin, E. W., 55, 203, 248, 254
Goldsmith, Sir J.L., 156
Gombrich, Sir E., 243
Goole, 112
Gosport, 161
Gothic, s. Stil
Graham, J.G., 260
Grainger, R., 161
Grangetown, bei Middlesbrough, 19
Grantham, 115, 200
Gravesend, 259
Great Yarmouth, 32, 68, 74, 106, 112, *114*, 141, *226*
Grimsby, 112, 225
Gripper, E., 213
Grosvenor Familie, 19, 22, 167, 251, 267
Guaged, s. Backstein
Gunton, 260

Haarlem, 14
Hafenstadt, 112, 141
Half-hall-entrance-Haus, *92*, *94*, 97
Halifax, 71, 107, 115, *121*, 123, 240, 263
Hall, J., 21
Hall-entrance-Haus, 42, *47*, 86, 97, Non-hall-entrance-Haus, 92
Halle, Diele, 145, 247
Hammond, A., 252
Hampshire, 209
Harrogate, 89, 170, 176, 203, *205*, 229, 239, 259
Hartlepool, 106, 130, 229
Harvey, W. and J. T., 260
Harwich, 90, 216
Hastings, 170, 176, 217, 219, *223*, 232, 261, s. a. St. Leonards
Haswell, 103
Hausbau, spekulativer, 5, 19f, 36f, 68, 141, 235, 251, 253ff, s. a. Estate und Developer
Hauseigentum, 3, 5, 17f 33, 145, 256
Hausglocke, 54
Haweis, Mrs. 244
Hawthorne, N., 249

Hebden Bridge, 107
Heizung, 52f, *60*, 62, 263, 267, s. a. Gas, Wasser
  Kohle, 74, 88, 97, 138
Hellyer, S., 57
Herd, Ofen, 53, *54*, 62
Herne Bay, 232
Hetton le Hole, *102*, 103
Hetton on the Wall, 260
Heywood, Lancs. 261
High Victorian Gothic, s. Stil
Hobrecht, J. 256
Hofanlagen, 3, 60, 72, 76 89, 99, 107ff, *110*, 112ff, 126, *127ff*, 137ff, 142, 191
Hoggart, R., 138f
Holbrook, *77*
Hole, J., 27, 31, 48, 58, 71, 117, 122, 213, 232, 237, 258
Holland, 4f, 14, 49, 64, 137, 217, 221, 264f
Holland, H., 174
Holz, 28f, 64ff, 200, 209, 215, 221, 225ff, *228*, 234, 238, 242, 253

  Fachwerk, 176, 191, 229, 234
  Zimmermann, 30, 251, 263, 266f
Hooper, F., 79
Hope, T., 233
Horsfall, T., 256
Huddersfield, 117, 203, *203*, 239
Hull, 29, 76, 89, *98*, *110*, 112ff, 123, 140f, 148, 222, 225, *228*, 229, 264
Humfrey, W. B., 23f
Humpheron, D.T., 58
Hyde, Cheshire, 141
Hygiene, s. Sanitärtechnik

Industrialisierung, Auswirkungen auf den Hausbau, 3, 38, 101, s. a. Arbeit und Wohnen
Investoren, 20
Ipswich, 20, 88, 209f, 225, 264
Irland, 249
Isle of Sheppey, 216
Italian, s. Stil
Italien, 12

Jackson, G. & Sons, 217
Jackson, S., 260
Jackson, W., 22
Jalousie, *50*
Japan, s. Stil
Jarrow, 40, 104, 106
Jearrad, Brothers, 22, *163*, 167
Johnson, J., 216
Johnston, 172, 260
Jones, C., 12
Jones, I., 12
Jones, O., 233, 243

Kalk, 63, 216, 220
Kamin, (auch Schornstein), 35, 42, 51ff, *52*, 176, 247, 267
Kanalisation, 20, 28, 56f, *57*, 60, 138

Keighley, *116*, 117
Kelk, J., *171*, 259
Keller, 88f, 109, 117, 130
  Kellerwohnung, 3, 34, 109, 266f
Kelly, 29
Kelsall, F., 262
Kemp, T. R., 22, *152*, 156, 231
Kent, 64, 209, 266f
Kerr, R., 45, 146, 235, 254
Kibblesworth, 264
Kidderminster, 56, 109
Kiesbewurf, 219
Kinder, 43, 48, 78, 139, 247
Klassenhierarchie von Haus und Gesellschaft, 3, 6f, 21, 26, 32ff, 40, *41*, 43, 48, 60, *81ff*, 139, 144, 236ff, 243, 249, 262f, 266f
Klassizismus, s. Stil
Königshaus, 6, 14, 22
Knowles, J., 219, 232
Kohle, s. Heizung
Kolossalordnung, 12, 172, 231
Konjunkturzyklen, s. Building cycles, 18, 20
Korridor, (auch "hall") 64f, 86, 99. 135, 138, 140, 198
Küche, 45f, *53*, *60f*, 81, 87f, 100, 271
  Wohnküche, 42, 48, 61, 123, s. a. Scullery

Laden, 3, 38, 68, 106, 174
Lage, Aussicht, s. Aspect und Prospect
Lancashire, 36, 38, 106, 123ff, 130, 137f, 140f, 203, 213, 262, 267
Landbesitzer, s. Estate
Landhaus, 42, 78, 233, 247, 249, s. a. Cottage
Landschaft, 49, 147
Lärmschutz, 65
Lawrence & Co., 260
Laxton, (W.), 29
Leadgate, 62
Leamington Spa, 22, 76, 89, *156*, 161, *168*, *193*, 196, 225, 249, *250*, 266
Leasehold (Verpachtung), 3f, 19, 21, 31f
Leeds, 18, 48, 60, 88, 106f, 115f, *118f*, *121f*, 122, 140f, 148, 200, 213, 237, 240, 258, 263, 265f
Leicester, 29, *85*, 89, 137, 172, 200, 213, *215*, 219, 225, 259
Leverton, T., 156
Liardet, 216
Licht, 51f
Lincoln, 76, 115, 225, 261
Lindley, W., 55
Lisenen, *210*
Liverpool, 3, 18, 21f, 29, 34, 39, 56f, *59*, 61, 71, 76, 106ff, *110f*, 112, 123, *127*, 130, *131*, 141, 148, 172, *180*, *185*, *212*, 219, 238, 261, 263, 264f 267
  Backstein, 215, 219, 239
  Höfe, 3, 107, 109
Living room, 45, 146, 267
Llandudno, 161, 174

Register 271

London 5f, 12, 14, 18, 20, 28f, 32f, 46, 56, 59, 63f, 73, 144f, 148, 161, 167, 174, 181, 221, 230ff, 243, 262f
Adelphi 14, *15*, 148, 222
Albert Houses, Queens Gate, 5, 43, *84*, 253, 259
Altenburg Gardens, *177*
Antill Road, E3, *91*
Apollo Buildings, SW1, 259
Arbeiterhäuser, 21, 106f, *108*, 134f, *138*, 138, *166*
Backstein, *80*, *188*, 206f, 219, *226*, 239
Barkston Gardens, 78
Battersea, 265
Bayswater, *164f*, 167
Bedford Estate, Bloomsbury, 7, *9*, 19, 32, 68
Bedford House, 7, *9*
Bedford Park, 248
Bedford Place, WC1, *7*, *9*, 14, 208
Bedford Square, *2*, 7, *8*, 170, 220
Belgrave Mansions, Grosvenor SW1, 250
Belgrave Square, 81, 167, *169*, 172
Belgravia, 19, 22, 43, 56, 73, *164*, 217
Berkeley Crescent, 260
Bethel Place, SE1, *108*
Bishof von London, Estate, 19, 167
Bloomfield Crescent, Paddington, 164
Bloomsbury Square, 8f
Bloomsbury, *8*, 16, 19, 217
Brecknock Road, *184*
Brixton, 191
Buckingham Palace, 13
Cadogan Estate, Chelsea, 19
Camberwell, 264
Cambridge Gate Terrace, 156, 242
Carlton House Terrace, Hall Mall, 7, 81, 148, *149*
Cecil Road N10, *90*, *96*
Chandos Road E15, *245*
Chelsea, 19
Church Crescent N10, 259
Clapham Common Terraces (Nordseite), 219, 232
Clapton Passage E5, *257*
Coleman Road SE5, *184*
Connaught Place W2, 76
Cordova Road, E3, *90*
Covent Garden Piazza, 12f, *13*
Crown Estates (Estates der Krone), 19, 22, 156
Crownfield Estate, Stratford, 260
Crystal Palace, 50
Cumberland Street SW1, *216*
Earls Court, 44, 78, 86
Eaton Mews, Nord, *72*
Eaton Place, *72*, *164*, 167, *169*
Eaton Square, 89, *164*, 167
Eccleston Square, 167
Elmstead Road, Ilford, *90*, *96*
Euston, 68
Exhibition Road, 81
Eyre Estate, 249
Figs Mead Estate, 32
Finsbury Circus, *164*, 167
Frome Road N22, 260
Georgianische Häuser, 2, 12ff, *15*, 20, 43, 53, 56, 66, 72, 76, *82f*, 89f, *90*, 170, 176
Gesetze, 33f, 53, 60, 64, *82f*
Gloucester Terrace W2, 174
Grand Parade, 68
Grantbridge Road, 170
Green Lanes, 68, *69*
Grosvenor Gardens, 176, 250
Grosvenor Square, 7, 26, 45, 86, 267
Hackney, 191, *257*
Hampstead, 266
Hampton Road E7, 81
Harrington Gardens, 78, *80*, 86
Hausklassen, 33, 43, 65, *81f*, 86, 91, 181
Hayday Road E16, *135*
Holborn, 51, 68
Hyde Park Gardens, 81, 156, *164*, 167, 260
Ilford, 18, *90*, *96*, 242, 259
Islington, 164, 181
Islington Park Street N1, *90*
Kelly Street, Camden, 196
Kensington, 14, 16, 44, 51, 78, 176
Kensington Estate, 261
Kilburn, 191
Ladbroke Estate, 19, 22, 78, 156, *164*, 167
Ladbroke Square, 78
Lancaster Gate, 81, 86, 156, *171*, 172
Lansdowne Road, W11, 261
Longcroft Road SE9, *134*
Lowndes Square, 172
Matham Grove SE22, *226*
Mayfair, 19
Metropolitan Board of Works, 56
Mile End, 107
Milner Square, 172
Morton Road N1, 87
Muswell Hill, *96*, 97, 191, 219, 234
Nansen Road SW11, *188*
Nassau Road, Barnes, 259
Noel Park, 1, 18, 51, *95*, 238
Norfolk Crescent, *164*
Norfolk Estate (Strand), 231
North Kensington, 19, 20f, 78, 261, 267
Northdown Street, *7*, *169*, 170
Paddington, 19, 44, *75*, 78, *164*, *165*, 167, 172
Paragon, *164*
Peckham, 191
Percy Circus, *164*, 167
Pimlico, 19, 22, 56, 167, 170, 217
Plaistow, *94*
Polygon, *164*, 167f
Portland Estate, 63, 74, 242
Prince Albert Road, 232
Princes Gate, 81, 172
Queens Gate Place, 208
Queens Gate, 78, 81, 172, 242, 249, s. a. Albert Houses
Quicksand Street, 106
Regent Street, 19, 22, 148, 156, 216
Regent's Park und Terraces, 13f, 16, 19, 22, 68, 76, 148, *150f*, 156, *165*, 170, 172, 216, 231, 266
Riversdale Road N5, *184*
Rotherfield Street, 261
Royal Crescent, *164*, 170
Shrubland Road E8, 259
Sloane Gardens, *175*
South Kensington, 43, 81, *84*, 266
St. Marybone, 19
Stanley Gardens W11, *164*, 167
Stapleton Hall Road, N4, 261
Stepney Green, 259
Stepney, 107
Sussex Place, 156
Sussex Square, 74, *164*, 167
Swete Street, E13
Thornhill Crescent, *164*, 170
Tollington Park, 261
Tyburnia, 62, *165*, 167, 267
Upper Tollington Park, 233
Victoria and Albert Cottages, 137
Victoria Park Road, E9, 260
Walthamstow, E17, 24, *134*
Waltworth, *164*
Warner Estates, Walthamstow, *134*
Warwick Square, 167, 170
Westbourne Terrace, 167
Westport Street E1, *192*
Wharton Street WC1, *177*
Woodberry Crescent N10, *189*
Standardtypen:
19. Jahrhundert, (Frühes bis Mitte) *66*, 72, *75*, *81f*, 86f, *87*, *90*, *149ff*, *164ff*, *169*, 170ff, 174, 176, *192*, 208, *216*
19. Jahrhundert, (Spätes) 24, *69*, *90*, 91, 97, 181f, *184*, *188f*, 191, 198, *226*, 240
20. Jahrhundert, *90*, *96*, 234, 244
Loudon, J. C., 230
Lowe, J.B., 71, 101
Lower Altofts, 5
Lowestoft, *171*, 172, 209f, 239, 249
Lucas, G. T., 209, 261
Lupton, F.M., 122
Luscombe, 201
Luton, 39, 210, 221, 227, 239, 244

Macclesfield, 18, 115, 130, *218*
Macfarlane Co., 225
Maidstone, 115, 210
Mair, 122
Maitland, F., 71, 76, 249
Makler (estate agent), 17
Manchester und Salford, 18f, 34, 39, 48, 56, 60f, 64, 74, 106f, 108f, 116, 126, 127, *128f*, 130, 140f, *189*, *195*, 200, 215, *226*, 232, 261f, 265
Manierismus, s. Stil
Manningham, 172
Margate, 19, 191
Marr, T. R., 33, 48, 71

Marshall & Co., 222
Maschinen, 28f, 65, 204, 213, 225
Maslen, T., J., 71
Maurer, 28
Mayhew, H., 42
McGovern, J. H., 249
Meachen, S., H., 24, 253
Medway, 217, s. a. Chatham, Rochester, Gillingham
Mews, (Ställe), *2*, 44, 72f, *72, 85*
Middlesbrough, 19, 36, *70*, 123, *125*, 130, 141, 213, 264
Middleton, 66
Miete, Profit, 17, 21, s. a. Vermietung
Mitchell, C. F., 65, 231, 252
Mittelklasse, 42, 44, 112, 236ff, s. a. Klassenhierarchie
Mobilität, 5, 17, 237
Modellsiedlungen, 21, 36, 196
Monk & Newell, 219
Monkwearmouth, 104
Monmouthshire, 213
Morecambe, 19
Morris, W., 199, 247, 255f
Mörtel, 63, 206, 221
Moule, Rev. H., 60
Mühlhausen, Elsaß, 122
Mülleimer, s. Ascheimer
Musterbücher, 29, *205*, 252
Muthesius, H., 34, 51, 63, 65, 253

Napoleon, 20
Nash, J., 14, 16, 22, 63, 68, 78, 81, 89, 148, *149* f, 156, 167, 170, 172, 181, 201, 216, 231, 242f, 251, 255, 266
Neo-Rococo, s. Stil
New Shotton, *102*
New York, 265
Newark on Trent, *218*
Newcastle upon Tyne, 18, 67, 71, 104, 130, *132*, 137f, 140, 148, *157*, 161, 167, *180*, 181, 191, 203, 213, 225, 232, 267, s. a. Tyneside
Newport, 210
Nicholson, P., 58, 64f, *82f*, 91, 181, 210, 216f, 252, 260
Norfolk, 206, 209
North Shields, 181
Northampton, 39, 88, 233, 261
Northumberland, 103
Norwich, 7, *10*, 23, 28f, 30, 35, *35*, *47f*, 48, 54, *72*, 74, *75*, *77*, 87, 89f, *92f*, *102*, 106, 115, *128*, 144, 146, 148, *197*, 200, 204, 209f, *211*, 221, *226*, 237, 239, 253, 255, 259, 260
Notar, s. Rechtsanwalt
Nottingham, 34, 38, 76, 86, 88, 106f, 112f, 123, *114*, 140, 213, *215*, 219, 232, 263, 266
Nottinghamshire, 203
Nuneaton, *212*

Old English, s. Stil

Oldham, 48, 73, 107, 140, 196, 225, *228*
Oliver, T., *157*, 260
Olsen, D., 254
One-and-a-half-fronted-H aus, 104, 117
Owen, T. E., 204
Oxford, 148

Pacht, s. Leasehold
Paestum Doric, s. Stil
Palastfassade, 7, 13f, 148, 172, 230
Palladian, s. Stil
Palladio, A., 12, *13*
Palmer, J., 161
Panton, Mrs, 244
Pantry, s. Speisekammer
Papier maché, 217, 229
Papworth, J. W., 145, 167
Paris, 14, 73, 267
Park 76
Parker, J., 216
Parlour, 45f, 86, 123, 143
Party Wall (Brandmauer), 5, 53, 66, 87, *91*, 108
Passage, Tunnel, 74, 108, 112, 115, 237
Paty, W., 161
Payne, J. H., 42f
Penson, G., 20
Personal, 38ff, 52f, *61*, 88, 100, 138, 143f, 146, 239, Butler 44, 54
Peterborough, 20, 29, 209, 213
Peto, S. M., 261
Pferdewagen, Fuhrwerk, 39, 44, 203
Piano Nobile, 12, 78, 181f, 191, 230
Pinnacle Field, 123
Piranesi, G. B., 156
Platz, 76f, 148, 167f
Plymouth, 3, 17, 19, 74, 81, 86f, *87*, 90, 135, 161, 172, 176, 186, 191, 200, 217f, 241f
Pont Street Dutch, s. Stil
Poolsbrook, 115
Pope, R. S., *182*, 251, 260
Popular-Architektur, 244, 255
Portland, Earl, 19
Portsmouth, 20, 32, 39, 68, 97, *187f*, 191, 200, 204, 209, 220, 222, *241*, 242, 255, 259
Preston, 14, 32, 36, 61, *124*, 127, *128f*, 204, *238*, 238, 244
Price, U., 255
Prichard, J., 203
Privatsphäre, 39, 45, 48, 79, 87, 99f, 112, 138f, 144, 237, 240
Profit, 20f, 24
Prosser, 219
Pub, 39, 42, 68, 244
Pugin, A. W. N., 199, 217, 233, 243, 247, 255
Pugin, E. W., 233
Punch, 34
Putz, 64, Rauputz, 215, 219f, 234

Quasi-detached, 176

Quasi-semi-detached, 176
Queen Anne Revival, s. Stil
Queen Victoria, 22

Ramsgate, 170, 174, *178f*, 229, 233, *245*, 259
Randall & Saunders, 204
Rapoport, A., 143
Rasmussen, S. E., 12
Ravetz, A., 237
Reading, x, *190*, 210, 213, *227*, 244, 259
Rechtsanwalt, Notar, 20, 24
Redgrave, R., 233, 243
Reform Club, 53, 231
Reformen, Haus-, 4, 6, 45, 49, 101, 103
Regency, s. Stil
Regionale Besonderheiten, allgemein, 17f, 21, 40f, 89, 123
Repräsentationsräume, 12, 43ff, 145f, Receptions room *47*, s. a. Piano Nobile
Repton, H., 46, 78
Richardson, C. J., *84*, 253
Rimmer, W. G., 122
Rivington, 252
Rochdale, 60, *72*, 107, *116*, 140f, 196
Rochester, 14
Rosher & Co., 260
Rossetti, D. G., 247
Rotherham, 115
Roumieu & Gough, 172
Ruabon, 200, 220, s. a. Backstein
Rücken an Rücken-Haus, s. Back-to-Back
Rückseite, fensterlose, 106
Rumford, Graf, s. Thompson, B. 52
Ruskin, J., 199, 233, 247, 255
Rustika, 12f, 201, 203, 217, 231f

Saint, A., 259
Salford, s. Manchester
Salt Titus, 19, 36
Saltaire, 19, 36, 56, *128*, 238
Sanitärtechnik, 55f,58, 61, 100, 251
Sauberkeit, 42f, *62*, 71, 137, 139
Scarborough, 65, 161, 167, 174, *175*, 176, 225, 234, 260
Schäfer, C., 222
Scheveningen, 229
Schiefer, 64
Schlafzimmer, 45, 89, 97, 99f, 103, 107, 117, 267
Schottland, 1, 3, 64, 104, 130, 140, 143, 203, 249, 258, 267
Schuhabstreifer, *62*, 71
Scott, G. G., 260
Scott, M. H. B., 248
Scullery, 48, 54, *48*, *61*, 62, 89, 97, 99, 103, 107, 117, 130, 135
Seabrook, J., 138f
Seaton Delaval, 103
Second Empire, s. Stil
Seebad, 22, *23*, 49, 147f, 156, 249, 264
Semi-detached Haus, (Doppelhaus), 11, 16, 66, *87*, 99, 145, 176, *177*, 229, 248f, 265

Shaftesbury, Earls of, 7
Shaw, G. B., 244
Shaw, H., 225, 233
Shaw, R. N., 57, 86, 219, 235, 247f, 255, 266
Sheffield, 21, 28, 39, 56, 60, 106, 108, *110,* 112f, *114,* 115, 122f, 130, 139ff, 200, 229, 266
Shoeburyness, 208
Shotton, *102*
Shottesham Park, 209
Shrewsbury, 148
Shropshire, 221
Simon, J. D., 58, *81,* 91, 181, 238
Sittingbourne, 208
Smirke, S., 260
Smith, S., 22
Soane, Sir J., 156, 209, 233
Souterrain, s. Basement
South Kensington Style, s. Stil
South Shields, *133,* 229, 259
Southampton, 20, 204, 209, *218,* 219, 260
Southend on Sea, 20, *90,* 97, *175,* 176, 191, 219, 229
Southport, 249
Soyer, A., 53
Speisekammer, 44, 54
Split-level-Haus, 86, *90, 95,* 97, 117
Spülküche, s. Scullery
Square, s. Platz
St. Helens, 225, 265
St. Leonard's on Sea, 78, 86, *152,* 156, 161, 172, *173,* 217, 262, s. a. Hastings
Stadtentwicklung, -planung, 19, 36f, 68, 117, 266
Stafford, *192*
Staffordshire, 123, 213, 221, 268
Stall, s. Mews
Standardisierung, 4, 30, 65, 97, 108, 198, 253
Stanley Bros., *212*
Statistik, Haus- und Bevölkerungs-, 1, 17, 20, 97, 101
Stein, 28f, 64f, 181, 196, 198, 200ff, *205, 206,* 215, 220f, 247, 231, 265
  Bath, 200, 203, *205,* 220, 243, *265f*
  Bearbeitung, 204, 233
  Bruchstein, 28, 200f, *202,* 203, 234, 239
  Derbyshire Grit, 204
  Pennant Sandstein, 201
  Portland-stone, 200, 204, 208
  Victoria-stone, 220
  York, 203f
Steuer, 17f, 20f, 26, 32f, 44f, 236f
Stevenson, J. J., 39, 52, 65, 67, 73, 146, 201, 220, 236, 243, 251, 254f
Stil, 230ff, 242
  Aestetic Movement, 55, 244, 247, 254
  "Arts and Crafts" Movement, 199, 222, 234, 248, 254
  Astylar, 172, 231
  Classical, s. Klassizismus
  Domestic Revival, 38, 42, 50, 86, 100, 145f, 176, 191, 222, 229, 234, 244, 247ff, 254f

Edwardian, 50, 234, 249, 266
Elizabethan, 233, 267
Georgian (Revival), 12ff, 63, 66, 144, 147ff, 172, 198, 230f, 234f, 242, 251, 263, 266f
Neo-Georgian, 235
Gothic, 50, 78, 174, 183, 199, 222, 231ff, 247f
Italian, 230ff, 243f
Japan, 229, 234, 247
Klassizismus, (classical), 12f, 67, 79, 147, 210, 225, 230f, 238, 242f, 248, 253, 255, 270, Neo Klassizismus, 147, 225, 231, 233, 244
Manierismus, 232
Neo-Rococo, 225, 232
Old English, 176, *184,* 234
Paestum Doric, 231
Palladian, 15, 174, 208, 231, 242
Picturesque and Sublime, 16, 147, 201, 231, 234, 254
Pont Street Dutch, 176
Queen-Anne (Revival), 52, *175,* 176, 208, 219, 234, 239, 242
Regency, 55, 61, 63, 66, 89, 147, 221, 230ff, 244f, 266
Renaissance (Neo-Renaissance), 12, 36, 147, 230ff, 234, 237, 244
Second Empire, 232
South Kensington, 201, 205, 233, 243, 252f, -Schule, *215*
Victorian:
  frühviktorianisch, 231
  mittel- und spätviktorianisch, 191, 210, 225, 229, 233ff, 244, 263, 265
Stockport, 115
Stockton, 130
Stoke on Trent, 130, 262
Straße, 20, *57,* 68ff, *70,* 71f, 88, 104, 107, 117, 122f, 137f, 198, 237, (rückwärtige), *131ff,* 237
Straßenplanung, Konstruktion, 34, 57, 71f, 263, 265
Stratton, M., 261
Street, G. E., 247
Strood, *62*
Stuck, 181, 209f, 215ff, 225, 231f, 244, 249, 262 s. a. Zement
Suburbanisation, 1, 3f, 15f, 38, 68, 74, 76, *96,* 247f, 250, 256, 263
Summerson, Sir J., 20, 22, 34, 249, 252
Sunderland, 11, 60, 76, *102, 105,* 103f, *155,* 130, 137f, 140f, *195, 228,* 229
Surveyors, 20, 33, 71, s. a. Bauunternehmer
Suffolk, 209, 219
Swansea, 18, 56, 89, 217, *217,* 244

Tamworth, 220
Teale, Dr. P., 52, 58, *59*
Teeside, 130
Terracotta, 219f, *226,* 232
Thompson, B., 52
Thompson, H., 22

Thompson, P., 22, 167
Through-Haus, 106f, 122
Tilbury, 259
Todmorden, 107, 217
Toilette, 35, 57, *58,* 60, 89, 97, 100, 104, 108f, 115f, 127, 135, 137f, 141, 266
Torquay, 161
Traufe, s. Dach
Treppe, 6, 67, 81, 87f, 91, 99f, 123f, 144
Tudor Revival, 176
Tudor Walters Report, 30, 63, 203
Tulloch, J., 203
Tunbridge Wells, 232, 259
Tunnel, s. Passage
Tür, s. Eingang
Two-up-two-down-Haus, 17, 123f, *127f,* 140
Tynemouth, *69,* 130
Tyneside, Tyneside flat, 11, 18, 56, 60f, 101, 104, 130, *132f,* 135, 137, 140, 144

Unwin, R., 42, 221, 248, 255f

Veblen, T., 243
Ventilation, 49f, 100, 106
Veranda, 49, 174, 225
Verkehr, Güter, 29, 213
  Personen, 20, 39, 51, *96,* 237
Vermietung, Unter-, 3, 17f, 32, 45, 99, 104, 258
Vernacular (Revival), 234, 244, 255
Vermicular, s. Rustika
Verträge, Klauseln, 21, 27, 31ff, 115, 237
Vestibule, 99, *126* s. a. Hall
Villa, 16, 229f, 249, 258
Vorraum 45, 99
Vorstadt, s. Suburbanisation
Voysey, C. F. A., 191, 234, 248

W.C., s. Toilette
Wakefield, 106f, 122, 167, 213
Wales, 1, 29, 89, 97, 101, 106f, 222, 265
Wales, Prince of, 7, 55
Wallgrange, Longsdon, 260
Wallsend, 106
Walsall, 57, 109
Walsh, J.H., 40, 50f, 52, 58, *216,* 242
Waschhaus, 61f, 104, 107f, 138
Waschraum, Waschküche, 61
Wasser, -versorgung, 53f, 61
Wasserheizung, *60,* 62
Webb, P. S., 222, 247
Webster, T., and Mrs. Parkes, 29, 49, 51, 53, 58, 62, 64f, 67, 220, 237f, 243, 252
Welsbach, Baron, 52
Westgate-on-Sea, 229
Weston-super-Mare, 201
Westminster, Duke of, s. Grosvenor-Familie
Weymouth, 161
Whatman, J., *84,* 253
Whistler, J., McN., 55, 244
Whitby, 172
White, W. H., 4f, 18, 73, 76
Wien, 5

Wigan, 264
Wight, J., 260
Wilde, O., 244
Wilds and Busby, 156
Wilds, A. A., 219
Wimperis, J. T., 86
Winchester, 204
Windfang, s. Hall
Winter, J., 24
Witham, 267
Wohndichte, 108f, 145
Wohnung, Etagenwohnung, 1ff, 11, 26, 99, 104, 115, 130f, 140, 145, 240, 249, 256, 258, 266, 267f, s. a. Cottage flats und Tynside flats.
Wohnzimmer, s. Living room, s. Drawing room
Wolverhampton, 14, 109
Wood, I., 148
Worksop, 115
Worthing, 174, *178, 189*
Wright, L., 58
Wright, T., 138
Wyatt, C., 216, 266

York, 148, 225, 266, 267
Yorkshire, 29, 35f, 60f, 63, 106, 115ff, 122ff, 130, 140ff, 203, 213, 263
Young & Marten, 29, *224*
Youngs, J., 24

Zement, 64, 232
  Coke breeze, 64, 220
  Hamlin & Dehl's, 216
  Parker's (& Wyatt's), 220
  Portland, 64, 216, 219
  Roman, 216f, 221
Ziegel, Kacheln, Fliesen, 208, 220f, 234, 244, 247
  Mathematicals, 206
Zimmer, (verschiedene Nutzung), 39ff, 45fm 48, 88, 97, 143, 237
Zimmerer, s. Holz
Zink, 65, 67
Zipfel, B., 24

Bildnachweis

Für den vollständigen Nachweis siehe Bibliographie
O.S. = Ordnance Survey Maps, 25 inches to the mile.
O.S.T. = Ordnance Survey Town Plans, "10 feet to the mile", s. Bibliographie unter Ordnance Survey Maps.
1 O.S. XXXIV, 1870; Pläne: S.E. Rasmussen. 3 O.S. XXXV, XXVI, XXXIV, XXXV, 1870-1. 4 Kupferstich von Sutton Nicholls, British Library. 8 Covent Garden: Colen Campbell, *Vitruvius Britannicus,* London 1717, Vol.II; A. Palladio, *Quattro Libri dell'Architettura,* Vol.II. 9 R. Adam, *Works in Architecture,* 1778. 10 Norfolk Museum Service, Cromer Museum. 16 Iaxton, 1886. 17 Middleton I, 116. 18 Mrs. Rundell, *Modern Domestic Cookery,* 1855 (Science Museum). 19 Leeds City Libraries. 20 Photo Wm. Wad, Bedlington. 21 W.H. Maxwell. 23 According to Hellyer, Lamb, Palmer, Robertson, Wright. 24 Simon. 25 *Illustrated Carpenter and Builder.* 25 Oct. 1907. 26 Beamish Museum. 27 The Munby collection; the Master and Felows of Trinity College, Cambridge. 29 Mitchell, 1902, S. 212. 32 H. Davies, *Cheltenham, Past and Present,* ca. 1843. 34 Rochdale Reference Library (J. Milne, *Rochdale as it Was,* Nelson, Lancs. 1973). 37 O.S.T. LXIII, 10.20. 42 Antony Dale. 43 *Survey of London, South Kensington.* 47 Bristol Pläne von Bristol City Archives. 48 London: "Splitlevel", H. Muthesius, Vol.II; Southend: Hasluck. 50 Norfolk and Norwich Record Office, ph. M. Brandon-Jones. 53 Hasluck. 54 *Builder* 30 June, 1883. 58 O.S. Essex, *New Series,* 1919 LXXVIII. 60 Knight. 61 Hetton: Cooper; Shotton, O.S. Durham 1897, XXVIII, 6. 62 *Farewell Squalor,* Easington Rural District Council, 1947. 66 London County Council, *London Housing ,* 1937. 67 O.S.T. Sheffield CCXCIV 8.2.; Liverpool CVI 10.7; Birmingham (Prescott Street) XIII 4.19; Hull CXL 2.3. 68 Liverpool City Engineers"Department. 69 Birmingham Central Libraries. 76 O.S.T. Rochdale LXXXXIX 1.7.; Manchester, *Buildings Regulations Report* 1842 (see Official Publications). 78 O.S.T. CCXXVIII 10.1; Pläne: Lupton. 82 O.S.T. CCXVI 3.10.; für die Pläne vergleiche ebenfalls *Building News* Vol. 62, 1892, S. 289. 86 Barry and Smith. 88 Aerofilms Limited. 89 O.S. Yorkshire VI 14, 1915. 92 Hasluck 94 Ashworth Houses, siehe Boysen (*Sanitary Conditions, Report* 1842); Manchester, Marr. 100 O.S.T. ed. of 1896, 63. 111 National Monuments Record, London. 112 O.S. XXIV, XXV 1870. 114 Lithography. J. Foulden 1834. 115 O.S. Sussex LXVI 9., LXVI 14., 1875. 121 O.S.T. XXXIII 11.7.; XXXIII 11.8.; XXXIII 11.23.; XXXIII 11.13. 124 O.S.T. XIV 1.13.; XIV 1.14.; XIV 1.18.; XIV 1.19.; XIV 1.23.; XIV 1.24.; XIV 5.43.; XIV 5.4.; XIV 5.8.; XIV 5.9. 125 Drawing by Thomas Malton, ca. 1170-80 courtesy Victoria Art Gallery, Bath Museum Services. 127; LXXI 15.25.; LXXI 16.21.; LXXV 3.5.; LXXV 4.1. 130 O.S.T. XXVI 7.18.; XXVI 7.19.; XXVI 7.23.; XXVI 7.24. 135 O.S. Belgravia XLIII, 1869; Paddington XXXIII, 1867-8; Notting Hill, Ladbroke Estate XXXIII 1863-5; Islington XVII, 1871; Percy Circus XXVI, 1871; Polygon XXV, 1870; Blomfield Crescent XXXIII, 1867-8; Finsbury Circus XXXVI, 1873; Paragon XLV, 1872; Royal Crescent XLI, 1865-6. 136 Aerofilms Limited. 156 Watercolour von Lt. Col. W. Booth, 1822, Bristol Museums. 186 Mitchell I, 128, 208 Young & Marten, London, Firmenkatalog nicht datiert, (no. 29) Vo.II, S. 767. 218 Centerprise Trust Ltd. Farbtafel 11, London, Vestry Museum, Borough of Watham Forest, Clarke-Orme Collection.

Zeittafel einiger Stilepochen und Kunstbewegungen in England

"Classical": im Deutschen weniger gebräuchliche, umfassende Bezeichnung für die Formen und Werte der Antike und der italienischen Renaissance, die Bezeichnung ist nicht mit dem deutschen Begriff "klassizistisch" gleichzusetzen.

um 1630: Erste umfassende englische Anlehnung an italienische und französische Renaissance, besonders Palladio.

um 1700: English Baroque; eine neuere Bezeichnung für Christopher Wren u.a.

1715: English Palladianism; Purifizierung unter Berufung auf die Antike und auf Palladios einfachere Palastfassaden und Landvillen.

um 1730-1840: Gothic Revival I, Gotik, hauptsächlich Gartenbauten und Landschlösser.

1750-: Aesthetik des Picturesque und Sublime; die Wertmaßstäbe werden erweitert; auch unregelmäßig geformte Bauten sowie nichtklassische Formen können als aesthetisch wertvoll gelten.

1780-: Neo Classicism; Greek Revival, Greek Doric, Egyptian Revival; Klassizismus mit seinen Hauptvarianten.

1714-1820: George I, II, III; die schlichteren Bauten der Zeit (oft auch auf den Prinzipien des Palladianismus beruhend) werden meist als Georgian; Early-, Mid- und Late- bezeichnet.

1811-1820 George, Prince Regent (1820-30 König George IV): Regency wird für schlichtere Beispiele des Neo-Classicism verwandt (ist dem Biedermeier vergleichbar); schließt aber auch viele Werke der folgender Stile ein:
    1800: Neo-Tudor. Fortsetzung des Gothic.
    1820: "Italian"; der italienischen Renaissance zugewandter Klassizismus; "Italian Villa Style"; Aufnahme rustikaler Elemente.
    1820: Neo-Elizabethan und Neo-Jacobethan — "Revivals" von Stilen des englischen späten 16. bis mittleren 17. Jahrhunderts.

1837-1901: Victorian; Fortsetzung der Stile der Zeit von 1800 bis um 1860 sowie neue Revivals:
    1840: Gothic Revival II; A.W.N. Pugin, rationalistisch-theoretische und religiös untermauerte Neugotik.
    1850: Eclecticism; Stilmischung an einem Bau.
    1850: "South Kensington Style"; Systematisierung des Ornaments in den angewandten Künsten.
    1850-1870: High Victorian Gothic; J. Ruskin, italienisches Mittelalter, Mehrfarbigkeit.
    1850-1880: Second Empire Style; Italienische Renaissance und französisches 17. und 18. Jahrhundert.
    Northern Renaissance; flämischer Stil, "French Chateau Style".
    1860-1870: Praeraffaelitism und Aesthetic Movement (oder "Art Movement"); neue Ideen zu einer einfacheren und zugleich prätentiösen künstlerischen Gestaltung der Lebenswelt.
    Vernacular Revivals: Vermeidung der "Hochstile" und Anlehnung an einfachere Handwerkskunst.
    1865: Arts and Crafts Movement in den angewandten Künsten, aber auch auf einfachere Bautechniken bezogen.
    1865: Old English; Fachwerkbau.
    1870: Queen Anne Revival; Backsteinhausbau mit bescheidener klassischer Dekoration.
    1870-1890: Japanese in der Innendekoration.
    1900: Neo Georgian; schlichte, aber strenge Klassik im Hausbau (Neo-Biedermeier).

1901-1910: Edward VII; dann George V
1895-1910 Edwardian Baroque; meist für öffentliche Bauten.
1910 Beaux Arts; Academy Grand Manner; strengere klassische Stile; Neu Klassizismus.

Die Verbreitung von Sondertypen bei kleineren Reihenhäusern im späteren 19. Jahrhundert

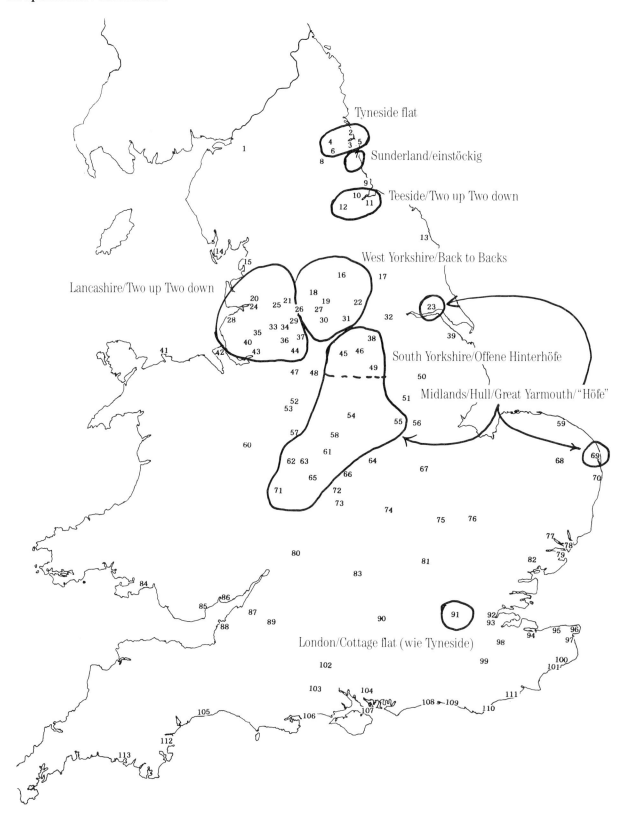

Accrington 25	Cromer 59	Huddersfield 30	Newport 86	Stockport 44
Barrow 14	Darlington 12	Hull 23	Northampton 74	Stockton 11
Bath 89	Derby 54	Ipswich 77	Norwich 68	Stone 53
Bedford 75	Doncaster 38	Jarrow 3	Nottingham 55	Sunderland 7
Birkenhead 42	Dover 100	Keighley 18	Nuneaton 66	Swansea 84
Birmingham 65	Eastbourne 110	Kidderminster 71	Oldham 37	Tamworth 61
Blackburn 20	Exeter 105	Leamington 73	Oxford 83	Tilbury 92
Bolton 33	Fareham 104	Leeds 22	Peterborough 67	Todmorden 26
Bournemouth 106	Felixstowe 78	Leicester 64	Plymouth 113	Torquay 112
Bradford 19	Folkestone 101	Lincoln 50	Portsmouth 107	Tunbridge Wells 99
Brighton 109	Gateshead 6	Liverpool 43	Preston 24	Tynemouth 2
Bristol 87	Gillingham 94	Llandudno 41	Ramsgate 97	Wakefield 31
Burnley 21	Goole 32	London 91	Reading 90	Walsall 63
Burton on Trent 58	Grantham 56	Lowestoft 70	Rochdale 29	Weston 88
Bury 34	Gravesend 93	Luton 81	Rotherham 46	Wigan 35
Buxton 48	Grimsby 39	Macclesfield 47	Scarborough 13	Winchester 102
Cambridge 76	Halifax 27	Maidstone 98	Sheffield 45	Wolverhampton 62
Cardiff 85	Hanley 52	Manchester 36	Shrewsbury 60	Worksop 49
Carlisle 1	Harrogate 16	Margate 96	South Shields 5	Worthing 108
Cheltenham 80	Hartlepool 9	Middlesbrough 10	Southampton 103	Yarmouth 69
Colchester 82	Harwich 79	Morecambe 15	Southport 28	York 17
Consett 8	Hastings 111	Newark 51	St.Helens 40	
Coventry 72	Herne Bay 95	Newcastle on Tyne 4	Stafford 57	

1 Carlisle	24 Preston	47 Macclesfield	70 Lowestoft	93 Gravesend
2 Tynemouth	25 Accrington	48 Buxton	71 Kidderminster	94 Gillingham
3 Jarrow	26 Todmorden	49 Worksop	72 Coventry	95 Herne Bay
4 Newcastle on Tyne	27 Halifax	50 Lincoln	73 Leamington	96 Margate
5 South Shields	28 Southport	51 Newark	74 Northampton	97 Ramsgate
6 Gateshead	29 Rochdale	52 Hanley	75 Bedford	98 Maidstone
7 Sunderland	30 Huddersfield	53 Stone	76 Cambridge	99 Tunbridge Wells
8 Consett	31 Wakefield	54 Derby	77 Ipswich	100 Dover
9 Hartlepool	32 Goole	55 Nottingham	78 Felixstowe	101 Folkestone
10 Middlesbrough	33 Bolton	56 Grantham	79 Harwich	102 Winchester
11 Stockton	34 Bury	57 Stafford	80 Cheltenham	103 Southampton
12 Darlington	35 Wigan	58 Burton on Trent	81 Luton	104 Fareham
13 Scarborough	36 Manchester	59 Cromer	82 Colchester	105 Exeter
14 Barrow	37 Oldham	60 Shrewsbury	83 Oxford	106 Bournemouth
15 Morecambe	38 Doncaster	61 Tamworth	84 Swansea	107 Portsmouth
16 Harrogate	39 Grimsby	62 Wolverhampton	85 Cardiff	108 Worthing
17 York	40 St.Helens	63 Walsall	86 Newport	109 Brighton
18 Keighley	41 Llandudno	64 Leicester	87 Bristol	110 Eastbourne
19 Bradford	42 Birkenhead	65 Birmingham	88 Weston	111 Hastings
20 Blackburn	43 Liverpool	66 Nuneaton	89 Bath	112 Torquay
21 Burnley	44 Stockport	67 Peterborough	90 Reading	113 Plymouth
22 Leeds	45 Sheffield	68 Norwich	91 London	
23 Hull	46 Rotherham	69 Yarmouth	92 Tilbury